TOME 2
de 1850
à nos jours

ANTHOLOGIE

Modigliani

CONFRONTATION DES ÉCRIVAINS D'HIER À AUJOURD'HUI

Sous la direction d'André G. Turcotte

Liette Bergeron (Écrits féministes) – Cégep de Sherbrooke
Colette Buguet-Melançon (Méthodologie) – Collège Édouard-Montpetit
Jean Cloutier (1950-1970) – Collège Jean-de-Brébeuf
Michel Forest (Romanciers – deuxième moitié du XIXe siècle, rubrique « Art et littérature » et textes accompagnant les œuvres d'art) – Cégep de Saint-Laurent
Gérald Gaudet (Poètes – deuxième moitié du XIXe siècle) – Cégep de Trois-Rivières
René La Fleur (1890-1920 et écrits existentialistes) – Cégep de Saint-Laurent
Raymond Paul (après 1970) – Collège Édouard-Montpetit
Josianne Rey (Polars) – Cégep régional de Lanaudière à L'Assomption
Éric Roberge (1920-1950) – Cégep de Trois-Rivières

Avec la collaboration de Jacques Beaudry (rubrique « Écriture littéraire ») –
Cégep de Saint-Jérôme
et d'Annissa Laplante (rubrique « Littérature et actualité » et textes accompagnant les chansons) –
Cégep de Sherbrooke

THOMSON
★
GROUPE MODULO

Australie   Canada   Espagne   États-Unis   Mexique   Royaume-Uni   Singapour

Nous reconnaissons l'aide financière du gouvernement du Canada par l'entremise du Programme d'Aide au Développement de l'Industrie de l'Édition (PADIÉ) pour nos activités d'édition.

Catalogage avant publication de Bibliothèque et Archives Canada

Vedette principale au titre :

Anthologie : confrontation des écrivains d'hier à aujourd'hui

Comprend des réf. bibliogr. et un index.

Sommaire: t. 1. Du Moyen Âge à 1850 -- De 1850 à nos jours.

Pour les étudiants du niveau collégial.

ISBN 2-89443-243-7 (v. 1)
ISBN 2-89443-244-5 (v. 2)

1. Littérature française. 2. Littérature française - Histoire et critique. 3. Écrivains français. 4. Littérature française - Problèmes et exercices. I. Turcotte, André G. II. Titre: Confrontation des écrivains d'hier à aujourd'hui.

PQ1109.A54 2005   840.8   C2005-940766-2

Équipe de production

Éditeur : Sylvain Garneau
Chargée de projet : Renée Théorêt
Révision linguistique : Monelle Gélinas
Correction d'épreuves : Monelle Gélinas, Monique Tanguay
Typographie : Carole Deslandes
Montage : Nathalie Ménard
Maquette et couverture : Marguerite Gouin

Illustration de la couverture : AMEDEO MODIGLIANI (1884-1920), *Tête rouge*, 1915. (Peinture à l'huile sur carton : 43 cm × 54 cm, Centre Pompidou, Paris.)

THOMSON
GROUPE MODULO

Anthologie : confrontation des écrivains d'hier à aujourd'hui

TOME 2 : de 1850 à nos jours

© Groupe Modulo, 2005
233, av. Dunbar,
Mont-Royal (Québec)
Canada H3P 2H4
Téléphone : (514) 738-9818 / 1 888 738-9818
Télécopieur : (514) 738-5838 / 1 888 273-5247
Site Internet : www.groupemodulo.com

Dépôt légal — Bibliothèque nationale du Québec, 2005
Bibliothèque nationale du Canada, 2005
ISBN 2-89443-244-5

Il est illégal de reproduire ce livre en tout ou en partie, par n'importe quel procédé, sans l'autorisation de la maison d'édition ou d'une société dûment mandatée.

Imprimé au Canada
1 2 3 4 5   09 08 07 06 05

REMERCIEMENTS

POUR CRÉER le présent ouvrage et le tome 1 qui l'a précédé, j'ai misé sur quelques idées fortes dégagées de ma propre expérience de l'enseignement et j'ai voulu m'appuyer sur le partage des tâches et le sens de la collaboration pour faire de ces ouvrages un travail d'équipe. J'ai abordé de nombreuses personnes dont les observations et les encouragements ont nourri de diverses façons mon action.

Je remercie en tout premier lieu et très chaleureusement l'équipe d'auteurs du premier tome, Germaine Mornard et Jean-Claude Brochu (Collège Édouard-Montpetit), Paul-G. Croteau (Cégep de Trois-Rivières), Michel Forest (Cégep de Saint-Laurent), Colette Buguet-Melançon (professeure retraitée du Collège Édouard-Montpetit), ainsi que les collaborateurs Magda Sayad (Collège Édouard-Montpetit) et Jacques Beaudry (Cégep de Saint-Jérôme). Les rencontres suivies et les échanges fructueux ont permis la concrétisation des idées que je leur avais exposées pour les inciter à participer au projet. Leur savoir, leur expérience, leur ouverture d'esprit et leur volonté de faire une œuvre originale destinée aux élèves du cégep ont constitué des qualités essentielles pour présenter différemment la littérature, les auteurs et les œuvres.

Pour réaliser dans des délais très serrés ce second tome, j'ai obtenu l'appui généreux et audacieux de professeurs qui, en devenant auteurs ou collaborateurs de cette anthologie, ont accepté de sacrifier un été et d'assumer la pression du travail supplémentaire malgré une session d'enseignement exigeante. Je les remercie très sincèrement. La diversité et la richesse de leurs compétences et de leurs expériences ont rendu possible la réalisation d'un ouvrage difficile à produire, vu la période historique visée et la complexité des thèmes et des formes littéraires abordés.

D'autres professeurs méritent ma considération. Merci à Marie-Josée Dion, du Cégep de Saint-Laurent, et à Maria Fonseca, du Cégep de Drummondville : leurs avis et leurs jugements ont été mis à profit de diverses façons dans le projet initial. Merci également à Norbert Spehner, professeur retraité du Collège Édouard-Montpetit, dont les conseils m'ont été précieux lors de la mise en chantier de ce présent ouvrage.

Une collègue du Cégep de Sherbrooke, Micheline Goulet, a cru au projet et y a investi quelques-unes de ses dernières forces. Son esprit original et son dynamisme intellectuel se sont embrasés à l'idée de profiter de cet ouvrage pour transmettre autrement aux élèves une part de ses connaissances et de ses amours littéraires. Je la salue avec respect et admiration, même si mes mots ne peuvent plus la toucher.

J'ai encore une fois grandement apprécié l'efficacité et l'habileté de l'équipe de l'édition et de la production ainsi que la patiente assurance de Renée Théorêt, chargée de transformer le manuscrit que nous lui avons remis et que nous croyions (bien naïvement) parfait en un livre dont la présentation et la qualité mettent en valeur les écrivains, les artistes et leurs messages.

Table des matières

CHAPITRE **1** VOIR ET FAIRE VOIR : L'ENVERS DU DÉCOR

CHAPITRE

VOIR ET FAIRE VOIR :
L'ENVERS DU DÉCOR

Eugène Delacroix (1798-1863).

La Mort de Sardanapale, 1827. (Huile sur toile, 392 × 496 cm. Musée du Louvre, Paris.)

L'érotisme décadent qui se dégage de l'œuvre d'Eugène Delacroix annonce les peintres symbolistes de la fin du XIXe siècle. Delacroix montre Sardanapale, dernier roi assyrien de Ninive, qui se donne la mort sur un bûcher alors que son palais est envahi par l'ennemi. Ses concubines dénudées sont prostrées sur son lit, au sommet du bûcher, ou sont égorgées par les serviteurs tandis que la fumée sinistre du bûcher envahit l'arrière-plan. Le tableau fera scandale dans la France bourgeoise et conservatrice du début du XIXe siècle.

Plus tard, en décrivant le type du « dandy », Baudelaire écrira : « Le caractère de beauté du dandy consiste surtout dans l'air froid qui vient de l'inébranlable résolution de ne pas être ému ; on dirait un feu latent qui se fait deviner, qui pourrait mais qui ne veut pas rayonner. » On croirait lire une description du Sardanapale de Delacroix, qui contemple d'un œil indifférent l'horreur du massacre.

« LES FOULES »

IL N'EST PAS DONNÉ à chacun de prendre un bain de multitude : jouir de la foule est un art ; et celui-là seul peut faire, aux dépens du genre humain, une ribote de vitalité, à qui une fée a insufflé dans son berceau le goût du travestissement et du masque, la haine du domicile et la passion du voyage.

Multitude, solitude : termes égaux et convertibles pour le poëte actif et fécond. Qui ne sait pas peupler sa solitude, ne sait pas non plus être seul dans une foule affairée.

Le poëte jouit de cet incomparable privilège, qu'il peut à sa guise être lui-même et autrui. Comme ces âmes errantes qui cherchent un corps, il entre, quand il veut, dans le personnage de chacun. Pour lui seul, tout est vacant ; et si de certaines places paraissent lui être fermées, c'est qu'à ses yeux elles ne valent pas la peine d'être visitées.

Le promeneur solitaire et pensif tire une singulière ivresse de cette universelle communion. Celui-là qui épouse facilement la foule connaît des jouissances fiévreuses, dont seront éternellement privés l'égoïste, fermé comme un coffre, et le paresseux, interné comme un mollusque. Il adopte comme siennes toutes les professions, toutes les joies et toutes les misères que la circonstance lui présente.

Ce que les hommes nomment amour est bien petit, bien restreint et bien faible, comparé à cette ineffable orgie, à cette sainte prostitution de l'âme qui se donne tout entière, poésie et charité, à l'imprévu qui se montre, à l'inconnu qui passe.

Il est bon d'apprendre quelquefois aux heureux de ce monde, ne fût-ce que pour humilier un instant leur sot orgueil, qu'il est des bonheurs supérieurs au leur, plus vastes et plus raffinés. Les fondateurs de colonies, les pasteurs de peuples, les prêtres missionnaires exilés au bout du monde, connaissent sans doute quelque chose de ces mystérieuses ivresses ; et, au sein de la vaste famille que leur génie s'est faite, ils doivent rire quelquefois de ceux qui les plaignent pour leur fortune si agitée et pour leur vie si chaste.

Charles BAUDELAIRE, *Le Spleen de Paris*, 1862.

DATES	ÉVÉNEMENTS POLITIQUES	ÉVÉNEMENTS SOCIOCULTURELS
1780		Naissance du peintre Ingres (†1867).
1783		Naissance de Stendhal (†1842).
1789	Révolution française.	
1791	Proclamation de la Première République.	
1798		Naissance du peintre Delacroix (†1863).
1799		Naissance de Balzac (†1850).
1808		Naissance du peintre Daumier (†1879).
1809		Naissance de Poe (†1849).
1812		Naissance de Dickens (†1870).
1819		Naissance du peintre Courbet (†1877). – Naissance du peintre Chassériau (†1856).
1821	Mort de Napoléon (5 mai).	Naissance de Flaubert (†1880). – Naissance de Baudelaire (†1867).
1826		Naissance du peintre Moreau (†1898).
1830		Stendhal, *Le Rouge et le Noir*.
1832		Naissance du peintre Manet (†1883). – Naissance de Gaboriau (†1873).
1834		Naissance du peintre Degas (†1917).
1837		Balzac, *César Birotteau*.
1840		Naissance de Zola (†1902).
1844		Naissance de Verlaine (†1896).
1846		Naissance de Lautréamont (†1870).
1847	Émeutes à Paris.	
1848	Proclamation de la Deuxième République.	
1850		Naissance de Maupassant (†1893).
1851	Fusillades à Paris ; coup d'État.	
1852	Second Empire : Napoléon III.	
1854		Naissance de Rimbaud (†1891).
1856		Naissance de Wilde (†1900).
1857		Naissance du peintre Osbert (†1939). – Flaubert, *Madame Bovary*. – Baudelaire, *Les Fleurs du mal*. – Procès contre Baudelaire et Flaubert.
1862		Baudelaire, *Le Spleen de Paris*.
1863		Naissance du peintre von Stuck (†1928). – Naissance du peintre Munch (†1944).
1866		Gaboriau, *L'Affaire Lerouge*.
1869		Lautréamont, *Les Chants de Maldoror*.
1870	Guerre contre la Prusse. – Proclamation de la Troisième République. – Siège de Paris.	
1871	Commune de Paris.	Zola, *La Fortune des Rougon*, premier tome des *Rougon-Macquart*.
1873		Rimbaud, *Une saison en enfer* ; *Les Illuminations*.
1880		Zola, *Nana*.
1881		Verlaine, *Sagesse*.
1885		Zola, *Germinal*. – Verlaine, *Jadis et Naguère*.
1886		Maupassant, « Une famille ».
1892		Zola, *Le Docteur Pascal*, dernier tome des *Rougon-Macquart*.

DEPUIS LA RÉVOLUTION de 1789, on a du mal en France à s'entendre sur la manière de conduire les affaires de l'État et d'envisager l'avenir. Les systèmes politiques se sont multipliés. On est passé de la république à la monarchie, à l'empire, à la république, sans arriver à se donner des principes sur lesquels appuyer la vie en société.

Aristocrates et bourgeois, riches et pauvres, droite populaire, bourgeoise ou autoritaire et gauche bourgeoise, libérale ou républicaine s'opposent durant tout le XIXe siècle. En 1871, peu après un bref gouvernement populaire et révolutionnaire qu'on a appelé la Commune, Flaubert résume bien cette perpétuelle confrontation de la société qui l'empêche de connaître la stabilité : « Une moitié de la population a envie d'étrangler l'autre qui porte le même intérêt. » Pas de compromis possible. Par ailleurs, ce qui n'a pas reculé depuis la Révolution, c'est le progrès de l'idéal démocratique, laïque et républicain. Défendu par une bourgeoisie qui prolonge la Renaissance et se souvient des Lumières, cet idéal valorise le travail, l'effort, le mérite personnel. L'homme est renvoyé à lui-même. Il ne suffirait plus d'être bien né pour réussir et avancer socialement ; on croit de plus en plus qu'avec de l'ambition, en y mettant du sien, on peut améliorer son sort, celui de sa famille, de ses camarades travailleurs et peut-être celui de l'humanité.

UN HOMME NOUVEAU : L'EXPLORATEUR

Un vent d'optimisme souffle sur l'époque. Depuis le début du XIXe siècle, en effet, on vante les mérites du libéralisme économique, de l'essor industriel ou du capitalisme libéral, et, qu'on soit chrétiens, socialistes ou marxistes, on croit au pouvoir créateur de l'argent et de l'énergie qu'il génère tout autant qu'aux possibilités offertes par la science et la technique. Les habitants de la campagne migrent massivement vers la ville sous l'impulsion de la révolution industrielle. On pense dominer la nature et exporter cette puissance neuve jusque dans les colonies. La philosophie positiviste, prônée par Auguste Comte dès 1830, séduit les industriels, les hommes politiques et même les écrivains, à qui les Lumières ont légué une vision historique qui annonce l'avènement d'une humanité libérée grâce au concours de la connaissance rationnelle et scientifique. Dans un monde en profonde transformation, qui ne livre pas facilement ses clés de lecture, le savant, qu'il soit ingénieur ou explorateur, devient le nouveau héros. Dans la seconde moitié du siècle, les publications scientifiques se multiplient.

DES ARTISTES DÉÇUS

Dans la vie pratique, il est toutefois plus difficile de se montrer aussi optimiste. Les gens ne trouvent pas nécessairement dans ce matérialisme et ce pragmatisme ambiant de quoi améliorer vraiment leur condition ou satisfaire leur besoin de surnaturel. Certains se sentent floués par ce monde dominé par la loi du profit. Renvoyés dans les bas-fonds, ils voient leur misère s'accroître tout autant que l'écart qui les sépare des possédants, sans compter tous les travers humains que ce nouveau contexte fait fleurir : hypocrisie, cupidité, corruption, arrivisme, exploitation de l'homme par l'homme. D'autres, peut-être les mêmes, vivent douloureusement la perte de leur lieu d'origine et du sens qui y était attaché, qui avait jusque-là nourri leur existence. Leur monde est à la dérive, ils le perçoivent comme un exil et ont du mal à en faire le deuil.

Si le symbolisme, avec ses femmes paradoxales, incertaines, ses sexualités troubles, prend en charge ce malaise psychique et agit comme révélateur des perturbations culturelles et identitaires, le réalisme, lui, représente le réel sans compromis pour dépeindre les limites de la volonté, les faillites de la science et les dérapages de la société marchande : ouvrier mal payé, soumission abrutissante à la machine et à l'organisation industrielle qui ira jusqu'à l'exploitation de la main-d'œuvre et, pis encore, au travail des enfants de huit ans que Hugo condamnera. Dans son œuvre, Zola s'attache d'ailleurs à démontrer que la volonté de créer un monde meilleur faillit d'autant plus qu'elle entre en conflit avec un déterminisme social ou génétique.

DES HÉRITIERS DES LUMIÈRES ET DU ROMANTISME

Tout le siècle des Lumières avait préparé la Révolution. Il avait fait de la logique rationnelle le moteur d'une libération qui amènerait le peuple à se sortir de l'obscurantisme des préjugés, des croyances et des fanatismes. Pour les philosophes de cette époque, la nature a ses lois, qu'il est possible de connaître ; dans la mesure où on les observe, on se rend apte à fonctionner dans la société. Or, avec la Terreur, la révolution de 1789 a montré que l'action des hommes a parfois des conséquences imprévisibles, insoupçonnées. Il peut y avoir un retour de la barbarie et un débordement de forces incontrôlées. Ce constat provoque dans l'esprit occidental un changement radical de paradigme et donne naissance au romantisme.

Les hommes ont alors le sentiment que la vie et le présent, les souvenirs et les choses qui les entourent peuvent se perdre pour toujours. On commence à sentir la nature de l'homme et de la société comme quelque chose de mouvant, d'imprévisible, de non maîtrisable. Vivre signifie dès lors s'abandonner à l'instant et à l'impression fuyante, mystérieuse, bizarre, et risquer d'être anéanti par les forces ainsi débloquées. Pour l'écrivain, romancier ou poète, se pose alors un défi : exprimer et par là fixer un univers qui, par essence, est grouillant de vie et donc infini, inépuisable, extrêmement varié.

DES LOGIQUES QUI S'OPPOSENT

« Voir et faire voir » : tel pourrait être le projet des uns et des autres pour montrer les énergies qui s'affrontent et se déploient dans la société et celles que l'individu rencontre en lui et hors de lui dans la lutte qu'il doit mener avec lui-même et avec son époque pour se construire. Les réalistes cependant pensent montrer les choses telles qu'elles paraissent être selon leurs propres observations et croient pouvoir tout saisir des lois de la nature : le visible est pour eux une donnée brute, mesurable, la seule qui compte. Au contraire, les symbolistes considèrent la nature comme fondamentalement non maîtrisable et imprévisible ; ils tiennent donc à dépasser ce champ qu'ils trouvent trop restreint et pressent que ce visible est porteur de dimensions et de vérités qu'un esprit pragmatique ne peut pas voir. Pour eux, le réel est d'abord ce qu'on interroge ; il est intérieur, mystérieux et fugace, porteur d'infini et d'inconnu.

Le réaliste montre l'envers du décor : derrière les façades de la respectabilité, il laisse surgir le trivial, le grotesque. Le symboliste, parce qu'il est plus idéaliste, voit le merveilleux et le surnaturel au cœur de ce trivial. Il cherche à rendre visible ce qui habite la conscience (personnages, visions ou forces) et perçoit qu'il y a derrière, au-delà, un monde plus éblouissant encore.

LE ROMAN RÉALISTE

LA NOUVELLE GÉNÉRATION d'écrivains qui émerge au milieu du XIXe siècle rompt avec la tradition romantique qui mettait de l'avant l'expression de la sensibilité individuelle. Ces auteurs trouvent leur inspiration non dans leurs émotions intimes, mais plutôt dans les bouleversements sociaux du Second Empire. La littérature devient le moyen privilégié de décrire ces changements grâce à l'observation objective du réel. Le terme « réalisme » apparaît dans le milieu littéraire pour désigner cette conception de la littérature dont Jules Champfleury (1821-1869), auteur de l'essai *Le Réalisme* paru en 1857, est un des premiers théoriciens.

En fait, le passage du romantisme au réalisme s'explique en bonne partie par le triomphe du matérialisme et l'obsession du progrès qu'a la société du Second Empire. À cette époque où toute activité doit favoriser l'essor économique et scientifique, l'écrivain ne peut plus se contenter de décrire ses états d'âme. Il doit lui aussi contribuer de manière concrète au progrès. Le réalisme va ainsi faire de l'écrivain un observateur qui permet à ses contemporains de mieux saisir la réalité de l'époque dans laquelle ils vivent. Il importe donc que l'écrivain étende son champ d'observation à la société dans son ensemble. Lieux, temps, tout doit être précisé, reproduit avec exactitude et renvoyer à une réalité tangible pour le lecteur. L'auteur réaliste n'hésite pas à se documenter longuement avant d'écrire la moindre ligne. Pour rédiger *Germinal*, Zola descend dans une mine de charbon et visite les quartiers où vivent les mineurs. Il accumule des centaines de pages de notes préparatoires qui lui permettent non seulement de décrire le travail des mineurs, mais aussi de reproduire leur langage et leurs conditions de vie, car il faut que le personnage réaliste soit à la fois crédible et représentatif de son milieu ou de sa condition sociale. L'intrigue, narrée à la troisième personne, respecte l'ordre chronologique et doit être vraisemblable. Les réalistes éliminent de leurs œuvres le merveilleux, le surnaturel, l'inexpliqué. Ils vont délaisser la poésie chère aux romantiques au profit du roman et du conte, plus propices à la description et à l'analyse. Le style devient plus sobre et s'éloigne du lyrisme romantique.

Il ne faut pas croire, toutefois, que le réalisme se contente de décrire passivement le réel. Les réalistes sont convaincus de la nécessité *de tout montrer, de tout dire.* Ils refusent de cacher les aspects moins reluisants de la société, car les changements économiques génèrent leur lot de problèmes. Pauvreté chronique des travailleurs, insalubrité des quartiers urbains, criminalité, prostitution, alcoolisme, tout ce que la bourgeoisie bien-pensante veut masquer est mis en évidence dans les œuvres réalistes. Les lecteurs bourgeois sont à la fois fascinés et scandalisés par la description de la classe ouvrière, jusque-là négligée dans la littérature. On reprochera aux réalistes leur complaisance dans la représentation des problèmes sociaux, le caractère sordide de leurs sujets, leur intérêt pour les marginaux, les laissés-pour-compte de la société ; on ira même jusqu'à accuser des auteurs comme Flaubert et Zola d'outrage à la morale.

En fait, les réalistes ne veulent pas simplement choquer le public. S'ils décrivent les aspects moins reluisants de la société à une époque d'optimisme, c'est pour obliger leurs lecteurs à s'interroger, à remettre en question les idées reçues, leur foi dans le progrès et l'avènement d'un monde meilleur. Au-delà des problèmes sociaux, c'est l'analyse de la nature humaine qui est le véritable sujet du réalisme, et c'est sans doute cela, au fond, qui scandalisait les lecteurs du XIXe siècle. Par leur représentation de la réalité, les réalistes vont mettre au jour tous les aspects de l'âme humaine, décrire les motivations profondes, parfois nobles, parfois condamnables, qui habitent les êtres. Tant et si bien que lire les œuvres réalistes, de nos jours, nous confronte à l'immuabilité de la nature humaine, toujours la même, quelle que soit l'époque.

PARTIE 1

LES PRÉCURSEURS

L E RÉALISME n'est certes pas le premier courant littéraire qui puise son inspiration dans l'observation et la description de la société. Les romantiques, notamment Victor Hugo avec *Les Misérables*, ont abordé les problèmes sociaux et politiques de leur temps. L'influence du romantisme sur la génération réaliste est d'ailleurs indéniable, comme on le constate en parcourant les œuvres de jeunesse de Flaubert ou de Zola. Deux auteurs de l'époque romantique, Stendhal et Balzac, peuvent être considérés comme de véritables précurseurs du réalisme par le regard critique qu'ils posent sur leur époque. Stendhal, dans *Le Rouge et le Noir*, ne craint pas de dénoncer le matérialisme et l'hypocrisie de ses contemporains. Balzac, dans *César Birotteau*, analyse les travers de la classe sociale montante de son époque, la bourgeoisie.

STENDHAL
Portrait par Sodermark.
(Musée de Versailles, Versailles.)

Stendhal (1783-1842)

Henri Beyle naît à Grenoble, au sein d'une famille bourgeoise et royaliste. Il connaît une enfance malheureuse qui lui inspire la haine de la religion et de la bourgeoisie. En 1799, il part étudier à Paris afin d'échapper à Grenoble et à sa famille. Admirateur de Napoléon Bonaparte, il s'engage dans l'armée en 1800 et participe à la guerre contre l'Italie. Il a le coup de foudre pour ce pays, qui deviendra avec le temps sa véritable patrie. Il adopte le surnom de Stendhal en 1817 et publie quelques essais. En 1830, il fait paraître son célèbre roman *Le Rouge et le Noir*, puis il obtient un poste de consul en Italie. Dès lors, ses œuvres s'enchaînent: un essai sur le théâtre, une autobiographie, un livre sur Rome et un autre roman, *La Chartreuse de Parme* (1839), dicté à son secrétaire en cinquante-deux jours. Ce n'est toutefois que plusieurs décennies après sa mort, qui survient à Paris en 1842, que son œuvre sera appréciée et reconnue.

Le personnage stendhalien possède la plupart des caractéristiques du héros romantique : il aspire au bonheur, mais doit affronter la société mesquine et bornée de son temps. Pour parvenir à ses fins, il rejette les conventions sociales et use au besoin d'hypocrisie et de calcul, sans jamais toutefois trahir son sens de l'honneur. Les personnages de Stendhal sont tourmentés, complexes, déchirés entre leur soif de puissance et leur désir de rester purs dans un monde corrompu.

Comme précurseur du réalisme, Stendhal situe ses romans dans des lieux réels et des époques précises. S'il affirme qu'« un roman, c'est un miroir que l'on promène le long d'un chemin », l'image que son miroir renvoie à la société n'a rien de flatteur : Stendhal ne craint pas de critiquer l'arrivisme, le conservatisme, l'étroitesse d'esprit de ses contemporains, comme le feront plus tard Flaubert, Maupassant et Zola.

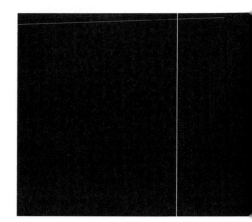

■ LE ROUGE ET LE NOIR (1830)

Âme sensible et exaltée, Julien Sorel veut entrer dans les ordres afin d'échapper à l'autorité de son père, un paysan qui s'est enrichi en faisant le commerce du bois. Il accepte le poste de précepteur des enfants de M. de Rênal, le maire de son village natal, et, rêvant d'ascension sociale, il devient l'amant de Mme de Rênal. Alerté par des ragots, M. de Rênal congédie Julien, qui part pour Paris où le marquis de La Mole le prend comme secrétaire particulier. Mû par son ambition, Julien séduit la fille du marquis, qui devient enceinte. Le marquis consent au mariage des jeunes gens et obtient pour son futur gendre un poste élevé dans l'armée, mais revient sur sa décision quand il reçoit de Mme de Rênal une lettre dans laquelle elle le décrit comme un ambitieux et un hypocrite. Furieux, Julien retourne dans son village et blesse Mme de Rênal de deux coups de feu. Condamné à mort, il reçoit une dernière visite de son père tant détesté.

Un événement presque plus désagréable encore l'attendait pour le lendemain. Depuis longtemps, son père annonçait sa visite ; ce jour-là, avant le réveil de Julien, le vieux charpentier
5 en cheveux blancs parut dans son cachot.

[…]

Les reproches sévères du vieillard commencèrent dès qu'ils furent sans témoin.

Julien ne put retenir ses larmes. Quelle indigne faiblesse ! se dit-il avec rage. Il ira partout exa-
10 gérer mon manque de courage ; quel triomphe pour les Valenod[1] et pour tous les plats hypocrites qui règnent à Verrières ! Ils sont bien grands en France, ils réunissent tous les avan-

tages sociaux. Jusqu'ici je pouvais au moins me
15 dire : Ils reçoivent de l'argent, il est vrai, tous les honneurs s'accumulent sur eux, mais moi j'ai la noblesse du cœur.

Et voilà un témoin que tous croiront, et qui certifiera à tout Verrières, et en l'exagérant, que j'ai
20 été faible devant la mort ! J'aurai été un lâche dans cette épreuve que tous comprennent !

Julien était près du désespoir. Il ne savait comment renvoyer son père. Et feindre de manière à tromper ce vieillard si clairvoyant se trouvait
25 en ce moment tout à fait au-dessus de ses forces.

Son esprit parcourait rapidement tous les possibles.

---

1. *Valenod* : un bourgeois important à Verrières, le village natal de Julien.

— *J'ai fait des économies !* s'écria-t-il tout à coup.

Ce mot de génie changea la physionomie du vieillard et la position de Julien.

— Comment dois-je en disposer ? continua Julien plus tranquille : l'effet produit lui avait ôté tout sentiment d'infériorité.

Le vieux charpentier brûlait du désir de ne pas laisser échapper cet argent, dont il semblait que Julien voulait laisser une partie à ses frères. Il parla longtemps et avec feu. Julien put être goguenard.

— Eh bien ! le Seigneur m'a inspiré pour mon testament. Je donnerai mille francs à chacun de mes frères et le reste à vous.

— Fort bien, dit le vieillard, ce reste m'est dû ; mais puisque Dieu vous a fait la grâce de toucher votre cœur, si vous voulez mourir en bon chrétien, il convient de payer vos dettes. Il y a encore les frais de votre nourriture et de votre éducation que j'ai avancés, et auxquels vous ne songez pas…

Voilà donc l'amour de père ! se répétait Julien l'âme navrée, lorsqu'enfin il fut seul. […]

À mesure que j'aurais été moins dupe des apparences, se disait-il, j'aurais vu que les salons de Paris sont peuplés d'honnêtes gens tels que mon père, ou de coquins habiles tels que ces galériens². Ils ont raison, jamais les hommes de salon ne se lèvent le matin avec cette pensée poignante : Comment dînerai-je ? Et ils vantent leur probité ! et, appelés au jury, ils condamnent fièrement l'homme qui a volé un couvert d'argent parce qu'il se sentait défaillir de faim !

[…] Avant la loi, il n'y a de *naturel* que la force du lion, ou le besoin de l'être qui a faim, qui a froid, le *besoin* en un mot… Non, les gens qu'on honore ne sont que des fripons qui ont eu le bonheur de n'être pas pris en flagrant délit. L'accusateur que la société lance après moi, a été enrichi par une infamie… J'ai commis un assassinat et je suis justement condamné, mais, à cette seule action près, le Valenod qui m'a condamné est cent fois plus nuisible à la société.

Eh bien ! ajouta Julien tristement, mais sans colère, malgré son avarice, mon père vaut mieux que tous ces hommes-là. Il ne m'a jamais aimé. Je viens combler la mesure en le déshonorant par une mort infâme. Cette crainte de manquer d'argent, cette vue exagérée de la méchanceté des hommes qu'on appelle *avarice*, lui fait voir un prodigieux motif de consolation et de sécurité dans une somme de trois ou quatre cents louis que je puis lui laisser. Un dimanche après dîner, il montrera son or à tous ses envieux de Verrières. À ce prix, leur dira son regard, lequel d'entre vous ne serait pas charmé d'avoir un fils guillotiné ?

[…]

J'ai aimé la vérité… Où est-elle ?… Partout hypocrisie, ou du moins charlatanisme, même chez les plus vertueux, même chez les plus grands ; et ses lèvres prirent l'expression du dégoût… Non, l'homme ne peut pas se fier à l'homme.

---

2. *galériens* : deux prisonniers avec lesquels Julien a dîné peu de temps auparavant.

QUESTIONS

1 Stendhal affirme qu'un roman est « un miroir que l'on promène le long d'un chemin ». Quelle image de la société pouvez-vous dégager de cet extrait ?

2 Expliquez l'importance de l'argent dans cet extrait.

3 a) Dans la citation « les salons de Paris sont peuplés *d'honnêtes gens* tels que mon père, ou *de coquins habiles* tels que ces galériens », quelle est la figure de style formée par les mots en italique ? Que signifie-t-elle ?

b) Quelles sont les vertus prônées par Julien ? En quoi se heurtent-elles aux valeurs de la société ?

c) Le héros stendhalien ne craint pas de violer les lois s'il le juge nécessaire. Citez et expliquez les passages qui justifient le fait de commettre un acte illégal.

d) Analysez l'importance de la ponctuation pour comprendre l'état d'esprit de Julien.

e) Quels mots décrivent l'état d'esprit de Julien et qu'ont-ils en commun ?

4 Montrez qu'en dépit de sa condamnation à mort Julien porte un jugement sévère sur la moralité de ses contemporains et demeure convaincu de sa noblesse d'âme.

5 Julien estime que «les gens qu'on honore ne sont que des fripons qui ont eu le bonheur de n'être pas pris en flagrant délit». Connaissez-vous un événement d'aujourd'hui qui pourrait justifier une telle opinion ?

Honoré de Balzac (1799-1850)

Né au sein d'une famille bourgeoise, Balzac passe une enfance solitaire dans des pensionnats. À vingt ans, il renonce à la carrière de notaire souhaitée par ses parents pour devenir écrivain, le seul métier qui, croit-il, lui procurera la gloire et la fortune. Ses débuts sont difficiles : après un essai infructueux au théâtre, il écrit des romans populaires commandés par des éditeurs. Pressé de faire fortune, il se lance en affaires, devient éditeur et fait faillite au bout de deux ans. Couvert de dettes, il se remet à écrire. En 1831, il connaît enfin le succès avec un roman d'inspiration fantastique, *La Peau de chagrin*. Désormais célèbre, Balzac fréquente les milieux mondains. Il mène une vie de luxe, mais les sommes considérables que lui rapportent ses romans ne suffisent pas à satisfaire ses caprices. Le cycle infernal de l'endettement l'astreint à un rythme de travail surhumain : il écrit toute la nuit et toute la journée, réservant ses soirées à sa vie mondaine. Pour compenser le manque de sommeil, il boit des quantités phénoménales de café fort. Les parutions se bousculent chez les libraires : en vingt ans, Balzac écrit quatre-vingt-quinze romans et crée près de deux mille cinq cents personnages. Vieilli prématurément par le travail, Balzac meurt en 1850, à cinquante et un ans, tout juste après avoir épousé Mme Hanska, une riche veuve qu'il connaissait depuis plus de quinze ans.

On doit à Balzac un des monuments de la littérature française : *La Comédie humaine*. C'est en 1841 qu'il a l'idée de réunir tous ses romans dans un seul et même ensemble, afin de donner au lecteur un portrait global de la France du XIXe siècle. Le plan général qu'il conçoit prévoit plus de cent cinquante romans. Loin de se borner à simplement décrire la société de son temps, Balzac entend l'expliquer, montrer les lois et les forces qui la régissent. Dans *La Comédie humaine*, il illustre la puissance de l'argent, les passions qui motivent les individus, les jeux de coulisses du pouvoir. *La Comédie humaine* inspirera d'autres cycles romanesques, comme *Les Rougon-Macquart* de Zola.

HONORÉ DE BALZAC
Dessin au crayon de David d'Angers, 1843.

■ CÉSAR BIROTTEAU (1837)

César Birotteau est un fils de paysan qui a fait fortune grâce à sa parfumerie. Comme bien des parvenus de son époque, César nourrit de grandes ambitions sociales. Lorsqu'il est décoré de la Légion d'honneur, il croit son heure arrivée. Il s'engage dans une affaire de spéculation immobilière qui, pense-t-il, doublera sa fortune. Mais l'affaire tourne mal : César, naïf, est floué par ses associés. Ruiné, il travaille comme un forcené pour rembourser ses dettes et sauver son honneur.

Avant sa ruine, César connaît un bref instant de gloire lorsqu'il donne un grand bal chez lui. Afin d'étaler sa réussite, il a fait rénover son appartement par Grindot, un jeune architecte.

Rien ne peut se faire simplement chez les gens qui montent d'un étage social à un autre. Ni madame Birotteau, ni César, ni personne ne pouvait s'introduire sous aucun prétexte au premier étage. […] Birotteau, comme l'empereur Napoléon à Compiègne lors de la restauration du château pour son mariage avec Marie-Louise d'Autriche, voulait ne rien voir partiellement, il voulait jouir *de la surprise*. […] Monsieur Grindot devait donc prendre César par la main et lui montrer l'appartement, comme un cicerone[1] montre une galerie à un curieux. Chacun dans la maison avait d'ailleurs inventé *sa surprise*. Césarine, la chère enfant, avait employé tout son petit trésor, cent louis, à acheter des livres à son père. Monsieur Grindot lui avait un matin confié qu'il y aurait deux corps de bibliothèque dans la chambre de son père, laquelle formait cabinet, une surprise d'architecte. Césarine avait jeté toutes ses économies de jeune fille dans le comptoir d'un libraire, pour offrir à son père : Bossuet, Racine, Voltaire, Jean-Jacques Rousseau, Montesquieu, Molière, Buffon, Fénelon, Delille, Bernardin de Saint-Pierre, La Fontaine, Corneille, Pascal, La Harpe, enfin cette bibliothèque vulgaire qui se trouve partout et que son père ne lirait jamais. Il devait y avoir un terrible mémoire[2] de reliure. […] La surprise de César à sa femme était une robe de velours cerise garnie de dentelles, dont il venait de parler à sa fille, sa complice. La surprise de madame Birotteau pour le nouveau chevalier consistait en une paire de boucles d'or et un solitaire en épingle. Enfin il y avait pour toute la famille la surprise de l'appartement, laquelle devait être suivie dans la quinzaine de la grande surprise des mémoires à payer.

[…]

Le seize à deux heures, monsieur de La Billardière vint prendre César pour le mener à la Chancellerie de la Légion d'Honneur, où il devait être reçu chevalier par monsieur le comte de Lacépède avec une dizaine d'autres chevaliers. Le maire trouva le parfumeur les larmes aux yeux : Constance venait de lui faire la surprise des boucles d'or et du solitaire.

— Il est bien doux d'être aimé ainsi, dit-il en montant en fiacre en présence de ses commis attroupés, de Césarine et de Constance. Tous, ils regardaient César en culotte de soie noire, en bas de soie, et le nouvel habit bleu barbeau sur lequel allait briller le ruban qui, selon Molineux[3], était trempé dans le sang. Quand César rentra pour dîner, il était pâle de joie, il regardait sa croix dans toutes les glaces, car dans sa première ivresse il ne se contenta pas du ruban[4], il fut glorieux sans fausse modestie.

[…]

— Mais mange donc, lui dit sa femme. Il est pire qu'un enfant, ton père, dit Constance à Césarine.

— Comme cela fait bien à ta boutonnière, dit Césarine. On te portera les armes, nous sortirons ensemble.

— On me portera les armes partout où il y aura des factionnaires.

En ce moment, Grindot descendit avec Braschon[5]. Après dîner, monsieur, madame et mademoiselle pouvaient jouir du coup d'œil des appartements, le premier garçon de Braschon achevait d'y clouer quelques patères, et trois hommes allumaient les bougies.

[…]

— Votre fête sera magnifique, monsieur le chevalier, dit Braschon.

Birotteau se dit en lui-même : « Déjà les flatteurs ! L'abbé Loraux m'a bien engagé à ne pas

ANONYME.

Guillaume Dupuytren, s. d.
(Musée de l'Assistance Publique —
Hôpitaux de Paris.)

Le docteur Guillaume Dupuytren
(1777-1835) fut le chirurgien le plus
célèbre — et le plus riche — de son
temps. Bien en chair, élégamment
vêtu, il a l'expression satisfaite d'un
bourgeois du XIXe siècle, fier de sa
réussite professionnelle, tout comme
l'aurait été César Birotteau s'il avait
posé pour un portraitiste. Le docteur
arbore fièrement au revers de sa veste
la médaille de la Légion d'honneur.

75   donner dans leurs pièges et à rester modeste.
Je me souviendrai de mon origine. »

[…]

Tous entrèrent alors dans une antichambre de
bon goût, parquetée, spacieuse, simplement
décorée. Puis venait un salon à trois croisées sur
80   la rue, blanc et rouge, à corniches élégamment
profilées, à peintures fines, où rien ne papillo-
tait. Sur une cheminée en marbre blanc à colonnes était une garniture choisie avec goût, elle
n'offrait rien de ridicule, et concordait aux au-
85   tres détails. Là régnait enfin cette suave harmonie que les artistes seuls savent établir en
poursuivant un système de décoration jusque
dans les plus petits accessoires, et que les

---

1. *cicerone* : guide qui accompagne des touristes dans une ville, un musée, etc.

2. *mémoire* : relevé des sommes dues à un fournisseur.

3. *Molineux* : le propriétaire de la maison voisine de celle de César.

4. *ruban* : les personnes décorées de la Légion d'honneur reçoivent une médaille en forme de croix, ainsi qu'un ruban rouge qu'elles peuvent épin-
gler à un vêtement ; il était courant de réserver le port de la médaille pour les grandes occasions et de ne porter, au quotidien, que le ruban.

5. *Braschon* : le tapissier engagé par Grindot.

bourgeois ignorent, mais qui les surprend. [...]
90 Un boudoir vert et blanc donnait passage dans le cabinet de César.

— J'ai mis là un lit, dit Grindot en dépliant les portes d'une alcôve habilement cachée entre les deux bibliothèques. Vous ou madame
95 vous pouvez être malade, et alors chacun a sa chambre.

— Mais cette bibliothèque garnie de livres reliés. Oh ! ma femme ! ma femme ! dit César.

— Non, ceci est la surprise de Césarine.

100 — Pardonnez à l'émotion d'un père, dit-il à l'architecte en embrassant sa fille.

— Mais faites, faites donc, monsieur, dit Grindot. Vous êtes chez vous.

[...]

La chambre de madame Birotteau venait
105 ensuite. L'architecte y avait déployé des magnificences de nature à plaire aux braves gens qu'il voulait empaumer[6], car il avait tenu parole en étudiant cette *restauration*. [...] La salle à manger était derrière la chambre de Birotteau

110 et celle de sa femme, on y entrait par l'escalier, elle avait été traitée dans le genre dit Louis XIV, avec la pendule de Boulle[7], les buffets de cuivre et d'écaille, les murs tendus en étoffe à clous dorés. [...]

115 — Monsieur, cet appartement vous fera beaucoup d'honneur, dit Constance à Grindot. Nous aurons cent et quelques personnes demain soir, et vous recueillerez les éloges de tout le monde.

120 — Je vous recommanderai, dit César. Vous verrez *la tête* du commerce, et vous serez connu dans une seule soirée plus que si vous aviez bâti cent maisons.

[...]

Les gens assez grands pour reconnaître leurs
125 faiblesses avoueront qu'une pauvre orpheline qui, dix-huit ans auparavant, était première demoiselle au *Petit-Matelot*[8], île Saint-Louis, qu'un pauvre paysan venu de Touraine à Paris avec un bâton à la main, à pied, en sou-
130 liers ferrés, devaient être flattés, heureux, de donner une pareille fête pour de si louables motifs.

---

6. *empaumer* : duper.

7. *Boulle* : ébéniste français (1642-1732), créateur de meubles richement décorés.

8. *Petit-Matelot* : boutique où travaillait madame Birotteau avant de se marier.

QUESTIONS

1 En quoi la description de l'appartement témoigne-t-elle de la réussite sociale de César Birotteau ?

2 Comment la vanité de César s'exprime-t-elle ?

3 a) En quoi la comparaison avec Napoléon a-t-elle un aspect dérisoire ?

b) Quelle est la dénotation du mot « vulgaire » (ligne 26) ?

c) Quels indices nous laissent croire que le narrateur pose un regard ironique sur son protagoniste ?

d) En quoi le dernier paragraphe vient-il tempérer l'ironie de Balzac ?

4 Montrez que Balzac propose une vision ambiguë de l'ascension sociale.

5 Une telle ascension sociale est-elle encore possible ? Est-elle toujours vécue comme Balzac la décrit ?

PARTIE 2

L'ÉTUDE DE LA NATURE HUMAINE

LE PORTRAIT de la nature humaine dans les œuvres réalistes a souvent été qualifié de pessimiste. Il est vrai que, dans les œuvres de Flaubert et de Maupassant, les personnages sont souvent médiocres, mesquins, stupides. Le bonheur et l'espoir ne semblent pas y avoir de place. Pour Flaubert, l'existence n'est qu'un long cheminement vers le néant, vers l'usure inévitable des êtres et des choses. De nature misanthrope, Flaubert observait ses contemporains avec dérision, plus attaché à leurs défauts qu'à leurs vertus. *Madame Bovary*, son chef-d'œuvre, décrit l'échec de la passion et la vanité de la bourgeoisie matérialiste. Maupassant, qui fut formé à l'écriture par Flaubert, s'inspire de ses observations, mais aussi de ses obsessions, pour décrire la méchanceté qui, croit-il, est inhérente à l'âme humaine.

Gustave Flaubert (1821-1880)

Né à Rouen dans une famille aisée, Gustave Flaubert se passionne très jeune pour l'écriture. En 1841, il entreprend, sans grande conviction, des études de droit qu'il doit interrompre en 1844, victime d'une crise nerveuse. À l'abri du besoin grâce aux placements immobiliers de ses parents, Flaubert se consacre alors entièrement à la littérature. Un fait divers local lui inspire l'intrigue de son premier roman important, *Madame Bovary*. Après quatre années et demie de travail, l'œuvre est publiée en 1856 et vaut à son auteur un grand succès de scandale, suscité par un procès pour offense à la morale publique. En effet, la censure n'a pas apprécié la description des amours adultères d'Emma Bovary. Mais le tribunal reconnaît les qualités artistiques du roman et Flaubert est acquitté. Il continuera à écrire, mais ne connaîtra plus jamais un succès comparable à celui de *Madame Bovary* ; il n'en deviendra pas moins le maître à penser de plusieurs jeunes écrivains, dont Maupassant et Zola. Ses dernières années sont assombries par des ennuis d'argent : pour sauver le mari de sa nièce de la faillite, Flaubert est contraint de vendre ses propriétés. Ses amis, dont Maupassant, lui obtiennent une pension honorifique du gouvernement. Il meurt subitement à cinquante-neuf ans, laissant inachevé un dernier roman, *Bouvard et Pécuchet*.

Flaubert est sans doute l'écrivain réaliste le plus préoccupé par les qualités esthétiques de ses œuvres. Il publie peu, car il lui faut plusieurs années de travail acharné pour terminer l'écriture d'un roman. Flaubert est obsédé par la recherche du mot juste, par la musicalité de la phrase, au point qu'il peut consacrer une semaine à écrire une seule page. Le soin qu'il met à polir son style contraste souvent avec la banalité apparente des sujets qu'il aborde. Ses thèmes de prédilection sont la futilité de l'existence, l'échec irrémédiable de toute entreprise humaine ou encore le triomphe de la bêtise. Le regard désabusé qu'il pose sur ses semblables est celui d'un idéaliste déçu par son époque.

GUSTAVE FLAUBERT
Photo prise par Nadar.

■ MADAME BOVARY (1857)

Emma, une jeune paysanne, a épousé Charles Bovary, un médecin médiocre. Elle rêve d'échapper à la morosité de la vie à Yonville, la petite ville de Normandie où elle réside. Ses lectures de jeune fille lui ont inspiré des rêves de passion et de romantisme qui se heurtent à la banalité du quotidien et à la mesquinerie de son entourage. Déçue par le mariage, elle vit deux liaisons amoureuses, d'abord avec Rodolphe Boulanger, puis avec Léon Dupuis, mais ses amants n'ont guère plus d'envergure que son mari et en viennent à se lasser d'elle. La jeune femme, écrasée par les dettes et ses échecs amoureux, finit par se suicider en avalant de l'arsenic, laissant Charles ruiné et anéanti.

Dans cet extrait, Emma vit sa première liaison avec Rodolphe Boulanger, un don Juan de province sans envergure. Elle croit avoir rencontré l'amour de sa vie et propose à Rodolphe de s'enfuir avec elle à l'étranger. Rodolphe, qui se sent pris au piège d'une relation par trop passionnée, décide de rompre avec Emma et de quitter Yonville. Mais il lui faut le faire sans perdre la face…

À peine arrivé chez lui, Rodolphe s'assit brusquement à son bureau, sous la tête de cerf faisant trophée contre la muraille. Mais, quand il eut la plume entre les doigts, il ne sut rien trou-
5 ver, si bien que, s'appuyant sur les deux coudes, il se mit à réfléchir. Emma lui semblait être reculée dans un passé lointain, comme si la résolution qu'il avait prise venait de placer entre eux, tout à coup, un immense intervalle.

10 Afin de ressaisir quelque chose d'elle, il alla chercher dans l'armoire, au chevet de son lit, une vieille boîte à biscuits de Reims où il enfermait d'habitude ses lettres de femmes, et il s'en échappa une odeur de poussière humide
15 et de roses flétries. […] ; et machinalement il se mit à fouiller dans ce tas de papiers et de choses, y retrouvant pêle-mêle des bouquets, une jarretière, un masque noir, des épingles et des cheveux — des cheveux ! de bruns, de
20 blonds ; quelques-uns, même, s'accrochant à la ferrure de la boîte, se cassaient quand on l'ouvrait.

Ainsi flânant parmi ses souvenirs, il examinait les écritures et le style des lettres, aussi variés
25 que leurs orthographes. Elles étaient tendres ou joviales, facétieuses, mélancoliques ; il y en avait qui demandaient de l'amour et d'autres qui demandaient de l'argent. À propos d'un mot, il se rappelait des visages, de certains gestes, un
30 son de voix ; quelquefois, pourtant, il ne se rappelait rien.

En effet, ces femmes, accourant à la fois dans sa pensée, s'y gênaient les unes les autres et s'y rapetissaient, comme sous un même niveau
35 d'amour qui les égalisait. Prenant donc à poignée les lettres confondues, il s'amusa pendant quelques minutes à les faire tomber en cascades de sa main droite dans sa main gauche. Enfin, ennuyé, assoupi, Rodolphe alla reporter la boîte
40 dans l'armoire en se disant :

— Quel tas de blagues !…

Ce qui résumait son opinion ; car les plaisirs, comme des écoliers dans la cour d'un collège, avaient tellement piétiné sur son cœur, que rien
45 de vert n'y poussait, et ce qui passait par là, plus étourdi que les enfants, n'y laissait pas même, comme eux, son nom gravé sur la muraille.

— Allons, se dit-il, commençons !

Il écrivit :

50 « Du courage, Emma ! du courage ! Je ne veux pas faire le malheur de votre existence… »

— Après tout, c'est vrai, pensa Rodolphe ; j'agis dans son intérêt ; je suis honnête.

« Avez-vous mûrement pesé votre détermina-
55 tion ? Savez-vous l'abîme où je vous entraînais,

pauvre ange ? Non, n'est-ce pas ? Vous alliez confiante et folle, croyant au bonheur, à l'avenir… Ah ! malheureux que nous sommes ! insensés ! »

60 Rodolphe s'arrêta pour trouver ici quelque bonne excuse.

— Si je lui disais que toute ma fortune est perdue ?… Ah ! non, et, d'ailleurs, cela n'empêcherait rien. Ce serait à recommencer plus tard.
65 Est-ce qu'on peut faire entendre raison à des femmes pareilles ?

Il réfléchit, puis ajouta :

« Je ne vous oublierai pas, croyez-le bien, et j'aurai continuellement pour vous un dévouement
70 profond ; mais, un jour, tôt ou tard, cette ardeur (c'est là le sort des choses humaines) se fût diminuée, sans doute ! Il nous serait venu des lassitudes, et qui sait même si je n'aurais pas eu l'atroce douleur d'assister à vos remords et d'y
75 participer moi-même, puisque je les aurais causés. L'idée seule des chagrins qui vous arrivent me torture, Emma ! Oubliez-moi ! Pourquoi faut-il que je vous aie connue ? Pourquoi étiez-vous si belle ? Est-ce ma faute ? Ô mon Dieu !
80 non, non, n'en accusez que la fatalité ! »

— Voilà un mot qui fait toujours de l'effet, se dit-il.

« Ah ! si vous eussiez été une de ces femmes au cœur frivole comme on en voit, certes, j'au-
85 rais pu, par égoïsme, tenter une expérience alors sans danger pour vous. Mais cette exaltation délicieuse, qui fait à la fois votre charme et votre tourment, vous a empêchée de comprendre, adorable femme que vous êtes, la
90 fausseté de notre position future. Moi non plus, je n'y avais pas réfléchi d'abord, et je me reposais à l'ombre de ce bonheur idéal comme à celle du mancenillier, sans prévoir les conséquences. »

95 — Elle va peut-être croire que c'est par avarice que j'y renonce… Ah ! n'importe ! tant pis, il faut en finir !

« Le monde est cruel, Emma. Partout où nous eussions été, il nous aurait poursuivis. Il vous
100 aurait fallu subir les questions indiscrètes, la calomnie, le dédain, l'outrage peut-être. L'outrage à vous ! Oh !… Et moi qui voudrais vous faire asseoir sur un trône ! Moi qui emporte votre pensée comme un talisman ! Car
105 je me punis par l'exil de tout le mal que je vous ai fait. Je pars. Où ? Je n'en sais rien, je suis fou ! Adieu ! Soyez toujours bonne ! Conservez le souvenir du malheureux qui vous a perdue. Apprenez mon nom à votre enfant, qu'il le
110 redise dans ses prières. »

La mèche des deux bougies tremblait. Rodolphe se leva pour aller fermer la fenêtre, et, quand il se fut rassis :

— Il me semble que c'est tout. Ah ! encore ceci,
115 de peur qu'elle vienne à *me relancer* :

« Je serai loin quand vous lirez ces tristes lignes ; car j'ai voulu m'enfuir au plus vite afin d'éviter la tentation de vous revoir. Pas de faiblesse ! Je reviendrai ; et peut-être que, plus tard,
120 nous causerons ensemble très froidement de nos anciennes amours. Adieu ! »

Et il y avait un dernier adieu, séparé en deux mots : *À Dieu !* ce qu'il jugeait d'un excellent goût.

125 — Comment vais-je signer, maintenant ? se dit-il. Votre tout dévoué… Non. Votre ami ?… Oui, c'est cela.

« Votre ami. »

Il relut sa lettre. Elle lui parut bonne.

130 — Pauvre petite femme ! pensa-t-il avec attendrissement. Elle va me croire plus insensible qu'un roc ; il eût fallu quelques larmes là-dessus ; mais, moi, je ne peux pas pleurer ; ce n'est pas ma faute. Alors, s'étant versé de l'eau
135 dans un verre, Rodolphe y trempa son doigt et il laissa tomber de haut une grosse goutte, qui fit une tache pâle sur l'encre ; puis, cherchant à cacheter la lettre, le cachet *Amor nel cor* se rencontra.

140 — Cela ne va guère à la circonstance[1]… Ah ! bah ! qu'importe !

Après quoi, il fuma trois pipes, et alla se coucher.

---

1. Emma avait donné ce cachet à Rodolphe au début de leur liaison.

QUESTIONS

1 Comment la vision du monde pessimiste de Flaubert s'exprime-t-elle dans cet extrait ?

2 Quelles sont les raisons invoquées par Rodolphe pour rompre avec Emma ? Qu'est-ce qui nous fait voir que ce ne sont que des prétextes ?

3 a) Quel effet l'énumération des lignes 17 à 20 crée-t-elle ? Montrez l'importance des mots « odeur de poussière humide et de roses flétries » pour introduire l'énumération.

b) Identifiez et expliquez l'image de la cour de collège à la ligne 43.

c) Pourquoi Flaubert nous livre-t-il les réflexions de Rodolphe en alternance avec le contenu de la lettre ?

d) Décrivez le contraste entre le ton de la lettre et celui des réflexions que se fait Rodolphe.

e) Quels détails nous indiquent que Rodolphe ne ressent aucune passion pour Emma ?

f) Quelle est la connotation de « Pauvre petite femme » (ligne 130) ?

4 Montrez que Rodolphe est un personnage cynique et sans scrupules.

5 a) En quoi cet extrait sonne-t-il le glas du romantisme ?

b) Que pensez-vous des précautions que prend Rodolphe pour ne pas blesser Emma ?

■ MADAME BOVARY (1857)

Charles Bovary s'est laissé convaincre par le pharmacien de Yonville, M. Homais, de pratiquer une opération « avant-gardiste » sur Hippolyte, un jeune homme affligé d'un pied bot. L'opération, qui devait être le triomphe de Charles et de M. Homais, se termine par un fiasco total. L'épisode permet à Flaubert de ridiculiser le culte que la bourgeoisie de son époque vouait au progrès scientifique.

C'était M. Homais qui avait organisé dès le matin tous ces préparatifs, autant pour éblouir la multitude que pour s'illusionner lui-même. Charles piqua la peau ; on entendit un cra-
5 quement sec. Le tendon était coupé, l'opération était finie. Hippolyte n'en revenait pas de surprise ; il se penchait sur les mains de Bovary pour les couvrir de baisers.

— Allons, calme-toi, disait l'apothicaire, tu
10 témoigneras plus tard ta reconnaissance envers ton bienfaiteur !

Et il descendit conter le résultat à cinq ou six curieux qui stationnaient dans la cour, et qui s'imaginaient qu'Hippolyte allait reparaître
15 marchant droit. Puis Charles, ayant bouclé son malade dans le moteur mécanique[1], s'en retourna chez lui, où Emma, tout anxieuse, l'attendait sur la porte. […]

Ils étaient au lit lorsque M. Homais, malgré la
20 cuisinière, entra tout à coup dans la chambre, en tenant à la main une feuille de papier fraîche écrite. C'était la réclame qu'il destinait au *Fanal de Rouen*. Il la leur apportait à lire.

— Lisez vous-même, dit Bovary.

25 Il lut :

— « Malgré les préjugés qui recouvrent encore une partie de la face de l'Europe comme un réseau, la lumière cependant commence à pénétrer dans nos campagnes. C'est ainsi que,
30 mardi, notre petite cité d'Yonville s'est vue le théâtre d'une expérience chirurgicale qui est en même temps un acte de haute philanthropie. M. Bovary, un de nos praticiens les plus distingués… »

35 — Ah ! c'est trop ! c'est trop ! disait Charles, que l'émotion suffoquait.

HONORÉ DAUMIER (1808-1879).

Les Deux Médecins et la Mort, 1865-69.
(Craie, aquarelle et gouache sur papier,
27,7 × 23,1 cm. Oskar Reinhart Collection,
Winterthur, Suisse.)

Daumier a peint cette toile pour illustrer
Le Malade imaginaire de Molière. Les
deux médecins, habillés à la manière du
XVIIe siècle, se disputent sur la manière de
traiter leur patient, pointant du doigt
leurs livres de médecine pour appuyer
leurs arguments. Mais pendant qu'ils
perdent leur temps en palabres inutiles,
la mort, symbolisée par le squelette à
l'arrière-plan, emmène le malade. Cette
satire mordante de la vanité et de l'in-
compétence des médecins n'est pas
sans rappeler la critique de Flaubert, lui-
même fils de médecin, dans sa description de l'échec de l'opération du garçon
d'écurie dans *Madame Bovary*.

— Mais non, pas du tout! comment donc!…
« A opéré d'un pied bot… » Je n'ai pas mis le
terme scientifique, parce que, vous savez,
40 dans un journal…, tout le monde peut-être ne
comprendrait pas; il faut que les masses…

— En effet, dit Bovary. Continuez.

— Je reprends, dit le pharmacien. « M. Bovary,
un de nos praticiens les plus distingués, a opéré
45 d'un pied bot le nommé Hippolyte Tautain,
garçon d'écurie depuis vingt-cinq ans à l'hôtel
du *Lion d'or*, tenu par madame Lefrançois, sur
la place d'Armes. La nouveauté de la tentative

50 et l'intérêt qui s'attachait au sujet avaient
attiré un tel concours de population, qu'il y
avait véritablement encombrement au seuil de
l'établissement. L'opération, du reste, s'est pra-
tiquée comme par enchantement et à peine si
quelques gouttes de sang sont venues sur la
55 peau, comme pour dire que le tendon rebelle
venait enfin de céder sous les efforts de l'art.
Le malade, chose étrange (nous l'affirmons *de
visu*), n'accusa point de douleur. Son état jusqu'à présent ne laisse rien à désirer. Tout porte
60 à croire que la convalescence sera courte, et qui
sait même si, à la prochaine fête villageoise,

---

1. Charles a fait construire une machine pour compléter l'opération de redressement du pied bot de son patient.

nous ne verrons pas notre brave Hippolyte figu-
rer dans des danses bachiques, au milieu d'un
chœur de joyeux drilles, et ainsi prouver à tous
65 les yeux, par sa verve et ses entrechats, sa complète guérison ? Honneur donc aux savants
généreux ! Honneur à ces esprits infatigables
qui consacrent leurs veilles à l'amélioration
ou bien au soulagement de leur espèce ! Hon-
70 neur ! trois fois honneur ! N'est-ce pas le cas de
s'écrier que les aveugles verront, les sourds
entendront et les boiteux marcheront ? Mais ce
que le fanatisme autrefois promettait à ses élus,
la science maintenant l'accomplit pour tous les
75 hommes ! Nous tiendrons nos lecteurs au
courant des phases successives de cette cure
remarquable. »

Ce qui n'empêcha pas que, cinq jours après, la
mère Lefrançois n'arrivât tout effarée en
80 s'écriant :

— Au secours ! il se meurt !… J'en perds la tête !

Charles se précipita vers le *Lion d'or*, et le pharmacien, qui l'aperçut passant sur la place, sans
chapeau, abandonna la pharmacie. Il parut lui-
85 même, haletant, rouge, inquiet, et demandant
à tous ceux qui montaient l'escalier :

— Qu'a donc notre intéressant stréphopode[2] ?

Il se tordait, le stréphopode, dans des convul-
90 sions atroces, si bien que le moteur mécanique
où était enfermée sa jambe frappait contre la
muraille à la défoncer.

Avec beaucoup de précautions, pour ne pas
déranger la position du membre, on retira
95 donc la boîte, et l'on vit un spectacle affreux.
Les formes du pied disparaissaient dans une
telle bouffissure, que la peau tout entière semblait près de se rompre, et elle était couverte
d'ecchymoses occasionnées par la fameuse
100 machine. Hippolyte déjà s'était plaint d'en
souffrir ; on n'y avait pris garde ; il fallut reconnaître qu'il n'avait pas eu tort complète-

ment et on le laissa libre quelques heures. Mais
à peine l'œdème eut-il un peu disparu, que les
105 deux savants jugèrent à propos de rétablir le
membre dans l'appareil, et en l'y serrant
davantage, pour accélérer les choses. Enfin,
trois jours après, Hippolyte n'y pouvant plus
tenir, ils retirèrent encore une fois la méca-
110 nique, tout en s'étonnant beaucoup du résultat qu'ils aperçurent. Une tuméfaction livide
s'étendait sur la jambe, et avec des phlyctènes[3]
de place en place, par où suintait un liquide
noir. […]

115 On avait beau varier les potions et changer les
cataplasmes, les muscles, chaque jour, se
décollaient davantage, et enfin Charles répondit par un signe de tête affirmatif quand la mère
Lefrançois lui demanda si elle ne pourrait point,
120 en désespoir de cause, faire venir M. Canivet,
de Neufchâtel, qui était une célébrité.

Docteur en médecine, âgé de cinquante ans,
jouissant d'une bonne position et sûr de lui-
même, le confrère ne se gêna pas pour rire dé-
125 daigneusement lorsqu'il découvrit cette jambe
gangrenée jusqu'au genou. Puis, ayant déclaré net
qu'il la fallait amputer, il s'en alla chez le pharmacien déblatérer contre les ânes qui avaient pu
réduire un malheureux homme en un tel état.
130 Secouant M. Homais par le bouton de sa redin-
gote, il vociférait dans la pharmacie :

— […] Redresser des pieds bots ! est-ce qu'on
peut redresser les pieds bots ? C'est comme si
l'on voulait, par exemple, rendre droit un
135 bossu !

Homais souffrait en écoutant ce discours, et il
dissimulait son malaise sous un sourire de
courtisan, ayant besoin de ménager M. Canivet, dont les ordonnances quelquefois arri-
140 vaient jusqu'à Yonville ; aussi ne prit-il pas la
défense de Bovary, ne fit-il même aucune
observation, et, abandonnant ses principes, il
sacrifia sa dignité aux intérêts plus sérieux de
son négoce.

---

2. *stréphopode* : de stréphopodie, une nouvelle méthode de traitement des pieds bots suggérée par Vincent Duval (1796-1876), chirurgien orthopé-
diste, auteur du *Traité pratique du pied bot* (1834).

3. *phlyctènes* : cloques.

QUESTIONS

1 a) Quels détails témoignent de l'intérêt de l'époque pour la science ?

b) Quels éléments du texte illustrent la volonté des réalistes de tout montrer, même ce qui est choquant ou désagréable ?

2 Quel est le message final sur les capacités de la science ? Qui en est le porteur ?

3 a) Comment l'auteur nous fait-il comprendre la médiocrité de Charles Bovary ?

b) Décrivez la personnalité du pharmacien Homais.

c) Quelle connotation le mot « savants » a-t-il dans cet extrait (ligne 66) ?

d) Analysez le rôle de M. Homais du début à la fin de l'extrait.

e) Comment Flaubert s'y prend-il pour ridiculiser l'idéologie défendue par Homais ?

4 Montrez que Flaubert se moque ici du positivisme et, par extension, de la bourgeoisie qui prônait cette idéologie.

5 a) Quel lien peut-on faire entre cet extrait et l'idéologie des Lumières du XVIIIᵉ siècle ? Ce lien est-il positif ?

b) Quelle relation pouvez-vous établir entre le personnage de M. Homais et les vendeurs de produits « miracles » omniprésents de nos jours dans la publicité ? Quelle conclusion sur la nature humaine peut-on tirer de cette relation ?

■ DICTIONNAIRE DES IDÉES REÇUES (1911, POSTHUME)

Flaubert conçoit très tôt le projet d'un Dictionnaire des idées reçues *dans lequel il ferait l'inventaire des préjugés de la bourgeoisie française. Dans une lettre, il précise : « Il faudrait que, dans tout le cours du livre, il n'y eût pas un mot de mon cru, et qu'une fois qu'on l'aurait lu, on n'osât plus parler, de peur de dire une des phrases qui s'y trouvent… » Publié quelques décennies après la mort de Flaubert, ce petit livre fournit au lecteur contemporain des échantillons de la pensée conservatrice sous le Second Empire.*

AFFAIRES (Les) : Passent avant tout. Une femme doit éviter de parler des siennes. Sont dans la vie ce qu'il y a de plus important. Tout est là.

BLONDES : Plus chaudes que les brunes (*v. brunes*).

BRUNES : Plus chaudes que les blondes (*v. blondes*).

CÉLÉBRITÉ : Les célébrités : s'inquiéter du moindre détail de leur vie privée, afin de pouvoir les dénigrer.

COLÈRE : Fouette le sang ; hygiénique de s'y mettre de temps en temps.

ENFANTS : Affecter pour eux une tendresse lyrique, quand il y a du monde.

ÉPOQUE (la nôtre) : Tonner contre elle. Se plaindre de ce qu'elle n'est pas poétique. L'appeler époque de transition, de décadence.

IMBÉCILES : Ceux qui ne pensent pas comme vous.

ORIGINAL : Rire de tout ce qui est original, le haïr, le bafouer, et l'exterminer si l'on peut.

TERRE : Dire les quatre coins de la terre, puisqu'elle est ronde.

TREIZE : Éviter d'être treize à table, ça porte malheur. Les esprits forts ne devront jamais manquer de plaisanter : « Qu'est-ce que ça fait, je mangerai pour deux. » Ou bien, s'il y a des dames, de demander si l'une d'elles n'est pas enceinte.

VENTE : Vendre et acheter, but de la vie.

VOISINS : Tâcher de se faire rendre par eux des services sans qu'il en coûte rien.

GUY DE MAUPASSANT
Photo prise par Nadar.

Guy de Maupassant (1850-1893)

Guy de Maupassant grandit à Étretat, au bord de la Manche. À dix-huit ans, il fait la rencontre d'un autre Normand, Gustave Flaubert, qui devient son grand ami. Après avoir participé à la guerre contre la Prusse en 1870, Maupassant trouve un emploi de commis de bureau au ministère de la Marine, un travail qu'il déteste. Son rêve est de vivre de sa plume. Il fait la connaissance d'Émile Zola et écrit ses premiers textes, qu'il soumet au jugement de son ami Flaubert. En 1880, il publie une nouvelle, « Boule de Suif », considérée comme son premier chef-d'œuvre. Maupassant est désormais lancé dans les milieux littéraires et journalistiques, et ses revenus d'écrivain lui permettent enfin de quitter son emploi de fonctionnaire.

De 1880 à 1890, Maupassant déploie une activité littéraire hors du commun. Il écrit six romans, trois cents contes, sans compter d'innombrables articles pour les journaux. Pour alimenter son inspiration, Maupassant décrit les divers milieux qu'il connaît : les paysans normands, les petits fonctionnaires, les bourgeois de Paris, les maisons closes… Il a une vision pessimiste de la nature humaine : dans ses œuvres, les paysans sont avares, les fonctionnaires bornés, les bourgeois égoïstes et hypocrites. Ses angoisses personnelles lui inspirent aussi un grand nombre de récits fantastiques qui constituent le deuxième volet de son œuvre.

Écrivain célèbre, Maupassant mène une vie de luxe. Il possède plusieurs résidences, voyage beaucoup et multiplie les aventures amoureuses. Cette existence trépidante est assombrie par les premiers symptômes de la syphilis qu'il a contractée tout jeune. Le mal s'attaque à son système nerveux : Maupassant devient de plus en plus irritable, paranoïaque. En janvier 1892, n'en pouvant plus, il tente de se suicider. Il est interné peu après dans un asile et sombre dans la folie. Il meurt le 6 juillet 1893.

■ « UNE FAMILLE » (1886)

Georges, célibataire vivant à Paris, s'apprête à revoir Simon pour la première fois en quinze ans. Autrefois amis intimes, les deux hommes se sont perdus de vue lorsque Simon s'est marié et a quitté Paris pour aller vivre dans une petite ville en région. Au moment des retrouvailles, Georges se demande s'il retrouvera le jeune homme « vif, spirituel, rieur et enthousiaste » qu'il a jadis connu.

Le train s'arrêta dans une petite gare. Comme je descendais de wagon, un gros, très gros homme, aux joues rouges, au ventre rebondi, s'élança vers moi, les bras ouverts, en criant :
5 « Georges. » Je l'embrassai, mais je ne l'avais pas reconnu. Puis je murmurai stupéfait : « Cristi, tu n'as pas maigri. » Il répondit en riant : « Que veux-tu ? La bonne vie ! la bonne table ! les bonnes nuits ! Manger et dormir, voilà mon
10 existence ! »

Je le contemplai, cherchant dans cette large figure les traits aimés. L'œil seul n'avait point changé ; mais je ne retrouvais plus le regard et je me disais : « S'il est vrai que le regard est le
15 reflet de la pensée, la pensée de cette tête-là n'est plus celle d'autrefois, celle que je connaissais si bien. »

L'œil brillait pourtant, plein de joie et d'amitié ; mais il n'avait plus cette clarté intelligente
20 qui exprime, autant que la parole, la valeur d'un esprit.

Tout à coup, Simon me dit :

« Tiens, voici mes deux aînés. »

Une fillette de quatorze ans, presque femme,
25 et un garçon de treize ans, vêtu en collégien, s'avancèrent d'un air timide et gauche.

Je murmurai : « C'est à toi ? »

Il répondit en riant : « Mais, oui.

— Combien en as-tu donc ?

30 — Cinq ! Encore trois restés à la maison ! »

Il avait répondu cela d'un air fier, content, presque triomphant ; et moi je me sentais saisi d'une pitié profonde, mêlée d'un vague mépris, pour ce reproducteur orgueilleux et naïf qui
35 passait ses nuits à faire des enfants entre deux sommes, dans sa maison de province, comme un lapin dans une cage.

[…]

On eut vite traversé la cité, et la voiture entra dans un jardin qui avait des prétentions de parc, puis s'arrêta devant une maison à tourelles
40 qui cherchait à passer pour château.

« Voilà mon trou », disait Simon, pour obtenir un compliment.

Je répondis :

45 « C'est délicieux. »

Sur le perron, une dame apparut, parée pour la visite, coiffée pour la visite, avec des phrases prêtes pour la visite. Ce n'était plus la fillette blonde et fade que j'avais vue à l'église quinze
50 ans plus tôt, mais une grosse dame à falbalas et à frisons, une de ces dames sans âge, sans caractère, sans élégance, sans esprit, sans rien de ce qui constitue une femme. C'était une mère, enfin, une grosse mère banale, la pon-
55 deuse, la poulinière humaine, la machine de chair qui procrée sans autre préoccupation dans l'âme que ses enfants et son livre de cuisine.

Elle me souhaita la bienvenue et j'entrai dans le vestibule où trois mioches alignés par rang
60 de taille semblaient placés là pour une revue comme des pompiers devant un maire.

Je dis :

« Ah, ah ! voici les autres ? »

Simon, radieux, les nomma : « Jean, Sophie et
65 Gontran. »

La porte du salon était ouverte. J'y pénétrai et j'aperçus au fond d'un fauteuil quelque chose qui tremblotait, un homme, un vieux homme paralysé.

70 Mme Radevin s'avança :

« C'est mon grand-père, monsieur. Il a quatre-vingt-sept ans. »

[…]

Simon venait d'entrer ; il riait :

« Ah ! ah ! tu as fait la connaissance de bon-
75 papa. Il est impayable, ce vieux ; c'est la distraction des enfants. Il est gourmand, mon cher, à se faire mourir à tous les repas. Tu ne te figures point ce qu'il mangerait si on le laissait libre. Mais tu verras, tu verras. Il fait de l'œil
80 aux plats sucrés comme si c'étaient des demoiselles. Tu n'as jamais rien rencontré de plus drôle, tu verras tout à l'heure. »

[…]

Mme Radevin prit mon bras d'un air cérémonieux et on passa dans la salle à manger. [...]

85 Et tout le long du repas on ne s'occupa que de lui. Il dévorait du regard les plats posés sur la table ; et de sa main follement agitée essayait de les saisir et de les attirer à lui. On les posait presque à portée pour voir ses efforts éperdus,
90 son élan tremblotant vers eux, l'appel désolé de tout son être, de son œil, de sa bouche, de son nez qui les flairait. Et il bavait d'envie sur sa serviette en poussant des grognements inarticulés. Et toute la famille se réjouissait de ce sup-
95 plice odieux et grotesque.

Puis on lui servait sur son assiette un tout petit morceau qu'il mangeait avec une gloutonnerie fiévreuse, pour avoir plus vite autre chose.

Quand arriva le riz sucré, il eut presque une
100 convulsion. Il gémissait de désir.

Gontran lui cria : « Vous avez trop mangé, vous n'en aurez pas. » Et on fit semblant de ne lui en point donner.

Alors il se mit à pleurer. Il pleurait en tremblant
105 plus fort, tandis que tous les enfants riaient.

On lui apporta enfin sa part, une toute petite part ; et il fit, en mangeant la première bouchée de l'entremets[1], un bruit de gorge comique et glouton, et un mouvement du cou pareil à
110 celui des canards qui avalent un morceau trop gros.

Puis, quand il eut fini, il se mit à trépigner pour en obtenir encore.

Pris de pitié, devant la torture de ce Tantale
115 attendrissant et ridicule, j'implorai pour lui : « Voyons, donne-lui encore un peu de riz ? »

Simon répondit : « Oh ! non, mon cher, s'il mangeait trop, à son âge, ça pourrait lui faire mal. »

Je me tus, rêvant sur cette parole. Ô morale,
120 ô logique, ô sagesse ! À son âge ! Donc, on le privait du seul plaisir qu'il pouvait encore goûter, par souci de sa santé ! Sa santé ! qu'en ferait-il, ce débris inerte et tremblotant ? On ménageait ses jours, comme on dit ? Ses jours ?
125 Combien de jours, dix, vingt, cinquante ou cent ? Pourquoi ? Pour lui ? ou pour conserver plus longtemps à la famille le spectacle de sa gourmandise impuissante ?

Il n'avait plus rien à faire en cette vie, plus rien.
130 Un seul désir lui restait, une seule joie ; pourquoi ne pas lui donner entièrement cette joie dernière, la lui donner jusqu'à ce qu'il en mourût ?

---

1. *entremets* : dessert.

QUESTIONS

1 Quels sont les signes de la vie bourgeoise de province dans le texte ?

2 Décrivez brièvement l'image de la vie de famille que trace cet extrait.

3 a) Quels ont été les effets du mariage sur Simon ? Comment Georges réagit-il devant ces changements ?

b) Relevez aux lignes 92 à 99 les images qui comparent les humains aux animaux. Quelle impression donnent-elles ?

c) En quoi la description de la maison (lignes 40 et 41) a-t-elle un caractère péjoratif ?

d) Quels mots donnent une image désolante de la vieillesse ?

e) Dans quel sens les mots « Ô morale, ô logique, ô sagesse ! » (lignes 119 et 120) sont-ils employés ?

f) Décrivez la cruauté de la scène du dîner. Relevez certains mots qui soulignent la méchanceté de la famille envers le grand-père.

4 Maupassant avait de nombreuses phobies, dont celles de la paternité et de la vieillesse ; montrez que cette nouvelle peut avoir été inspirée par les obsessions de son auteur.

5 Le traitement que notre société réserve aux personnes âgées a-t-il vraiment changé depuis l'époque de Maupassant ?

Art et littérature

LA PEINTURE RÉALISTE

Dans l'œuvre immense présentée ci-dessous, Courbet a croqué une scène typique de la vie dans la campagne française du XIXe siècle. Plutôt que de s'inspirer de modèles professionnels, l'artiste a peint des habitants d'Ornans, son village natal, afin de donner plus d'authenticité à son œuvre. On raconte que les villageois pouvaient facilement se reconnaître parmi les quarante-six personnages qui remplissent presque toute la surface de la toile.

Courbet ne cherche pas à ennoblir son sujet : les personnages n'adoptent pas les postures nobles qui caractérisaient encore l'art bourgeois au XIXe siècle. À gauche, des porteurs transportent le cercueil, recouvert d'un drap. Le prêtre, entouré des enfants de chœur, prononce les prières d'usage et le fossoyeur, un genou par terre, s'apprête à commencer son travail. Les villageois s'entassent pêle-mêle à droite de la fosse mortuaire ; ils portent leurs modestes habits noirs de deuil, et seuls les magistrats en toges rouges viennent jeter une note discordante dans l'ensemble.

La critique parisienne a mal accueilli ce tableau. On déplore la laideur des visages ; Théophile Gautier se demande même « si on doit pleurer ou rire, l'intention de l'auteur a-t-elle été de faire une caricature ou un tableau sérieux ? » Champfleury, par contre, s'enthousiasme devant le réalisme de la scène et réplique aux critiques en écrivant : « Est-ce la faute du peintre si les intérêts matériels, si la vie de petite ville, si les égoïsmes sordides, la mesquinerie de province clouent leurs griffes sur la figure, éteignent les yeux, plissent le front, hébètent la bouche ? »

- Relevez des détails qui étaient susceptibles de choquer le public bourgeois du XIXe siècle.

- Étudiez le paysage à l'arrière-plan : quelle impression s'en dégage ? En quoi ce paysage convient-il au sujet de l'œuvre ?

- Pourquoi peut-on parler ici d'art « réaliste » ?

- Ce tableau et la nouvelle « Une famille » de Maupassant présentent-ils la vie en province de manière similaire ou différente ?

GUSTAVE COURBET (1819-1877).
L'Enterrement à Ornans, 1849-50.
(Huile sur toile, 311,5 × 668 cm. Musée d'Orsay, Paris.)

ZOLA OU LE NATURALISME

MOUVEMENT LITTÉRAIRE créé et animé par Émile Zola, le naturalisme reprend le principe de l'observation cher aux réalistes, mais en s'inspirant des théories récentes du physiologiste français Claude Bernard et du naturaliste anglais Charles Darwin. Le romancier se fait expérimentateur et décrit comment la personnalité est façonnée par l'interaction entre le milieu social et les caractéristiques génétiques. Les naturalistes créent des personnages dont la psychologie est subordonnée à la physiologie et qui sont mus, non par des idées, mais par leurs instincts hérités de leurs ancêtres. À quoi s'ajoute l'influence déterminante du milieu social que l'écrivain décrit avec minutie. Ainsi marqué par la triple fatalité de sa nature, de l'hérédité et de la société, le personnage naturaliste acquiert une dimension tragique, car son existence semble prédéterminée à la naissance : quoi qu'il fasse, il ne pourra pas changer son destin.

Le naturalisme en tant que mouvement n'attirera pas beaucoup d'écrivains. Il connaîtra son apogée en 1880, avec la publication d'un recueil de contes écrit en collaboration, *Les Soirées de Médan*. La postérité ne retiendra de ce courant que l'œuvre de Zola.

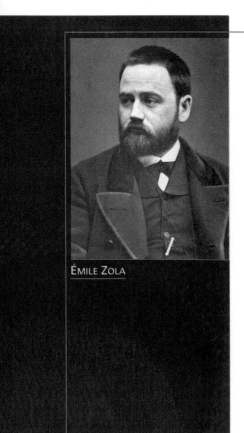

ÉMILE ZOLA

Émile Zola (1840-1902)

Orphelin de père, Zola grandit dans la pauvreté à Aix-en-Provence, puis à Paris. Il abandonne ses études à dix-neuf ans, travaille dans l'édition et devient journaliste. Il publie son premier roman, *Thérèse Raquin*, en 1867. Peu après, Zola conçoit un vaste cycle romanesque, *Les Rougon-Macquart*, dans lequel il entend appliquer les théories sur le rapport entre l'hérédité et le milieu social qui lui ont inspiré le naturalisme. *L'Assommoir* (1877), septième roman du cycle, procure à Zola le succès espéré, même si le public crie au scandale : la description de l'alcoolisme dans les milieux ouvriers de Paris choque et fascine tout à la fois les lecteurs bourgeois. *Nana* (1880), roman sur la prostitution, consacre la réputation « sulfureuse » de Zola, qui devient un des écrivains les plus lus et les plus controversés de son temps. Ses admirateurs louangent son audace et son souci de vérité ; ses ennemis sont révoltés par son refus de sacrifier au « bon goût » certains aspects sordides de la société. La publication de *La Terre* (1885), roman sur les mœurs paysannes, provoque la rupture entre Zola et certains auteurs naturalistes qui l'accusent d'être « descendu au fond de l'immondice ». Son existence de bourgeois paisible bascule en 1897, lorsqu'il prend courageusement la défense du capitaine Dreyfus, injustement condamné pour espionnage au profit de l'Allemagne. Condamné pour diffamation en 1899, Zola échappe à la prison en s'exilant en Angleterre pendant un an. Il meurt en 1902 dans d'étranges circonstances : la cheminée de sa chambre est bouchée, ce qui provoque l'asphyxie de l'écrivain. On ne sait toujours pas s'il s'agit d'un accident ou d'un meurtre.

■ NANA (1880)

Roman sur la prostitution et l'immoralité du Second Empire, Nana *raconte l'ascension et la déchéance d'une jeune femme issue des quartiers populaires qui devient la prostituée la plus prisée de Paris. Sa beauté sensuelle envoûte ses amants, recrutés dans la haute bourgeoisie parisienne. Le comte Muffat, en particulier, succombe au charme de la jeune femme : subjugué, devenu le jouet de sa maîtresse, il abandonne tous ses principes moraux et sacrifie son honneur et sa fortune pour rester dans les bonnes grâces de Nana qui multiplie les liaisons à son insu. Un article de journal rappelle à Muffat la véritable nature de Nana, mais sa conscience ne peut rien contre l'intensité de ses pulsions.*

— Tu n'as pas lu l'article du *Figaro* ?… Le journal est sur la table.

Le rire de Daguenet lui revenait à la mémoire, elle était travaillée d'un doute. Si ce Fauchery
5 l'avait débinée[1], elle se vengerait.

— On prétend qu'il s'agit de moi, là-dedans, reprit-elle en affectant un air d'indifférence. Hein ? chéri, quelle est ton idée ?

Et, lâchant la chemise, attendant que Muffat eût
10 fini sa lecture, elle resta nue. Muffat lisait lentement. La chronique de Fauchery, intitulée *La Mouche d'or*, était l'histoire d'une jeune fille, née de quatre ou cinq générations d'ivrognes, le sang gâté par une longue hérédité de misère et
15 de boisson, qui se transformait chez elle en un détraquement nerveux de son sexe de femme. Elle avait poussé dans un faubourg, sur le pavé parisien ; et, grande, belle, de chair superbe ainsi qu'une plante de plein fumier, elle ven-
20 geait les gueux et les abandonnés dont elle était le produit. Avec elle, la pourriture qu'on laissait fermenter dans le peuple remontait et pourrissait l'aristocratie. Elle devenait une force de la nature, un ferment de destruction, sans le
25 vouloir elle-même, corrompant et désorganisant Paris entre ses cuisses de neige, le faisant tourner comme des femmes, chaque mois, font tourner le lait. Et c'était à la fin de l'article que se trouvait la comparaison de la mouche, une
30 mouche couleur de soleil, envolée de l'ordure, une mouche qui prenait la mort sur les cha-
rognes tolérées le long des chemins, et qui, bourdonnante, dansante, jetant un éclat de pierreries, empoisonnait les hommes rien qu'à
35 se poser sur eux, dans les palais où elle entrait par les fenêtres.

Muffat leva la tête, les yeux fixes, regardant le feu.

— Eh bien ? demanda Nana.

40 Mais il ne répondit pas. Il parut vouloir relire la chronique. Une sensation de froid coulait de son crâne sur ses épaules. Cette chronique était écrite à la diable, avec des cabrioles de phrases, une outrance de mots imprévus et de rappro-
45 chements baroques. Cependant, il restait frappé par sa lecture, qui, brusquement, venait de réveiller en lui tout ce qu'il n'aimait point à remuer depuis quelques mois.

Alors il leva les yeux. Nana s'était absorbée
50 dans son ravissement d'elle-même. Elle pliait le cou, regardant avec attention dans la glace un petit signe brun qu'elle avait au-dessus de la hanche droite ; et elle le touchait du bout du doigt, elle le faisait saillir en se renversant
55 davantage, le trouvant sans doute drôle et joli, à cette place. Puis, elle étudia d'autres parties de son corps, amusée, reprise de ses curiosités vicieuses d'enfant. Ça la surprenait toujours de se voir ; elle avait l'air étonné et séduit d'une
60 jeune fille qui découvre sa puberté. Lentement, elle ouvrit les bras pour développer son torse de Vénus grasse, elle ploya la taille, s'examinant

---

1. *débinée* : dénigrée.

de dos et de face, s'arrêtant au profil de sa gorge, aux rondeurs fuyantes de ses cuisses. Et
65 elle finit par se plaire au singulier jeu de se balancer, à droite, à gauche, les genoux écartés, la taille roulant sur les reins, avec le frémissement continu d'une almée² dansant la danse du ventre.

70 Muffat la contemplait. Elle lui faisait peur. Le journal était tombé de ses mains. Dans cette minute de vision nette, il se méprisait. C'était cela : en trois mois, elle avait corrompu sa vie, il se sentait déjà gâté jusqu'aux moelles par des
75 ordures qu'il n'aurait pas soupçonnées. Tout allait pourrir en lui, à cette heure. Il eut un instant conscience des accidents du mal, il vit la désorganisation apportée par ce ferment, lui empoisonné, sa famille détruite, un coin de
80 société qui craquait et s'effondrait. Et, ne pouvant détourner les yeux, il la regardait fixement, il tâchait de s'emplir du dégoût de sa nudité. [...]

Muffat suivait ce profil si tendre, ces fuites de chair blonde se noyant dans des lueurs dorées,
85 ces rondeurs où la flamme des bougies mettait des reflets de soie. Il songeait à son ancienne horreur de la femme, au monstre de l'Écriture, lubrique, sentant le fauve. Nana était toute velue, un duvet de rousse faisait de son corps
90 un velours ; tandis que, dans sa croupe et ses cuisses de cavale³, dans les renflements charnus creusés de plis profonds, qui donnaient au sexe le voile troublant de leur ombre, il y avait de la bête. C'était la bête d'or, inconsciente
95 comme une force, et dont l'odeur seule gâtait

le monde. Muffat regardait toujours, obsédé, possédé, au point qu'ayant fermé les paupières pour ne plus voir, l'animal reparut au fond des ténèbres, grandi, terrible, exagérant sa posture.
100 Maintenant, il serait là, devant ses yeux, dans sa chair, à jamais.

Mais Nana se pelotonnait sur elle-même. Un frisson de tendresse semblait avoir passé dans ses membres. Les yeux mouillés, elle se faisait
105 petite, comme pour se mieux sentir. Puis, elle dénoua les mains, les abaissa le long d'elle par un glissement, jusqu'aux seins, qu'elle écrasa d'une étreinte nerveuse. Et rengorgée, se fondant dans une caresse de tout son corps, elle
110 se frotta les joues à droite, à gauche, contre ses épaules, avec câlinerie. Sa bouche goulue soufflait sur elle le désir. Elle allongea les lèvres, elle se baisa longuement près de l'aisselle, en riant à l'autre Nana, qui, elle aussi, se baisait
115 dans la glace.

Alors, Muffat eut un soupir bas et prolongé. Ce plaisir solitaire l'exaspérait. Brusquement, tout fut emporté en lui, comme par un grand vent. Il prit Nana à bras-le-corps, dans un élan
120 de brutalité, et la jeta sur le tapis.

— Laisse-moi, cria-t-elle, tu me fais mal !

Il avait conscience de sa défaite, il la savait stupide, ordurière et menteuse, et il la voulait, même empoisonnée.

125 — Oh ! c'est bête ! dit-elle, furieuse, quand il la laissa se relever.

Pourtant, elle se calma. Maintenant, il s'en irait.

---

2. *almée* : danseuse orientale.

3. *cavale* : jument.

QUESTIONS

1 Qu'est-ce qui fait de cet extrait un texte appartenant au courant naturaliste ?

2 Nana est-elle innocente ou menaçante ?

3 a) Relevez les mots appartenant aux champs lexicaux de l'ordure et de la corruption. Quel sens ces champs lexicaux prennent-ils ici ?

b) À quelles espèces animales l'auteur compare-t-il Nana ? Quelle impression crée-t-il ainsi ?

c) Définissez les sentiments qui agitent Muffat et montrez leur ambiguïté.

d) Qu'est-ce qui indique au lecteur que Muffat ne peut plus maîtriser ses pulsions ? Quelle figure de style illustre la conséquence probable de ce manque de contrôle de soi ?

4 Montrez que le personnage de Muffat symbolise la déchéance morale de la société du Second Empire.

5 a) Comparez l'image de la femme tentatrice dans cet extrait et dans « Hymne à la beauté » de Baudelaire (p. 43).

b) Cette vision de la femme vous semble-t-elle misogyne ? Peut-on, comme le font certains, affirmer que Nana est un personnage féministe qui s'ignore ?

Art et littérature

LA COURTISANE AU SECOND EMPIRE

Datée de 1877, la toile ci-contre n'a pas été inspirée par le roman de Zola, contrairement à ce qu'on pourrait croire, puisqu'il n'allait commencer la rédaction de *Nana* qu'en 1879. Manet a tout simplement repris un thème à la mode à l'époque chez les artistes et les écrivains, celui de la « courtisane », la prostituée de haut vol qui recrute ses clients au sein de la haute bourgeoisie. L'oiseau peint sur le mur du fond est peut-être une grue, mot qui était également synonyme de prostituée. Le modèle, Henriette Hauser, était une actrice de théâtre populaire et la maîtresse d'un personnage influent, le prince d'Orange.

Le tableau, comme le roman du même nom, fit scandale, la critique jugeant le sujet inconvenant et vulgaire, et il fut refusé par le jury du Salon des Beaux-Arts de 1877.

- Relevez les similitudes entre ce tableau et la scène décrite dans l'extrait de *Nana* de Zola.

- Comment interprétez-vous l'expression du visage de Nana ?

- Selon vous, pourquoi le client n'est-il représenté qu'à moitié sur la toile ?

- L'apparence de Nana vous étonne-t-elle ? Selon vous, ce personnage pourrait-il encore représenter un idéal de beauté à notre époque ?

ÉDOUARD MANET **(1832-1883).**
Nana, 1877. (Huile sur toile, 154 × 115 cm. Kunsthalle, Hambourg.)

■ GERMINAL (1885)

Germinal, le roman le plus célèbre du cycle des *Rougon-Macquart,* décrit la misère *des mineurs au XIXe siècle. Zola a écrit son roman après avoir visité les mines de charbon et les quartiers misérables dans lesquels vivaient les ouvriers. Révolté de voir tant de gens sacrifiés sur l'autel du profit, le romancier crée le personnage d'Étienne Lantier, un jeune mineur qui fonde un syndicat afin d'obtenir de meilleures conditions de travail pour ses semblables. Tout le roman est porté par la rage de son auteur devant les inégalités sociales du Second Empire, rage qui inspire à Zola certaines de ses pages les plus fortes, notamment lorsqu'il évoque les grandes émeutes ouvrières. Le roman se termine par l'annonce d'une révolution qui verra le triomphe du socialisme. Le titre du roman souligne le parallèle avec la révolution de 1789 :* Germinal *désigne le premier mois du printemps dans le calendrier républicain adopté en France après la Révolution.*

La famille Maheu symbolise la misère des mineurs. Le salaire du père ne suffisant pas à nourrir la famille, la mère, surnommée la Maheude, se voit, dans cet extrait, réduite à aller mendier chez les Grégoire, riches actionnaires de la mine.

Les Grégoire chargeaient Cécile de leurs aumônes. Cela rentrait dans leur idée d'une belle éducation. Il fallait être charitable, ils disaient eux-mêmes que leur maison était la
5 maison du bon Dieu. Du reste, ils se flattaient de faire la charité avec intelligence, travaillés de la continuelle crainte d'être trompés et d'encourager le vice. Ainsi, ils ne donnaient jamais d'argent, jamais ! pas dix sous, pas deux sous,
10 car c'était un fait connu, dès qu'un pauvre avait deux sous, il les buvait. Leurs aumônes étaient donc toujours en nature, surtout en vêtements chauds, distribués pendant l'hiver aux enfants indigents.

15 — Oh ! les pauvres mignons ! s'écria Cécile, sont-ils pâlots d'être allés au froid !… Honorine, va donc chercher le paquet, dans l'armoire.

Les bonnes, elles aussi, regardaient ces misérables, avec l'apitoiement et la pointe d'in-
20 quiétude de filles qui n'étaient pas en peine de leur dîner. Pendant que la femme de chambre montait, la cuisinière s'oubliait, reposait le reste de la brioche sur la table, pour demeurer là, les mains ballantes.

25 — Justement, continuait Cécile, j'ai encore deux robes de laine et des fichus… Vous allez voir, ils auront chaud, les pauvres mignons !

La Maheude, alors, retrouva sa langue, bégayant :

30 — Merci bien, Mademoiselle… Vous êtes tous bien bons…

Des larmes lui avaient empli les yeux, elle se croyait sûre des cent sous, elle se préoccupait seulement de la façon dont elle les demande-
35 rait, si on ne les lui offrait pas. La femme de chambre ne reparaissait plus, il y eut un moment de silence embarrassé. Dans les jupes de leur mère, les petits ouvraient de grands yeux et contemplaient la brioche.

40 — Vous n'avez que ces deux-là ? demanda Mme Grégoire, pour rompre le silence.

— Oh ! Madame, j'en ai sept.

M. Grégoire, qui s'était remis à lire son journal, eut un sursaut indigné.

45 — Sept enfants, mais pourquoi ? bon Dieu !

— C'est imprudent, murmura la vieille dame.

[…]

Rêveur, M. Grégoire regardait cette femme et ces enfants pitoyables, avec leur chair de cire,
50 leurs cheveux décolorés, la dégénérescence qui

les rapetissait, rongés d'anémie, d'une laideur triste de meurt-de-faim. […]

— On a du mal en ce monde, c'est bien vrai ; mais, ma brave femme, il faut dire aussi que les ouvriers ne sont guère sages… Ainsi, au lieu de mettre des sous de côté comme nos paysans, les mineurs boivent, font des dettes, finissent par n'avoir plus de quoi nourrir leur famille.

— Monsieur a raison, répondit posément la Maheude. On n'est pas toujours dans la bonne route. C'est ce que je répète aux vauriens, quand ils se plaignent… Moi, je suis bien tombée, mon mari ne boit pas. […] Et voyez, pourtant, ça ne nous avance pas à grand-chose, qu'il soit raisonnable. Il y a des jours, comme aujourd'hui, où vous retourneriez bien tous les tiroirs de la maison, sans en faire tomber un liard[1].

Elle voulait leur donner l'idée de la pièce de cent sous, elle continua de sa voix molle, expliquant la dette fatale, timide d'abord, bientôt élargie et dévorante. On payait régulièrement pendant des quinzaines. Mais, un jour, on se mettait en retard, et c'était fini, ça ne se rattrapait jamais plus. […]

— Je croyais, dit Mme Grégoire, que la Compagnie vous donnait le loyer et le chauffage.

La Maheude eut un coup d'œil oblique sur la houille flambante de la cheminée.

— Oui, oui, on nous donne du charbon, pas trop fameux, mais qui brûle pourtant… Quant au loyer, il n'est que de six francs par mois : ça n'a l'air de rien, et souvent c'est joliment dur à payer… Ainsi, aujourd'hui, moi, on me couperait en morceaux, qu'on ne me tirerait pas deux sous. Où il n'y a rien, il n'y a rien.

---

1. *liard* : vieille pièce de monnaie de peu de valeur.

EDGAR DEGAS (1834-1917).

Les Repasseuses, 1884.
(Huile sur toile, 76 × 81,5 cm.
Musée d'Orsay, Paris.)

À l'image des écrivains réalistes qui décrivaient dans leurs œuvres le quotidien souvent ingrat des classes populaires, nombre d'artistes de l'époque, dont Degas, se sont intéressés au travail manuel, jusque-là jugé indigne de l'art. Les repasseuses sont représentées en plein travail, comme si Degas les avait photographiées. Contrairement à l'art plus traditionnel, elles ne posent pas pour le peintre et semblent ignorer sa présence. La repasseuse de gauche est surprise en train de bâiller, dans une attitude qui suggère la fatigue et l'ennui. La repasseuse de droite appuie son fer des deux mains sur la chemise, un geste qui souligne l'effort quotidien exigé par son travail. L'œuvre confronte le spectateur au travail exténuant des classes populaires, tout comme le fera Zola dans *Germinal*.

Le monsieur et la dame se taisaient, douillettement allongés, peu à peu ennuyés et pris de malaise, devant l'étalage de cette misère. Elle
90 craignit de les avoir blessés, elle ajouta de son air juste et calme de femme pratique :

— Oh! ce n'est pas pour me plaindre. Les choses sont ainsi, il faut les accepter; d'autant plus que nous aurions beau nous débattre, nous
95 ne changerions sans doute rien… Le mieux encore, n'est-ce pas? Monsieur et Madame, c'est de tâcher de faire honnêtement ses affaires, dans l'endroit où le bon Dieu vous a mis.

M. Grégoire l'approuva beaucoup.

100 — Avec de tels sentiments, ma brave femme, on est au-dessus de l'infortune.

Honorine et Mélanie apportaient enfin le paquet. Ce fut Cécile qui le déballa et qui sortit les deux robes. Elle y joignit des fichus,
105 même des bas et des mitaines. Tout cela irait à merveille, elle se hâtait, faisait envelopper par les bonnes les vêtements choisis; car sa maîtresse de piano venait d'arriver, et elle poussait la mère et les enfants vers la porte.

110 — Nous sommes bien à court, bégaya la Maheude, si nous avions une pièce de cent sous seulement…

La phrase s'étrangla, car les Maheu étaient fiers et ne mendiaient point. Cécile, inquiète,
115 regarda son père; mais celui-ci refusa nettement, d'un air de devoir.

— Non, ce n'est pas dans nos habitudes. Nous ne pouvons pas.

Alors, la jeune fille, émue de la figure bouleversée de la mère, voulut combler les enfants.
120 Ils regardaient toujours fixement la brioche, elle en coupa deux parts, qu'elle leur distribua.

— Tenez! c'est pour vous.

Puis, elle les reprit, demanda un vieux journal.

125 — Attendez, vous partagerez avec vos frères et vos sœurs.

Et, sous les regards attendris de ses parents, elle acheva de les pousser dehors. Les pauvres mioches, qui n'avaient pas de pain, s'en allè-
130 rent, en tenant cette brioche respectueusement, dans leurs menottes gourdes de froid.

QUESTIONS

1 Relevez les détails qui témoignent du confort dans lequel vivent les Grégoire. En quoi soulignent-ils les inégalités sociales dénoncées par Zola ?

2 Décrivez l'attitude de la famille Grégoire face à la pauvreté de la famille Maheu.

3 a) Expliquez le jeu des points de vue narratifs dans cet extrait.

b) En quoi la description des enfants (lignes 49 à 52) suggère-t-elle le mépris mêlé de répulsion que M. Grégoire ressent pour les pauvres ?

c) Quels sont les préjugés des bourgeois envers les ouvriers ?

d) Comment expliquez-vous l'attitude soumise de la Maheude ?

e) Peut-on dire que Cécile est vraiment consciente de la situation qu'elle vit ?

4 Montrez que cette scène, loin de louanger la générosité des Grégoire, dénonce au contraire les injustices sociales.

5 a) Selon vous, comment les Grégoire pourraient-ils aider plus efficacement les travailleurs démunis ?

b) À vos yeux, les œuvres de charité d'aujourd'hui servent-elles d'abord à donner bonne conscience aux classes sociales aisées ?

LES PAUVRES DU XXIᵉ SIÈCLE

Dans son roman *Germinal*, Émile Zola montre bien comment les préjugés des bourgeois envers les pauvres leur permettent de profiter de leur confort en toute bonne conscience. Bien qu'ils croient que les pauvres sont responsables de leur misère, ils leur font quand même la charité, par pitié ou condescendance.

Or, plus d'un siècle plus tard, la pauvreté est encore bien présente dans notre société. Êtes-vous d'accord avec le point de vue des bourgeois de Zola ? Existe-t-il des préjugés face à la pauvreté ? Selon vous, les causes de la pauvreté sont-elles les mêmes qu'au temps de la révolution industrielle ?

Réfléchissez aux thèmes suivants pour prendre position et développer vos arguments : le chômage, l'assurance sociale, la mondialisation, les multinationales, la syndicalisation et l'éducation.

LE RÉALISME

On aura remarqué sans trop de difficulté que le réalisme est un courant teinté de pessimisme. Dans son poème « Night and Day », Léo Ferré écrit : « Il paraît que la Vérité est aux toilettes/Et qu'elle n'a pas tiré la chasse/La Vérité c'est dégueulasse ». Être réaliste, c'est présenter la vérité, si laide soit-elle. Le romantisme s'est intéressé au malheur de l'homme ; le réalisme, lui, s'est penché sur sa misère. Le malheur peut être grand, noble, voire idéalisé. La misère ne le peut pas. Le romantisme se plaisait dans le vague et le diffus. Le réalisme a besoin de détails, de précisions. Il ne contemple pas la plaie, de loin, disant qu'elle est sublime. Il s'en approche, la regarde à la loupe et nous la montre dans toute son atrocité.

L'exercice que nous vous proposons ici consiste à écrire un récit réaliste. Vous devez raconter une histoire désolante (une situation triste, un accident, une maladie, un décès, une rupture, etc.) et ne pas lésiner sur les détails. Soyez cru, direct, allez droit au but.

PARTIE 4

LA NAISSANCE DU ROMAN POLICIER FRANÇAIS : L'ENQUÊTE JUDICIAIRE

L A MORT et le crime ont toujours occupé une place prépondérante dans toute la littérature. Pensons, entre autres, à Voltaire qui crée en 1747 Zadig, le premier détective de la littérature, ou à l'élucidation extraordinaire du mystère du *Comte de Monte-Cristo* par l'abbé Faria en 1845. Cependant, c'est en 1841 avec *Double assassinat dans la rue Morgue* d'Edgar Allan Poe qu'apparaît véritablement le premier récit policier de l'histoire de la littérature. Ce récit de détection inspirera un grand nombre d'auteurs, dont Émile Gaboriau.

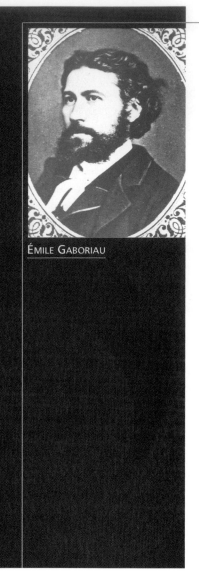

ÉMILE GABORIAU

Émile Gaboriau (1832-1873)

Né à Saujon, en Charente-Maritime, Gaboriau fait des études de droit avant de devenir chroniqueur dans plusieurs petits journaux parisiens où il couvre notamment les faits divers, lesquels sont souvent à la base des romans policiers du XIXᵉ siècle. C'est en effet la recherche de la vraisemblance qui est importante, l'utilisation du merveilleux étant exclue. La grande force du fait divers est qu'il reproduit la réalité en mettant l'accent sur des aspects qui fascinent le public : le crime et ses conséquences.

C'est donc avec *L'Affaire Lerouge*, inspirée d'un fait réel et publiée d'abord sous forme de feuilleton en 1865, qu'Émile Gaboriau sera surnommé le « père français » du roman policier, ainsi qualifié parce que plusieurs romans judiciaires de l'époque étaient centrés sur l'enquête et non sur le crime. Gaboriau dira d'ailleurs que « la technique du roman judiciaire est enfantine. Le rôle du lecteur est de découvrir l'assassin, le rôle de l'auteur est de dérouter le lecteur. » Pour ce faire, Gaboriau mène son lecteur sur différentes pistes et fait intervenir la déduction par l'analyse des indices. Il s'attache aussi à la psychologie des personnages et à la description du milieu urbain alors en pleine révolution industrielle. Ses œuvres s'inscrivent dans cette transformation puisqu'elles s'adressent à tous les publics et se lisent rapidement. Comme elles sont diffusées par les journaux, elles deviennent facilement accessibles.

Gaboriau s'est ainsi bâti une renommée grâce à des œuvres telles que *Le Crime d'Orcival* (1866) et *Monsieur Lecoq* (1869). D'ailleurs, Conan Doyle s'inspirera du commissaire Lecoq pour créer son célèbre Sherlock Holmes. Les romans d'Émile Gaboriau mettent en scène l'aristocratie et la haute bourgeoisie libérale du XIXᵉ siècle et s'intéressent à l'aspect moral tout autant qu'à l'enquête policière. Celle-ci respecte toujours les standards du roman policier classique, que l'on trouvera d'abord chez Poe : analyse des indices, déductions, filatures, arrestations et interrogatoires.

■ L'AFFAIRE LEROUGE (1866)

La veuve Lerouge est retrouvée assassinée chez elle. Le juge d'instruction Daburon et le chef de police Gévrol tentent de résoudre l'énigme de sa mort. On fait appel au père Tabaret dit Tirauclair, reconnu pour ses talents de fin limier. Il démasquera le coupable en retraçant le passé amoureux et familial des différents protagonistes. Dans cet extrait, le père Tabaret remet en question ses conclusions après avoir recueilli de nouvelles données prouvant l'innocence d'Albert de Commarin.

Il s'agissait pour lui de dresser un nouveau plan de bataille et d'arrêter des mesures promptes et décisives. Rapidement il analysa sa situation. S'était-il trompé dans ses investigations ? Non.

5 Ses calculs de probabilités étaient-ils erronés ? Non. Il était parti d'un fait positif, le meurtre, il en avait reconnu les circonstances, ses prévisions s'étaient réalisées, il devait nécessaire-

ment arriver à un coupable tel qu'il l'avait
prédit. Et ce coupable ne pouvait être le pré-
venu de monsieur Daburon. Sa confiance en un
axiome judiciaire l'avait abusé lorsqu'il avait
désigné Albert.

« Voilà, pensait-il, où conduisent les opinions
reçues et ces absurdes phrases toutes faites qui
sont comme les jalons du chemin des imbéciles.
Livré à mes inspirations j'aurais creusé plus profondément cette cause, je ne me serais pas fié au
hasard. La formule "Cherche à qui le crime pro-
fite" peut être aussi absurde que juste. Les héritiers d'un homme assassiné ont en réalité tout
le bénéfice du meurtre, tandis que l'assassin re-
cueille tout au plus la montre et la bourse de la
victime. Trois personnes avaient intérêt à la mort
de la veuve Lerouge : Albert, madame Gerdy et
le comte de Commarin. Il m'est démontré
qu'Albert ne peut être coupable ; ce n'est pas
madame Gerdy, que l'annonce inopinée du
crime de La Jonchère tue ; reste le comte.
Serait-ce lui ? Alors, il n'a pas agi lui-même. Il
a payé un misérable, et un misérable de bonne
compagnie, s'il vous plaît, portant fines bottes
vernies d'un bon faiseur et fumant des trabucos
avec un bout d'ambre. Ces gredins si bien mis
manquent de nerf ordinairement. Ils filoutent,
ils risquent des faux, ils n'assassinent pas. Admettons pourtant que le comte ait rencontré un
lapin à poil[1]. Il aurait tout au plus remplacé un
complice par un autre plus dangereux. Ce serait idiot, et le comte est un maître homme. Donc
il n'est pour rien dans l'affaire. Pour l'acquit de
ma conscience je verrai cependant de ce côté.

« Autre chose : la veuve Lerouge, qui changeait
si bien les enfants en nourrice, pouvait fort bien
accepter quantité d'autres commissions périlleuses. Qui prouve qu'elle n'a point obligé
d'autres personnes ayant aujourd'hui intérêt à
s'en défaire ? Il y a un secret, je brûle mais je
ne le tiens pas. Ce dont me voici sûr, c'est
qu'elle n'a pas été assassinée pour empêcher
Noël de rentrer dans ses droits. Elle a dû être
supprimée pour quelque cause analogue, par
un solide et éprouvé coquin ayant les mobiles
que je soupçonnais à Albert. C'est dans ce sens
que je dois poursuivre. Et avant tout, il me faut
la biographie de cette obligeante veuve, et je
l'aurai, car les renseignements demandés à son
lieu de naissance seront probablement au parquet demain. »

Revenant alors à Albert, le père Tabaret pesait
les charges qui s'élevaient contre ce jeune
homme et évaluait les chances qui lui restaient.

— Au chapitre des chances, murmurait-il, je
ne vois que le hasard et moi, c'est-à-dire zéro
pour le moment. Quant aux charges, elles sont
innombrables. Cependant, ne nous montons
pas la tête. C'est moi qui les ai amassées, je sais
ce qu'elles valent. À la fois tout et rien. Que
prouvent des indices, si frappants qu'ils soient,
en ces circonstances où l'on doit se défier même
du témoignage de ses sens ! Albert est victime
de coïncidences inexplicables, mais un mot
peut les expliquer. On en a vu bien d'autres !
C'était pis dans l'affaire de mon petit tailleur.
À cinq heures il achète un couteau qu'il
montre à dix de ses amis en disant : « Voilà pour
ma femme, qui est une coquine et qui me
trompe avec mes garçons. » Dans la soirée, les
voisins entendent une dispute terrible entre les
époux, des cris, des menaces, des trépigne-
ments, des coups, puis subitement tout se tait.
Le lendemain, le tailleur avait disparu de son
domicile et on trouve la femme morte avec ce
même couteau enfoncé jusqu'au manche entre
les deux épaules. Eh bien, ce n'était pas le mari
qui l'y avait planté, c'était un amant jaloux.
Après cela, que croire ? Albert, il est vrai, ne veut
pas donner l'emploi de sa soirée. Ceci ne me
regarde pas. La question pour moi n'est pas d'indiquer où il était mais de prouver qu'il n'était
point à La Jonchère. Peut-être est-ce Gévrol qui
est sur la bonne piste. Je le souhaite du plus profond de mon cœur. Oui, Dieu veuille qu'il réus-
sisse ! Qu'il m'accable après des quolibets les plus
blessants, ma vanité et ma sotte présomption
ont bien mérité ce faible châtiment. Que ne
donnerais-je pas pour le savoir en liberté ! La
moitié de ma fortune serait un mince sacrifice.
Si j'allais échouer ! Si, après avoir fait le mal, je
me trouvais impuissant pour le bien !…

---

1. *lapin à poil* : homme courageux et résolu.

QUESTIONS

1 Qu'est-ce qui permet d'associer cet extrait au genre policier ?

2 Que nous révèlent les pensées du père Tabaret sur l'état de l'enquête ?

3 a) Quelle est la technique policière utilisée par le personnage ?

    b) En quoi les phrases interrogatives servent-elles cette technique ?

    c) Pourquoi le père Tabaret fait-il mention d'une autre affaire ? Dans quel but ?

    d) Quelle est l'attitude du père Tabaret face à son enquête ? Comment ses émotions traduisent-elles cette attitude ?

4 Montrez que le père Tabaret diffère de l'image habituelle de l'enquêteur.

5 Pourquoi les auteurs de romans policiers s'inspirent-ils de faits divers pour rédiger leurs œuvres ?

LES POÈTES SYMBOLISTES : VOIR ET SENTIR AUTREMENT DANS UNE LANGUE NEUVE

L'étude du beau est un duel où l'artiste crie de frayeur avant d'être vaincu.
Charles BAUDELAIRE, « Le Confiteor de l'artiste », *Le Spleen de Paris.*

LE POÈTE ROMANTIQUE, que représentait bien Victor Hugo, était un prophète, un mage et surtout la voix du peuple. Dans la deuxième partie du XIXᵉ siècle, le roman prend le devant de la scène, et le poète devient de plus en plus marginal. Par ses excès de conduite peut-être, mais surtout parce que son langage et son culte du beau cadrent mal avec cette société matérialiste et pragmatique, il est comme l'albatros imaginé par Baudelaire, superbe dans son monde, mais risible dans celui du commun des mortels. Il prend conscience de la dualité qui le dresse contre lui-même et le sépare de la société à laquelle il appartient. Il se sent en exil, il erre de par le monde en quête d'une patrie qui ne peut être qu'intérieure et se trouver au cœur du langage. Sa conscience est critique, ironique même.

De Baudelaire à Verlaine, le poète, parce qu'il n'a plus sa place dans cet univers en pleine transformation, ne cessera de chercher à se mettre en scène dans le poème. Il sera en quête d'un nom, d'une définition de lui-même. Explorateur du monde, sa quête est à jamais inachevée.

UN ESPRIT FIN DE SIÈCLE

Les poètes avaient perçu qu'en se vouant à l'industrie et au commerce, en développant un esprit bourgeois, matérialiste, pragmatique, la société était en train d'abandonner ce qui lui avait donné sa force, sa grandeur et sa beauté. Comme si elle était en train de perdre son âme, ils croyaient devoir, de toute urgence, lutter et protéger ce qui restait de feu ou de saveur dans la civilisation, tout en reconnaissant cet élan nouveau qui animait l'air du temps. Ce ne sera pas le moindre des paradoxes des poètes d'être à la fois pour et contre l'esprit de la modernité.

À la science positive ils opposent une « science inquiète ». Bien qu'ils applaudissent les avancées de la raison, les poètes veulent préserver le savoir qui vient des visions, des rêves, des mythes ; ils ne veulent pas s'abandonner à une description des réalités économiques et sociales, ils protègent l'esprit, le culte du beau, les pouvoirs de l'imagination. Ils sont en quête d'énergie à canaliser, à multiplier.

Le dandy représente bien, pour Baudelaire, ce héros de la dernière heure qui se révolte contre son époque et cherche à détruire la trivialité en s'adonnant à un culte quasi religieux du beau jusque dans ses vêtements et sa manière de se comporter. Riche, il n'a pas besoin de travailler et occupe ses jours à flâner ; « épris avant tout de distinction », il veut « fonder une nouvelle aristocratie » et « se faire une originalité » sans jamais être vulgaire. Verlaine rejoindra Baudelaire vers la fin du siècle et soulignera cette « nécessité de réagir par le délicat, le précieux, le rare, contre les platitudes des temps présents ». Lui qui dira « Je suis l'Empire à la fin de la décadence » trouvera dans « l'âme capable d'intensives voluptés » de quoi représenter ce mélange de tristesse et de « splendeurs violentes » qui marque ces moments graves où les civilisations tremblent sur leurs bases. « La décadence, écrira-t-il dans *Les Poètes maudits*, c'est Sardanapale allumant le brasier au milieu de ses femmes, c'est Sénèque s'ouvrant les veines en déclamant des vers. »

L'ANALOGIE ET LE LANGAGE DES CORRESPONDANCES

« L'univers ressemble plus à un poème qu'à une machine », avait dit Mme de Staël. C'est un organisme vivant qui a son langage, sa musique, ses harmoniques. Pour rejoindre le mystère du monde, pour atteindre les dimensions de l'infini, le poète, qui rivalise avec le scientifique et que Rimbaud nommera « le suprême Savant » puisqu'il fait des études et des expérimentations sur l'homme et sur le langage, doit se donner une langue magique, suggestive, proche des sensations. Mais la sensation ne donne pas immédiatement son sens. Elle se manifeste, violemment parfois, et le poète, pour en approcher la signification, doit aller d'associations en associations, qui forment autant d'approximations ou d'hypothèses sur ce qui a pu se présenter à lui. Son imagination recourt à l'analogie pour établir des liens entre des images et des souvenirs. Elle voyage et fait voyager. Le monde auquel le poète accède est *infini*. L'analogie devient ainsi principe d'existence autant que principe d'écriture.

Le principe d'analogie joue ainsi non seulement dans les rapprochements que l'on peut faire, dans le langage et l'expérience sensible, entre des réalités différentes, mais aussi dans les rapprochements que le poète peut établir avec lui-même et avec le monde. Il renvoie à l'expérience où le Moi divisé, paradoxal, se redéfinit et se réinvente dans son rapport à l'Autre (ce qui lui est différent) pour exprimer une tension, pour l'abolir ou la dépasser, ou encore pour la maintenir vive et la pousser à sa limite.

5 PARTIE

BAUDELAIRE, LE POÈTE OUVREUR

L E POÈTE MODERNE est surtout un flâneur qui se promène dans la ville à l'affût de toute occasion de sentir pleinement la vie et d'en dessiner, comme un peintre, une représentation.

Il est en attente d'une forme qui pourrait traduire ce qu'il pressent de la vie moderne. Sa tâche : faire voir et comprendre, et par la même occasion entendre, ce que le siècle positiviste ne sait pas faire. Pour cela, s'intéresser à ce qui attire l'attention et sollicite la mémoire ; inscrire l'instant présent et percevoir ce qu'il y a d'épique et d'éternel en lui. Dans la ville où se réfugient le mendiant, le criminel, la prostituée, le libertaire, c'est le drame de la condition humaine qui se joue, pas seulement celui de l'époque.

Baudelaire aura bien été le premier poète moderne, d'abord par la conscience qu'il avait du langage, mais aussi parce qu'il était lui-même ce promeneur solitaire qui errait sans patrie dans la ville comme dans son époque et qu'il avait les nerfs assez aiguisés pour ressentir pleinement ce qui agitait son temps.

CHARLES BAUDELAIRE
Photo prise par Étienne Carjat.

Charles Baudelaire (1821-1867)

Baudelaire voit le jour à Paris en 1821. À l'âge de six ans, quand sa mère se remarie avec le général Aupick, Baudelaire subit une première « fêlure » dans son existence, selon le mot de Sartre. Elle se répercutera dans sa façon de se sentir dans le monde. Jusque-là, l'enfant vivait avec sa mère une relation privilégiée qui donnait du sens à tout ce qu'il était. Brusquement, il se retrouve trahi, déchu, seul, sans justification.

Baudelaire doit entreprendre des études de droit, mais est vite gagné par la bohème du quartier latin. Aussi le général Aupick l'embarque-t-il sur un bateau vers les côtes d'Afrique et d'Orient. Les ports qu'il aborde lui donnent le goût des départs, des ciels lointains et de l'exotisme, et l'aident à lutter contre le spleen, ce terrible ennui de vivre, qui lui semble le pire des malheurs que l'homme puisse connaître. À son retour, il commence la rédaction des *Fleurs du mal* qui paraîtront en 1857. À partir de ce moment-là, il publiera ses textes dans différentes revues. Mais sa vie « dissolue » dans un hôtel de l'île Saint-Louis qu'il habite avec des artistes et des peintres ne plaît pas à sa famille. On lui impose un conseil judiciaire ; il ne peut pas jouir pleinement de ses biens et est obligé de travailler. Par ailleurs, pendant toute cette période, il développe son esprit critique et apprend beaucoup des écrivains et des artistes qu'il fréquente : Victor Hugo, Eugène Delacroix, Gustave Courbet, Richard Wagner. Il commence à traduire les contes d'Edgar Allan Poe et publie plusieurs critiques et études. En 1866,

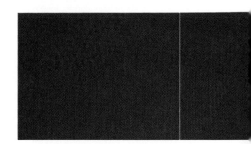

pendant une tournée de conférences, il éprouve de sérieux malaises qui le laissent aphasique et paralysé. Il mourra un an plus tard.

Baudelaire a voulu non seulement saisir les méandres de l'âme humaine, mais aussi représenter l'énergie nouvelle qui gagnait alors son époque. Il a mis en lumière la conscience fondamentalement double, tragique de l'expérience humaine, tout en cultivant une esthétique du choc qui lui permettait de percevoir le surnaturel au cœur du trivial.

■ LES FLEURS DU MAL (1857)

Baudelaire avait d'abord pensé appeler le livre Les Lesbiennes, *puis plus tard* Les Limbes. *Il croit alors exprimer « les agitations et les mélancolies de la jeunesse moderne », ce qui laisse déjà poindre sa conception du poète qu'il considère comme un exilé du monde, errant dans un no man's land, en proie à l'ennui. Il y dit aussi son refus de participer à cette société capitaliste tournée vers la démocratie, le progrès et le travail. L'homme reste épris de distinction et d'idéal, mesure les ravages de la culture de masse et l'aliénation d'une humanité qui est en train de perdre les valeurs de l'esprit.*

Dès sa sortie, le 28 juin 1857, le recueil est mis en accusation pour outrage à la religion et à la morale publique, mais seule la deuxième accusation est retenue. Baudelaire devra retirer quelques textes qu'il regroupera plus tard sous le titre Les Épaves. Les Fleurs du mal *sont traversées par un élan irrésistible vers la femme terrible et paradoxale. L'auteur s'y affranchit du romantisme qui l'a nourri et y exprime son conflit entre le spleen et l'idéal, entre l'horreur et l'extase de vivre, sa protestation contre toutes les tyrannies, son goût du vertige, du mystère et de l'étrange. Son titre, très significatif, peut être lu comme la métaphore même de l'expérience poétique : faire naître les fleurs du mal, tirer l'extraordinaire du plus trivial.*

Continuellement déçu par une réalité trop familière, Baudelaire verra dans l'expérience sensible et l'imagination retrouvée et protégée une possibilité pour l'esprit de se recueillir et de se projeter dans l'ailleurs tout en reprenant contact avec un monde et un langage perdus. L'être est double, divisé, imparfait, comme le monde. C'est ce que donne à voir le poème suivant.

« Parfum exotique »

> Quand, les deux yeux fermés, en un soir chaud d'automne,
> Je respire l'odeur de ton sein chaleureux,
> Je vois se dérouler des rivages heureux
> Qu'éblouissent les feux d'un soleil monotone ;
>
> 5 Une île paresseuse où la nature donne
> Des arbres singuliers et des fruits savoureux ;
> Des hommes dont le corps est mince et vigoureux,
> Et des femmes dont l'œil par sa franchise étonne.

THÉODORE CHASSÉRIAU (1819-1856).

Bain au sérail, s.d.
(Huile sur bois, 50 × 32 cm.
Musée du Louvre, Paris.)

L'empire colonial français prend de l'expansion au XIXᵉ siècle et stimule l'intérêt artistique pour les pays de culture islamique. Plusieurs artistes, dont Ingres, Delacroix et Chassériau, peignent des scènes de harem qui flattent le goût du public, fasciné par l'exotisme et l'érotisme trouble du sérail. Chassériau présente ici une scène intime : une esclave lave le corps séduisant d'une concubine. À droite, une autre esclave, dont l'apparence austère contraste avec la beauté de la jeune femme, range des vêtements. Le spectateur devient ici un voyeur, ce que souligne le regard de la concubine qui semble déplorer cette intrusion dans ce lieu fermé. Le tableau fait davantage songer à un fantasme qu'à une image réaliste, de la même manière que Baudelaire se laisse emporter par des rêveries sensuelles et exotiques au contact de la femme aimée.

> Guidé par ton odeur vers de charmants climats,
> 10   Je vois un port rempli de voiles et de mâts
> Encor tout fatigués par la vague marine,
>
> Pendant que le parfum des verts tamariniers,
> Qui circule dans l'air et m'enfle la narine,
> Se mêle dans mon âme au chant des mariniers.

QUESTIONS

1 Comment l'esprit moderne se manifeste-t-il dans ce poème ?

2 Le poète décrit-il la femme aimée ? De quel spectacle est-il témoin ? Quelle circonstance l'a rendu possible ?

3 Si l'on se fie au titre du poème, la perception olfactive est la sensation dominante.

a) Que permet-elle au poète de faire ?

b) À quelles autres sensations est-elle associée ? Que lui apportent-elles de plus ?

c) En prêtant attention aux qualificatifs utilisés, décrivez la réalité entrevue et, par déduction, dites celle que le poète semble vouloir oublier.

4 Expliquez en quoi le poète voit autrement. Décrivez ce type de vision.

5 a) Comment cette façon de voir s'oppose-t-elle, encore aujourd'hui, à celle qui semble dominer dans la société ?

b) Comment cette façon de voir oppose-t-elle les poètes aux romanciers réalistes ?

■ LES FLEURS DU MAL (1857)

« Tout enfant, écrit Baudelaire, j'ai senti dans mon cœur deux sentiments contradictoires, l'horreur de la vie et l'extase de la vie. » On ne peut saisir même un tant soit peu la démarche de ce poète sans cette donnée essentielle : une tension le pousse constamment à préférer le bizarre, le singulier, l'extrême au coutumier, à l'ordinaire et au banal, à pressentir dans le laid une beauté inattendue. Tension aussi entre détresse et volupté. « Il y a dans tout homme, à toute heure, deux postulations simultanées, l'une vers Dieu, l'autre vers Satan. L'invocation à Dieu, ou spiritualité, est un désir de monter en grade ; celle de Satan, ou animalité, est une joie de descendre. » Dans les deux poèmes qui suivent, Baudelaire livre bien plus qu'une clé de lecture pour approcher son monde, il entraîne le lecteur dans ces deux mouvements fondateurs de l'imagination humaine.

« Élévation »

Au-dessus des étangs, au-dessus des vallées,
Des montagnes, des bois, des nuages, des mers,
Par delà le soleil, par delà les éthers,
Par delà les confins des sphères étoilées,

5   Mon esprit, tu te meus avec agilité,
Et, comme un bon nageur qui se pâme dans l'onde,
Tu sillonnes gaiement l'immensité profonde
Avec une indicible et mâle volupté.

Envole-toi bien loin de ces miasmes morbides ;
10   Va te purifier dans l'air supérieur,
Et bois, comme une pure et divine liqueur,
Le feu clair qui remplit les espaces limpides.

Derrière les ennuis et les vastes chagrins
Qui chargent de leur poids l'existence brumeuse,
15   Heureux celui qui peut d'une aile vigoureuse
S'élancer vers les champs lumineux et sereins ;

Celui dont les pensers, comme des alouettes,
Vers les cieux le matin prennent un libre essor,
— Qui plane sur la vie et comprend sans effort
20   Le langage des fleurs et des choses muettes !

« Spleen »

Quand le ciel bas et lourd pèse comme un couvercle
Sur l'esprit gémissant en proie aux longs ennuis,
Et que de l'horizon embrassant tout le cercle
Il nous verse un jour noir plus triste que les nuits ;

5   Quand la terre est changée en un cachot humide,
Où l'Espérance, comme une chauve-souris,
S'en va battant les murs de son aile timide
Et se cognant la tête à des plafonds pourris ;

Quand la pluie étalant ses immenses traînées
10 D'une vaste prison imite les barreaux,
Et qu'un peuple muet d'infâmes araignées
Vient tendre ses filets au fond de nos cerveaux,

Des cloches tout à coup sautent avec furie
Et lancent vers le ciel un affreux hurlement,
15 Ainsi que des esprits errants et sans patrie
Qui se mettent à geindre opiniâtrement.

— Et de longs corbillards, sans tambours ni musique,
Défilent lentement dans mon âme ; l'Espoir,
Vaincu, pleure, et l'Angoisse atroce, despotique,
20 Sur mon crâne incliné plante son drapeau noir.

QUESTIONS

1 Comment, quand il parle de l'esprit, Baudelaire dépeint-il l'attitude du poète à son époque ?

2 Quelles sont les deux émotions qui s'opposent dans ces poèmes ?

3 a) Relevez les mots décrivant les mouvements dans chaque poème et comparez-les. Que nous révèlent-ils de l'état intérieur du poète ?

b) Relevez et classez les lieux, objets, sensations, etc., qui se rattachent à ces mouvements.

c) Comment, dans le poème « Élévation », retrouve-t-on le phénomène des correspondances, celui-là même qui semble empêché dans l'expérience du spleen ?

d) Décrivez les réalités qui sont rapprochées et donnez-en un sens possible.

4 Comment ces textes présentent-ils deux manières de vivre et d'exprimer la condition humaine ?

5 En vous référant aux mots et aux expressions que vous utilisez, en quelles circonstances avez-vous déjà vécu ce que Baudelaire nous présente dans ces deux poèmes ?

■ LES FLEURS DU MAL (1857)

Dans les périodes de transition, on remet toujours en question la notion même de beauté. Pour l'esprit moderne, la beauté n'est plus absolue, mais relative, circonstancielle, paradoxale. Elle se trouve autant dans le chiffon que dans l'œuvre d'art, autant dans la manière d'être que dans le spectacle d'un vieux saltimbanque. Elle devient l'expression d'une force ou d'un élan auquel le poète ne peut renoncer, incarnée par la femme, qui fait son salut comme sa damnation.

« Hymne à la beauté »

Viens-tu du ciel profond ou sors-tu de l'abîme,
Ô Beauté ? Ton regard, infernal et divin,
Verse confusément le bienfait et le crime,
Et l'on peut pour cela te comparer au vin.

5   Tu contiens dans ton œil le couchant et l'aurore ;
Tu répands des parfums comme un soir orageux ;
Tes baisers sont un philtre et ta bouche une amphore
Qui font le héros lâche et l'enfant courageux.

Sors-tu du gouffre noir ou descends-tu des astres ?
10   Le Destin charmé suit tes jupons comme un chien ;
Tu sèmes au hasard la joie et les désastres,
Et tu gouvernes tout et ne réponds de rien.

Tu marches sur des morts, Beauté, dont tu te moques ;
De tes bijoux l'Horreur n'est pas le moins charmant,
15   Et le Meurtre, parmi tes plus chères breloques,
Sur ton ventre orgueilleux danse amoureusement.

L'éphémère ébloui vole vers toi, chandelle,
Crépite, flambe et dit : Bénissons ce flambeau !
L'amoureux pantelant incliné sur sa belle
20   A l'air d'un moribond caressant son tombeau.

Que tu viennes du ciel ou de l'enfer, qu'importe,
Ô Beauté ! monstre énorme, effrayant, ingénu !
Si ton œil, ton souris, ton pied, m'ouvrent la porte
D'un Infini que j'aime et n'ai jamais connu ?

25   De Satan ou de Dieu, qu'importe ? Ange ou Sirène,
Qu'importe, si tu rends, — fée aux yeux de velours,
Rythme, parfum, lueur, ô mon unique reine ! —
L'univers moins hideux et les instants moins lourds ?

QUESTIONS

1 Au-delà de tout ce que pourrait représenter la femme, qu'est-ce que le poète semble rechercher en sa compagnie ?

2 Le poète est-il préoccupé par l'essence même de la beauté ou par une incarnation singulière de celle-ci ?

3 a) Relevez les métaphores auxquelles le poète a recours pour représenter la femme. Qu'est-ce qu'elles évoquent ?

b) Comment peut-on affirmer que la femme est paradoxale ? En quoi l'est-elle ? Quel est le vocabulaire qui le dit ? Qu'est-ce qu'il suggère ?

4 Comment pourrait-on qualifier la beauté chez Baudelaire et le rapport que le poète entretient avec elle ?

5 a) Quelle est votre conception de la beauté ? Êtes-vous d'accord avec celle que propose le poète ?

b) En la présentant ainsi, le poète renouvelle-t-il, même aujourd'hui, la notion de beauté ?

Art et littérature

LE MYTHE DE SALOMÉ

Les Évangiles racontent comment Salomé, belle-fille du roi Hérode à l'époque où la Palestine faisait partie de l'Empire romain, dansa devant le roi lors d'une fête donnée au palais. Ce dernier, subjugué par la beauté de la jeune fille, lui promit d'exaucer tous ses désirs. Elle demanda la tête de Jean le Baptiste sur un plateau. Hérode ordonna immédiatement la mise à mort du prophète. Cette anecdote célèbre a inspiré au tournant du siècle un grand nombre d'artistes, dont Baudelaire. Salomé devient l'incarnation de la femme fatale à la beauté irrésistible qui envoûte les hommes et les pousse à commettre les pires péchés. Sa sensualité attire et effraie tout à la fois, car les hommes comprennent que le plaisir qu'elle semble leur offrir les mènera à leur perte.

FRANZ VON STUCK (1863-1928).

Salomé, 1906. (Huile sur toile, 121 × 123 cm. Städtische Galerie im Lenbachhaus, Munich.)

- Quels détails suggèrent la sensualité de Salomé ?

- Qui est le personnage assis à gauche ? Interprétez son attitude devant la jeune danseuse.

- Que symbolise la lumière qui se dégage de la tête coupée de Jean le Baptiste ?

- Avec une main, cachez la tête coupée du prophète : le tableau conserve-t-il le même intérêt ?

■ LE SPLEEN DE PARIS (1862)

Baudelaire aura été classique dans sa forme, moins dans son imaginaire. Cependant, il tente ici de faire du poème en prose « la forme par excellence de la poésie moderne et urbaine ». La ville remplace les paysages lointains. C'est en elle qu'on trouve, selon le poète, l'essence même de la vie contemporaine. En se promenant dans les faubourgs ou sur le boulevard, il voit surgir des scènes étonnantes, « poétiques » ; loin de la sensiblerie romantique se dessine pour lui un espace antinaturel apte à lui lancer des « invitations au voyage » et à lui montrer les méandres de l'âme humaine.

Dans une lettre datant de 1862, Baudelaire avoue sa dette à Aloysus Bertrand et à son Gaspard de la Nuit *pour ce recueil qu'il avait pensé appeler* Poèmes nocturnes, Le Promeneur solitaire, Le Rôdeur parisien, La Lueur et la Fumée, *et qu'il a aussi nommé* Petits poèmes en prose *: « Quel est celui de nous qui n'a pas, dans ses jours d'ambition, rêvé le miracle d'une prose poétique, musicale sans rythme et sans rime, assez souple et assez heurtée pour s'adapter aux mouvements lyriques de l'âme, aux ondulations de la rêverie, aux soubresauts de la conscience ? »*

Le Spleen de Paris ne se fait pas sans difficulté. Malade, menacé par ce qui le conduira à la paralysie et à l'aphasie, Baudelaire craint de manquer d'énergie. Aussi écrit-il dans l'urgence. Il oscille, spirituellement et physiquement, mais aussi comme écrivain, entre l'abattement, par crainte de ne pouvoir résister, et l'exigence qui le tient : le désir de la perfection dans la forme, le désir d'absolu.

La modernité fera entrer l'espace critique dans la poésie. Dans l'extrait suivant, le poète devient le spectateur, l'analyste et le commentateur des forces qui s'agitent en lui. Il affirme les tensions d'une expérience à la fois esthétique, métaphysique et érotique qui font ressortir ses qualités de combattant.

« Le Confiteor de l'artiste »

Que les fins de journées d'automne sont pénétrantes ! Ah ! pénétrantes jusqu'à la douleur ! car il est de certaines sensations délicieuses dont le vague n'exclut pas l'intensité ; et il n'est pas
5 de pointe plus acérée que celle de l'Infini.

Grand délice que celui de noyer son regard dans l'immensité du ciel et de la mer ! Solitude, silence, incomparable chasteté de l'azur ! une petite voile frissonnante à l'horizon, et qui par
10 sa petitesse et son isolement imite mon irrémédiable existence, mélodie monotone de la houle, toutes ces choses pensent par moi, ou je pense par elles (car dans la grandeur de la rêverie, le *moi* se perd vite !) ; elles pensent, dis-
15 je, mais musicalement et pittoresquement, sans arguties, sans syllogismes, sans déductions.

Toutefois, ces pensées, qu'elles sortent de moi ou s'élancent des choses, deviennent bientôt trop intenses. L'énergie dans la volupté crée un
20 malaise et une souffrance positive. Mes nerfs trop tendus ne donnent plus que des vibrations criardes et douloureuses.

Et maintenant la profondeur du ciel me consterne ; sa limpidité m'exaspère. L'insensibilité
25 de la mer, l'immuabilité du spectacle me révoltent… Ah ! faut-il éternellement souffrir, ou fuir éternellement le beau ? Nature, enchanteresse sans pitié, rivale toujours victorieuse, laisse-moi ! Cesse de tenter mes désirs et mon
30 orgueil ! L'étude du beau est un duel où l'artiste crie de frayeur avant d'être vaincu.

QUESTIONS

1 Relevez une quête déjà présentée dans *Les Fleurs du mal.*

2 Le poète accepte-t-il son état ou se révolte-t-il ?

3 a) Relevez les mots qui appartiennent au champ lexical des sensations. À quelle expérience ces mots renvoient-ils ?

b) Quels mots le poète utilise-t-il pour exprimer le conflit des forces ? Qu'est-ce qui s'oppose en elles ?

c) Comment le « je » vit-il ce conflit ?

4 Quelle est la nature du spectacle et des forces qui luttent à l'intérieur du poète ?

5 Cette expérience vous est-elle étrangère ?

Écriture littéraire

LE SYMBOLISME

L'exercice consiste à mettre en relation un sentiment, une émotion, un état d'âme ou un trait de caractère avec un objet, dont on fait un symbole. Si le sentiment choisi est la haine et que l'objet est un arbre, l'arbre devient le symbole de la haine. Il faut alors développer l'idée sous forme d'allégorie. On peut ainsi associer la haine aux racines de l'arbre qui, lentement mais sûrement, développent hypocritement sous la terre leur emprise robuste et qui se nourrissent de pourriture.

Afin de mettre du piquant dans l'exercice, le professeur peut diviser la classe en deux groupes. Les élèves du premier groupe écrivent chacun deux mots concrets sur un bout de papier, et ceux du second groupe, deux mots abstraits. Par la suite, chaque élève pigera deux bouts de papier, l'un provenant du groupe des objets concrets et l'autre du groupe des émotions, sentiments, etc. Il devra développer l'association qui en résultera sous forme d'un poème en vers libres de douze à vingt lignes.

■ BAUDELAIRE CRITIQUE D'ART

Aux yeux de Baudelaire, l'homme est naturellement mauvais, il est condamné à souffrir. Dans le ventre de sa mère, ce n'est pas l'amour du prochain qu'il a reçu en héritage, mais le goût du crime. Voilà pourquoi il a toujours eu besoin de la philosophie, de la religion et de l'art, car « le mal se fait sans effort, naturellement, par fatalité ; le bien est toujours le produit d'un art ». Il ne faudrait donc pas imiter la nature ni se complaire dans le mal — le grossier, le terrestre, l'immonde ou l'ennui —, mais plutôt la corriger. L'art devient ainsi une manifestation du goût de l'idéal, « comme un essai permanent et successif de réformation de la nature ». Pourtant, le mal fascine et, devant lui, l'homme perd toute volonté, devient une marionnette entre les mains d'un Satan séducteur. Le « beau » moderne est double lui aussi : à l'image de la femme, terrible et fascinant, il crée des vertiges.

À propos de la *Prise de Constantinople par les Croisés*

Quel ciel et quelle mer ! Tout y est tumultueux et tranquille, comme la suite d'un grand événement. La ville, échelonnée derrière les *Croisés* qui viennent de la traverser, s'allonge
5 avec une prestigieuse vérité. Et toujours ces drapeaux miroitants, ondoyants, faisant se dérouler et claquer leurs plis lumineux dans l'atmosphère transparente ! Toujours la foule agissante, inquiète, le tumulte des armes, la
10 pompe des vêtements, la vérité emphatique du geste dans les grandes circonstances de la vie ! Ces deux tableaux sont d'une beauté essentiellement shakespearienne. Car nul, après Shakespeare, n'excelle comme Delacroix à
15 fondre dans une unité mystérieuse le drame et la rêverie.

Eugène Delacroix (1798-1863).

Prise de Constantinople par les Croisés (12 avril 1204), 1840. (Huile sur toile, 411 × 497 cm. Musée du Louvre, Paris.)

PARTIE

LA RECHERCHE D'UNE LANGUE NEUVE

L E POÈTE MODERNE est conscient de ses moyens, ou plutôt il cherche à se donner les moyens d'arriver à rendre l'énergie nouvelle qui lui vient de son expérience de la ville et des forces étranges, insensées et incontrôlables qu'elle éveille en lui. Il sent confusément qu'un changement d'époque entraîne un changement de mentalité et de représentation, et donc aussi des formes poétiques.

C'est à Rimbaud que l'on doit d'avoir formulé le plus énergiquement le besoin de formes nouvelles. Âgé d'à peine dix-sept ans, il « demande aux *poètes du nouveau — idées et forme* ». Ils ne doivent plus, selon lui, se contenter d'être d'habiles techniciens. La poésie doit devenir une expérience totale : un travail sur soi et sur le langage. « La première étude de l'homme qui veut être poète est sa propre connaissance, entière ; il cherche son âme, il l'inspecte. Il la tente, l'apprend. Dès qu'il la sait, il doit la cultiver. » Et comment cultiver cette âme ? En faisant l'expérience des limites, par l'« encrapulement », en rendant « l'âme monstrueuse ». En laissant le négatif faire son travail de déconstruction. « Imaginez un homme s'implantant et se cultivant des verrues sur le visage. » C'est là que Rimbaud en vient à définir la tâche du poète — « Je dis qu'il faut être *voyant*, se faire *voyant* » — et à reconnaître Baudelaire comme « le premier voyant, roi des poètes, *un vrai Dieu* ».

Le poète est bien celui qui voit, cherche à voir et tente de traduire ses visions. Il rivalise avec Dieu, va chercher un savoir qui Lui est réservé et le donne aux humains. Mais il n'est pas seul. D'autres sont venus, d'autres viendront qui reprendront le feu et repousseront encore plus loin les limites. Et si le sens fait défaut, si on ne sait quoi faire avec ce qui semble non cohérent, excessif, méconnaissable, bref si on n'est pas sûr de comprendre cette logique qui paraît défier la raison, on peut penser à ce qu'avait dit Rimbaud à sa mère : « J'ai voulu dire ce que ça dit, littéralement et dans tous les sens. »

On comprend dès lors que l'acte poétique a son impulsion, qu'il est une manière de marcher dans la ville, dans l'époque comme dans la pensée ou dans la phrase. Son rythme, secoué ou emporté, heurté ou coulant, ample ou contracté, léger ou dense, ne peut plus être fixé de l'extérieur. Il importe à chaque poète de trouver SA langue. Et comme si le geste, pour l'esprit moderne, devait s'analyser, le poète cherche dans un même élan à comprendre et à décrire les impulsions de l'âme, les transformations de la conscience qu'exprime cette marche.

Nulle surprise alors si le poème devient de plus en plus conscient de lui-même et qu'il en arrive à mimer et à mettre en scène sa propre genèse et sa propre pensée, cet élan musical par lequel il déplace et transforme toutes choses, par lequel il devient appel d'énergie. Rimbaud l'a clairement démontré.

Rimbaud n'oublie pas la leçon baudelairienne, comme après lui Lautréamont et Verlaine. C'est une fois de plus en rapprochant des réalités qu'il parvient à nommer et par là à voir et à entendre ce qui se présente à lui. Mais ces réalités restent éloignées, et le poète ne tente pas, comme Baudelaire l'a fait, d'identifier l'aspect qui permettrait aux éléments associés de l'être : au contraire, l'écart demeure chez Rimbaud, qui exacerbe la tension, d'où l'effet de surprise, d'incompréhension. Les surréalistes reconnaîtront plus tard dans cette manière d'habiter le monde et le langage les éléments d'une langue qu'ils diront « convulsive ». Ils seront tout aussi fascinés par la notion de beauté que proposera Lautréamont : « la rencontre fortuite sur une table de dissection d'une machine à coudre et d'un parapluie ». Plus les réalités rapprochées seront éloignées les unes des autres, plus le choc sera grand et plus les certitudes de la conscience, de la raison et de la logique seront bousculées.

Arthur Rimbaud (1854-1891)

Dès son enfance à Charleville, où il fait ses humanités sous le regard d'une mère autoritaire, Rimbaud se révèle brillant et révolté. Encouragé par son professeur de lettres, Georges Izambard, il se forge une conscience littéraire qui le pousse à lire les poèmes de Victor Hugo, qu'il imitera dans un premier temps, et ceux de Baudelaire, qu'il considérera comme un dieu et voudra dépasser. C'est un adolescent décidé, impatient, plutôt voyou, qui se forme à la bohème et qui met beaucoup d'espoir dans la révolution, qu'il voudra tant sociale qu'intérieure et poétique. Il écrit sur les murs : « Mort à Dieu. » Il en a contre l'éducation religieuse et « les assis ». Il se prépare à son projet de « changer la vie », de « réinventer l'amour » et la poésie. À seize ans, il a déjà fait deux fugues. En 1871, il écrit « Le Bateau ivre » et envoie ses *Lettres du voyant* à Georges Izambard et à Paul Demeny, ce qui marque la fin de ses années d'apprentissage et son engagement de jeune homme et de poète. C'est à la fin de cette même année qu'il rencontre Verlaine à qui il avait déjà fait parvenir quelques poèmes.

Au cours de saisons orageuses avec Verlaine, il se rend à Paris, à Londres et en Belgique et se livre aux excès de l'alcool, de la drogue et de l'amour homosexuel. Il fréquente les cafés littéraires, sans se gêner pour insulter les écrivains. Le 10 juillet 1873, Verlaine tire sur lui, ce qui vaut la prison à celui que Rimbaud appellera désormais « la Vierge folle » et son « compagnon d'enfer ». C'est pendant cette période qu'il écrit *Une saison en enfer*.

Il erre encore en Europe et renonce définitivement à la littérature. En 1880, il est à Alexandrie. Une maison de commerce l'envoie alors en Abyssinie (Éthiopie) où il devient explorateur et trafiquant d'armes. Après une dernière visite à sa mère et à sa sœur Isabelle, qui l'accompagne dans ses derniers moments, Rimbaud meurt le 10 novembre 1891 à l'hôpital de Marseille. Apprenant sa mort par les journaux, Verlaine se dira : « Son souvenir est un soleil qui flambe en moi et ne veut pas s'éteindre. »

ARTHUR RIMBAUD
Photographie colorisée, prise par Étienne Carjat.

■ UNE SAISON EN ENFER (1873)

Dans cette suite de fragments qu'on peut considérer comme une autre forme de petits poèmes en prose, l'auteur fait un retour sur son expérience d'alchimiste du verbe et de voyant. Il expose à la fois ce qu'il a entrevu et ce qu'il doit entreprendre. Il avait pensé appeler ce recueil Livre païen ou Livre nègre. C'est le coup de revolver reçu à Bruxelles qui lui aura fourni le titre et le sens de son entreprise. Il dit « adieu » à Verlaine qui lui avait donné accès au monde littéraire et avec qui il avait vécu « toutes les formes d'amour, de souffrance, de folie », mais aussi à son expérience de voyant où il s'était senti frère du mendiant, du lépreux, du forçat, du barbare et s'était dit de « race inférieure ». « J'ai assis la Beauté sur mes genoux. — Et je l'ai trouvée amère. — Et je l'ai injuriée », écrira-t-il dans son poème liminaire. Mais la saison est plus vaste encore. L'Enfer, c'est l'enfer chrétien, celui du baptême. C'est l'enfer bourgeois, celui de la France qu'il a sous les yeux. La parole poétique se fait ici instrument de libération et de purification.

« Délires II – Alchimie du verbe »

À moi. L'histoire d'une de mes folies.

Depuis longtemps je me vantais de posséder tous les paysages possibles, et trouvais dérisoires les célébrités de la peinture et de la poé-
5 sie moderne.

J'aimais les peintures idiotes, dessus de portes, décors, toiles de saltimbanques, enseignes, enluminures populaires ; la littérature démodée, latin d'église, livres érotiques sans orthographe,
10 romans de nos aïeules, contes de fées, petits livres de l'enfance, opéras vieux, refrains niais, rythmes naïfs.

Je rêvais croisades, voyages de découvertes dont on n'a pas de relations, républiques sans his-
15 toires, guerres de religion étouffées, révolutions de mœurs, déplacements de races et de continents : je croyais à tous les enchantements.

J'inventai la couleur des voyelles ! — *A* noir, *E* blanc, *I* rouge, *O* bleu, *U* vert. — Je réglai la
20 forme et le mouvement de chaque consonne,

GUSTAVE MOREAU **(1826-1898).**
Le Poète voyageur, v. 1891.
(Huile sur toile, 180 × 146 cm.
Musée Gustave Moreau, Paris.)

Rimbaud a passé la majeure partie de sa vie à errer à travers l'Europe et l'Afrique. Le poète qui affirme dans « Alchimie du verbe » qu'il rêve de « voyages de découverte » se serait sans doute identifié au poète voyageur de Gustave Moreau. L'artiste nous le présente pendant un instant de repos. Son chapeau posé à ses pieds, le poète porte sur son dos sa lyre, instrument à cordes associé à la poésie. À ses côtés, on retrouve Pégase, le cheval ailé qui, dans la mythologie grecque, symbolise l'inspiration poétique. La lassitude qui marque son visage suggère au spectateur la difficulté de la condition de poète et le poids qu'elle fait peser sur ses épaules. La fatigue du personnage et le paysage tourmenté à l'arrière-plan nous font songer à ce passage de l'extrait : « J'étais mûr pour le trépas, et par une route de dangers ma faiblesse me menait aux confins du monde et de la Cimmérie, patrie de l'ombre et des tourbillons. »

et, avec des rythmes instinctifs, je me flattai d'inventer un verbe poétique accessible, un jour ou l'autre, à tous les sens. Je réservais la traduction.

25 Ce fut d'abord une étude. J'écrivais des silences, des nuits, je notais l'inexprimable. Je fixais des vertiges.

[…]

La vieillerie poétique avait une bonne part dans mon alchimie du verbe.

30 Je m'habituai à l'hallucination simple : je voyais très franchement une mosquée à la place d'une usine, une école de tambours faite par des anges, des calèches sur les routes du ciel, un salon au fond d'un lac ; les monstres, les
35 mystères ; un titre de vaudeville dressait des épouvantes devant moi.

Puis j'expliquai mes sophismes magiques avec l'hallucination des mots !

Je finis par trouver sacré le désordre de mon
40 esprit. J'étais oisif, en proie à une lourde fièvre : j'enviais la félicité des bêtes, — les chenilles, qui représentent l'innocence des limbes, les taupes, le sommeil de la virginité !

Mon caractère s'aigrissait. Je disais adieu au
45 monde dans d'espèces de romances :

[…]

Je devins un opéra fabuleux : je vis que tous les êtres ont une fatalité de bonheur : l'action n'est pas la vie, mais une façon de gâcher quelque

50 force, un énervement. La morale est la faiblesse de la cervelle.

À chaque être, plusieurs *autres* vies me semblaient dues. Ce monsieur ne sait ce qu'il fait : il est un ange. Cette famille est une nichée de chiens. Devant plusieurs hommes, je causai
55 tout haut avec un moment d'une de leurs autres vies. — Ainsi, j'ai aimé un porc.

Aucun des sophismes de la folie, — la folie qu'on enferme, — n'a été oublié par moi : je pourrais les redire tous, je tiens le système.

60 Ma santé fut menacée. La terreur venait. Je tombais dans des sommeils de plusieurs jours, et, levé, je continuais les rêves les plus tristes. J'étais mûr pour le trépas, et par une route de dangers ma faiblesse me menait aux confins du
65 monde et de la Cimmérie, patrie de l'ombre et des tourbillons.

Je dus voyager, distraire les enchantements assemblés sur mon cerveau. Sur la mer, que j'aimais comme si elle eût dû me laver d'une souillure, je voyais se lever la croix consolatrice.
70 J'avais été damné par l'arc-en-ciel. Le Bonheur était ma fatalité, mon remords, mon ver : ma vie serait toujours trop immense pour être dévouée à la force et à la beauté.

75 Le Bonheur ! Sa dent, douce à la mort, m'avertissait au chant du coq, — *ad matutinum*, au *Christus venit*, — dans les plus sombres villes :

[…]

Cela s'est passé. Je sais aujourd'hui saluer la beauté.

QUESTIONS

1 Trouve-t-on dans ce poème les éléments d'une expérience du voyant ?

2 Rimbaud nous montre-t-il qu'il est un poète conscient de ses moyens ?

3 a) Qu'est-ce qui montre que le poète jette un regard rétrospectif ?

b) En relevant les actions du « je », décrivez le cheminement du poète et la logique de sa réflexion.

c) Dans le titre, que suggèrent les mots « délires » et « alchimie du verbe » ? Comment décrivent-ils l'activité poétique ? Quels mots vous permettent de faire ces rapprochements ?

4 Qu'est-ce que l'expérience poétique selon Rimbaud ? Comment peut-on dire qu'elle est à la fois expérience du langage et expérience de soi ? Comment la figure de style devient-elle figure d'existence ?

5 Comment la quête de beauté de Rimbaud rejoint-elle celle de Baudelaire ?

■ LES ILLUMINATIONS (1873-1875)

On a du mal à situer exactement ce livre dans le temps. Il accompagnerait plus ou moins Une saison en enfer. *On a cru un moment que le manuscrit avait été perdu. Mais, en 1886, il atterrit sur le bureau du directeur de la revue* La Vogue, *qui le publie. C'est Verlaine qui a donné son titre au recueil. L'imaginaire de Rimbaud paraît se déployer sans retenue, de façon énergique, violente même. Le poète semble annoncer l'avènement d'un monde nouveau, qu'incarnerait à lui seul le génie de ce dernier texte du recueil. Le voyant avait voulu « changer la vie », « réinventer l'amour ». Il était en attente de « la musique savante [qui] manque à notre désir » ; il est allé voir, a voulu savoir. Il a donné son énergie.*

« Génie »

Il est l'affection et le présent puisqu'il a fait la maison ouverte à l'hiver écumeux et à la rumeur de l'été, lui qui a purifié les boissons et les aliments, lui qui est le charme des lieux
5 fuyants et le délice surhumain des stations. Il est l'affection et l'avenir, la force et l'amour que nous, debout dans les rages et les ennuis, nous voyons passer dans le ciel de tempête et les drapeaux d'extase.

10 Il est l'amour, mesure parfaite et réinventée, raison merveilleuse et imprévue, et l'éternité : machine aimée des qualités fatales. Nous avons tous eu l'épouvante de sa concession et de la nôtre : ô jouissance de notre santé, élan
15 de nos facultés, affection égoïste et passion pour lui, lui qui nous aime pour sa vie infinie…

Et nous nous le rappelons et il voyage… Et si l'Adoration s'en va, sonne, sa promesse sonne : « Arrière ces superstitions, ces anciens corps,
20 ces ménages et ces âges. C'est cette époque-ci qui a sombré ! »

Il ne s'en ira pas, il ne redescendra pas d'un ciel, il n'accomplira pas la rédemption des colères de femmes et des gaîtés des hommes
25 et de tout ce péché : car c'est fait, lui étant, et étant aimé.

Ô ses souffles, ses têtes, ses courses ; la terrible célérité de la perfection des formes et de l'action !

Ô fécondité de l'esprit et immensité de l'uni-
30 vers !

Son corps ! le dégagement rêvé, le brisement de grâce croisée de violence nouvelle !

Sa vue, sa vue ! tous les agenouillages anciens et les peines *relevés* à sa suite.

35 Son jour ! l'abolition de toutes souffrances sonores et mouvantes dans la musique plus intense.

Son pas ! les migrations plus énormes que les anciennes invasions.

40 Ô lui et nous ! l'orgueil plus bienveillant que les charités perdues.

Ô monde ! et le chant clair des malheurs nouveaux !

Il nous a connus tous et nous a tous aimés.
45 Sachons, cette nuit d'hiver, de cap en cap, du pôle tumultueux au château, de la foule à la plage, de regards en regards, forces et sentiments las, le héler et le voir, et le renvoyer, et sous les marées et au haut des déserts de neige, suivre
50 ses vues, ses souffles, son corps, son jour.

QUESTIONS

1 Quels éléments du texte permettent de nommer le « génie » de Rimbaud « génie de la modernité » ?

2 a) Qu'est-ce que le poète tente de faire en décrivant le « génie » ?

b) Qu'est-ce que le poète semble craindre de notre part ?

3 a) Sur quelle disposition de l'âme se fondent l'identité et les actions du « génie » ?

b) Relevez les principaux rapprochements que fait le poète pour décrire le « génie ».

c) De quelles façons le poète utilise-t-il ce procédé ? À quelles fins ?

4 a) Dessinez le portrait physique et psychologique du « génie ».

b) En quoi les effets du « génie » sont-ils les mêmes que ceux du principe d'analogie ?

5 Rimbaud voit-il la modernité des temps et celle du héros de la même façon que Baudelaire ?

Lautréamont (1846-1870)

De ce poète, né Isidore Ducasse, mort de façon obscure à l'âge de vingt-quatre ans, on sait peu de choses si ce n'est qu'il est né en avril 1846 à Montevideo, en Uruguay. Génie précoce comme Rimbaud, il aurait fait des études secondaires dans le sud-ouest de la France, à Tarbes et à Pau, de 1859 à 1865. En 1869-1870, il aurait vécu misérablement à Paris et écrit les seuls livres qu'on lui connaît : *Les Chants de Maldoror*, et un autre dans lequel il semble avoir voulu se repentir et faire preuve d'un peu plus de sagesse. Il n'aura pu écrire que « la préface à [ce] livre futur » qu'on nomme *Poésies*.

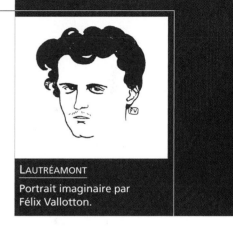

LAUTRÉAMONT
Portrait imaginaire par Félix Vallotton.

■ LES CHANTS DE MALDOROR (1869)

Comme Rimbaud, Lautréamont s'inventera un double, Maldoror, dont il fera une autobiographie infernale — ses chants sont ceux d'un damné. Comme Baudelaire, il reconnaîtra à l'homme une nature fondamentalement cruelle et se révélera son propre bourreau. Son personnage, être maléfique, inhumain, sacrilège, doué pour le crime, emprunte autant à Homère qu'à Victor Hugo et à Charles Baudelaire. Plein d'ironie, d'orgueil et de provocation, il se donne une langue délirante, dangereuse, qui appelle l'orage et cherche à tout ébranler sur son passage : l'écriture, la pensée, les modèles, la littérature, les croyances. Dans une véritable mise en scène de la cruauté, il s'empare de son lecteur, lui donne le vertige et le condamne à une terrible et libérante fatalité. « Moi, dit Maldoror, je fais servir mon génie à peindre les délices de la cruauté ! Délices non passagères, artificielles ; mais, qui ont commencé avec l'homme, finiront avec lui. Le génie ne peut-il pas s'allier avec la cruauté dans les résolutions secrètes de la Providence ? ou, parce qu'on est cruel, ne peut-on pas avoir du génie ? »

Chant premier

[1] Plût au ciel que le lecteur, enhardi et devenu momentanément féroce comme ce qu'il lit, trouve, sans se désorienter, son chemin abrupt et sauvage, à travers les marécages désolés de

ces pages sombres et pleines de poison ; car, à moins qu'il n'apporte dans sa lecture une logique rigoureuse et une tension d'esprit égale au moins à sa défiance, les émanations mortelles de ce livre imbiberont son âme comme l'eau le sucre. Il n'est pas bon que tout le monde lise les pages qui vont suivre ; quelques-uns seuls savoureront ce fruit amer sans danger. Par conséquent, âme timide, avant de pénétrer plus loin dans de pareilles landes inexplorées, dirige tes talons en arrière et non en avant. Écoute bien ce que je te dis : dirige tes talons en arrière et non en avant, comme les yeux d'un fils qui se détourne respectueusement de la contemplation auguste de la face maternelle ; ou, plutôt, comme un angle à perte de vue de grues frileuses méditant beaucoup, qui, pendant l'hiver, vole puissamment à travers le silence, toutes voiles tendues, vers un point déterminé de l'horizon, d'où tout à coup part un vent étrange et fort, précurseur de la tempête. […]

[6] […] Donc, puisque ton sang et tes larmes ne te dégoûtent pas, nourris-toi, nourris-toi avec confiance des larmes et du sang de l'adolescent. Bande-lui les yeux, pendant que tu déchireras ses chairs palpitantes ; et, après avoir entendu de longues heures ses cris sublimes, semblables aux râles perçants que poussent dans une bataille les gosiers des blessés agonisants, alors, t'ayant écarté comme une avalanche, tu te précipiteras de la chambre voisine, et tu feras semblant d'arriver à son secours. Tu lui délieras les mains, aux nerfs et aux veines gonflées, tu rendras la vue à ses yeux égarés, en te remettant à lécher ses larmes et son sang. Comme alors le repentir est vrai ! L'étincelle divine qui est en nous, et paraît si rarement, se montre ; trop tard ! Comme le cœur déborde de pouvoir consoler l'innocent à qui l'on a fait du mal : « Adolescent, qui venez de souffrir des douleurs cruelles, qui donc a pu commettre sur vous un crime que je ne sais de quel nom qualifier ! Malheureux que vous êtes ! Comme vous devez souffrir ! Et si votre mère savait cela, elle ne serait pas plus près de la mort, si abhorrée par les coupables, que je ne le suis maintenant. Hélas ! qu'est-ce donc que le bien et le mal ! Est-ce une même chose par laquelle nous témoignons avec rage notre impuissance, et la passion d'atteindre à l'infini par les moyens même les plus insensés ? Ou bien, sont-ce deux choses différentes ? Oui… que ce soit plutôt une même chose… car, sinon, que deviendrai-je au jour du jugement ! Adolescent, pardonne-moi ; c'est celui qui est devant ta figure noble et sacrée, qui a brisé tes os et déchiré les chairs qui pendent à différents endroits de ton corps. Est-ce un délire de ma raison malade, est-ce un instinct secret qui ne dépend pas de mes raisonnements, pareil à celui de l'aigle déchirant sa proie, qui m'a poussé à commettre ce crime ; et pourtant, autant que ma victime, je souffrais ! Adolescent, pardonne-moi. Une fois sortis de cette vie passagère, je veux que nous soyons entrelacés pendant l'éternité ; ne former qu'un seul être, ma bouche collée à ta bouche. Même, de cette manière, ma punition ne sera pas complète. Alors, tu me déchireras, sans jamais t'arrêter, avec les dents et les ongles à la fois. Je parerai mon corps de guirlandes embaumées, pour cet holocauste expiatoire ; et nous souffrirons tous les deux, moi, d'être déchiré, toi, de me déchirer… ma bouche collée à ta bouche. Ô adolescent, aux cheveux blonds, aux yeux si doux, feras-tu maintenant ce que je te conseille ? Malgré toi, je veux que tu le fasses, et tu rendras heureuse ma conscience. » Après avoir parlé ainsi, en même temps tu auras fait le mal à un être humain, et tu seras aimé du même être : c'est le bonheur le plus grand que l'on puisse concevoir. Plus tard, tu pourras le mettre à l'hôpital ; car, le perclus ne pourra pas gagner sa vie. On t'appellera bon, et les couronnes de laurier et les médailles d'or cacheront tes pieds nus, épars sur la grande tombe, à la figure vieille. Ô toi, dont je ne veux pas écrire le nom sur cette page qui consacre la sainteté du crime, je sais que ton pardon fut immense comme l'univers. Mais, moi, j'existe encore !

QUESTIONS

1 Dans le premier chant, relevez les signes d'une écriture violente.

2 Dans la dernière phrase, le poète est-il souffrant ou menaçant ?

3 a) Comment Lautréamont se représente-t-il celui à qui il s'adresse ? Qu'est-ce qu'il veut faire avec lui ? Ne le fait-il qu'avec lui ?

b) Relevez les termes utilisés pour représenter les actions. Qu'est-ce qui les relie ? Que cherche le poète en les utilisant ?

4 Montrez que ce que Lautréamont appelle « la sainteté du crime » repose sur une relation à l'autre faite d'amour et de cruauté.

5 Qu'est-ce que Lautréamont semble reprendre de Baudelaire et de Rimbaud ? Qu'apporte-t-il de différent ?

Art et littérature

UNE IMAGE DU VAMPIRE

Le narrateur des *Chants de Maldoror* qui presse le lecteur de se nourrir « des larmes et du sang de l'adolescent » peut faire songer à un vampire, comme dans cette œuvre du peintre norvégien Edvard Munch. Ici, curieusement, le vampire a des allures féminines avec ses longs cheveux roux.

■ Montrez que les postures des deux personnages peuvent suggérer autant la cruauté que l'amour.

■ Pourquoi la vampire a-t-elle les cheveux roux ?

■ Considérez-vous que cette toile est une représentation traditionnelle de la figure du vampire ? Pourquoi ?

EDVARD MUNCH (1863-1944).

Vampire, 1893-94. (Huile sur toile, 91 × 109 cm. Musée Munch, Oslo.)

PAUL VERLAINE

Paul Verlaine (1844-1896)

Verlaine naît à Metz en 1844. À quatorze ans, il envoie un poème à Victor Hugo ; à dix-neuf ans, il le rencontre, ainsi que Banville et Baudelaire, sur qui il avait d'ailleurs écrit un article important. En 1866, il fait éditer son premier recueil, *Les Poèmes saturniens*, qui doit beaucoup à Baudelaire, Hugo, Gautier et Marceline Desbordes-Valmore. Déjà cependant se dessine un nouvel espace poétique sollicité par l'âme rêveuse et dans lequel il tente d'exprimer le caractère évanescent des sensations qu'il éprouve en succombant aux séductions de la bohème et des amitiés particulières et irrégulières.

Il se marie à Mathilde Mauthé en 1870. À peine installé chez ses beaux-parents, il reçoit des poèmes de Rimbaud qu'il invite chez lui. Il quitte sa famille pour vivre à nouveau la bohème avec le jeune homme et renouer avec les cafés et l'amour homosexuel. Il adhère à la Commune, travaille à des poèmes socialistes qui ne verront jamais le jour. En 1873, en Belgique, c'est l'orage avec Rimbaud et, le 10 juillet, malgré la présence de sa mère, il tire sur lui deux coups de revolver. Il sera condamné à deux ans de prison. À sa sortie, il tente de se refaire une réputation et de se réconcilier avec sa femme et le milieu littéraire, mais sans succès. Malgré ses bonnes intentions, il retrouve ses penchants les plus sombres. Il boit, dépense trop, fait scandale avec des amitiés de passage. Il tente d'étrangler sa mère. En 1882, il revient à Paris, reprend contact avec le milieu littéraire et connaît un moment de gloire. C'est cette année-là qu'il publie son « Art poétique », rédigé en prison en 1874, et qu'il commence à faire paraître quelques chapitres des *Poètes maudits*. Les jeunes poètes se reconnaissent dans son illustration de l'esprit fin de siècle et trouvent en lui un véritable maître.

■ SAGESSE (1881)

En publiant cet ouvrage, Verlaine pense être reconnu comme un grand écrivain catholique, mais le recueil passe complètement inaperçu. Absent des cercles littéraires depuis une dizaine d'années, le poète avait eu le temps de se faire oublier.

Sagesse a souvent été considéré comme l'expression de la conversion de l'auteur en mai-juin 1874. Pourtant, plusieurs poèmes de ce recueil ont été écrits avant et après ce moment décisif. Quelques poèmes, écrits en prison entre 1873 et 1875, répondent à Une saison en enfer et condamnent l'aventure spirituelle, langagière et poétique de Rimbaud. Il n'oublie pas les thèmes qui ont jusqu'alors nourri son œuvre : la tendresse, l'inquiétude, la mélancolie, l'ennui de vivre, les rêves familiers, les amours disparues, la quête d'équilibre et de paix.

Pour le poème qui suit, écrit en 1875, Verlaine a déjà reconnu qu'il s'adressait à Rimbaud, mais aussi à lui-même, ce « poor myself », dira-t-il. Il avait revu Rimbaud après sa sortie de prison. Il tente en lui écrivant encore quelques lettres de convertir « le fils prodigue » et d'échapper à toute la beauté qu'il représente. Quand Verlaine lutte, ce n'est pas seulement contre les autres et contre son époque, mais bien contre lui-même, lui qui s'est si bien nommé « l'impénitent ».

Malheureux ! Tous les dons, la gloire du baptême,
Ton enfance chrétienne, une mère qui t'aime,
La force et la santé comme le pain et l'eau,
Cet avenir enfin, décrit dans le tableau
5   De ce passé plus clair que le jeu des marées,
Tu pilles tout, tu perds en viles simagrées
Jusqu'aux derniers pouvoirs de ton esprit, hélas !
La malédiction de n'être jamais las
Suit tes pas sur le monde où l'horizon t'attire,
10   L'enfant prodigue avec des gestes de satyre !
Nul avertissement, douloureux ou moqueur,
Ne prévaut sur l'élan funeste de ton cœur.
Tu flânes à travers péril et ridicule,
Avec l'irresponsable audace d'un Hercule
15   Dont les travaux seraient fous, nécessairement.
L'amitié — dame ! — a tu son reproche clément,
Et chaste, et sans aucun espoir que le suprême,
Vient prier, comme au lit d'un mourant qui blasphème.
La patrie oubliée est dure au fils affreux,
20   Et le monde alentour dresse ses buissons creux
Où ton désir mauvais s'épuise en flèches mortes.
Maintenant il te faut passer devant les portes,
Hâtant le pas de peur qu'on ne lâche le chien,
Et si tu n'entends pas rire, c'est encor bien.
25   Malheureux, toi Français, toi Chrétien, quel dommage !
Mais tu vas, la pensée obscure de l'image
D'un bonheur qu'il te faut immédiat, étant
Athée (avec la foule !) et jaloux de l'instant,
Tout appétit parmi ces appétits féroces,
30   Épris de la fadaise actuelle, mots, noces
Et festins, la « Science », et « l'esprit de Paris »,
Tu vas magnifiant ce par quoi tu péris,
Imbécile ! et niant le soleil qui t'aveugle !
Tout ce que les temps ont de bête paît et beugle
35   Dans ta cervelle, ainsi qu'un troupeau dans un pré,
Et les vices de tout le monde ont émigré
Pour ton sang dont le fer lâchement s'étiole.
Tu n'es plus bon à rien de propre, ta parole
Est morte de l'argot et du ricanement,
40   Et d'avoir rabâché les bourdes du moment.
Ta mémoire, de tant d'obscénités bondée,
Ne saurait accueillir la plus petite idée,
Et patauge parmi l'égoïsme ambiant,
En quête d'on ne peut dire quel vil néant !
45   Seul, entre les débris honnis de ton désastre,
L'Orgueil, qui met la flamme au front du poétastre
Et fait au criminel un prestige odieux,
Seul, l'Orgueil est vivant, il danse dans tes yeux,
Il regarde la Faute et rit de s'y complaire.

50   — Dieu des humbles, sauvez cet enfant de colère !

QUESTIONS

1 Relevez les divers éléments associés à l'esprit fin de siècle.

2 a) Dans quel but Verlaine s'adresse-t-il à son interlocuteur ? De quelle manière le manifeste-t-il ?

b) À première vue, qui est « cet enfant de colère » du dernier vers ?

3 a) Relevez le vocabulaire utilisé pour décrire le tempérament de « l'enfant de colère » et dessinez le portrait imaginaire que Verlaine en fait.

b) Pourquoi l'appelle-t-il « fils » ?

c) En vous appuyant sur le vocabulaire utilisé par Verlaine, dessinez cette fois le portrait que Verlaine trace de son époque et de ses contemporains.

d) Comment l'« enfant de colère » en est-il venu à être une représentation de l'époque ?

4 Que reproche Verlaine à Rimbaud et à son époque ?

5 a) Verlaine a-t-il la même vision de son époque que Baudelaire et Rimbaud ? L'apprécie-t-il de la même façon ?

b) S'adresse-t-il à son interlocuteur de la même façon que Lautréamont ?

■ JADIS ET NAGUÈRE (1885)

Ce recueil peut être considéré comme une réponse à Sagesse. *D'ailleurs, le poète, malgré ses bonnes intentions, oscille entre l'exaltation de la chair et les élans spirituels. Il manque de volonté, s'épuise à vivre tous les excès du vagabondage tout en rêvant d'amour tendre. C'est dans* Jadis et Naguère *que Verlaine publie son « Art poétique » et propose sa théorie sur la musicalité du vers. Les poètes de la fin du siècle, qui reconnaissent leur dette à l'égard de l'auteur des* Fleurs du mal, *rêvent d'un art total, et croient comme lui le trouver dans la musique wagnérienne. Dans son « Art poétique » rédigé en 1874, Verlaine, ayant besoin d'une poésie qui soit à la fois consolation et réparation, dira aux poètes tout autant qu'à lui-même : « De la musique avant toute chose. » Mais cette musique qu'il appelle aura très rarement chez lui le caractère volontaire, combatif ou même violent qu'on trouve chez les poètes de son temps. Chez Verlaine, les mots chantent et rêvent, scandent des chansons plus douces, berceuses ou « romances sans paroles », avec des mètres impairs qui expriment ce qui dans l'humain va librement, s'envole « sans rien en lui qui pèse ou qui pose ». Antérieur à* Sagesse, *le poème « Kaléidoscope », qui date d'octobre 1873, abolit les frontières entre le rêveur et le rêve.*

« Kaléidoscope »

À Germain Nouveau.

Dans une rue, au cœur d'une ville de rêve,
Ce sera comme quand on a déjà vécu :
Un instant à la fois très vague et très aigu…
Ô ce soleil parmi la brume qui se lève !

5   Ô ce cri sur la mer, cette voix dans les bois !
Ce sera comme quand on ignore des causes :

Alphonse Osbert (1857-1939).

Soir antique, 1908. (Huile sur toile, Musée du Petit Palais, Paris.)

L'atmosphère raffinée et mélancolique de cette toile est typique du courant symboliste. Les jeunes filles, gracieuses, vêtues à la manière de la Grèce antique, contemplent un coucher de soleil dans des poses rêveuses. Deux d'entre elles possèdent des lyres, tout comme le poète du tableau de Gustave Moreau. La grande simplicité de l'œuvre invite au recueillement et à la méditation, évoquant un passé qui n'a peut-être jamais existé.

Un lent réveil après bien des métempsychoses :
Les choses seront plus les mêmes qu'autrefois

Dans cette rue, au cœur de la ville magique
10 Où des orgues moudront des gigues dans les soirs,
Où les cafés auront des chats sur les dressoirs,
Et que traverseront des bandes de musique.

Ce sera si fatal qu'on en croira mourir :
Des larmes ruisselant douces le long des joues,
15 Des rires sanglotés dans le fracas des roues,
Des invocations à la mort de venir,

Des mots anciens comme un bouquet de fleurs fanées !
Les bruits aigres des bals publics arriveront,
Et des veuves avec du cuivre après leur front,
20 Paysannes, fendront la foule des traînées

Qui flânent là, causant avec d'affreux moutards
Et des vieux sans sourcils que la dartre enfarine,
Cependant qu'à deux pas, dans des senteurs d'urine,
Quelque fête publique enverra des pétards.

25 Ce sera comme quand on rêve et qu'on s'éveille !
Et que l'on se rendort et que l'on rêve encor
De la même féerie et du même décor,
L'été, dans l'herbe, au bruit moiré d'un vol d'abeille.

QUESTIONS

1 Qu'est-ce qui crée ici une atmosphère fin de siècle ?

2 Comment comprendre le titre ? Pourquoi convient-il à l'évocation d'une « ville magique » ?

3 a) En vous référant à la première strophe, comment décririez-vous « la ville de rêve » (vers 1) ? Repérez les expressions clés et dites ce qu'elles révèlent de la ville imaginée par Verlaine.

   b) Dressez la liste de toutes les expressions clés, dans les strophes suivantes, qui rappellent et développent celles de la première strophe. Quel sens ajoutent-elles ?

   c) Quelle atmosphère ces expressions suggèrent-elles ?

   d) Pourquoi le poète utilise-t-il le futur ?

   e) Quels mots expriment une tension dans ce poème ? Cette tension est-elle vécue comme chez Rimbaud ou chez Baudelaire ?

4 Montrez que la quête de Verlaine est bien celle des symbolistes.

5 a) La ville est-elle imaginée de la même façon chez Verlaine, Rimbaud et Baudelaire ? Provoque-t-elle le même effet ?

   b) Pour vous, comment les effets de la ville ne peuvent-ils plus être ceux de la campagne ?

Littérature et actualité

LES POÈTES EN CHANSONS

Les poèmes de Baudelaire, de Verlaine et de Rimbaud semblent n'avoir rien perdu de leur modernité ni de leur pertinence puisqu'ils ont souvent été mis en musique par des compositeurs-interprètes qui étaient eux-mêmes de grands auteurs de chansons : Léo Ferré, bien sûr, mais aussi Charles Trenet, Georges Brassens, Serge Gainsbourg et Robert Charlebois.

Dans la liste ci-contre, choisissez un poème mis en musique et tentez de comprendre comment la musique et l'interprétation le transforment.

BAUDELAIRE
• Léo Ferré : *Léo Ferré chante Baudelaire*
• Serge Gainsbourg : « Le serpent qui danse »
• Juliette : « *Franciscae meæ laudes* » (en latin)

RIMBAUD
• Léo Ferré : *Léo Ferré chante Verlaine-Rimbaud*
• Robert Charlebois : « Sensation » (repris par Daniel Bélanger)
• Serge Reggiani : « Le Dormeur du val »

VERLAINE
• Léo Ferré : *Léo Ferré chante Verlaine-Rimbaud*
• Georges Brassens : « Colombine »
• Charles Trenet : « Chanson d'automne »

Texte écho

■ LE PORTRAIT DE DORIAN GRAY (1891)

d'Oscar Wilde

Écrivain et auteur dramatique anglais d'origine irlandaise, Oscar Wilde est né à Dublin en 1856 et mort à Paris en 1900. Véritable dandy, il fascine toute l'Angleterre avec sa finesse d'esprit, son élégance et sa beauté. Il renouvelle la comédie anglaise et peint de façon impitoyable l'aristocratie anglaise.

Dans Le Portrait de Dorian Gray, Oscar Wilde fait siennes les théories de la science expérimentale et, comme Freud qui est sur le point d'inventer la psychanalyse, il fait entrer la fiction dans la science en s'efforçant de percevoir chez les individus qu'il observe la « logique des passions ». Le Portrait de Dorian Gray est en fait l'histoire d'un face-à-face avec soi-même : comme Freud l'a laissé entendre, l'être humain pense se connaître et être aux commandes de sa propre vie, alors qu'il subit l'influence de forces mystérieuses et incontrôlables qui le rendent étranger à lui-même.

Dès que Dorian fut sorti, les paupières de Lord Henry se fermèrent lourdement et il se prit à songer. Peu de gens l'avaient captivé autant que Dorian Gray et le jeune homme s'était follement
5 épris de quelqu'un d'autre. Pourtant il n'était ni contrarié ni jaloux. Il était enchanté. Le sujet ne devenait que plus captivant. Les méthodes des sciences naturelles l'avaient toujours attiré, mais l'objet de ces sciences lui était apparu vul-
10 gaire et dénué d'intérêt. Aussi avait-il préféré pratiquer la vivisection sur lui-même tout d'abord, puis finalement sur les autres. La vie humaine lui semblait le seul sujet digne d'études. Auprès d'elle tout devenait sans valeur.
15 Pour observer la vie dans l'étrange creuset des peines et des plaisirs, pas de masque de verre ! Rien ne pouvait empêcher les vapeurs sulfureuses de monter jusqu'au cerveau, de l'attaquer, de peupler son imagination de désirs
20 monstrueux et de rêves morbides. Certains poisons étaient si subtils que, pour connaître leurs propriétés, il fallait en avoir goûté la mortelle amertume. Il existait des maladies si étranges qu'il fallait en avoir subi l'atteinte pour les défi-
25 nir savamment. Mais la récompense n'était-elle pas immense ? L'univers livrait toutes ses merveilles ! Ah ! noter à la fois la logique singulière mais inflexible de la passion et les mille émotions diverses de l'intelligence — et découvrir
30 leurs rencontres, leurs divergences, leurs accords et leurs dissonances ! Peu importait le prix. On ne saurait jamais payer trop cher une sensation !

Une pensée illuminait de plaisir ses yeux brun
35 agate. C'était bien la musique de ses harmonieuses paroles qui avait conduit l'âme de Dorian à cette jeune fille candide, avait inspiré au jeune homme la plus pure des déclarations d'amour. Dorian Gray était, dans une
40 large mesure, sa création. Il l'avait rendu précoce. Cela comptait. En général, les gens devaient attendre que la vie leur livrât ses secrets. Seuls quelques êtres d'élite pénétraient les mystères de la vie avant même d'avoir
45 vécu. Parfois cette révélation était due aux arts et principalement à l'art littéraire qui détient la clef des passions et de l'intelligence. Mais parfois une personnalité complexe se substituait à l'art. Elle était, à sa manière, un au-
50 thentique chef-d'œuvre. La vie avait ses chefs-d'œuvre tout comme la poésie, la sculpture ou la peinture.

[…]

L'âme et le corps, le corps et l'âme, que d'insondables mystères ! L'âme connaissait la sen-
55 sualité et le corps avait ses moments de spiritualité. Les sens pouvaient se sublimer et l'intelligence déchoir. Qui pouvait dire où finissait la chair, où commençait l'esprit ? Que les définitions de la psychologie courante parais-
60 saient arbitraires et vides ! Et comment choisir parmi les affirmations des différentes écoles ? L'âme n'était-elle qu'une ombre emprisonnée dans la maison du péché ? L'âme était-elle le corps tout entier comme l'affirmait Giordano
65 Bruno ? La séparation de l'esprit et du corps était aussi énigmatique que leur union.

Il se demandait si la psychologie pourrait jamais devenir une science assez exacte pour identifier tous les ressorts les plus infimes de la vie. Dans l'état actuel des choses on ne parvenait jamais à se comprendre soi-même et on ne comprenait les autres qu'exceptionnellement. [...] Tout cela prouvait bien que notre futur était condamné à revivre notre passé : le péché, commis d'abord à contrecœur, se renouvellerait fréquemment ensuite dans l'allégresse.

Il était évident que seule la méthode expérimentale permettrait d'analyser scientifiquement les passions. Dorian Gray était un sujet idéal, qui devait conduire à des résultats féconds. Sa passion subite et délirante pour Sibyl Vane présentait un intérêt psychologique indéniable. La curiosité était pour beaucoup assurément dans l'aventure, la curiosité et le désir de vivre des

expériences nouvelles. Ce n'était certes pas une passion simple mais particulièrement complexe au contraire.

L'imagination avait si bien transfiguré l'instinct purement sensuel de l'adolescence que Dorian n'accordait aucun rôle aux sens dans ses sentiments. Le danger n'en était que plus grand. En nous trompant nous-mêmes sur la nature de nos passions nous donnons plus de force à leur tyrannie. Les influences que nous avons su analyser ne nous troublent plus. Bien souvent nous croyons soumettre les autres à une expérience et c'est nous en réalité qui servons de cobayes.

[...]

(Traduction de Michel Étienne
revue par Daniel Mortier. © Pocket, 1991.)

QUESTION

Montrez que dans l'attitude de Lord Henry on trouve non seulement une réconciliation de la science et de la fiction, mais également une nouvelle vision du scientifique et de son objet : l'être humain.

Chanson écho

■ « LE TEMPS DES CERISES » (1866)
de Jean-Baptiste Clément

Paris, printemps 1871. Le gouvernement, qui comprend plusieurs royalistes, signe avec la Prusse des accords de paix qui semblent inacceptables aux mouvements républicains et socialistes. Les 17 et 18 mars, la population en colère se soulève. Le gouvernement fuit à Versailles et un nouveau gouvernement est élu, celui de la Commune. Les communards ont pour objectifs, entre autres, de défendre les intérêts ouvriers et d'assurer une plus grande égalité entre les citoyens. Mais les armées du gouvernement défait ripostent en assiégeant et en bombardant la ville. La violence des combats culmine entre le 21 et le 28 mai. Dans les rues barricadées de Paris, la « semaine sanglante » fait des dizaines de milliers de morts et de prisonniers et entraîne la défaite des communards.

Jean-Baptiste Clément a écrit ce poème d'amour en 1866, avant de devenir un militant républicain. En 1871, élu de la Commune de Paris, il participe aux combats de la « semaine sanglante », puis s'exile à Londres. À son retour en France, il constate que sa chanson connaît un grand succès et décide de l'inclure dans le recueil de ses œuvres qu'il publie en 1885. Il dédie alors son texte « à la vaillante citoyenne Louise (Louise Michel [1830-1905]), l'ambulancière de la rue Fontaine-au-Roi », qui a ravitaillé les combattants aux barricades. Dès lors, la chanson devient l'hymne nostalgique des communards, si bien qu'on finit par croire, à tort, qu'elle a été écrite au temps de l'insurrection. Aujourd'hui, « Le Temps des cerises » est une des chansons les plus connues du répertoire de chansons francophones et on ne compte plus les interprétations qui en ont été faites.

Quand nous en serons au temps des cerises
Et gai rossignol et merle moqueur
Seront tous en fête
Les belles auront la folie en tête
5 Et les amoureux du soleil au cœur
Quand nous chanterons le temps des cerises
Sifflera bien mieux le merle moqueur

Mais il est bien court le temps des cerises
Où l'on s'en va deux cueillir en rêvant
10 Des pendants d'oreilles
Cerises d'amour aux robes pareilles
Tombant sous la feuille en gouttes de sang
Mais il est bien court le temps des cerises
Pendants de corail qu'on cueille en rêvant

15 Quand vous en serez au temps des cerises
Si vous avez peur des chagrins d'amour
Évitez les belles
Moi qui ne crains pas les peines cruelles
Je ne vivrai pas sans souffrir un jour
20 Quand vous en serez au temps des cerises
Vous aurez aussi des chagrins d'amour

J'aimerai toujours le temps des cerises
C'est de ce temps-là que je garde au cœur
Une plaie ouverte
25 Et Dame Fortune, en m'étant offerte
Ne saura jamais calmer ma douleur
J'aimerai toujours le temps des cerises
Et le souvenir que je garde au cœur

QUESTION

Les insurgés de la Commune voient dans cette chanson le symbole de leur lutte populaire. Étant donné ce que vous savez des objectifs et de l'issue des combats de la Commune de 1871, expliquez comment les métaphores que contient la chanson peuvent être réinterprétées à la lumière de ces événements. Imaginez, par exemple, ce que peuvent symboliser, pour les combattants, le temps des cerises, les amoureux et la souffrance dont parle le poète.

CLÉS POUR COMPRENDRE LE RÉALISME

1 Le mot d'ordre des réalistes : « Tout dire, tout montrer. » Le romancier doit renvoyer à la société une image fidèle d'elle-même, en dépit des défauts, des aspects déplaisants ou des tabous que la morale bourgeoise voudrait cacher. Il décrit les vices, la pauvreté, les travers du genre humain, sans se soucier du « bon goût », etc.

2 Le roman réaliste témoigne des changements économiques et sociaux. Le XIXᵉ siècle est celui de la mobilité sociale, par opposition à l'Ancien Régime et à sa hiérarchie sociale figée. L'ambition, le désir de réussir et de s'élever socialement, est une caractéristique commune à beaucoup de personnages réalistes.

3 Les réalistes scandalisent souvent la bourgeoisie, mais le scandale a toujours été bon vendeur. Les lecteurs du XIXᵉ siècle sont à la fois horrifiés et fascinés par l'image que leur renvoie la littérature réaliste.

4 La représentation sans compromis du réel trace un portrait critique de la société. Elle dénonce l'hypocrisie, le matérialisme, la corruption, l'arrivisme, etc. On peut donc affirmer que « réalisme » ne veut pas dire « objectivité ». Il y a une façon de décrire, d'ordonner le réel qui suppose des choix, et ces choix trahissent les partis pris de leurs auteurs.

5 Cette critique sociale est une réflexion plus globale sur la nature humaine, ce qui confère au roman réaliste une portée universelle. Ce portrait sans compromis de l'humanité semble souvent pessimiste.

6 Le réalisme est une réaction aux excès du romantisme. L'inspiration ne vient plus des états d'âme de l'écrivain, de sa vie intérieure, mais plutôt de son observation de la société et de l'être humain. Le style est plus sobre, moins lyrique que chez les romantiques.

CLÉS POUR COMPRENDRE LE SYMBOLISME

1 Le poète symboliste ne cherche pas à décrire la réalité, mais à montrer ses pouvoirs d'évocation. Elle nourrit son imagination, le porte ailleurs. Ce qui l'intéresse, ce ne sont pas les conditions économiques, sociales, c'est une représentation de l'humain. Il veut rendre visible l'invisible.

2 Il rivalise avec le scientifique, il a sa science, sa méthode. Il explore, expérimente, voit et donne à voir. Mais sa science est inquiète. Il a l'impression que la civilisation est en train de perdre son âme en se détournant des valeurs de l'esprit et en se vouant au matérialisme. Il tient au savoir qui lui vient des rêves, des visions, des mythes, lesquels lui proposent des clés de lecture de la condition humaine.

3 Comme s'il se trouvait en pleine décadence, à la fin d'une époque de gloire, il tente de protéger ce qui reste de feu et de splendeur. L'esprit de raffinement est d'autant plus fort chez lui que la société lui paraît sombrer dans la vulgarité. Il est comme un convalescent qui perçoit tout avec plus d'intensité parce qu'il a conscience de la mort.

4 Il va de par le monde et cherche des occasions de sentir pleinement la vie. Il trouve des scènes qui l'impressionnent et qui, par toute une série d'associations, l'incitent à percevoir les enjeux de la vie moderne comme ceux de sa propre condition de mortel.

5 Pour arriver à voir, il sent, imagine, va d'association en association. Il crée des correspondances entre les différents éléments de l'expérience, ce qui lui permet de faire des rapprochements entre le fini et l'infini, la nature et le sacré, l'homme et l'Invisible, le Moi et le Non-Moi.

6 Il est en quête de beauté et de modernité, mais cette beauté moderne est relative, circonstancielle et paradoxale. Comme la femme, comme l'époque, elle est incertaine, terrible, fascinante ; elle crée des vertiges.

7 Cette beauté moderne est celle de l'être qui a les nerfs à vif et qui se sait fondamentalement divisé, porté vers le mal et pourtant épris d'idéal, qui est surtout capable de se voir à distance et d'examiner ainsi les forces qui agissent en lui pour le détruire ou le vivifier.

BILAN DES AUTEURS ET DES ŒUVRES

STENDHAL

Par son époque et ses personnages idéalistes et marginaux, Stendhal est associé au courant romantique ; il est aussi un des précurseurs du réalisme, car il situe ses romans dans des lieux réels et des époques précises. Stendhal ne craint pas de critiquer l'arrivisme, le conservatisme, l'étroitesse d'esprit de ses contemporains. Dans *Le Rouge et le Noir*, Julien Sorel incarne bien le refus de s'intégrer à une société corrompue et matérialiste.

BALZAC

L'œuvre de Balzac se situe au croisement du romantisme et du réalisme. Bien qu'il ait vécu à l'ère romantique, il fait figure de précurseur du réalisme grâce à son immense cycle romanesque, *La Comédie humaine*, dans lequel il souhaite expliquer la société, montrer les lois et les forces qui la régissent.

FLAUBERT

Flaubert est l'écrivain réaliste le plus préoccupé par les qualités esthétiques de ses œuvres. De nature misanthrope, Flaubert décrit dans ses œuvres la futilité de l'existence, l'échec irrémédiable de toute entreprise humaine ou encore le triomphe de la bêtise. Dans *Madame Bovary*, récit du destin malheureux d'une jeune femme de Normandie, Flaubert dépeint la futilité de l'amour, victime du temps et de l'égoïsme. Il ridiculise en outre le culte que la bourgeoisie de son époque voue au progrès.

MAUPASSANT

Comme son maître Flaubert, Maupassant a une vision pessimiste de la nature humaine. Dans ses contes et ses nouvelles, il brosse un portrait impitoyable de ses contemporains. Ainsi, dans « Une famille », Maupassant exprime sa peur de la vieillesse tout en décrivant avec cruauté la fadeur de la vie provinciale.

ZOLA

Zola est le créateur du mouvement naturaliste, qui s'inscrit dans la continuité du réalisme. Il conçoit le roman comme le récit d'une expérience scientifique qui démontre l'influence de l'hérédité et du milieu sur le développement de la personnalité. Son cycle romanesque *Les Rougon-Macquart* décrit la France sous le Second Empire. Écrivain controversé, Zola ne craint pas de représenter dans ses romans les aspects les plus sordides de la société : la prostitution et la déchéance morale de la bourgeoisie dans *Nana*, l'exploitation des travailleurs à l'époque du capitalisme triomphant dans *Germinal*, sommet de son œuvre.

GABORIAU

Digne successeur d'Edgar Allan Poe et inventeur du roman judiciaire, Émile Gaboriau lègue une œuvre axée sur l'enquêteur et son intrigue. Celle-ci doit nécessairement faire place à la psychologie complexe des personnages ainsi qu'à la description précise du milieu urbain.

BAUDELAIRE

Baudelaire tente de percevoir l'insolite au cœur du quotidien, d'en extraire « les fleurs du mal ». L'étude du beau est un duel dans lequel l'artiste prend la mesure de ses forces. L'art n'a pas à imiter la nature mais à la corriger, c'est un « essai permanent et successif de réformation de la nature ». Dans *Le Spleen de Paris*, Baudelaire a imaginé ce que pouvait être cette forme neuve capable d'exprimer les soubresauts de la vie urbaine.

RIMBAUD

Rimbaud est passé en poésie comme une comète dans le ciel. Il a fait ses expériences du voyant, en a mesuré les impasses dans *Une saison en enfer*, puis s'est tu. Pour lui, le poète est un chercheur d'inconnu, un « multiplicateur de progrès ». Il doit passer par « un immense et raisonné dérèglement de tous les sens » pour voir et arracher à l'inconnu ses visions. Mais disant adieu à la poésie, il pressent que la dure réalité impose des devoirs.

LAUTRÉAMONT

Proche de Rimbaud, Lautréamont a écrit avec *Les Chants de Maldoror* une autobiographie infernale dans laquelle il interpelle le lecteur et l'invite, un peu à la manière de Sade, à faire l'expérience des délices de la cruauté et de leur pouvoir de libération. Il incarne le génie de la cruauté.

VERLAINE

Verlaine a été « le compagnon d'enfer » de Rimbaud. Sa vie aura été un perpétuel combat entre les excès de l'ivresse, les plaisirs et les orages des amours irrégulières et masculines et le caractère évanescent des sensations. « De la musique avant toute chose », dira-t-il, espérant par là annoncer l'avènement d'une poésie qui exprime les nuances subtiles proches du rêve. Pour lui, c'est par le bizarre et le délicat qu'on peut résister au siècle positiviste.

SAUVAGERIE ET AUDACE
DE LA BELLE ÉPOQUE

ANTONIO GAUDI Y CORNET (1852-1926).

La Sagrada Familia, Barcelone, commencée en 1883.

En Catalogne, dans le nord-est de l'Espagne, le modernisme, un courant artistique influencé par le mouvement Art nouveau né en Europe, a bouleversé le paysage urbain de Barcelone au tournant du siècle. Dans sa conception de la Sagrada Familia, Antonio Gaudi exprime à la fois ses croyances religieuses et sa volonté de rompre avec l'architecture sacrée traditionnelle. Il conçoit des formes nouvelles qui s'inspirent directement de celles de la nature pour célébrer la création divine. Il imagine des techniques de construction qui permettent de donner à l'édifice un mouvement d'élévation verticale : les immenses clochers pointent vers le ciel et leurs stries hélicoïdales créent un effet de torsion qui entraîne le regard vers le haut. L'édifice semble animé d'une force vitale, organique, comme si, telle une forêt, il surgissait du sol d'un seul mouvement.

Amorcée en 1882, la construction de la Sagrada Familia n'est pas encore terminée ; mais même inachevée, cette église frappe l'imagination par son mélange d'audace, de démesure et de mysticisme.

MÉDITATIONS ESTHÉTIQUES

ON NE PEUT PAS transporter partout avec soi le cadavre de son père. On l'abandonne en compagnie des autres morts. Et, l'on s'en souvient, on le regrette, on en parle avec admiration. Et, si l'on devient père, il ne faut pas s'attendre à ce qu'un de nos enfants veuille se doubler pour la vie de notre cadavre.

Mais, nos pieds ne se détachent qu'en vain du sol qui contient les morts.

[…]

Nous ne connaissons pas toutes les couleurs et chaque homme en invente de nouvelles.

[…]

Avant tout, les artistes sont des hommes qui veulent devenir inhumains.

Ils cherchent péniblement les traces de l'inhumanité, traces que l'on ne rencontre nulle part dans la nature.

Elles sont la vérité et en dehors d'elles nous ne connaissons aucune réalité.

[…]

Dès que les éléments qui composent une sculpture ne trouvent plus leur justification dans la nature, cet art devient de l'architecture. Tandis que la sculpture pure est soumise à une nécessité singulière : elle doit avoir un but pratique, on peut parfaitement concevoir une architecture aussi désintéressée que la musique, art auquel elle ressemble le plus. Tour de Babel, Colosse de Rhodes, Statue de Memnon, Sphinx, Pyramides, Mausolée, Labyrinthe, blocs sculptés du Mexique, obélisques, menhirs, etc. ; les colonnes triomphales ou commémoratives, arcs de triomphe, Tour Eiffel, le monde entier est couvert de monuments inutiles ou presque inutiles ou tout au moins de proportions supérieures au but que l'on voulait atteindre. En effet, le Mausolée, les Pyramides, sont trop grands pour des tombeaux et ils sont par conséquent inutiles […]. Y a-t-il rien de plus inutile qu'un arc de triomphe ?

[…]

Le but utilitaire que se sont proposé la plupart des architectes contemporains est la cause du retard considérable de l'architecture sur les autres arts. L'architecte, l'ingénieur doivent construire avec des intentions sublimes : élever la plus haute tour, préparer au lierre et au temps une ruine plus belle que les autres, jeter sur un port ou sur un fleuve une arche plus audacieuse que l'arc-en-ciel, composer en définitive une harmonie persistante, la plus puissante que l'homme ait imaginée.

[…]

Guillaume APOLLINAIRE,
Les Peintres cubistes, 1913.

DATES	ÉVÉNEMENTS POLITIQUES	ÉVÉNEMENTS SOCIOCULTURELS
1839		Naissance du peintre Cézanne (†1906).
1852		Naissance de l'architecte Gaudi y Cornet (†1926).
1863		Naissance du peintre Signac (†1935).
1864		Naissance de Leblanc (†1941).
1868		Naissance de Leroux (†1927).
1869		Naissance de Gide (†1951).
1871		Naissance de Proust (†1922). – Naissance de Valéry (†1945).
1873		Naissance de Jarry (†1907). – Naissance de Colette (†1954).
1880		Naissance d'Apollinaire (†1918).
1881		Naissance du peintre Picasso (†1973).
1885		Naissance du peintre Russolo (†1947).
1887		Naissance de Cendrars (†1961).
1889		Naissance de Cocteau (†1963).
1890		Naissance du peintre Schiele (†1918). – Naissance du photographe Man Ray (†1976). – Première Exposition universelle de Paris.
1891		Première automobile à essence. – Wilde, *Le Portrait de Dorian Gray*.
1892	L'affaire de Panamá fragilise les banques françaises.	
1893	Le Dahomey et le Laos deviennent des protectorats français.	Naissance de Maïakovski (†1930). – Naissance du peintre Miró (†1983).
1894	Le capitaine Alfred Dreyfus est condamné à la déportation pour trahison.	Claudel, *L'Échange*.
1895		Gide, *Paludes*. – Valéry, *Monsieur Teste*. – Wells, *La Machine à voyager dans le temps*. – Première projection cinématographique par les frères Lumière.
1896	L'affaire Dreyfus divise l'opinion publique. — La France s'empare de Madagascar et en fait une colonie.	Tchekhov, *La Mouette*. – Jarry, *Ubu Roi*. – Première communication par télégraphie sans fil.
1897		Mallarmé, *Un coup de dés jamais n'abolira le hasard*. – Rostand, *Cyrano de Bergerac*. – Gide, *Les Nourritures terrestres*.
1900		Deuxième Exposition universelle de Paris et inauguration du métro parisien. – Freud, *L'Interprétation des rêves*. – Naissance de Saint-Exupéry (†1944).
1902		Gide, *L'Immoraliste*. – Achèvement du Transsibérien.
1903		Tchekhov, *La Cerisaie*. – Premier vol en avion des frères Wright.
1904	En France, interdiction aux congrégations religieuses d'enseigner.	
1905	La France vote une loi sur la séparation de l'Église et de l'État.	
1906	Réhabilitation de Dreyfus.	Encyclique du pape Pie X condamnant la séparation de l'Église et de l'État en France.
1907		Encyclique du pape Pie X contre le modernisme.
1908		Leroux, *Le Mystère de la chambre jaune*.
1909		Marinetti, *Manifeste du futurisme*. – Leblanc, *L'Aiguille creuse*.
1910		Colette, *La Vagabonde*.
1911		Naissance de Cioran (†1995).
1912		Naufrage du *Titanic*.
1913		Proust, *Du côté de chez Swann*. – Cendrars, « Prose du Transsibérien ». – Apollinaire, *Alcools*.
1914	Assassinat de l'héritier du trône d'Autriche à Sarajevo et début de la Première Guerre mondiale.	Gide, *Les Caves du Vatican*. – Joyce, *Gens de Dublin*.
1915		Kafka, *La Métamorphose*.
1916	Bataille de Verdun : 700 000 morts.	Freud, *Introduction à la psychanalyse*.
1917	En Russie, abdication du tsar et prise du pouvoir par les bolcheviks.	Jung, *Psychologie de l'inconscient*.
1918	Abdication du kaiser Guillaume II. — Fin de la Première Guerre mondiale.	Apollinaire, *Calligrammes*. – Tzara, *Manifeste dada*.
1919	Restitution de l'Alsace-Lorraine à la France.	Vols quotidiens entre Londres et Paris. – Premier vol transatlantique.
1922		Cocteau, *Thomas l'imposteur*.

L A PÉRIODE qui va de 1890 à 1920 voit s'opposer deux vues de l'esprit : celle, tragique, de se trouver devant la fin imminente de la civilisation occidentale et celle, enthousiaste, d'être à l'orée d'un siècle nouveau.

UNE « FIN DE SIÈCLE » PLUTÔT GAIE

Plus qu'à un phénomène de date, l'expression « fin de siècle » renvoie au sentiment aigu de la fin de la civilisation européenne issue de l'humanisme, théorie qui place l'homme et la raison au centre du devenir humain. Cette période est néanmoins appelée la « Belle Époque » parce que les valeurs humanistes définies par les penseurs de la Renaissance et des Lumières semblent finalement avoir vaincu celles considérées comme rétrogrades de l'ancienne aristocratie. En apparence, une grande harmonie règne alors dans les rapports entre les valeurs humanistes et la société bourgeoise, qui prône le capital, la croissance, la technologie et l'individualisme. Jamais le système capitaliste n'a semblé plus vigoureux : les banques s'enrichissent et enrichissent une bourgeoisie désormais beaucoup plus riche et puissante que l'avaient été les anciens rois ; le commerce international et les visées colonialistes permettent à certains Français d'établir de puissants empires à travers le monde.

De plus, l'idéal de la devise de la Révolution française — *Liberté, Égalité, Fraternité* — semble enfin réalisé. En principe, les citoyens sont libres et égaux (entre hommes, du moins) puisqu'ils peuvent élire leurs dirigeants ; en principe toujours, chacun a la chance d'amasser du capital et de décider de son destin ; finalement, l'égalité des chances de promotion sociale font de tous des frères. Une croissance économique sans précédent, partiellement attribuable à l'expansion et à l'exploitation des colonies, et la relative faiblesse des partis socialistes et des mouvements syndicalistes confortent le parvenu bourgeois dans son sentiment de puissance personnelle et de confiance en l'avenir.

UNE CULTURE MODERNE FLAMBOYANTE

L'apparente santé de fer des bases socioéconomiques de la France s'appuie sur le développement d'une presse et d'une radio beaucoup plus accessibles qui donnent au Français ordinaire l'impression de pouvoir tout savoir. Il peut, par exemple, suivre, comme dans un roman-feuilleton, le déroulement d'enquêtes sur des crimes sordides ou scandaleux. Ainsi naît la presse à sensation, produit d'une ère voyeuriste où le malheur et le vice d'autrui deviennent une source de divertissement quotidien.

La bulle dans laquelle vit alors la France est due en partie à la supériorité technologique de l'Europe de l'Ouest sur le reste du monde. La science est plus que jamais célébrée comme une arme magique qui prédispose son possesseur à la fortune et à la gloire. L'Exposition universelle de Paris de 1890, pour laquelle monsieur Eiffel a érigé la fameuse tour d'acier dans le but de témoigner de la puissance et de la majesté de l'ère industrielle, consacre Paris comme la ville du présent et de l'avenir. Les signes sociaux de cette euphorie sont l'animation des Champs-Élysées et la redoutable capacité de la Ville lumière d'attirer les esprits les plus prometteurs d'Occident. Bref, Paris fait rêver le monde entier : dans la capitale française, on se la coule douce, l'abondance règne et les meilleurs éléments du monde sont réunis.

La culture artistique de cette ville féconde exprime aussi la modernité naissante. Qu'est-ce que cette modernité ? En un mot, elle repose sur l'exigence que l'art soit avant tout une recherche du nouveau. Aussi convient-il de ne pas s'empêtrer dans les symboles, valeurs et impératifs du passé, lequel peut même être considéré avec dédain. Découvrir le nouveau implique l'invention de différentes autres manières de s'exprimer, ce qui entraîne la transgression des règles fondamentales de l'expression et l'établissement de nouveaux modes de fonctionnement langagier. Par exemple, en peinture, Picasso trace, sur l'unique plan bidimensionnel de son tableau, un visage vu à la fois de face, de profil et de trois quarts arrière. Il tente par là de rendre visible en un seul coup d'œil ce qui n'est habituellement perceptible que sur plusieurs plans; en tant que signe, son tableau « signifie » d'une autre manière que le tableau « traditionnel », qui se borne à imiter la photographie, à reproduire ce que l'œil peut voir à n'importe quel moment. Finalement, dans l'optique moderne, le monde artistique est un monde en évolution, dont les nouvelles formes peuvent entraîner, sur le plan sociopolitique, des prises de conscience susceptibles de faire évoluer la société.

LE NAVRANT ÉVEIL

L'hécatombe de la Première Guerre mondiale met brutalement fin à ce sentiment et révèle du même coup qu'il reposait sur bien peu de choses. La découverte du caractère éphémère de ce que l'on croyait éternel fait dire à Paul Valéry : « Nous autres, civilisations, nous savons maintenant que nous sommes mortelles. » Valéry exprime ainsi le vertige que sa génération ressent à la découverte que les caractères éternel et universel des sociétés érigées selon des principes humanistes n'étaient qu'illusions. Cela explique le soudain engouement des Français, pendant la Première Guerre mondiale, pour les recherches de l'Autrichien Sigmund Freud, jusqu'alors peu diffusées en France. Dès la fin du XIXe siècle pourtant, Freud exposait ses théories sur l'inconscient, « continent noir » de chacun, abritant nos pulsions irrationnelles (pulsion de mort, pulsion sexuelle, etc.) et tout ce que la bienséance nous oblige à refouler. C'est l'inconscient qui déterminerait tous nos gestes, des plus nobles aux plus immondes.

En définitive, si la « Belle Époque » a été « belle », c'est parce que, malgré tout, en se mentant un tout petit peu, on pouvait encore croire (ou se convaincre) que les valeurs rationnelles individualistes héritées des Lumières et de la Révolution allaient assurer des lendemains heureux. En outre, les Français qui avaient cru que la guerre allait « nettoyer » l'Europe de l'aberration aristocratique qui y perdurait (l'Allemagne était régie par un kaiser — un type d'empereur — et l'Autriche-Hongrie par un roi) découvrent la profonde inégalité dans les chances d'accéder aux privilèges, le peu de liberté dont dispose le citoyen pour décider de son sort et l'absence de fraternité entre des individus d'abord et avant tout soucieux de « sauver leur peau » ou de satisfaire leurs ambitions égoïstes. L'humanisme victorieux de la Belle Époque n'est plus qu'un brillant vernis appliqué sur une structure corrompue.

SOUS LE VERNIS : L'ANIMAL

> PÈRE UBU : J'ai changé le gouvernement et j'ai fait mettre dans le journal qu'on paierait deux fois tous les impôts et trois fois ceux qui pourront être désignés ultérieurement. Avec ce système j'aurai vite fait fortune, alors je tuerai tout le monde et je m'en irai.
>
> Alfred JARRY, *Ubu Roi*.

CONSCIENTS que cette harmonie sociale de la Belle Époque n'a rien de vertueux, certains auteurs prennent leur courage à deux mains pour exposer le cœur amoral du beau fruit des derniers siècles de civilisation européenne. Jarry, Gide et Cocteau sont de ceux-là, chacun à sa façon. Jarry dépeint de manière caricaturale l'humain dépourvu de scrupules qui atteint ses objectifs pernicieux et égoïstes sans éprouver de honte ni rencontrer de véritable résistance. Gide montre que, sous le raffinement apparent de la société occidentale, se terre une humanité destinée par la force de ses pulsions naturelles à réaliser une quête avant tout sensuelle. Enfin, Cocteau brosse un portrait élégant et ironique de l'élite parisienne en présentant des héros résolument épris de merveilleux et réussissant, en dépit de l'esprit médiocre et borné de leur époque, à connaître d'éphémères instants de félicité. Autrement dit, sous le masque des bonnes intentions morales de cette Belle Époque si confortablement installée dans son fauteuil humaniste se cache, selon Jarry, un ours féroce et, selon Gide et Cocteau, une suave panthère.

Alfred Jarry (1873-1907)

Né à Laval en 1873, Jarry étudie au lycée de Rennes, où naîtra le fameux personnage du Père Ubu. En 1891, il déménage à Paris pour préparer le concours d'entrée à l'École normale supérieure, où il ne sera jamais admis malgré trois ans d'efforts répétés. Il fréquente les cafés de Montmartre, s'y lie d'amitié avec les artistes de l'heure, notamment le peintre Paul Gauguin et le poète Stéphane Mallarmé, et commence à écrire.

En 1893, son texte *Guignol*, où figure le personnage du Père Ubu, remporte le premier prix d'un concours littéraire qui fait connaître son auteur. Il dirige une revue littéraire, publie son premier livre, *Les Minutes de sable mémorial*, et commence à tisser des liens avec l'avant-garde théâtrale. Après la publication de sa première pièce, *César-Antéchrist*, il convainc le directeur de théâtre Aurélien Lugné-Poe de monter *Ubu Roi*. Présentée pour la première fois en 1896, cette pièce consacre immédiatement le talent de Jarry pour s'attaquer à tout ce que la société d'alors considère comme sacré ou de bon goût en usant d'un humour cinglant. Avec ses amis, le peintre Pablo Picasso et le poète Guillaume Apollinaire, il devient un phare de la modernité, prononçant des conférences et rédigeant des articles qui contribuent à en définir le concept. Il rédige d'autres

ALFRED JARRY
Dessin de F.A. Cazals.
(Bibliothèque nationale de France.)

œuvres qui sont autant d'attaques contre le conservatisme hypocrite de son époque et où figure le Père Ubu, notamment *Ubu enchaîné* et *Ubu cocu*, puis *L'Almanach illustré du Père Ubu*. Mais la vie à Paris coûte cher et Jarry, souvent malade, passe son temps à fuir ses créanciers. Parfois, il doit même se résoudre à quitter la capitale. C'est cependant dans un appartement parisien que ses amis le découvrent en plein délire, gravement atteint d'une méningite, dont il mourra peu de temps après, à l'âge de trente-quatre ans.

■ UBU ROI (1896)

Au lycée de Rennes, les frères Morin avaient d'abord monté une pièce de théâtre bouffonne mettant en scène un tyran nommé Père Héb' ou Père Ub', puis Père Ubu, personnage inspiré de leur professeur, le père Hébert. Jarry avait alors aidé les frères à perfectionner la pièce et à organiser des représentations clandestines.

Aucune pièce n'aura autant scandalisé le public parisien de l'époque qu'Ubu Roi, qui montre l'ascension d'un couple parfaitement ignoble et ambitieux, Père et Mère Ubu. Celle-ci convainc celui-là de tuer son roi, le roi polonais Wenceslas, afin de le remplacer et de récolter ainsi fortune et prestige. Toutes les figures d'autorité sont massacrées et remplacées par des êtres cyniques et brutaux. Cette œuvre présente la morale et le respect des bonnes valeurs comme les composantes d'un lâche déguisement qui doit faire oublier les moyens féroces et ignobles empruntés pour acquérir et conserver la fortune et le pouvoir. Ainsi, Père Ubu, réservoir de tous les vices, bête vorace dénuée de scrupules, réalise l'idéal de la société bourgeoise : faire fortune et exercer impunément le pouvoir. Mais il le fait sans se soucier des apparences, ce qui le perdra.

Après avoir massacré tous les membres de la famille royale, sauf la reine et son fils cadet qui ont réussi à s'enfuir, et s'être assuré la collaboration du peuple polonais en lui distribuant de l'or et de la viande, Père Ubu convoque les nobles du royaume afin de renflouer les coffres royaux (et donc les siens).

Acte III, scène II

PÈRE UBU
Apportez la caisse à Nobles et le crochet à Nobles et le couteau à Nobles et le bouquin à Nobles ! ensuite, faites avancer les Nobles.
(*On pousse brutalement les Nobles.*)

MÈRE UBU
5 De grâce, modère-toi, Père Ubu.

PÈRE UBU
J'ai l'honneur de vous annoncer que pour enrichir le royaume je vais faire périr tous les Nobles et prendre leurs biens.

NOBLES
Horreur ! à nous, peuple et soldats !

PÈRE UBU
10 Amenez le premier Noble et passez-moi le crochet à Nobles. Ceux qui seront condamnés à mort, je les passerai dans la trappe, ils tomberont dans les sous-sols du Pince-Porc et de la Chambre-à-Sous, où on les décervèlera. (*Au Noble.*) Qui es-tu, bouffre ?

LE NOBLE
Comte de Vitepsk.

JUAN MIRÓ
(1893-1983).

Illustration pour *Ubu Roi :
Les Nobles à la trappe*,
1966. (Lithographie en
couleurs, 42,1 × 64,6 cm.
Musée national d'art
moderne, Centre
Georges Pompidou,
Paris.)

L'œuvre picturale du peintre espagnol Juan Miró tient à la fois de la fantaisie du surréalisme et de la liberté de l'art abstrait. En 1966, Miró conçoit treize lithographies librement inspirées par des passages d'*Ubu Roi*. Dans *Les Nobles à la trappe*, Ubu est sans doute le personnage de gauche : sa main démesurée s'apprête à saisir le personnage de droite, un noble qui sera «passé à la trappe». Le style débridé de Miró se marie à merveille avec le côté burlesque du texte de Jarry.

PÈRE UBU

De combien sont tes revenus ?

LE NOBLE

Trois millions de rixdales.

PÈRE UBU

Condamné !

20 (*Il le prend avec le crochet et le passe dans le trou.*)

MÈRE UBU

Quelle basse férocité !

PÈRE UBU

Second Noble, qui es-tu ? (*Le Noble ne répond rien.*) Répondras-tu, bouffre ?

LE NOBLE

25 Grand-duc de Posen.

PÈRE UBU

Excellent ! excellent ! Je n'en demande pas plus long. Dans la trappe. Troisième Noble, qui es-tu ? tu as une sale tête.

LE NOBLE

30 Duc de Courlande, des villes de Riga, de Revel et de Mitau.

PÈRE UBU

Très bien ! très bien ! Tu n'as rien autre chose ?

LE NOBLE

Rien.

PÈRE UBU

Dans la trappe, alors. Quatrième Noble, qui es-tu ?

LE NOBLE

35 Prince de Podolie.

PÈRE UBU

Quels sont tes revenus ?

LE NOBLE

Je suis ruiné.

PÈRE UBU

Pour cette mauvaise parole, passe dans la trappe. Cinquième Noble, qui es-tu ?

LE NOBLE

40 Margrave de Thorn, palatin de Polock.

PÈRE UBU

Ça n'est pas lourd. Tu n'as rien autre chose ?

LE NOBLE

Cela me suffisait.

PÈRE UBU

Eh bien ! mieux vaut peu que rien. Dans la trappe. Qu'as-tu à pigner, Mère Ubu ?

MÈRE UBU

45 Tu es trop féroce, Père Ubu.

PÈRE UBU

Eh ! je m'enrichis. Je vais faire lire MA liste de MES biens. Greffier, lisez MA liste de MES biens.

LE GREFFIER

Comté de Sandomir.

PÈRE UBU

Commence par les principautés, stupide bougre !

LE GREFFIER

50 Principauté de Podolie, grand-duché de Posen, duché de Courlande, comté de Sandomir, comté de Vitepsk, palatinat de Polock, margraviat de Thorn.

PÈRE UBU

Et puis après ?

LE GREFFIER

55 C'est tout.

PÈRE UBU

Comment, c'est tout ! Oh bien alors, en avant les Nobles, et comme je ne finirai pas de m'enrichir, je vais faire exécuter tous les Nobles, et ainsi j'aurai tous les biens vacants. Allez, pas-
60 sez les Nobles dans la trappe.

(*On empile les Nobles dans la trappe.*)

Dépêchez-vous plus vite, je veux faire des lois maintenant. […]

QUESTIONS

1 Quels éléments de cette scène avaient un caractère scandaleux pour l'époque ?

2 Cette scène ressemble-t-elle à un vrai tribunal ?

3 a) Comment l'inventivité linguistique de Jarry est-elle mise à profit pour représenter avec mordant le projet de Père Ubu ?

b) Quels procédés renforcent l'aspect mécanique du rituel instauré par Père Ubu ?

c) Quels éléments du texte font penser que les raisons de condamner à mort ne sont que des prétextes pour voler ?

d) À quoi voit-on la féroce vanité de Père Ubu ?

4 Montrez que Père Ubu est un symbole de la société bourgeoise, vorace et dénuée de scrupules.

5 Comment ce passage annonce-t-il certains régimes tyranniques du XXᵉ siècle ?

ANDRÉ GIDE

André Gide (1869-1951)

Orphelin de père, élevé par une mère très autoritaire, Gide témoigne très jeune d'un penchant pour la vie sensuelle, durement réprimée par sa mère et ses professeurs. Celui qui plus tard écrira « Familles, je vous hais ! » multiplie à l'adolescence les liens avec des artistes et des écrivains afin de se composer une espèce de famille spirituelle qui pourra remplacer l'autre. À vingt-cinq ans, son entourage compte notamment le peintre Gauguin et les écrivains Pierre Louÿs, Paul Valéry, Stéphane Mallarmé, Paul Claudel et Oscar Wilde. À cette liste s'ajouteront plus tard d'autres noms illustres tels Marcel Proust, Julien Green, André Malraux et Albert Camus. Avec son *Journal*, Gide poursuit sa quête d'une émancipation intérieure et sensuelle. Il accumule les voyages dans les pays non européens donnant sur la Méditerranée, où l'on vit au plus près des sens. Sur le plan sexuel, Gide semble privilégier les rapports que la bonne société de son époque considère comme les plus déviants : homme bien marié, il cumule les amants, et son unique enfant naît d'une de ses maîtresses. Mais Gide est aussi un homme engagé. En 1926, il dénonce de manière virulente le colonialisme au Congo, ce qui lui attire les foudres de la droite française, déjà critique de son mode de vie et de la nature anticonformiste de ses écrits. En 1934, il se rend même, avec André Malraux, dans le Berlin d'Hitler pour réclamer la libération immédiate de communistes emprisonnés par le régime nazi. Plus tard, après un séjour à Moscou, Gide rompt avec le communisme stalinien qu'il admirait jusque-là, ce qui lui vaut cette fois d'être honni par la presse communiste. En 1941, durant l'Occupation, Gide rompt avec la *Nouvelle Revue française* (NRF), qu'il avait pourtant cofondée trente ans plus tôt mais qui est devenue, à son avis, trop liée à la collaboration. L'année suivante, on le trouve à Alger, où il rencontre le général de Gaulle, chef du gouvernement français en exil, et où il fonde avec Albert Camus la revue *L'Arche*. Après la guerre, en 1946, malgré les pressions exercées par de Gaulle, Gide refuse d'entrer à l'Académie française. Il acceptera toutefois le prix Nobel de littérature en 1947, quatre ans avant son décès.

■ L'IMMORALISTE (1902)

Dans ce roman, Michel, le narrateur, livre une étrange confession à trois amis venus le rencontrer en Algérie. Il leur raconte comment un jeune homme sérieux à la santé fragile, parfaitement intégré à l'élite française grâce à un mariage de raison, découvre lors de son voyage de noces, à Biskra et ailleurs en Afrique du Nord, qu'il n'a pas encore commencé à vivre. Dans ces chaudes contrées à la lumière exceptionnelle, il apprend la sensualité, recouvre la santé, mais surtout remet complètement en question la morale et le mode de vie hérités de son ancien entourage.

Lorsque les nouveaux mariés quittent l'Algérie et rentrent de leur voyage de noces en passant par la Sicile, puis en remontant la péninsule italienne, Michel mesure toute l'ampleur de sa transformation.

Depuis le début de mon mal, j'avais vécu sans examen, sans loi, m'appliquant simplement à vivre, comme fait l'animal ou l'enfant. Moins absorbé par le mal à présent, ma vie redevenait
5 certaine et consciente. Après cette longue agonie, j'avais cru renaître le même et rattacher bientôt mon présent au passé ; en pleine nouveauté d'une terre inconnue je pouvais ainsi m'abuser ; ici, plus ; tout m'y apprenait ce qui
10 me surprenait encore : j'étais changé.

Quand, à Syracuse[1] et plus loin, je voulus reprendre mes études, me replonger comme jadis dans l'examen minutieux du passé, je dé-
15 couvris que quelque chose en avait, pour moi, sinon supprimé, du moins modifié le goût ; c'était le sentiment du présent. L'histoire du passé prenait maintenant à mes yeux cette immobilité, cette fixité terrifiante des ombres nocturnes dans la petite cour de Biskra, l'im-
20 mobilité de la mort. Avant je me plaisais à cette

---

1. *Syracuse* : capitale de la Sicile.

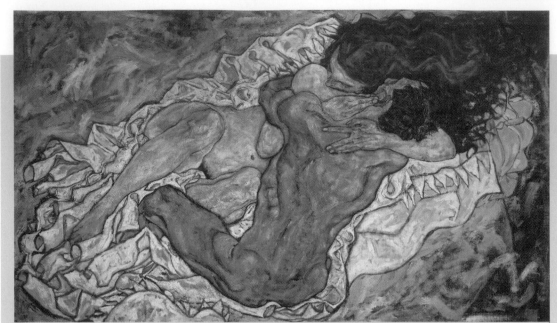

EGON SCHIELE (1890-1918).

L'Étreinte, 1917.
(Huile sur toile : 110 × 170 cm. Österreichische Galerie, Vienne.)

Peintre du corps et de l'érotisme, l'Autrichien Egon Schiele représente ici un couple en pleine étreinte amoureuse. L'intimité du moment est suggérée par la fusion des deux corps et seule la couleur un peu plus foncée de la peau de l'homme permet de distinguer son corps de celui de la femme. Le drap blanc sur lequel sont étendus les amoureux ajoute une touche de douceur à la scène. La chevelure noire répandue sur le sol montre bien l'abandon de la femme aux caresses de son amant. À l'image du personnage de Gide qui décide de se laisse aller à ses sensations, Schiele fait de la plénitude des sens le seul sujet de son tableau.

fixité même qui permettait la précision de mon esprit ; tous les faits de l'histoire m'apparaissaient comme les pièces d'un musée, ou mieux les plantes d'un herbier, dont la sécheresse défi-
25 nitive m'aidât à oublier qu'un jour, riches de sève, elles avaient vécu sous le soleil. À présent, si je pouvais me plaire encore dans l'histoire, c'était en l'imaginant au présent. Les grands faits politiques devaient donc m'émouvoir beaucoup
30 moins que l'émotion renaissante en moi des poètes, ou de certains hommes d'action. À Syracuse je relus Théocrite[2], et songeai que ses bergers au beau nom étaient ceux mêmes que j'avais aimés à Biskra.

35 Mon érudition qui s'éveillait à chaque pas m'encombrait, empêchant ma joie. Je ne pouvais voir un théâtre grec, un temple, sans aussitôt le reconstruire abstraitement. À chaque fête antique, la ruine qui restait en son lieu me fai-
40 sait me désoler qu'elle fût morte ; et j'avais horreur de la mort.

J'en vins à fuir les ruines ; à préférer aux plus beaux monuments du passé ces jardins bas qu'on appelle les Latomies[3], où les citrons ont
45 l'acide douceur des oranges, et les rives de la Cyané qui, dans les papyrus[4], coule encore aussi bleue que le jour où ce fut pour pleurer Proserpine[5].

J'en vins à mépriser en moi cette science qui
50 d'abord faisait mon orgueil ; ces études, qui d'abord étaient toute ma vie, ne me paraissaient plus avoir qu'un rapport tout accidentel et conventionnel avec moi. Je me découvrais autre

---

2. *Théocrite* : poète grec ayant habité la Sicile, dont l'œuvre, écrite au IIIe siècle av. J.-C., a inspiré le Latin Virgile.

3. *Latomies* : à Syracuse, carrières souterraines où, dans l'Antiquité, des milliers d'esclaves travaillaient à la découpe de la pierre. Peut-être sous l'influence des paysans locaux, Gide emploie le terme pour désigner les jardins qui avoisinaient ces anciennes carrières.

4. *papyrus* : plante du bord du Nil, en Égypte. Dans l'univers mythologique de Gide, le papyrus croît près de la Sicile.

5. *Proserpine* : personnage mythologique aussi connu sous le nom de Perséphone ; cette fille de Jupiter a été brutalement enlevée par Pluton, son oncle, roi des Enfers, qui voulait en faire sa femme. Le poète latin Ovide raconte que la nymphe Cyané, gardienne d'une étroite mer bordant la Sicile, a voulu barrer le passage à Pluton et à Proserpine, mais que Pluton, fendant les eaux, a réussi à regagner les Enfers par cette brèche. La nymphe, découragée, se serait alors dissoute dans les eaux qui depuis lors portent son nom.

et j'existais, ô joie! en dehors d'elles. En tant
que spécialiste, je m'apparus stupide. En tant
qu'homme, me connaissais-je? je naissais seulement à peine et ne pouvais déjà savoir qui je
naissais. Voilà ce qu'il fallait apprendre.

Rien de plus tragique, pour qui crut mourir,
qu'une lente convalescence. Après que l'aile
de la mort a touché, ce qui paraissait important ne l'est plus; d'autres choses le sont, qui
ne paraissaient pas importantes, ou qu'on ne
savait même pas exister. L'amas sur notre esprit
de toutes connaissances acquises s'écaille
comme un fard et, par places, laisse voir à
nu la chair même, l'être authentique qui se
cachait.

Ce fut dès lors *celui* que je prétendis découvrir:
l'être authentique, […] celui que tout, autour
de moi, livres, maîtres, parents, et que moi-
même avions tâché d'abord de supprimer. Et
il m'apparaissait déjà, grâce aux surcharges,
plus fruste et difficile à découvrir mais d'autant
plus utile à découvrir et valeureux. Je mé-
prisai dès lors cet être secondaire, appris, que
l'instruction avait dessiné par-dessus. Il fallait
secouer ces surcharges.

Et je me comparais aux palimpsestes; je goû-
tais la joie du savant, qui, sous les écritures
plus récentes, découvre, sur un même papier,
un texte très ancien infiniment plus précieux. Quel était-il, ce texte occulté? Pour le
lire, ne fallait-il pas tout d'abord effacer les
textes récents?

Aussi bien n'étais-je plus l'être malingre et stu-
dieux à qui ma morale précédente, toute
rigide et restrictive, convenait. Il y avait ici plus
qu'une convalescence; il y avait une augmentation, une recrudescence de vie, l'afflux d'un
sang plus riche et plus chaud qui devait toucher mes pensées, les toucher une à une, pénétrer tout, émouvoir, colorer les plus lointaines, délicates et secrètes fibres de mon être.
Car, robustesse ou faiblesse, on s'y fait; l'être,
selon les forces qu'il a, se compose; mais,
qu'elles augmentent, qu'elles permettent de
pouvoir plus, et… Toutes ces pensées je ne les
avais pas alors, et ma peinture ici me fausse. À
vrai dire, je ne pensais point, ne m'examinais
point; une fatalité heureuse me guidait. Je crai-
gnais qu'un regard trop hâtif ne vînt à déranger le mystère de ma lente transformation. Il
fallait laisser le temps, aux caractères effacés,
de reparaître, ne pas chercher à les former.
Laissant donc mon cerveau, non pas à l'abandon, mais en jachère, je me livrai voluptueu-
sement à moi-même, aux choses, au tout, qui
me parut divin.

(© Mercure de France.)

QUESTIONS

1 Qu'est-ce qui, dans cet extrait, signale le rejet de l'homme humaniste cultivé?

2 a) Comment le narrateur présente-t-il la culture qu'il a mis tant d'années à acquérir?

b) Comment le narrateur décrit-il la vie de l'esprit sans la culture?

3 a) Relevez une allusion à l'Antiquité. Comment souligne-t-elle la préférence du narrateur pour la vie des sens?

b) Trouvez dans l'extrait une comparaison qui exprime la nécessité de détruire la morale apprise et de mettre en veilleuse l'érudition.

c) Quelles nuances la métaphore des terres en jachère (ligne 107) apporte-t-elle?

4 Comment Gide développe-t-il sa thèse selon laquelle l'état de non-conscience rend l'individu plus per-méable à la joie?

5 a) Montrez que, dans les extraits retenus, Gide et Jarry rejettent (p. 70) tous deux la morale humaniste et qu'ils s'y prennent de manière très différente.

b) D'après vous, depuis la publication de ce roman, le rejet de l'humanisme et le culte de l'instant pré-sent se sont-ils généralisés? Notre société serait-elle la conséquence de cette double action?

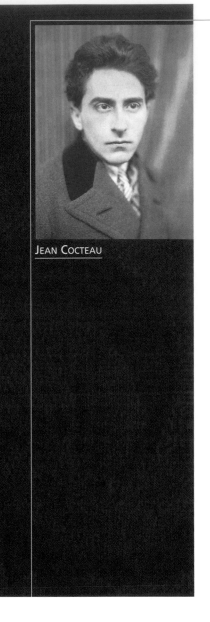

JEAN COCTEAU

Jean Cocteau (1889-1963)

Né dans une famille parisienne aisée très ouverte aux arts, Jean Cocteau vit son enfance dans l'insouciance, malgré le suicide de son père en 1899. Ses études médiocres n'empêchent pas cet « enfant terrible » (titre d'un de ses premiers romans) de se diriger vers les arts et la littérature. À vingt ans, il fréquente la comtesse Anna de Noailles, le milieu de la danse (les Ballets russes dirigés par Diaghilev) et celui de la musique (Satie et Poulenc, notamment). Lorsque la Première Guerre mondiale éclate, Cocteau travaille avec les ambulanciers de la Croix-Rouge. Avant la fin de la guerre, il s'associe à Picasso, Satie et Apollinaire pour monter l'opéra avant-gardiste *Parade*, qui annonce le surréalisme. Poète plusieurs fois publié, Cocteau connaît assez bien l'élite parisienne pour en faire dans des romans au style élégant un portrait à la fois merveilleux et ironique, polissant le vernis de la civilisation européenne tout en exposant sa futilité. Ses personnages sont des animaux de plaisir, des esprits étroitement liés à leurs instincts qui profitent de leur sensibilité pour satisfaire des besoins pulsionnels souvent indissociables de leur recherche esthétique. En 1923, la mort de Raymond Radiguet, son partenaire en tout, clôt cette période de création insouciante et euphorique. Cocteau noie son désarroi dans l'opium et le catholicisme. Il écrit des pièces lyriques au ton macabre qui, si elles rappellent celles de la Grèce antique, n'en explorent pas moins les profondeurs de l'inconscient et des rêves, ce qui les rapproche du surréalisme. Sa rencontre avec Jean Desbordes lui donne un nouveau souffle. Il rompt alors avec le milieu catholique et décide de se tourner vers le septième art dans sa quête d'émancipation de l'inconscient. Ses films, comme d'ailleurs les pièces de théâtre écrites au cours de cette période, connaîtront un grand succès. À la fin des années 1930, Cocteau fait la connaissance de Charlie Chaplin, se lie au comédien Jean Marais et écrit pour Édith Piaf. Après la guerre, connaissant la gloire et la fortune, il se retire à Milly-la-Forêt où il poursuit son œuvre. En 1953, il préside le jury du Festival de Cannes et, en 1955, il est élu à l'Académie française. C'est dans la douceur de sa propriété qu'il réalise son dernier film, *Le Testament d'Orphée* (1959), et rédige son dernier poème, *Requiem* (1962).

■ THOMAS L'IMPOSTEUR (1922)

Dans ce premier roman, Cocteau s'inspire de son expérience d'ambulancier pour montrer comment la guerre peut parfois, malgré l'horreur, devenir l'occasion de réaliser ses rêves les plus fous. La société française de la Belle Époque, figée dans sa hiérarchie et son pragmatisme, voit sa base vaciller quand les dirigeants évacuent Paris, laissant la ville entre les mains d'une autorité faible et plutôt incompétente. C'est alors qu'une princesse farfelue, Madame de Bormes, rassemble une équipe de personnages bigarrés et organise un convoi de fortune pour ramener des soldats du front et les soigner dans les anciens palais abandonnés. Épris d'aventures, Thomas, un jeune garçon bien décidé à être du nombre, s'invente des galons et se présente comme le neveu d'un général très respecté par la princesse. Grâce à ce nom d'emprunt, il pourra faire bénéficier le convoi de passe-droits et de privilèges extraordinaires. En décrivant les visées fantaisistes de la princesse et de l'imposteur, Cocteau montre le ridicule d'une société encore tout empêtrée dans des valeurs sclérosées et soutenue par une armée de pantins orgueilleux. Ce convoi d'êtres rêveurs et excentriques pourfend gaiement les certitudes d'une société qui se prétend morale, mais qui n'a plus rien d'humain. En exigeant de la vie qu'elle abreuve l'âme assoiffée de liberté et de rêve, les personnages déboulonnent les on-dit et les codes gouvernant la bienséance et les apparences.

Dans le passage qui suit, l'auteur nous propose un portrait de la princesse et décrit ses rapports avec l'élite parisienne.

Veuve, fort jeune, du prince, mort d'un accident de chasse deux ans après leur mariage, la princesse de Bormes était Polonaise. La Pologne est le pays des pianistes. Elle jouait de la vie
5 comme un virtuose du piano et tirait de tout l'effet que ces musiciens tirent des musiques médiocres comme des plus belles. Son devoir était le plaisir.

C'est ainsi que cette femme excellente disait :
10 « Je n'aime pas les pauvres. Je déteste les malades. »

Rien d'étonnant que de telles paroles scandalisassent.

Elle voulait s'amuser et savait s'amuser. Elle
15 avait compris, à l'encontre des femmes de son milieu, que le plaisir ne se trouve pas dans certaines choses mais dans la façon de les prendre toutes. Cette attitude exige une santé robuste.

La princesse dépassait la quarantaine. Elle avait
20 des yeux vifs dans un visage de petite fille, que l'ennui flétrissait instantanément. Aussi le fuyait-elle et recherchait-elle le rire que les femmes évitent parce qu'il donne des rides.

Sa santé, son goût de vivre, la singularité de ses
25 modes et de son mouvement lui valaient une réputation épouvantable.

MAN RAY (1890-1976).

Jean Cocteau et son portrait en fil de fer, v. 1926.
(Photographie noir et blanc, 113 × 84 cm. Musée national d'art moderne, Centre Georges Pompidou, Paris.)

Artiste multidisciplinaire, Cocteau s'intéresse simultanément à la peinture, à la sculpture, au cinéma, à la photographie et à la littérature. Il a aussi inspiré les photographes qui ont voulu recréer avec lui l'univers onirique et anticonformiste de ses écrits. Le photographe Man Ray a fait partie du groupe des surréalistes, mouvement auquel Cocteau n'a jamais officiellement adhéré, mais qui se rapproche de son univers. Pour photographier Cocteau au travail, Man Ray décide de placer l'œuvre devant son sujet afin que l'ombre de l'autoportrait en fil de fer se projette sur le visage de ce dernier et crée ainsi un effet surprenant de fusion entre l'artiste et sa sculpture.

Or, elle était la pureté, la noblesse mêmes. C'est ce qui ne pouvait se faire comprendre aux personnes pour qui noblesse et pureté 30 sont des objets divins dont l'usage est sacrilège. Car la princesse s'en servait, les assouplissait et leur communiquait un lustre nouveau. Elle déformait la vertu comme l'élégance déforme un habit trop roide, et la beauté de 35 l'âme lui était si naturelle qu'on ne la lui remarquait pas.

C'est donc, de la sorte dont les gens mal habillés jugent l'élégance, que la jugeait le monde hypocrite.

[…]

40 Peu à peu, elle choqua par son aisance et sa politique maladroite.

Elle touchait à ce qui ne se touche pas, ouvrait ce qui ne s'ouvre pas et parlait sur la corde raide, au milieu d'un silence glacial. Chacun 45 souhaitait qu'elle se rompît le cou.

Après avoir diverti, elle dérangeait. Elle entrait dans le monde comme un jeune athlète entrerait dans un cercle et brouillerait les cartes en annonçant qu'il faut jouer au foot-ball. Les 50 vieux joueurs (vieux ou jeunes), étourdis par tant d'audace, s'étaient soulevés de leurs fauteuils. Ils y retombèrent vite et lui en voulurent.

(© Éditions Gallimard.)

QUESTIONS

1 Qu'est-ce qui témoigne du désir de l'auteur d'ébranler les valeurs de l'époque ?

2 À première vue, la princesse paraît-elle un peu étonnante ou tout à fait excentrique ? Pourquoi ?

3 a) Relevez trois comparaisons et analysez comment chacune d'elles caractérise la princesse et illustre son rapport avec l'élite parisienne.

b) Notez les deux négations qui se suivent aux lignes 42 et 43 et dites quel aspect de la princesse elles soulignent.

c) Qu'est-ce que la métaphore du funambule nous indique sur la princesse et les gens qu'elle fréquente ?

d) Comment les aristocrates parisiens sont-ils présentés ? Pourquoi n'aiment-ils pas la princesse ?

4 Expliquez la quête de la princesse, d'une part, et celle des personnes qui l'entourent, d'autre part.

5 a) La méchanceté des gens « snobs » s'exprime-t-elle encore avec autant d'intensité de nos jours ?

b) L'indifférence de la princesse pour les règles de l'élite parisienne a-t-elle quelque chose à voir avec le mépris de Michel dans *L'Immoraliste* de Gide, (p. 73 à 75) pour la culture humaniste ?

■ THOMAS L'IMPOSTEUR (1922)

Cocteau décrit ici très ironiquement la zone des batailles où Thomas l'imposteur est sur le point d'arriver. Chef-d'œuvre du factice, le paysage complètement refait est le fruit de la vanité d'un colonel imbécile et de la bêtise conservatrice avec laquelle les innocents pions de la société doivent composer.

La défense naturelle du fleuve et des inondations protégeait Nieuport contre une grosse surprise. Le colonel Jocaste n'en croyait pas moins à un débarquement nocturne sur des 5 radeaux, par la plage. C'était une crainte chimérique. Il la chérissait. On venait pour cela de bâtir sur la côte, entre Nieuport et l'Yser, un boyau[1] de sapin qui sentait l'hôtel suisse

et qui portait le nom du colonel. Cet homme
10 considérait, à juste titre, son boyau comme
une des merveilles du monde. Il était, en effet,
inutile comme les pyramides, suspendu
comme les jardins de Babylone, creux comme
le colosse de Rhodes, funèbre comme le
15 tombeau de Mausole, coûteux comme la statue de Jupiter, froid comme le temple de Diane
et voyant comme le phare d'Alexandrie. Des
guetteurs s'y échelonnaient et tiraient les
mouettes.

20 Les dessous de Nieuport ressemblaient à ceux
du théâtre du Châtelet. On avait relié les caves
les unes aux autres et surnommé cet égout :
Nord-Sud². Chacun des orifices arborait le nom
d'une station du Nord-Sud, et ce n'était pas son
25 moindre charme que de vous déverser à la pan-
carte : Concorde, au milieu des ruines d'un
casino.

Une ramification accédait à la cave P. C. du
colonel. Cette cave était celle de la villa *Pas sans
30 peine*, dont, par miracle, la salle à manger res-

tait seule debout. Le colonel, les jours calmes,
y déjeunait comme un gros rat dans un morceau de gruyère.

Le chef-d'œuvre du secteur, c'étaient les dunes.

35 On se trouvait ému devant ce paysage féminin, lisse, cambré, hanché, couché, rempli
d'hommes. Car ces dunes n'étaient désertes
qu'en apparence. En réalité, elles n'étaient que
trucs, décors, trompe-l'œil, trappes et artifices.
40 La fausse dune du colonel Quinton y faisait
un vrai mensonge de femme. Ce colonel, si
brave, l'avait construite sous une grêle d'obus,
qu'il recevait en fumant dans un rocking-chair.
Elle dissimulait, en haut, un observatoire d'où
45 l'observateur pouvait descendre en un clin
d'œil, par un toboggan.

En somme, ces dunes aux malices inépuisable-
ment renouvelées, côté pile, présentaient, côté
face, aux télescopes allemands, un immense tour
50 de cartes, un bonneteur³ silencieux.

(© Éditions Gallimard.)

1. *boyau* : ligne de retranchement qui va en serpentant pour réduire les risques que les soldats soient atteints par les bombardements ennemis.

2. *Nord-Sud* : ancienne ligne de chemin de fer qui reliait le nord de Paris à sa partie sud.

3. *bonneteur* : celui qui joue au bonneteau, jeu qui consiste à montrer rapidement trois cartes, à les mêler ensuite, puis à demander à un autre joueur de deviner où se trouve l'une d'entre elles.

QUESTIONS

1 Comment la description de cet endroit exprime-t-elle le mépris des formes traditionnelles d'autorité ?

2 À votre avis, cette description rend-elle compte objectivement d'un front de guerre ?

3 a) Relevez dans le premier paragraphe une antithèse entre une construction militaire et une construction de loisir. À quoi sert-elle ?

b) Relevez les comparaisons du premier paragraphe. Quelle image donnent-elles du colonel Jocaste ?

c) Quelle comparaison associe le colonel à un animal vorace ?

d) À quoi les dunes sont-elles comparées ? Quels points les deux réalités comparées ont-elles en commun ?

e) Relevez dans la fin de l'extrait les expressions qui forment les antithèses suivantes : guerre/confort, guerre/foire, guerre/jeu.

4 Comment Cocteau use-t-il de l'humour et de la fantaisie pour s'opposer à l'esprit pragmatique de son temps ?

5 Y a-t-il des auteurs qui, comme Cocteau, viennent introduire dans notre vision du monde rationnelle et privée d'imagination une bonne dose de fantaisie ?

PARTIE

AJUSTER LA LANGUE
AU FLUX DE LA CONSCIENCE

ROMPRE avec le passé ne se limite pas à adopter de nouveaux points de vue anticonformistes. Il faut aussi se livrer à des expériences formelles, linguistiques, pour rendre compte d'une nouvelle appréhension du monde. L'abandon des références absolues comme Dieu et l'Amour permet une saisie plurielle du monde, soit la perception de son infinité objective par nos cinq sens et de sa réalité subjective faite de toutes les images conscientes et inconscientes qui habitent notre mémoire.

Les auteurs engagés dans cette voie veulent témoigner de la métamorphose perpétuelle du monde qu'ils perçoivent. Aussi retiennent-ils les thèmes du mouvement, de la vitesse, du vertige et de l'ivresse en ajustant constamment leur langage, non pas pour faire de l'art pour l'art, mais bien pour coller au plus près de ce réel mouvant.

Cette volonté de tordre et de triturer le langage pour exprimer le flux de la conscience est des plus nettes chez les poètes modernistes comme Blaise Cendrars et Guillaume Apollinaire et chez le romancier Marcel Proust. À l'opposé, Paul Valéry exige que les expériences soient *justifiées*, c'est-à-dire véritablement en accord avec le principe de réalité. Mais, chez la plupart des auteurs, il s'agit de déconstruire le langage trop codé avec lequel on s'est exprimé jusqu'alors. Cette déconstruction s'accomplit dans l'euphorie, les adeptes de la modernité pouvant enfin exprimer le nouveau par du nouveau.

BLAISE CENDRARS

Blaise Cendrars (1887-1961)

Homme fougueux épris de conquête et férocement décidé à vivre en harmonie avec le monde tel qu'il est, Blaise Cendrars, né en Suisse, fait plusieurs fois le trajet Genève-Moscou (il travaille d'ailleurs à Saint-Pétersbourg pendant deux ans) et séjourne à New York, tâchant toujours, durant ses voyages, de mettre à profit ses études en commerce en vendant différents produits (cercueils, couteaux, horloges, etc.). En 1912, il s'établit à Paris, où il se met immédiatement à fréquenter l'avant-garde rassemblée à Montmartre, et plus particulièrement Guillaume Apollinaire. Il fait ses débuts dans le milieu littéraire avec un poème parodiant une prière, tournant en dérision la religion (« Pâques à New York », 1912) et un premier « poème simultané », « Prose du Transsibérien et de la petite Jeanne de France » (1913). Quand la Première Guerre mondiale éclate, il s'enrôle dans la Légion étrangère. Il y perdra son bras droit, ce qui l'incitera à écrire et à voyager davantage. Pendant l'entre-deux-guerres, il tâte un peu du cinéma et de l'écriture pour l'opéra, mais trouve très vite son créneau dans le récit de ses voyages et le reportage. Rien d'étonnant donc à ce qu'il soit, en 1939-1940, correspondant de guerre pour l'armée anglaise. Dans les années qui suivent

la guerre, Cendrars partage son temps entre des destinations de plus en plus lointaines (le Brésil, notamment) et une petite propriété française où il rédige des œuvres qui définiront son approche nomade et libertaire de la vie. Son dernier roman, *Emmène-moi au bout du monde!*, témoigne de son insatiable envie de répondre à l'appel de l'horizon.

■ « PROSE DU TRANSSIBÉRIEN ET DE LA PETITE JEANNE DE FRANCE » (1913)

Le titre de ce poème informe sur l'intention de l'auteur : faire en sorte que l'écriture « colle » le plus possible, et mieux que ne l'a jamais fait aucun texte, au déplacement du sujet dans le monde au moment même où il le fait. Cendrars voudrait que les mots, incompréhensibles sans les événements, ne se contentent pas de représenter la réalité mais en subissent la contrainte indépendamment de toute préoccupation esthétique. La vitesse de l'écriture et le respect du premier jet justifient donc l'abandon de la syntaxe, le relâchement de la ponctuation et l'usage d'un vocabulaire et d'une rhétorique moins recherchés. Ce qui lui importe, ce n'est pas d'être bon poète, mais bien un aventurier du langage ; loin de ciseler de beaux bijoux verbaux comme l'ont fait les symbolistes, il égrène un langage vivant, avec des mots de chair qui voyagent à la vitesse de l'homme moderne. Ainsi, les mots épousent passionnément la réalité, puis la laissent pour en épouser aussitôt une autre avec la même fiévreuse passion, car, pour Cendrars, l'existence moderne est un violent torrent d'expériences.

Moi, le mauvais poète qui ne voulais aller nulle part, je pouvais aller partout

Et aussi les marchands avaient encore assez d'argent

Pour aller tenter faire fortune.

Leur train partait tous les vendredis matin.

5 On disait qu'il y avait beaucoup de morts.

L'un emportait cent caisses de réveils et de coucous de la Forêt-Noire[1]

Un autre, des boîtes à chapeaux, des cylindres et un assortiment de tire-bouchon de Sheffield[2]

Un autre, des cercueils de Malmoë[3] remplis de boîtes de conserve et de sardines à l'huile

10 Puis il y avait beaucoup de femmes

Des femmes des entre-jambes à louer qui pouvaient aussi servir

Des cercueils

Elles étaient toutes patentées

On disait qu'il y avait beaucoup de morts là-bas

---

1. *Forêt-Noire* : forêt dans le sud-ouest de l'Allemagne.

2. *Sheffield* : ville anglaise jadis réputée pour la coutellerie et l'argenterie, puis pour la sidérurgie.

3. *Malmoë* : troisième ville de Suède, port important pour le commerce et l'industrie.

Elles voyageaient à prix réduits

15 Et avaient toutes un compte-courant à la banque.

Le « mauvais poète », muni de son pistolet Browning, embarque dans le Transsibérien[4] pour y accompagner un marchand de bijoux. La question naïve de sa petite amie parisienne, qu'il entend « louer » le long du voyage, sert de refrain.

« Dis, Blaise, sommes-nous bien loin de Montmartre ? »

Les inquiétudes

Oublie les inquiétudes

Toutes les gares lézardées obliques sur la route

20 Les fils télégraphiques auxquels elles pendent

Les poteaux grimaçants qui gesticulent et les étranglent

Le monde s'étire s'allonge et se retire comme un accordéon qu'une main sadique tourmente

Dans les déchirures du ciel, les locomotives en furie

S'enfuient

25 Et dans les trous,

Les roues vertigineuses les bouches les voix

Et les chiens du malheur qui aboient à nos trousses

Les démons sont déchaînés

Ferrailles

30 Tout est un faux accord

« Le broun-roun-roun » des roues

Chocs

Rebondissements

Nous sommes un orage sous le crâne d'un sourd…

35 « Dis, Blaise, sommes-nous bien loin de Montmartre ? »

Mais oui, tu m'énerves, tu le sais bien, nous sommes bien loin

La folie surchauffée beugle dans la locomotive

La peste le choléra se lèvent comme des braises ardentes sur notre route

Nous disparaissons dans la guerre en plein dans un tunnel

40 La faim, la putain, se cramponne aux nuages en débandade

Et fiente des batailles en tas puants de morts

Fais comme elle, fais ton métier…

[…]

Elle dort

Et de toutes les heures du monde elle n'en a pas gobé une seule

45 Tous les visages entrevus dans les gares

Toutes les horloges

L'heure de Paris l'heure de Berlin l'heure de Saint-Pétersbourg et l'heure de toutes les gares

Et à Oufa[5], le visage ensanglanté du canonnier

Et le cadran bêtement lumineux de Grodno[6]

50 Et l'avance perpétuelle du train

Tous les matins on met les montres à l'heure

Le train avance et le soleil retarde

Rien n'y fait, j'entends les cloches sonores

Le gros bourdon[7] de Notre-Dame

55 La cloche aigrelette du Louvre qui sonna la Barthélémy[8]

Les carillons rouillés de Bruges-la-Morte[9]

Les sonneries électriques de la bibliothèque de New York

Les campagnes de Venise

Et les cloches de Moscou, l'horloge de la Porte-Rouge qui me comptait les heures quand j'étais dans

60 un bureau

Et mes souvenirs

Le train tonne sur les plaques tournantes

Le train roule

Un gramophone grassaye une marche tzigane

65 Et le monde, comme l'horloge du quartier juif de Prague, tourne éperdument à rebours.

(© Miriam Cendrars, 1961; © Éditions Denoël, 1947, 1963, 2001, 2005.)

---

4. *Transsibérien*: train qui relie Genève et Pékin.

5. *Oufa*: ville russe.

6. *Grodno*: ville de Biélorussie, près de la frontière polonaise.

7. *bourdon*: grosse cloche à son grave.

8. *la Barthélémy*: nuit de la Saint-Barthélémy, du 23 au 24 août 1572, où furent massacrés tous les protestants de Paris sous la pression des autorités catholiques (plus de trois mille morts).

9. *Bruges-la-Morte*: titre d'un roman de Rodenbach (1892) évoquant le déclin de la ville de Bruges, autrefois très prospère.

QUESTIONS

1 a) Qu'est-ce qui, dans cet extrait, montre qu'il s'agit d'un poème simultané?

b) En quoi ce poème est-il moderne?

2 Le poète en voyage a-t-il une quête? Laquelle ou lesquelles?

3 a) Observez les vers 9 à 15. Nommez les deux champs lexicaux qui s'y mêlent. Quel est l'effet de ce mélange?

b) Quel rapport peut-on établir entre le nom de la compagne du poète (la petite Jeanne) et Jeanne d'Arc?

c) Observez les vers 39 à 49 que le poète adresse à sa compagne. De quel ton use-t-il avec elle?

d) Quelle atmosphère le poète établit-il dans son poème? Quels procédés d'écriture contribuent à la renforcer?

e) Dans la dernière partie de l'extrait (vers 49 à 68), le poète mêle encore une fois deux champs lexicaux. Lesquels ? Quel est l'effet de ce mélange ?

f) Observez la forme du poème, la structure des phrases et le vocabulaire. Que remarquez-vous ?

4 Qu'y a-t-il dans ces passages qui montre le refus de présenter l'être humain comme une force intellectuelle et spirituelle capable de civiliser le monde ?

5 La vision du monde de Cendrars vous semble-t-elle pessimiste ?

Art et littérature

LA REPRÉSENTATION DE LA VIE MODERNE

Courant artistique et littéraire, le futurisme apparaît en Italie en 1909. Tout comme Blaise Cendrars, qui souhaitait faire de sa poésie le reflet d'un monde en mouvement constant, les futuristes se veulent les chantres de la vie moderne : ils valorisent la vitesse, les machines et le progrès technique. Les artistes futuristes cherchent donc à capter le mouvement, le rythme frénétique du monde moderne. Rien d'étonnant dès lors que le mot « dynamisme » apparaisse dans plusieurs de leurs œuvres, dont celle de Russolo.

LUIGI RUSSOLO (1885-1947).

Dynamisme d'automobile, 1912. (Huile sur toile, 104 × 140 cm. Musée national d'art moderne, Centre Georges Pompidou, Paris.)

- Comment l'artiste simule-t-il la vitesse de l'automobile ?
- Pourquoi la forme de l'automobile n'est-elle que suggérée, au lieu d'être représentée de manière réaliste ?
- Expliquez l'absence totale de décor en arrière-plan.
- En quoi le sujet même de l'œuvre est-il représentatif de son époque ?

Guillaume Apollinaire (1880-1918)

Apollinaire naît en 1880 dans une famille en mouvement : sa mère, mi-polonaise, accouche de lui à Rome et son père, un ancien officier de l'armée italienne, l'abandonne. Laissant son fils le plus souvent en Italie, la mère se met à voyager un peu partout en Europe. Ce n'est qu'en 1887 qu'elle s'installe à Monaco. En 1899, la famille déménage à Paris. L'année suivante, devenu précepteur de français pour la fillette d'une veuve allemande qui partage son temps entre la Rhénanie et Paris, il s'éprend d'Annie Playden, la préceptrice d'anglais, qui lui inspire ses premiers poèmes. Il rentre à Paris quand Annie se désintéresse de lui. Il distrait alors son cœur affligé en fréquentant les milieux littéraires et artistiques de Montmartre où il fait la connaissance d'écrivains comme Alfred Jarry et de peintres tels que Derain, Vlaminck et Picasso. Pendant les dix années qui suivent, Apollinaire se fait connaître en tant que critique d'art et essayiste. En 1913, il publie son recueil de poèmes *Alcools*, qui le sacre chef de file de la poésie moderne. Peu après le début de la Première Guerre mondiale, il s'engage dans l'armée française comme artilleur. Il trouve le temps d'entretenir des relations épistolaires enflammées avec différentes femmes (Lou, puis Madeleine, rencontrée dans le train) et de rédiger des textes qui formeront le recueil *Calligrammes*. En 1916, un éclat d'obus le blesse à la tête et il quitte l'armée. L'année suivante, il réinvestit le milieu artistique et littéraire de Montmartre, publie *Calligrammes* et prononce des conférences sur la modernité qui soulèvent l'enthousiasme de la jeune génération qui, un peu plus tard, se dira surréaliste. L'épidémie de grippe espagnole, qui a emporté des dizaines de milliers de Parisiens, mettra subitement fin à ses jours.

GUILLAUME APOLLINAIRE

■ ALCOOLS (1913)

Ce recueil rassemble les premiers poèmes d'Apollinaire. Certains portent l'empreinte de la poésie symboliste qui avait fortement marqué ses débuts (1898-1905). D'autres, surtout ceux rédigés après 1907, s'en moquent très clairement avec un esprit de dérision qui rappelle l'écriture d'Alfred Jarry. Quelques-uns, enfin, illustrent merveilleusement l'esprit moderne que réclamait Apollinaire dans ses essais et conférences : c'est le cas de « Zone », qui relate la quête de sens d'un sujet plongé dans le mouvement vertigineux de la vie moderne, où temps, espaces et valeurs sont déconstruits.

« Zone »

À la fin tu es las de ce monde ancien

Bergère ô tour Eiffel le troupeau des ponts bêle ce matin

Tu en as assez de vivre dans l'antiquité grecque et romaine

Ici même les automobiles ont l'air d'être anciennes

5   La religion seule est restée toute neuve la religion

Est restée simple comme les hangars de Port-Aviation

Seul en Europe tu n'es pas antique ô Christianisme

L'Européen le plus moderne c'est vous Pape Pie X[1]

Et toi que les fenêtres observent la honte te retient

10   D'entrer dans une église et de t'y confesser ce matin

Tu lis les prospectus les catalogues les affiches qui chantent tout haut

Voilà la poésie ce matin et pour la prose il y a les journaux

Il y a les livraisons à 25 centimes pleines d'aventures policières

Portraits des grands hommes et mille titres divers

15   J'ai vu ce matin une jolie rue dont j'ai oublié le nom

Neuve et propre du soleil elle était le clairon

Les directeurs les ouvriers et les belles sténo-dactylographes

Du lundi matin au samedi soir quatre fois par jour y passent

Le matin par trois fois la sirène y gémit

20   Une cloche rageuse y aboie vers midi

Les inscriptions des enseignes et des murailles

Les plaques les avis à la façon des perroquets criaillent

J'aime la grâce de cette rue industrielle

Située à Paris entre la rue Aumont-Thiéville et l'avenue des Ternes

(Pendant que le poète erre dans Paris, il évoque différentes périodes et diffé-
rents lieux de sa vie. Son errance prend fin aux petites heures du matin.)

25   Tu es debout devant le zinc d'un bar crapuleux

Tu prends un café à deux sous parmi les malheureux

Tu es la nuit dans un grand restaurant

Ces femmes ne sont pas méchantes elles ont des soucis cependant

Toutes même la plus laide a fait souffrir son amant

30   Elle est la fille d'un sergent de ville de Jersey

Ses mains que je n'avais pas vues sont dures et gercées

J'ai une pitié immense pour les coutures de son ventre

J'humilie maintenant à une pauvre fille au rire horrible ma bouche

Tu es seul le matin va venir
35   Les laitiers font tinter leurs bidons dans les rues

La nuit s'éloigne ainsi qu'une belle Métive
C'est Ferdine la fausse ou Léa l'attentive

Et tu bois cet alcool brûlant comme ta vie
Ta vie que tu bois comme une eau-de-vie

40   Tu marches vers Auteuil tu veux aller chez toi à pied
Dormir parmi tes fétiches d'Océanie et de Guinée
Ils sont des Christ d'une autre forme et d'une autre croyance
Ce sont les Christ inférieurs des obscures espérances

Adieu Adieu

45   Soleil cou coupé

---

1. *Pie X* : l'auteur de l'encyclique contre le mouvement moderniste, en 1907.

QUESTIONS

1 En quoi la forme du poème reflète-t-elle l'esprit de la modernité ?

2 Ce poème exprime deux sentiments contraires. Lesquels ?

3 a) Observez le vocabulaire du début du poème. Quels mots d'apparence non poétique ou renvoyant à une réalité proprement moderne sont employés ?

b) Quelles sont les deux manières dont on pourrait ponctuer le vers 27 ? Quel effet cela a-t-il sur le sens ?

c) À quoi devine-t-on du non-dit dans les vers 28 à 33 ? Qu'est-ce qui n'est pas dit ouvertement ?

d) Expliquez la comparaison des vers 38 et 39 qui donne son sens au titre du recueil.

e) Comment le début et la fin du poème montrent-ils l'importance de la quête religieuse et l'absence d'aboutissement ?

4 Par quels moyens ce poème présente-t-il d'abord l'enthousiasme puis sa chute ?

5 Comparez « Zone » à « Prose du Transsibérien » (p. 81 à 83). Ces poèmes sont-ils représentatifs de l'esprit de la modernité de la même façon ?

Art et littérature

LE CUBISME

Apparu vers 1907, le cubisme révolutionne la représentation du monde dans les arts. Influencés par Cézanne, des artistes comme Picasso, Braque ou Gris remettent en question l'idée qu'un tableau ne doive représenter un objet que d'un seul point de vue. Aussi s'attachent-ils à les peindre tous simultanément. C'est d'ailleurs parce qu'ils se trouvaient ainsi à décomposer le réel en formes géométriques primaires qu'un critique mal intentionné donnera à leur mouvement le nom de « cubisme ».

Apollinaire fut un admirateur enthousiaste du mouvement cubiste, qui correspondait parfaitement à ses aspirations avant-gardistes. Il consacra de nombreux écrits élogieux à ce courant et fut l'ami de Picasso.

PABLO PICASSO (1881-1973).
Homme à la guitare, 1913.
(Huile sur toile, 154 × 77,5 cm. Musée Picasso, Paris.)

- Relevez les détails de ce tableau qui suggèrent la présence de l'homme à la guitare.

- Commentez l'utilisation de la couleur.

- Quels rapprochements peut-on faire entre ce tableau et le poème « Zone » d'Apollinaire ?

■ CALLIGRAMMES

Recueil de textes composés pendant la Première Guerre mondiale, Calligrammes rassemble, comme son nom l'indique, des écrits dont le sens détermine la disposition graphique des mots. Apollinaire rompt ainsi avec le fétichisme symboliste du sens abstrait en cherchant à rendre encore plus étroit le rapport entre la réalité et le poème. La disposition du poème favorise en outre des lectures autres que linéaire en invitant le lecteur à lire les mots dans des sens inhabituels et à faire plusieurs lectures du texte. De cette manière, le lecteur peut aborder le poème, non pas comme le tremplin vers un sens, mais plutôt comme un objet intéressant en lui-même, un objet à explorer. Plus que le Coup de dés de Mallarmé, qui avait déjà exploité les ressources graphiques du poème, les Calligrammes d'Apollinaire sont à la fois une occasion de découvrir dans la joie toutes les dimensions du poème-objet et un exercice de liberté dont les surprises rendent aux mots toute leur fraîcheur.

« La Colombe poignardée et le Jet d'eau »

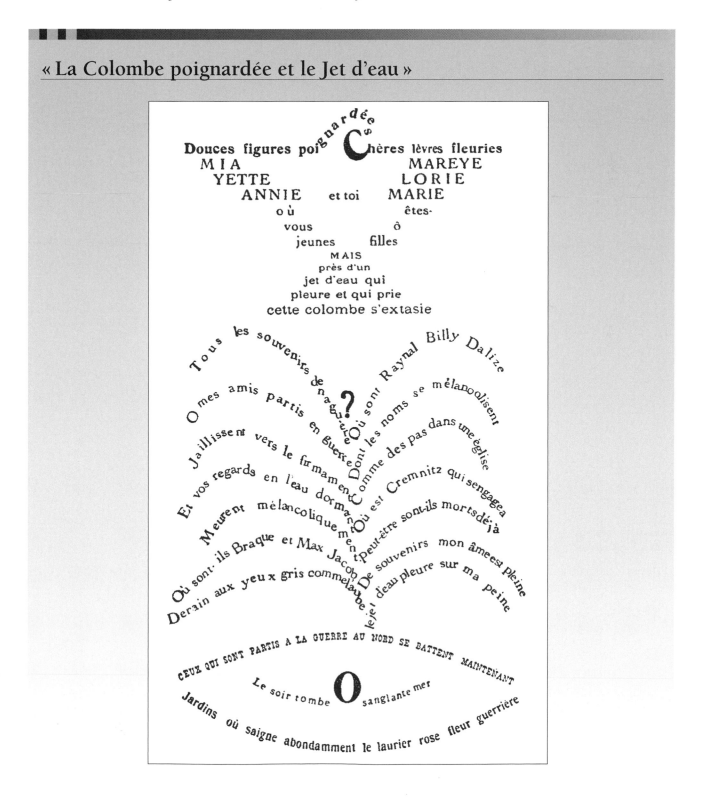

« Il pleut »

« La Cravate »

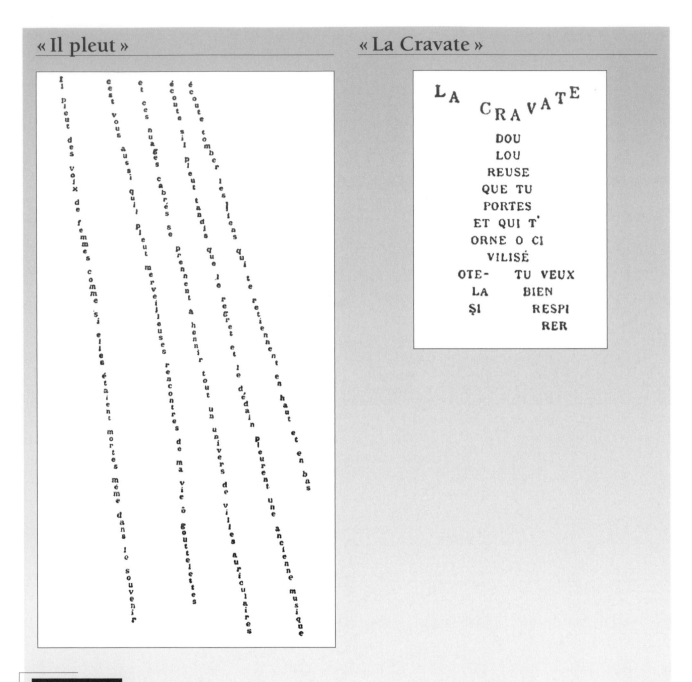

QUESTIONS

1 En quoi ces poèmes sont-ils très différents des poèmes antérieurs au XXᵉ siècle ?

2 Qu'est-ce qui fait le charme d'une première lecture de ces poèmes ?

3 a) Analysez les figures de style dans le premier et le dernier vers de « Il pleut ».

b) Dans « La Colombe poignardée et le Jet d'eau », observez le vers « Ô mes amis partis en guerre », et lisez à la suite, soit le vers à droite, soit le vers au-dessous. Quel effet cela a-t-il sur le sens ?

c) Comment l'énorme lettre O dans le centre du bassin de ce poème prête-t-elle à une double, sinon à une triple lecture ?

4 Comment chaque calligramme exploite-t-il différemment les ressources du mot et réalise-t-il l'impératif de libération ?

5 En quoi ces poèmes semblent-ils plus modernes que « Zone » (p. 85 à 87) ?

Marcel Proust (1871-1922)

Né à Paris en 1871 dans une famille bourgeoise puritaine à la curiosité intellectuelle très vive, Proust synthétise tous les courants de la Belle Époque. Comme il n'a pas besoin de travailler, il navigue entre les salons parisiens, où sa vie très mondaine cache efficacement son homosexualité, et les propriétés familiales de Cambrai où, asthmatique et hypersensible, il passe le plus clair de son temps à écrire dans sa chambre. Les textes anglais et allemands qu'il traduit l'inspirent : il rêve de produire une œuvre qui lui permettrait — ainsi qu'à son lecteur — d'échapper aux contraintes temporelles et aux idées préconçues pour atteindre les essences épurées de l'expérience quotidienne, laquelle devient merveilleuse dès lors qu'on se plonge avec une rigoureuse fidélité dans le riche univers des perceptions et des souvenirs. À l'opposé de ses contemporains qui, pour arriver aux mêmes fins, atomisent la phrase ou provoquent la morale par le contenu ironique de leurs œuvres, Proust fait le pari qu'une expression artistique soignée, aussi près de la réalité que possible, est le moyen par excellence d'y parvenir. Après la mort de son père (en 1903), puis de sa mère (en 1905), il s'isole de plus en plus pour se consacrer à l'écriture d'*À la recherche du temps perdu*. Seuls les quatre premiers volumes seront publiés avant le décès de leur auteur, survenu en 1922. Ce cycle romanesque deviendra vite un monument dans l'histoire littéraire universelle.

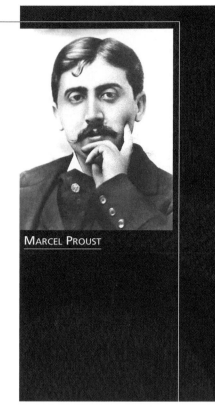

MARCEL PROUST

■ DU CÔTÉ DE CHEZ SWANN (1913)

Dans cet extrait de Du côté de chez Swann, *premier volume d'*À la recherche du temps perdu *que l'auteur voulait faire publier sans ponctuation, Proust présente sa grand-mère, femme dont le caractère fort et anticonformiste sera une inspiration. Cependant, devant l'humiliation gratuite de cette femme qu'il adore, il ne fera rien, comme si l'ordre de la Belle Époque ne pouvait être contesté et qu'on ne pouvait, pour se protéger des injustices, que développer des stratégies de fuite permanente.*

Après le dîner, hélas, j'étais bientôt obligé de quitter maman qui restait à causer avec les autres, au jardin s'il faisait beau, dans le petit salon où tout le monde se retirait s'il faisait

5 mauvais. Tout le monde, sauf ma grand'mère qui trouvait que « c'est une pitié de rester enfermé à la campagne » et qui avait d'incessantes discussions avec mon père, les jours de trop grande pluie, parce qu'il m'en-

10 voyait lire dans ma chambre au lieu de rester dehors. « Ce n'est pas comme cela que vous le rendrez robuste et énergique, disait-elle tristement, surtout ce petit qui a tant besoin

de prendre des forces et de la volonté. » Mon

15 père haussait les épaules et il examinait le baromètre, car il aimait la météorologie, pendant que ma mère, évitant de faire du bruit pour ne pas le troubler, le regardait avec un respect attendri, mais pas trop fixement

20 pour ne pas chercher à percer le mystère de ses supériorités. Mais ma grand'mère, elle, par tous les temps, même quand la pluie faisait rage et que Françoise avait précipitamment rentré les précieux fauteuils d'osier de peur

25 qu'ils ne fussent mouillés, on la voyait dans le jardin vide et fouetté par l'averse, relevant

PAUL SIGNAC (1863-1935).

La Salle à manger, 1886.
(Huile sur toile,
89 × 115 cm.
Musée Kröller-Müller,
Otterlo, Pays-Bas.)

Tout à fait représentative du mouvement néo-impressionniste auquel appartenait son auteur, cette œuvre illustre bien ce qui faisait la manière de Signac : étaler des petits points de couleur pure sur la toile sans jamais les mélanger, méthode qui rappelle étonnamment les techniques modernes d'impression couleur.

Il se dégage de cette scène paisible une atmosphère figée et un peu guindée, typique d'un intérieur bourgeois respectable de la fin du XIXᵉ siècle. Une femme à contre-jour porte une tasse à ses lèvres, un vieil homme corpulent fume le cigare, une bonne apporte le journal. Les objets domestiques comme la carafe, la théière ou les assiettes sur le mur du fond sont aussi importants que les personnages, parce qu'ils servent à la fois à faire ressortir les jeux de lumière (reflets, ombres, etc.) et à souligner au spectateur le milieu auquel appartiennent les personnages représentés. Tout semble à sa place, figé, comme si l'ordre établi ne devait jamais changer, à l'image de la société bourgeoise que Marcel Proust décrit dans *À la recherche du temps perdu*.

ses mèches désordonnées et grises pour que son front s'imbibât mieux de la salubrité du vent et de la pluie. Elle disait : « Enfin, on res-
30 pire ! » et parcourait les allées détrempées — trop symétriquement alignées à son gré par le nouveau jardinier dépourvu du sentiment de la nature et auquel mon père avait demandé depuis le matin si le temps s'arrangerait — de
35 son petit pas enthousiaste et saccadé, réglé sur

les mouvements divers qu'excitaient dans son âme l'ivresse de l'orage, la puissance de l'hygiène, la stupidité de mon éducation et la symétrie des jardins, plutôt que sur le désir,
40 inconnu d'elle, d'éviter à sa jupe prune les taches de boue sous lesquelles elle disparaissait jusqu'à une hauteur qui était toujours pour sa femme de chambre un désespoir et un problème.

45 Quand ces tours de jardin de ma grand'mère avaient lieu après dîner, une chose avait le pouvoir de la faire rentrer : c'était — à un des moments où la révolution de sa promenade la ramenait périodiquement, comme un insecte,
50 en face des lumières du petit salon où les liqueurs étaient servies sur la table à jeu — si ma grand'tante lui criait : « Bathilde ! viens donc empêcher ton mari de boire du cognac ! » Pour la taquiner, en effet (elle avait apporté dans la
55 famille de mon père un esprit si différent que tout le monde la plaisantait et la tourmentait), comme les liqueurs étaient défendues à mon grand-père, ma grand'tante lui en faisait boire quelques gouttes. Ma pauvre grand'mère en-
60 trait, priait ardemment son mari de ne pas goûter au cognac ; il se fâchait, buvait tout de même sa gorgée, et ma grand'mère repartait, triste, découragée, souriante pourtant, car elle était si humble de cœur et si douce que sa tendresse
65 pour les autres et le peu de cas qu'elle faisait de sa propre personne et de ses souffrances se conciliaient dans son regard en un sourire où, contrairement à ce qu'on voit dans le visage de beaucoup d'humains, il n'y avait d'ironie que
70 pour elle-même, et pour nous tous comme un baiser de ses yeux qui ne pouvaient voir ceux qu'elle chérissait sans les caresser passionnément du regard. Ce supplice que lui infligeait ma grand'tante, le spectacle des vaines prières
75 de ma grand'mère et de sa faiblesse, vaincue d'avance, essayant inutilement d'ôter à mon grand-père le verre à liqueur, c'était de ces choses à la vue desquelles on s'habitue plus tard jusqu'à les considérer en riant et à prendre le
80 parti du persécuteur assez résolument et gaiement pour se persuader à soi-même qu'il ne s'agit pas de persécution ; elles me causaient alors une telle horreur que j'aurais aimé battre ma grand'tante. Mais dès que j'entendais :
85 « Bathilde ! viens donc empêcher ton mari de boire du cognac ! » déjà homme par la lâcheté, je faisais ce que nous faisons tous, une fois que nous sommes grands, quand il y a devant nous des souffrances et des injustices : je ne voulais
90 pas les voir ; je montais sangloter tout en haut de la maison à côté de la salle d'études, sous les toits, dans une petite pièce sentant l'iris, et que parfumait aussi un cassis sauvage poussé au dehors entre les pierres de la muraille et qui
95 passait une branche de fleurs par la fenêtre entr'ouverte.

QUESTIONS

1 Quels signes d'une certaine critique de la haute société française voyez-vous dans cet extrait ?

2 Comment ces deux paragraphes présentent-ils deux côtés contraires de la grand-mère ?

3 a) Dans le premier paragraphe (lignes 1 à 44), relevez les expressions qui désignent ce qui intéresse les personnages autres que le narrateur et la grand-mère. Que valorisent ces personnages de manière générale ?

b) Quelles expressions du premier paragraphe montrent que la grand-mère a des valeurs différentes de celles de son entourage ?

c) Définissez la structure de la dernière phrase du premier paragraphe (lignes 29 à 44). Quel est l'effet de cette structure ? Quel lien peut-on faire entre cette structure et son contenu ?

d) Quelle comparaison du deuxième paragraphe (lignes 45 à 96) réduit la grand-mère à quelque chose de moins qu'humain ?

e) Dans le deuxième paragraphe, comment les membres de l'entourage de la grand-mère sont-ils présentés ? Quel rapport ont-ils avec elle ?

f) Que dit la fin de l'extrait sur la nature humaine ?

4 Comment cette présentation de la grand-mère du narrateur incite-t-elle à la révolte ?

5 a) À votre avis, ce passage montre-t-il vraiment que Proust est partisan de la modernité ?

b) Comparez ce passage de Proust à celui de Gide (p. 73 à 75) sur le plan moral et à celui d'Apollinaire (p. 89 et 90) sur le plan formel.

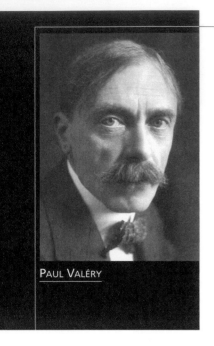

PAUL VALÉRY

Paul Valéry (1871-1945)

Né à Sète en 1871, Valéry s'inscrit en droit à Paris en 1888, bien que son amour de la précision et de la rigueur le pousse davantage vers les sciences pures et la musique qu'il étudiera en autodidacte. Très tôt, il cultive des amitiés avec les écrivains de l'heure, Pierre Louÿs, Stéphane Mallarmé et André Gide, qui poursuivent comme lui une quête morale et esthétique. En 1895, sa plume exigeante et juste lui vaut le poste de rédacteur au ministère de la Guerre et les éloges de nombreux lecteurs friands de ses critiques d'art, notamment celles sur les œuvres de Degas et de Redon. En 1900, il devient secrétaire particulier d'un administrateur de la première agence d'information et de publicité française, ce qui l'introduit dans le cercle fermé de la finance. La publication entre 1917 et 1920 de ses œuvres longtemps mijotées ne passe pas inaperçue : en 1925, il est élu à l'Académie française. Commence alors une existence mondaine extraordinaire qui sera marquée par la reconnaissance internationale de son talent. Il est nommé professeur de poétique au Collège de France peu avant le début de la Seconde Guerre mondiale et s'éteint après avoir assisté à la libération de Paris par les forces alliées.

■ MONSIEUR TESTE (1895)

Monsieur Teste est un curieux personnage dont le nom signifie littéralement en latin : « Monsieur Tête ». Incarnation du chercheur hostile aux modes, ce personnage discret s'assure la paix et un confort minimal afin de pouvoir se consacrer à ses recherches en donnant le meilleur de lui-même.

Avant de me lier avec M. Teste, j'étais attiré par ses allures particulières. J'ai étudié ses yeux, ses vêtements, ses moindres paroles sourdes au garçon du café où je le voyais. Je me demandais s'il se sentait observé. Je détournais vivement mon regard du sien, pour surprendre le sien me suivre. Je prenais les journaux qu'il venait de lire, je recommençais mentalement les sobres gestes qui lui échappaient ; je notais que personne ne faisait attention à lui.

Je n'avais plus rien de ce genre à apprendre, lorsque nous entrâmes en relation. Je ne l'ai jamais vu que la nuit. Une fois dans une sorte de b…[1] ; souvent au théâtre. On m'a dit qu'il vivait de médiocres opérations hebdomadaires à la Bourse. Il prenait ses repas dans un petit restaurant de la rue Vivienne. Là, il mangeait comme on se purge, avec le même entrain. Parfois, il s'accordait ailleurs un repas lent et fin.

M. Teste avait peut-être quarante ans. Sa parole était extraordinairement rapide, et sa voix sourde. Tout s'effaçait en lui, les yeux, les mains. Il avait pourtant les épaules militaires, et le pas d'une régularité qui étonnait. Quand il parlait, il ne levait jamais un bras ni un doigt : il avait *tué la marionnette*. Il ne souriait pas, ne disait ni bonjour ni bonsoir ; il semblait ne pas entendre le « Comment allez-vous ? »

Sa mémoire me donna beaucoup à penser. Les traits par lesquels j'en pouvais juger, me firent imaginer une gymnastique intellectuelle sans exemple. Ce n'était pas chez lui une faculté excessive, — c'était une faculté éduquée ou transformée. Voici ses propres paroles : « Il y a vingt ans que je n'ai plus de livres. J'ai brûlé mes papiers aussi. Je rature le vif… Je retiens ce que je veux. Mais le difficile n'est pas là. *Il est de retenir ce dont je voudrai demain !…* J'ai cherché un crible machinal… »

Tout comme Valéry, Paul Cézanne a fondé son œuvre sur la rigueur et le travail. Si les impressionnistes s'intéressaient surtout à la lumière et à la couleur, il s'en distingue en posant le problème de la représentation de la matière, ce qui l'amène à peindre de nombreuses natures mortes. Quoi de mieux, en effet, que de peindre des objets immobiles si l'on souhaite étudier la matière ? La composition du *Vase bleu* témoigne de la rigueur de l'œuvre de Cézanne. Le vase est posé presque au centre de la table. Le bleu du mur s'harmonise avec le bleu du vase et les fleurs se dressent avec vivacité jusqu'en haut du tableau. À côté du vase, trois fruits contrastent par leurs rondeurs avec les lignes de la bouteille à gauche et celles de la fenêtre à droite. La précision de la composition et l'harmonie de l'ensemble montrent à quel point Cézanne maîtrisait son art. Pour faire écho à Valéry, qui croyait qu'« une phrase n'est pas un acte inconscient », on peut affirmer que chez Cézanne, qui compte parmi les peintres les plus influents du tournant du XXe siècle, la peinture était tout sauf un geste inconscient.

PAUL CÉZANNE (1839-1906).

Le Vase bleu, 1885-87. (Huile sur toile : 61 × 50 cm. Musée d'Orsay, Paris.)

À force d'y penser, j'ai fini par croire que M. Teste était arrivé à découvrir des lois de l'esprit que nous ignorons. Sûrement, il avait dû consacrer des années à cette recherche : plus
45 sûrement, des années encore, et beaucoup d'autres années avaient été disposées pour mûrir ses inventions et pour en faire ses instincts. Trouver n'est rien. Le difficile est de s'ajouter ce qu'on trouve.

---

1. *b…* : bordel.

■ TEL QUEL

Écrits dans les années 1920 et 1930 mais publiés en 1941, les aphorismes rassemblés dans Tel quel *auraient pu être rédigés par Monsieur Teste, porte-parole de Valéry. Le titre de ce recueil indique l'intention de l'auteur d'être rigoureusement fidèle au réel et au vrai.*

Morale.

Si les principes d'une morale étaient si bien inculqués, que ses exigences les plus héroïques soient obéies par automatisme ; que l'homme ne puisse voir un *pauvre* sans se dénuder et le vêtir, presque inconsciemment ; une *belle personne*, sans dégoûts ; un *lépreux*, sans appétit de ses croûtes… je doute que le moraliste soit content.

5

Le moraliste est un amateur difficile. Il lui faut des combats et même des chutes. Une morale sans déchirements, sans périls, sans troubles, sans remords, sans nausées, cela n'a pas de saveur. Le désagréable, le tourment, le labeur, le vent contraire, sont essentiels à la perfection de cet art. Le mérite importe, et non la conformité seule. C'est l'énergie dépensée à contre-pente qui compte.

10

15

Sa morale se réduit donc à l'orgueil de contrarier. Il en résulterait aisément qu'un être naturellement moral se forçant à l'immoralité *vaut* un être immoral qui se force à la moralité.

20

***

La morale est une sorte d'art de l'inexécution des désirs, de la possibilité d'affaiblir des pensées, de faire ce qui ne plaît pas, de ne pas faire ce qui plaît. Si le *bien* plaisait, si le *mal* déplaisait : il n'y aurait ni morale, ni *bien*, ni *mal*, tellement qu'à la fin, c'est remonter le courant, naviguer *au plus près* de la concupiscence et des images, — qui est le phénomène moral…

25

***

Les livres ont les mêmes ennemis que l'homme : le feu, l'humide, les bêtes, le temps ; et leur propre contenu.

30

***

Un poème doit être une fête de l'Intellect. Il ne peut être autre chose.

Fête : c'est un jeu, mais solennel, mais réglé, mais significatif ; image de ce qu'on n'est pas d'ordinaire, de l'état où les efforts sont rythmes, rachetés.

35

***

La plupart des hommes ont de la poésie une idée si vague que ce vague même de leur idée est pour eux la définition de la poésie.

40

***

La pensée doit être cachée dans les vers comme la vertu nutritive dans un fruit. Un fruit est nourriture, mais il ne paraît que délice. On ne perçoit que du plaisir, mais on reçoit une substance. L'enchantement voile cette nourriture insensible qu'il conduit.

45

***

La poésie n'est que la littérature réduite à l'essentiel de son principe actif. On l'a purgée des *idoles* de toute espèce et des illusions réalistes ; de l'équivoque possible entre le langage de la « vérité » et le langage de la « création », etc.

50

Et ce rôle quasi créateur, fictif du langage — (lui, d'origine pratique et véridique) est rendu le plus évident possible par la fragilité ou par l'arbitraire du *sujet*.

55

***

La Poésie est une survivance.

Poésie, dans une époque de simplification du langage, d'altération des formes, d'insensibilité à leur égard, de spécialisation — est *chose préservée*. Je veux dire que l'on n'inventerait pas aujourd'hui les vers. Ni d'ailleurs les rites de toute espèce.

60

***

65 L'idée d'*Inspiration* contient celles-ci : *Ce qui ne coûte rien est ce qui a le plus de valeur.*

Ce qui a le plus de valeur ne doit rien coûter.

Et celle-ci : *Se glorifier le plus de ce dont on est le moins responsable.*

***

70 À la moindre rature, — le principe d'inspiration totale est ruiné. — L'intelligence efface ce que le dieu a imprudemment *créé*. Il faut donc lui faire une part, à peine de produire des monstres. Mais qui fera le partage ? Si c'est elle, elle est donc reine ; et si ce n'est elle, sera-ce 75 donc une puissance tout aveugle ?

***

Quelle honte d'écrire, sans savoir ce que sont langage, verbe, métaphores, changements d'idées, de ton ; ni concevoir la *structure* de la durée de l'ouvrage, ni les conditions de sa fin ; 80 à peine le pourquoi, et pas du tout le comment ! Rougir d'être la Pythie[1]…

***

Écrivains. Ceux pour qui une phrase n'est pas un acte inconscient, analogue à la manducation et à la déglutition d'un homme pressé qui ne 85 sent pas ce qu'il mange.

***

« *Et mon vers, bien ou* MAL, *dit* TOUJOURS *quelque chose.* »

Voilà le principe et le germe d'une infinité d'horreurs.

90 *Bien* ou *Mal*, — quelle indifférence !

Quelque chose, — quelle présomption !

***

La littérature n'est rien de désirable si elle n'est un exercice supérieur de l'animal intellectuel.

***

La véritable tradition dans les grandes choses 95 n'est point de refaire ce que les autres ont fait, mais de retrouver l'esprit qui a fait ces grandes choses et qui en ferait de tout autres en d'autres temps.

***

Le style sec traverse le temps comme une 100 momie incorruptible, cependant que les autres, gonflés de graisse et subornés d'imageries, pourrissent dans leurs bijoux. On retire plus tard quelques diadèmes et quelques bagues, de leurs tombes.

***

105 « Confier sa peine au papier. »

Drôle d'idée. Origine de plus d'un livre, et de tous les plus mauvais.

---

1. *Pythie* : dans la Grèce antique, prêtresse chargée de transmettre les oracles — souvent ambigus — en guise de réponses divines aux interrogations des hommes.

QUESTIONS

1 Observez en quoi le personnage de Monsieur Teste et les aphorismes qui suivent sa présentation s'opposent à la remise en question des valeurs à cette époque ?

2 Monsieur Teste vous semble-t-il humain ? Justifiez votre réponse.

3 a) Qu'est-ce qui attire le narrateur dans l'extrait de *Monsieur Teste* (lignes 21 à 40) ? Retrouve-t-on les mêmes qualités dans les aphorismes de *Tel quel* ?

b) Relevez dans les deux extraits les expressions qui appartiennent aux champs lexicaux de l'imprécision et de la facilité. Sont-elles généralement présentées favorablement ou défavorablement ?

c) Relevez dans les deux extraits les expressions qui appartiennent aux champs lexicaux de la précision et de la rigueur. Sont-elles généralement présentées favorablement ou défavorablement ?

4 Que dit Valéry du travail et du plaisir ?

5 Comparez la conception de l'art et les valeurs (célébrées ou honnies) de Valéry avec celles de Gide (p. 73 à 75) et de Cendrars (p. 81 à 83).

LA DIFFICILE LIBERTÉ FAITE FEMME

LA BELLE ÉPOQUE fut une période effervescente à bien des points de vue. Colette, par ses activités littéraires et théâtrales, par sa vie même, a été une enfant de cette époque, alliant liberté et goût de vivre, mais au féminin.

COLETTE

Colette (1873-1954)

En lisant ce nom sur une page de couverture ou dans une anthologie, on peut croire qu'il s'agit d'un prénom, mais c'est en fait le patronyme d'une écrivaine dont les prénoms sont Sidonie et Gabrielle. Son mari, Henri Gauthier-Villars, surnommé Willy, aurait été le premier à l'appeler ainsi, mais on peut voir dans ce nom de plume à la fois la filiation au père, un homme qui aurait voulu écrire, et le désir de posséder une identité propre, de ne pas être seulement l'épouse de. Ce goût pour la liberté lui vient sûrement de sa mère, Sidonie, qui laissait sa petite dernière plus libre que la plupart des enfants de son âge ; pendant toute sa jeunesse, elle lui répéta inlassablement de tout regarder, la nature, les animaux et bien sûr les gens, précepte qui a guidé Colette dans son écriture.

Il semble que ce soit son mari Willy qui ait poussé la jeune femme à écrire, après avoir lu son journal intime. Il signait des chroniques dans les journaux et des romans, mais il en écrivait peu : des écrivains de service les rédigeaient à sa place. À la différence des autres nègres qu'employait son mari, Colette, elle, ne recevait aucun salaire pour ses articles et ses livres, puisque son mari ne voyait pas la nécessité de rétribuer son épouse qui était, selon la loi, sous son autorité. C'est d'ailleurs sous le nom de Willy que furent publiés les premiers romans écrits par Colette. Dans le premier de la série, *Claudine à l'école* (1900), le personnage principal raconte notamment les amours lesbiens entre sa professeure et la directrice. Les autres *Claudine* mettent aussi en scène des amours sulfureux.

Willy était un homme volage ; aussi Colette décida-t-elle en 1906 de le quitter. Le divorce fut prononcé en 1910. Pour gagner sa vie, la littérature ne suffisant pas, Colette devint mime dans des cabarets. Elle pratiqua aussi un type de danse sensuelle, souvent nue, qui choqua plusieurs bien-pensants de son époque, tout comme sa liaison avec Missy, la marquise de Belbeuf. Dans beaucoup de romans de Colette, l'héroïne est non conformiste et l'amour, dérangeant. C'est donc dire que Colette brisait les conventions sociales autant dans sa vie que dans ses romans.

■ LA VAGABONDE (1910)

Si La Vagabonde *paraît l'année où son divorce est prononcé, Colette vit néanmoins séparée de Willy depuis déjà quatre ans et connaît bien la vie de femme divorcée. Ce roman inaugure un cycle beaucoup plus intime dans son œuvre. Colette transpose ses propres états d'âme dans le journal intime de Renée Néré, une jeune femme divorcée vivant de pantomimes et de spectacles de danse dans la France du début du XXᵉ siècle. Bien qu'elle assume son choix d'avoir quitté son mari, Renée trouve difficile de vivre la solitude au jour le jour. Dans un long monologue, elle médite sur sa vie solitaire et pose un regard lucide sur sa condition.*

Seule ! J'ai l'air de m'en plaindre, vraiment !

« Si tu vis seule, m'a dit Brague, c'est parce que tu le veux bien, n'est-ce pas ? »

Certes, je le veux « bien », et même je le *veux*
5   tout court. Seulement, voilà… il y a des jours où la solitude, pour un être de mon âge, est un vin grisant qui vous saoule de liberté, et d'autres jours où c'est un tonique amer, et d'autres jours où c'est un poison qui vous jette
10   la tête aux murs.

Ce soir, je voudrais bien ne pas choisir. Je voudrais me contenter d'hésiter, et ne pas pouvoir dire si le frisson qui me prendra, en glissant entre mes draps froids, sera de peur ou d'aise.

15   Seule… et depuis longtemps. Car je cède maintenant à l'habitude du soliloque, de la conversation avec la chienne, le feu, avec mon image… C'est une manie qui vient aux reclus, aux vieux prisonniers ; mais moi, je suis libre… Et, si je me
20   parle en dedans, c'est par besoin littéraire de rythmer, de rédiger ma pensée.

J'ai devant moi, de l'autre côté du miroir, dans la mystérieuse chambre des reflets, l'image d'« une femme de lettres qui a mal tourné ». On
25   dit aussi de moi que « je fais du théâtre », mais on ne m'appelle jamais actrice. Pourquoi ? Nuance subtile, refus poli, de la part du public et de mes amis eux-mêmes, de me donner un grade dans cette carrière que j'ai pourtant choisie…

30   Une femme de lettres qui a mal tourné : voilà ce que je dois, pour tous, demeurer, moi qui n'écris plus, moi qui me refuse le plaisir, le luxe d'écrire…

Écrire ! pouvoir écrire ! cela signifie la longue
35   rêverie devant la feuille blanche, le griffonnage inconscient, les jeux de la plume qui tourne en rond autour d'une tache d'encre, qui mordille le mot imparfait, le griffe, le hérisse de fléchettes, l'orne d'antennes, de pattes, jusqu'à ce
40   qu'il perde sa figure lisible du mot, mué en insecte fantastique, envolé en papillon-fée…

Écrire… C'est le regard accroché, hypnotisé par le reflet de la fenêtre dans l'encrier d'argent, la fièvre divine qui monte aux joues, au front, tan-
45   dis qu'une bienheureuse mort glace sur le papier la main qui écrit. Cela veut dire aussi l'oubli de l'heure, la paresse au creux du divan, la débauche d'invention d'où l'on sort courbatu, abêti, mais déjà récompensé, et
50   porteur de trésors qu'on décharge lentement sur la feuille vierge, dans le petit cirque de lumière qui s'abrite sous la lampe…

Écrire ! verser avec rage toute la sincérité de soi sur le papier tentateur, si vite, si vite que par-
55   fois la main lutte et renâcle, surmenée par le dieu impatient qui la guide… et retrouver, le lendemain, à la place du rameau d'or, mira-culeusement éclos en une heure flamboyante, une ronce sèche, une fleur avortée…

60   Écrire ! plaisir et souffrance d'oisifs ! Écrire !… J'éprouve bien, de loin en loin, le besoin, vif comme la soif en été, de noter, de peindre… Je prends encore la plume, pour commencer le jeu périlleux et décevant, pour saisir et fixer, sous
65   la pointe double et ployante, le chatoyant, le fugace, le passionnant adjectif… Ce n'est qu'une courte crise, la démangeaison d'une cicatrice…

Il faut trop de temps pour écrire ! Et puis, je ne suis pas Balzac, moi… Le conte fragile que
70 j'édifie s'émiette quand le fournisseur sonne, quand le bottier présente sa facture, quand l'avoué téléphone, et l'avocat, quand l'agent théâtral me mande à son bureau pour « un cachet en ville chez des gens tout ce qu'il y a
75 de bien, mais qui n'ont pas l'habitude de payer les prix forts »…

Or, depuis que je vis seule, il a fallu vivre d'abord, divorcer ensuite, et puis continuer à

vivre… Tout cela demande une activité, un
80 entêtement incroyables… Et pour arriver où ? N'y a-t-il point pour moi d'autre havre que cette chambre banale, en Louis XVI de camelote, d'autre halte que ce miroir infranchissable où je me bute, front contre front ?…

85 Demain, c'est dimanche : matinée et soirée à l'Empyrée-Clichy[1]. Deux heures, déjà !… C'est l'heure de dormir, pour une femme de lettres qui a mal tourné.

(© Éditions Albin Michel.)

---

1. *Empyrée-Clichy* : il s'agit d'une salle de spectacles.

QUESTIONS

1 Relevez les éléments qui témoignent de l'attitude de la société de l'époque à l'égard de la femme divorcée.

2 Renée accepte-t-elle facilement de ne plus écrire ?

3 a) Analysez les métaphores utilisées pour parler de la solitude ; observez les comportements qui se rattachent à la solitude. Qu'est-ce que cela révèle du personnage ?

b) Analysez les métaphores visuelles qu'utilise Renée pour parler de l'écriture. Quel rapport crée-t-elle ainsi entre le regard et l'écriture ?

c) Dans l'utilisation anaphorique d'« écrire », le verbe est suivi de différents signes de ponctuation. Qu'est-ce que cela signifie ?

d) Pour quelles raisons Renée n'écrit-elle plus ?

e) Renée se définit comme libre au début de l'extrait. Peut-on encore parler de liberté à la fin ? Quels signes donne-t-elle de son état ?

4 La solitude devient-elle pour Renée un élément négatif ou positif ?

5 Quel est le jugement porté aujourd'hui sur une femme seule ou divorcée ?

PARTIE 4
LES PREMIERS DÉTECTIVES ET LE ROMAN DE DÉTECTION

ENTRÉ SUR UNE ÉNIGME à résoudre par l'étude de preuves et d'indices, le roman de détection ou roman problème met en scène un héros, représentant souvent la loi, intelligent et fin observateur. Pensons notamment au célèbre Dupin d'Edgar Allan Poe ou au père Tabaret d'Émile Gaboriau. La Belle Époque aura elle aussi ses figures marquantes. Lupin et ses multiples visages ainsi que Rouletabille, un limier surdoué, séduiront les lecteurs friands de récits criminels.

À la Belle Époque, les journaux regorgent de ces récits et de romans-feuilletons à sensation. La description des bas-fonds et la mise en scène de criminels sympathiques suscitent l'intérêt du public, lequel suit avec enthousiasme les aventures de ces réprouvés qui remettent en cause la société et ses lois.

Le cambriolage est un fait social nouveau dont on parle énormément : c'est la Belle Époque, celle du triomphe de la bourgeoisie, des maisons cossues remplies d'objets de valeur à dérober. Le temps des voleurs de grand chemin qui ne pouvaient pas pénétrer dans les belles demeures trop bien gardées est terminé. Au début du XXe siècle, des phénomènes nouveaux apparaissent tels que l'usage des chèques et les appartements inoccupés. Cela entraînera une augmentation considérable des cambriolages.

Gaston Leroux (1868-1927)

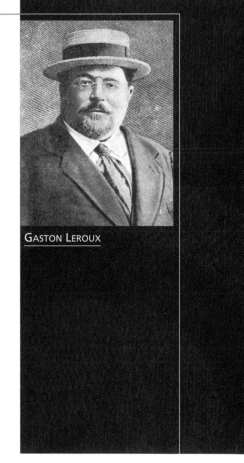

GASTON LEROUX

Né à Paris le 6 mai 1868, Leroux se destine d'abord à une carrière d'avocat, tout comme Émile Gaboriau. Mais, en 1890, il devient chroniqueur judiciaire au journal *Le Matin*. Son métier de reporter l'amène à voyager en Russie, au Maroc et en Espagne. C'est en 1903 qu'il publie son premier roman, *La Double Vie de Théophraste Longuet*.

Leroux connaîtra véritablement la gloire avec *Le Mystère de la chambre jaune* publié en 1908. Débutant comme une vraie chronique judiciaire de l'époque, ce roman met en scène le journaliste-détective amateur Rouletabille, que l'on retrouvera par la suite dans *Le Parfum de la dame en noir*.

Qualifié de chef-d'œuvre de roman de détection, *Le Mystère de la chambre jaune* privilégie l'action. En effet, l'auteur entraîne le lecteur dans un feu roulant de péripéties : tentative de meurtre, reconstitution des événements, analyse d'indices, etc. Certes, Leroux reprend le problème du local clos déjà posé dans la nouvelle de Poe, *Double assassinat dans la rue Morgue*, parue en 1841, mais il ne laisse cette fois aucune ouverture permettant à un singe de passer. Il situe la solution dans une autre perspective, celle du temps. Comme le révélera le jeune Rouletabille à la fin du roman, les cris entendus n'accompagnent pas, mais suivent l'agression.

Gaston Leroux ne cessera d'écrire des romans de la même veine : *Le Fantôme de l'Opéra* en 1910, *La Poupée sanglante* en 1923 et, dès 1913, la série des *Chéri-Bibi* qui met en scène un héros à la fois victime, enquêteur et criminel.

■ LE MYSTÈRE DE LA CHAMBRE JAUNE (1908)

La presse annonce la tentative de meurtre (ratée) sur Mathilde Stangerson qui dormait dans la « chambre jaune » au château du Glandier. Alerté par ses cris, son père, avec qui elle poursuit des recherches scientifiques, n'a pas vu d'assassin dans la pièce qui ne comporte qu'une porte, verrouillée de l'intérieur, et qu'une seule fenêtre, grillagée. Accompagné de son ami Sainclair, le jeune Joseph Rouletabille, reporter à L'Époque et détective par vocation, se rend sur le lieu du crime afin de retrouver la trace de l'agresseur. Ils y rencontrent M. de Marquet, un juge d'instruction obtus, Darzac, le fiancé de Mathilde à la conduite douteuse, et le grand Frédéric Larsan, un policier renommé aussi connu sous le nom de Ballmeyer (ce que Rouletabille découvrira au fil de l'enquête).

Dans l'extrait suivant, tiré du dernier chapitre du roman et intitulé « Où Joseph Rouletabille apparaît dans toute sa gloire », le jeune reporter révèle, lors de son interrogatoire devant le président, sa théorie sur l'identité de l'assassin.

Là, je me suis rendu compte que l'assassin que nous avions poursuivi n'avait pu, cette fois, « ni normalement, ni anormalement » quitter la galerie. Alors, avec le bon bout de ma raison,
5 j'ai tracé un cercle dans lequel j'ai enfermé le problème, et autour du cercle, j'ai déposé mentalement ces lettres flamboyantes : « Puisque l'assassin ne peut être en dehors du cercle, *il est dedans !* » Qui vois-je donc, dans ce cercle ? Le
10 bon bout de ma raison me montre, outre l'assassin qui doit nécessairement s'y trouver : le père Jacques, M. Stangerson, Frédéric Larsan et moi ! Cela devait donc faire, avec l'assassin, cinq personnages. Or, quand je cherche dans
15 le cercle, ou si vous préférez, dans la galerie, pour parler « matériellement », je ne trouve que quatre personnages. Et il est démontré que le cinquième n'a pu s'enfuir, n'a pu sortir du cercle ! *Donc, j'ai, dans le cercle, un personnage*
20 *qui est deux*, c'est-à-dire qui est, *outre son personnage, le personnage de l'assassin !...* Pourquoi ne m'en étais-je pas aperçu déjà ? Tout simplement parce que le phénomène du doublement du personnage ne s'était pas passé sous
25 mes yeux. Avec qui, des quatre personnes enfermées dans le cercle, l'assassin a-t-il pu se doubler sans que je l'aperçoive ? Certainement pas avec les personnes qui me sont apparues à un moment, *dédoublées de l'assassin.*
30 Ainsi ai-je vu, *en même temps*, dans la galerie,

M. Stangerson et l'assassin, le père Jacques et l'assassin, moi et l'assassin. L'assassin ne saurait donc être ni M. Stangerson, ni le père
35 Jacques, ni moi ! Et puis, si c'était moi l'assassin, je le saurais bien, n'est-ce pas, m'sieur le président ?... Avais-je vu, *en même temps*, Frédéric Larsan et l'assassin ? Non !... Non ! Il s'était passé *deux secondes* pendant lesquelles
40 j'avais perdu de vue l'assassin, car celui-ci était arrivé, comme je l'ai du reste noté dans mes papiers, *deux secondes* avant M. Stangerson, le père Jacques et moi, au carrefour des deux galeries. Cela avait suffi à Larsan pour enfiler la
45 galerie tournante, enlever sa fausse barbe d'un tour de main, se retourner et se heurter à nous, comme s'il poursuivait l'assassin !... Ballmeyer en a fait bien d'autres ! et vous pensez bien que ce n'était qu'un jeu pour lui de se grimer de
50 telle sorte qu'il apparût tantôt avec sa barbe rouge à Mlle Stangerson, tantôt à un employé de poste avec un collier de barbe châtain qui le faisait ressembler à M. Darzac, dont il avait juré la perte ! Oui, le bon bout de ma raison me
55 rapprochait ces deux personnages, ou plutôt ces deux moitiés de personnages que je n'avais pas vues *en même temps* : Frédéric Larsan et l'inconnu que je poursuivais... pour en faire l'être mystérieux et formidable que je cherchais : « l'assassin ».

QUESTIONS

1 Notez les indices indiquant qu'il s'agit bien d'un roman de détection.

2 À la lecture de cet extrait, quelle image vous faites-vous de l'assassin ? du détective ?

3 a) Pourquoi certains passages sont-ils en italique ?

b) Quel est l'effet recherché par les nombreuses répétitions ?

c) Par quelle figure géométrique Joseph Rouletabille commence-t-il son raisonnement ? Quel est l'intérêt de cette figure ?

d) Analysez les marques signalant le raisonnement et sa progression.

e) Observez la ponctuation. Que nous apprend-elle sur le jeune reporter-détective ?

f) Comment l'idée du dédoublement et son rôle dans la résolution du problème sont-ils amenés ?

4 Montrez que, dans un roman de détection à la manière Leroux, la résolution de l'énigme passe par l'observation, la formulation d'hypothèses et la logique.

5 Qu'est-ce qui différencie Rouletabille du père Tabaret dans l'extrait de *L'Affaire Lerouge* (p. 32) d'Émile Gaboriau ?

Maurice Leblanc (1864-1941)

Maurice Leblanc est né le 11 novembre 1864 dans une famille bourgeoise de Rouen. Fervent admirateur de Flaubert et de Maupassant, il se sent rapidement habité par la vocation d'écrivain. Son père a toutefois d'autres projets pour lui et le place dans une fabrique de cadres.

Leblanc écrit en cachette et, en 1885, il part tenter sa chance à Paris. Il fréquente les milieux littéraires, devient journaliste et écrit des nouvelles. En 1905, l'éditeur Pierre Lafitte lui commande une nouvelle policière dans l'esprit de Sherlock Holmes pour le magazine *Je sais tout*. Leblanc propose *L'Arrestation d'Arsène Lupin*. Le succès populaire est instantané et les épisodes se succèdent : *Arsène Lupin, gentleman-cambrioleur* (1907), *Arsène Lupin contre Herlock Sholmès* (1908), *L'Aiguille creuse* (1909), etc. Dans ce dernier roman, Leblanc exploite les thèmes du roman d'aventures (trésors cachés, passages secrets, messages à déchiffrer). L'énigme policière est ici reliée aux mystères de l'Histoire, comme dans trois autres romans de Leblanc : *813*, *L'Île aux trente cercueils* et *La Comtesse de Cagliostro*.

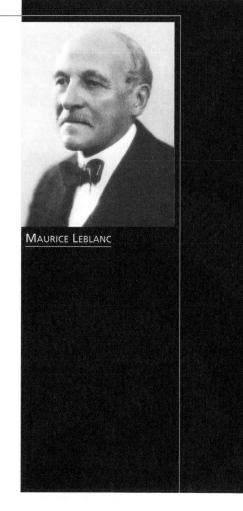

MAURICE LEBLANC

Le public raffole des péripéties de ce charmeur insolent, celui que son créateur décrit comme « une âme intrépide dans un corps inattaquable ». À la fois voleur et séducteur, Lupin ridiculise la police et dérobe aux riches pour redistribuer aux humbles.

Cependant, Maurice Leblanc ne partage pas le goût de ses lecteurs ; lui qui voulait être « le romancier de la vie délicate des âmes » devient l'esclave de son personnage et souffre d'une gloire populaire qu'il méprise. Il a toutefois créé avec Arsène Lupin un personnage devenu mythique, dont les aventures seront adaptées au cinéma dès 1910.

■ L'AIGUILLE CREUSE (1909)

Arsène Lupin est mort ! En tout cas, c'est ce que tout le monde a l'air de croire : lors d'un cambriolage, Raymonde de Saint-Véran tire sur un rôdeur, mais son cadavre reste introuvable. Quelques jours plus tard, la jeune femme est enlevée et son corps

*est retrouvé inanimé, à côté de celui d'Arsène Lupin. Comme par hasard, le docu-
ment de l'Aiguille creuse menant au trésor des Rois disparaît en même temps…
Isidore Beautrelet, passionné d'énigmes et collaborateur de l'inspecteur principal
Ganimard, ne croit ni aux faits qui s'enchaînent trop facilement ni à la disparition du
cambrioleur. Il ira même jusqu'à faire publier sa théorie dans* Le Grand Journal. *Il
poursuit son enquête… jusqu'à ce qu'il soit poignardé par un dénommé Brédoux.
Dans l'extrait qui suit, le lecteur assiste à la première rencontre, décrite par un
narrateur, entre Beautrelet, rétabli de ses blessures, et le célèbre Arsène Lupin.*

Enfin les deux hommes étaient dressés l'un
contre l'autre. J'eus l'impression d'un choc,
comme s'ils s'étaient empoignés à bras-
le-corps. Une énergie subite enflammait Beau-
5   trelet. On eût dit qu'une étincelle avait allumé
en lui des sentiments nouveaux, l'audace,
l'amour-propre, la volupté de la lutte, l'ivresse
du péril.

Quant à Lupin je sentais au rayonnement de
10   son regard sa joie de duelliste qui rencontre
enfin l'épée du rival détesté.

« L'article est donné ?

— Pas encore.

— Vous l'avez là… sur vous ?

15   — Pas si bête ! Je ne l'aurais déjà plus.

— Alors ?

— C'est un des rédacteurs qui l'a, sous double
enveloppe. Si à minuit je ne suis pas au journal, il le fait composer.

20   — Ah ! le gredin, murmura Lupin, il a tout
prévu. »

Sa colère fermentait, visible, terrifiante.

Beautrelet ricana, moqueur à son tour, et
grisé par son triomphe.

25   « Tais-toi donc, moutard, hurla Lupin, tu ne sais
donc pas qui je suis ? et que si je voulais… Ma
parole, il ose rire ! »

Un grand silence tomba entre eux. Puis Lupin
s'avança, et d'une voix sourde, ses yeux dans
30   les yeux de Beautrelet :

« Tu vas courir au *Grand Journal*…

— Non.

— Tu vas déchirer ton article.

— Non.

35   — Tu verras le rédacteur en chef.

— Non.

— Tu lui diras que tu t'es trompé.

— Non.

— Et tu écriras un autre article, où tu donne-
40   ras, de l'affaire d'Ambrumésy, la version officielle, celle que tout le monde a acceptée.

— Non. »

Lupin saisit la règle en fer qui se trouvait sur
mon bureau, et sans effort la brisa net. Sa pâleur
45   était effrayante. Il essuya des gouttes de sueur
qui perlaient à son front. Lui qui jamais n'avait
connu de résistance à ses volontés, l'entêtement
de cet enfant le rendait fou.

Il imprima ses mains sur l'épaule de Beautrelet
50   et scanda :

« Tu feras tout cela, Beautrelet, tu diras que tes
dernières découvertes t'ont convaincu de ma
mort, qu'il n'y a pas là-dessus le moindre doute.
Tu le diras parce que je le veux, parce qu'il faut
55   qu'on croie que je suis mort. Tu le diras surtout parce que si tu ne le dis pas…

— Parce que si je ne le dis pas ?

— Ton père sera enlevé cette nuit, comme
Ganimard et Herlock Sholmès l'ont été. »

60   Beautrelet sourit.

« Ne ris pas… réponds.

— Je réponds qu'il m'est fort désagréable de
vous contrarier, mais j'ai promis de parler, je
parlerai.

65 — Parle dans le sens que je t'indique.

— Je parlerai dans le sens de la vérité, s'écria Beautrelet ardemment. C'est une chose que vous ne pouvez pas comprendre, vous, le plaisir, le besoin plutôt, de dire ce qui est et de le
70 dire à haute voix. La vérité est là, dans ce cerveau qui l'a découverte, elle en sortira toute nue et toute frémissante. L'article passera donc tel que je l'ai écrit. On saura que Lupin est vivant, on saura la raison pour laquelle il voulait qu'on
75 le crût mort. On saura tout. »

Et il ajouta tranquillement :

« Et mon père ne sera pas enlevé. »

Ils se turent encore une fois tous les deux, leurs regards toujours attachés l'un à l'autre. Ils se
80 surveillaient. Les épées étaient engagées jusqu'à la garde. Et c'était le lourd silence qui précède le coup mortel. Qui donc allait le porter ?

Lupin murmura :

« Cette nuit à trois heures du matin, sauf avis
85 contraire de moi, deux de mes amis ont ordre de pénétrer dans la chambre de ton père, de s'emparer de lui, de gré ou de force, de l'emmener et de rejoindre Ganimard et Herlock Sholmès. »

90 Un éclat de rire strident lui répondit.

« Mais tu ne comprends donc pas, brigand, s'écria Beautrelet, que j'ai pris mes précautions ? Alors tu t'imagines que je suis assez naïf pour avoir, bêtement, stupidement, renvoyé mon
95 père chez lui, dans la petite maison isolée qu'il occupait en rase campagne ? »

Oh ! Le joli rire ironique qui animait le visage du jeune homme ! Rire nouveau sur ses lèvres, rire où se sentait l'influence même de Lupin… Et ce
100 tutoiement insolent qui le mettait du premier coup au niveau de son adversaire !… Il reprit :

« Vois-tu, Lupin, ton grand défaut, c'est de croire tes combinaisons infaillibles. Tu te déclares vaincu ! Quelle blague ! Tu es persuadé
105 qu'en fin de compte, et toujours, tu l'emporteras… et tu oublies que les autres peuvent avoir aussi leurs combinaisons. La mienne est très simple, mon bon ami. »

C'était délicieux de l'entendre parler. Il allait et
110 venait, les mains dans ses poches, avec la crânerie, avec la désinvolture d'un gamin qui harcèle la bête féroce enchaînée. Vraiment, à cette heure, il vengeait, de la plus terrible des vengeances, toutes les victimes du grand aven-
115 turier. Et il conclut :

« Lupin, mon père n'est pas en Savoie. Il est à l'autre bout de la France, au centre d'une grande ville, gardé par vingt de nos amis qui ont ordre de ne pas le quitter de vue jusqu'à
120 la fin de notre bataille. Veux-tu des détails ? Il est à Cherbourg, dans la maison d'un des employés de l'arsenal — arsenal qui est fermé la nuit, et où l'on ne peut pénétrer le jour qu'avec une autorisation et en compagnie d'un
125 guide. »

Il s'était arrêté en face de Lupin et le narguait comme un enfant qui fait une grimace à un camarade.

« Qu'en dis-tu, maître ? »

130 Depuis quelques minutes, Lupin demeurait immobile. Pas un muscle de son visage n'avait bougé. Que pensait-il ? À quel acte allait-il se résoudre ? Pour quiconque savait la violence farouche de son orgueil, un seul dénouement
135 était possible : l'effondrement total, immédiat, définitif de son ennemi. Ses doigts se crispèrent. J'eus une seconde la sensation qu'il allait se jeter sur lui et l'étrangler.

« Qu'en dis-tu, maître ? » répéta Beautrelet.

140 Lupin saisit le télégramme qui se trouvait sur la table, le tendit et prononça, très maître de lui :

« Tiens, bébé, lis cela. »

Beautrelet devint grave, subitement impressionné par la douceur du geste. Il déplia le papier,
145 et tout de suite, relevant les yeux, murmura :

« Que signifie ?… Je ne comprends pas… »

— Tu comprends toujours bien le premier mot, dit Lupin… le premier mot de la dépêche… c'est-à-dire le nom de l'endroit d'où elle fut
150 expédiée… Regarde… *Cherbourg*.

— Oui… oui… balbutia Beautrelet… oui… *Cherbourg*… et après ?

— Et après?… il me semble que la suite n'est pas moins claire : "Enlèvement du colis ter-
155 miné… camarades sont partis avec lui et atten-
dront instructions jusqu'à huit heures du matin.
Tout va bien." Qu'y a-t-il donc là qui te paraisse
obscur ? Le mot colis ? Bah ! on ne pouvait guère
écrire *M. Beautrelet père*. Alors, quoi ? La façon
160 dont l'opération fut accompli ? Le miracle
grâce auquel ton père fut arraché de l'arsenal de
Cherbourg, malgré ses vingt gardes du corps ?
Bah ! c'est l'enfance de l'art ! Toujours est-il que
le colis est expédié. Que dis-tu de cela, bébé ? »

165 De tout son être tendu, de tout son effort exas-
péré, Isidore tâchait de faire bonne figure. Mais
on voyait le frissonnement de ses lèvres, sa
mâchoire qui se contractait, ses yeux qui
essayaient vainement de se fixer sur un point.
170 Il bégaya quelques mots, se tut, et soudain, s'af-
faissant sur lui-même, les mains à son visage,
il éclata en sanglots :

« Oh ! papa… papa… »

QUESTIONS

1 Quelles traces de la Belle Époque trouve-t-on dans l'extrait de *L'Aiguille creuse* ?

2 À première vue, qui l'emporte dans cette confrontation violente entre le bon et le truand ?

3 a) Relevez les mots reliés au thème de la confrontation. Qui les emploie : Lupin, Beautrelet ou le narrateur ? Quel est l'effet de chacun d'eux ?

b) Comparez les réactions de Beautrelet et de Lupin lors de ce face-à-face.

c) Analysez les mots que chacun des protagonistes utilise pour interpeller l'autre et expliquez leur effet.

d) Le dialogue évolue, se modifie jusqu'à la chute finale du jeune étudiant. Quels aspects formels nous permettent d'affirmer cela ?

e) Le narrateur assiste à ce face-à-face. Quel portrait brosse-t-il des deux personnages par le choix des mots et des figures analogiques ?

4 Quel type de héros Arsène Lupin est-il ?

5 La littérature permet au lecteur de s'interroger sur la double nature de l'homme — ange ou démon —, tiraillé entre le vice et la vertu. Pourquoi des personnages comme Arsène Lupin ou Robin des Bois gagnent-ils la faveur du public même s'ils contreviennent à l'ordre social ?

Écriture littéraire

POLAR

Ici, vous n'avez pas à courir après l'inspiration. Les médias vous fourniront le nécessaire. Par médias, nous entendons les journaux, la radio, la télévision et l'Internet. Il ne s'écoule pas une journée sans que la radio et la télévision nous balancent des nouvelles policières : fraudes, meurtres, attentats, incendies criminels, vols, etc. Les journaux (certains quotidiens en particulier) sont très généreux à ce chapitre. Vous n'avez qu'à y puiser votre sujet. Et si cela ne suffit pas, optez pour l'Internet et, dans votre fureteur, tapez des expressions comme « faits divers », « nouvelles policières », « nouvelles insolites ». Il y a des sites spécialisés dans ce genre d'information.

Une fois votre méfait choisi, racontez-le sous forme d'enquête centrée sur l'étude d'indices (comme dans un roman de détection ou un roman problème) en y intégrant un enquêteur qui se démarque par la finesse de ses observations, la force de ses déductions logiques et le caractère surprenant de ses hypothèses. Si le crime relaté dans les faits divers n'a pas d'auteur, inventez-en un. Votre récit ne devrait pas faire plus de trois pages.

Littérature et actualité

LA BELLE ÉPOQUE AU GOÛT DU JOUR

Dans sa comédie musicale *Moulin Rouge* (2001), le réalisateur Baz Luhrmann raconte une histoire qui se passe en 1899, dans le Paris de la Belle Époque. Un poète y rencontre une chanteuse du Moulin Rouge, une institution du divertissement emblématique de cette période. Toutefois, refusant de faire un film historique, Luhrmann prend des libertés étonnantes dans sa reconstitution de l'époque, tant dans la trame sonore que dans le style clairement contemporain de la réalisation.

- Après avoir vu le film, dites quels thèmes sont représentatifs de cette époque.

- Montrez que ce style anachronique de réalisation permet de rendre avec originalité l'atmosphère de la Belle Époque. Étudiez, par exemple, le choix des chansons, l'utilisation du décor et des costumes, des effets spéciaux et le rythme du montage.

Texte écho

■ LES MANIFESTES DE MARINETTI

En 1909, Filippo Tommaso Marinetti (1876-1944), citoyen italien né à Alexandrie, en Égypte, fait paraître à Paris son Manifeste du futurisme. *Trois ans plus tard, il récidive avec son* Manifeste technique de la littérature futuriste. *Dans ses textes, il vilipende les tendances romantiques et psychologisantes, dénonce le culte des bibliothèques et des musées, et se fait le promoteur de la vitesse, de la puissance, de la violence et de la révolte. Peu s'étonneront, alors, de le voir plus tard se rallier à la cause fasciste de Benito Mussolini. Cependant, quelles que soient les dérives politiques de l'homme, il demeure que l'esprit profondément audacieux et les techniques novatrices de ses écrits bouleversent durablement l'édifice culturel occidental, au point d'être récupérés par les poètes modernistes, plus particulièrement les dadaïstes et les surréalistes. Au début du premier manifeste, Marinetti évoque un accident de voiture qu'il a eu en 1908 et qui l'a propulsé dans un fossé d'eau vaseuse. Des pêcheurs l'aident à en sortir sa Fiat 4-cylindres, qu'il compare à un requin.*

Manifeste du futurisme (1909)

On le croyait mort, mon bon requin, mais je le réveillai d'une seule caresse sur son dos tout-puissant, et le voilà ressuscité, courant à toute vitesse sur ses nageoires.

5   Alors, le visage masqué de la bonne boue des usines, pleine de scories de métal, de sueurs inutiles et de suie céleste, […] nous dictâmes nos premières volontés à tous les hommes *vivants* de la terre :

MANIFESTE DU FUTURISME

10   1. — Nous voulons chanter l'amour du danger, l'habitude de l'énergie et de la témérité.

2. — Les éléments essentiels de notre poésie seront le courage, l'audace, et la révolte.

3. — La littérature ayant jusqu'ici magnifié l'im-
15 mobilité pensive, l'extase et le sommeil, nous
voulons exalter le mouvement agressif, l'insomnie fiévreuse, le pas gymnastique, le saut
périlleux, la gifle et le coup de poing.

4. — Nous déclarons que la splendeur du
20 monde s'est enrichie d'une beauté nouvelle : la
beauté de la vitesse. Une automobile de course
avec son coffre orné de gros tuyaux tels des ser-
pents à l'haleine explosive… une automobile
rugissante, qui a l'air de courir sur de la mitraille,
25 est plus belle que la *Victoire de Samothrace*[1].

5. — Nous voulons chanter l'homme qui tient
le volant, dont la tige idéale traverse la Terre,
lancée elle-même sur le circuit de son orbite.

[…]

C'est en Italie que nous lançons ce manifeste
30 de violence culbutante et incendiaire, par
lequel nous fondons aujourd'hui le *Futurisme*,
parce que nous voulons délivrer l'Italie de sa
gangrène de professeurs, d'archéologues, de
cicérones et d'antiquaires.

Manifeste technique de la littérature futuriste (1912)

Ce fut en aéroplane, assis sur le cylindre à
essence […] que je sentis tout à coup l'inanité
ridicule de la vieille syntaxe héritée de Homère.
[…]

Voilà ce que m'a dit l'hélice tourbillonnante,
5 tandis que je filais à deux cents mètres, sur les
puissantes cheminées milanaises. Et l'hélice
ajouta :

1. — **Il faut détruire la syntaxe en disposant
les substantifs au hasard de leur naissance**.

10 2. — **Il faut employer le verbe à l'infini**, pour
qu'il s'adapte élastiquement au substantif et ne
le soumette pas au *moi* de l'écrivain qui observe
ou imagine. Le verbe à l'infini peut seul donner le sens du continu de la vie et l'élasticité de
15 l'intuition qui la perçoit.

3. — **Il faut abolir l'adjectif** pour que le substantif nu garde sa couleur essentielle. L'adjectif
portant en lui un principe de nuance est
incompatible avec notre vision dynamique,
20 puisqu'il suppose un arrêt, une méditation.

4. — **Il faut abolir l'adverbe**, vieille agrafe qui
tient attachés les mots ensemble. L'adverbe
conserve à la phrase une fastidieuse unité de ton.

5. — **Chaque substantif doit avoir son double**,
25 c'est-à-dire le substantif doit être suivi, sans
locution conjonctive, du substantif auquel il est
lié par analogie. Exemple : homme-torpilleur,
femme-rade, place-entonnoir, porte-robinet.

La vitesse aérienne ayant multiplié notre con-
30 naissance du monde, la perception par analogie devient de plus en plus naturelle à l'homme.
Il faut donc supprimer les *comme*, *tel que*, *ainsi
que*, *semblable à*, etc. Mieux encore, il faut
fondre directement l'objet avec l'image qu'il
35 évoque en donnant l'image en raccourci par un
seul mot essentiel.

6. — **Plus de ponctuation**.

[…]

11. — **Détruire le « Je » dans la littérature**,
c'est-à-dire toute la psychologie. L'homme
40 complètement avarié par la bibliothèque et le
musée, soumis à une logique et à une sagesse
effroyables n'a absolument plus d'intérêt.
Donc, l'abolir en littérature. Le remplacer enfin par la matière, dont il faut atteindre l'essence
45 à coups d'intuition, ce que les physiciens et les
chimistes ne pourront jamais faire.

[…]

Il faut introduire dans la littérature trois éléments que l'on a négligés jusqu'ici :

1. — **Le bruit** (manifestation du dynamisme
50 des objets) ;

2. — **Le poids** (faculté de vol des objets) ;

3. — **L'odeur** (faculté d'éparpillement des
objets).

S'efforcer de rendre, par exemple, le paysage d'odeurs que perçoit un chien. Écouter les moteurs et reproduire leurs discours.

La matière a été toujours contemplée par un *moi* distrait, froid, trop préoccupé de lui-même, plein de préjugés de sagesse et d'obsessions humaines.

L'homme tend à salir de sa joie jeune ou de sa douleur vieillissante la matière qui n'est ni jeune ni vieille, mais qui possède une admirable continuité d'élan vers plus d'ardeur, de mouvement et d'éparpillement. La matière n'est ni triste ni joyeuse. Elle a pour essence le courage, la volonté et la force absolue. Elle appartient toute entière au poète divinateur qui saura se délivrer de la syntaxe traditionnelle, lourde, étroite, attachée au sol, sans bras et sans ailes parce qu'elle est seulement intelligente. [...]

---

1. *Victoire de Samothrace*: sculpture de la Grèce antique représentant une femme ailée, actuellement au Musée du Louvre.

QUESTION

Ces textes ont eu un retentissement important partout en Occident, même si le futurisme, en tant que mouvement, n'a connu qu'un succès passager. Comment Marinetti y montre-t-il son refus de la culture humaniste ? Quelles nouvelles valeurs désire-t-il promouvoir ? Comparez le contenu de ces manifestes aux extraits de Jarry (p. 70), de Gide (p. 73), de Cendrars (p. 81) et d'Apollinaire (p. 85, 89).

Chanson écho

■ « LES ROSES BLANCHES » (1925)

de Charles Pothier

« Les Roses blanches » est très représentative des chansons réalistes de l'entre-deux-guerres. Ces chansons, dont les paroles sont simples et les mélodies, faciles à retenir, étaient presque toujours chantées par des femmes. Elles sont appelées « réalistes », car elles mettent en scène la misère quotidienne des gens du peuple toujours victimes du destin tels les soldats, les filles de rue ou les femmes abandonnées. Elles proposent une dramatisation systématique de leur sujet pour émouvoir les auditeurs et brosser un portrait édifiant des gens du peuple, dignes et honnêtes malgré l'injustice.

Interprétée par Berthe Sylva, une ancienne femme de chambre, cette chanson a connu un succès phénoménal : cinq millions de disques vendus. Sa trame mélodramatique ne semble pas s'être usée au fil des ans : d'après les sondages menés auprès des Français, cette chanson se classe aujourd'hui encore parmi les dix plus grandes du XXᵉ siècle.

C'était un gamin, un goss' de Paris,
Pour famille il n'avait qu'sa mère,
Une pauvre femme aux grands yeux flétris
Par les chagrins et la misère.

Elle aimait les fleurs, les roses surtout,
Et le bambin, tous les dimanches,
Lui apportait de belles roses blanches
Au lieu d'acheter des joujoux ;

La câlinant bien tendrement
10   Il disait en les lui donnant :

C'est aujourd'hui dimanche,
Tiens, ma jolie maman,
Voici des roses blanches
Que ton cœur aime tant.
15   Va, quand je serai grand,
J'achèt'rai au marchand
Toutes ses roses blanches
Pour toi, jolie maman.

Au dernier printemps, le destin brutal
20   Vint frapper la blonde ouvrière.
Ell' tomba malade et, pour l'hôpital,
Le gamin vit partir sa mère.
Un matin d'avril, parmi les prom'neurs,
N'ayant plus un sou dans sa poche,
25   Sur un marché, tout tremblant, l'pauvre mioche,
Furtivement vola des fleurs.
La fleuriste l'ayant surpris,
En baissant la tête il lui dit :

C'est aujourd'hui dimanche,
30   Et j'allais voir maman.
J'ai pris ces roses blanches,

Elle les aime tant !
Sur son petit lit blanc
Là-bas elle m'attend.
35   J'ai pris ces roses blanches
Pour ma jolie maman.

La marchande, émue, doucement lui dit :
« Emporte-les, je te les donne. »
Elle l'embrassa et l'enfant partit,
40   Tout rayonnant qu'on le pardonne.
Puis à l'hôpital, il vint en courant,
Pour offrir les fleurs à sa mère.
Mais en l'voyant, tout bas une infirmière
Lui dit : « Tu n'as plus de maman. »
45   Et le gamin s'agenouillant
Dit devant le petit lit blanc :

C'est aujourd'hui dimanche,
Tiens, ma jolie maman,
Voici des roses blanches,
50   Toi qui les aimais tant !
Et quand tu t'en iras
Au grand jardin, là-bas,
Ces belles roses blanches,
Tu les emporteras.

(Charles Pothier © Éditions de la Bonne Chanson.)

QUESTION

Expliquez ce qui fait de ce texte une « chanson réaliste » : examinez le thème et les personnages mis en scène, analysez comment se fait la montée dramatique et précisez le portrait qu'elle propose des gens du peuple. Pourquoi, dans cette période de la Belle Époque où l'on assiste à la montée de la bourgeoisie, cette chanson a-t-elle tant de succès auprès des gens ordinaires ?

CLÉS POUR COMPRENDRE LA BELLE ÉPOQUE

1 Les auteurs de la Belle Époque veulent montrer l'hypocrisie morale qui les entoure.

2 Une vision de l'homme moins noble se développe, vision qui reconnaît l'importance des instincts.

3 L'épanouissement de l'homme implique qu'il désapprenne tout ce qu'il a reçu comme éducation.

4 Le désordre peut être bénéfique.

5 Désireux d'exprimer le flux de la pensée, les auteurs de la Belle Époque introduisent dans leur écriture le mouvement et la vitesse caractéristiques de l'existence moderne. Pour eux, une pensée en amène une autre ; toutes les idées sont toujours en état de métamorphose et ces transformations successives ne répondent à aucune règle.

6 La modernité anime tous les arts. Elle implique le refus de la tradition, le culte du nouveau, la volonté que les arts évoluent vers des formes supérieures, la vision de l'artiste-chercheur, la croyance que l'art peut être révolutionnaire et changer la vie.

BILAN DES AUTEURS ET DES ŒUVRES

JARRY

Avec *Ubu Roi*, Jarry crée un personnage grotesque, comique et vulgaire, avide d'argent et de pouvoir, bref un consommateur féroce et impénitent à l'image des contemporains de Jarry — et peut-être bien aussi de nous-mêmes.

GIDE

Gide présente, dans *L'Immoraliste*, un personnage dont l'épanouissement personnel se fait au mépris de toute la culture morale humaniste qu'on lui a inculquée.

COCTEAU

Comme Gide, Cocteau oppose dans *Thomas l'imposteur* la stérilité d'une morale conservatrice hypocrite à l'euphorique fécondité intérieure de celui ou celle qui a l'audace de suivre ses penchants naturels.

CENDRARS

Épris de vitesse et d'aventure, Cendrars tâche d'inventer dans « Prose du Transsibérien », premier « poème simultané », une expression poétique qui soit véritablement enracinée dans l'expérience terrible et vertigineuse du monde moderne.

APOLLINAIRE

Avec *Alcools* et *Calligrammes*, Apollinaire reprend là où « Prose du Transsibérien » s'arrête : non seulement il tente de capter l'expérience humaine moderne telle qu'elle est véritablement vécue, mais il multiplie les manières dont un mot peut signifier et un texte être lu.

PROUST

Avec *À la recherche du temps perdu*, Proust plonge le lecteur dans le flux de la pensée, car le fleuve de mots qui l'engloutit est dépourvu de pauses et travaillé de mille courants secondaires. Ces abondantes ouvertures vers autre chose assurent au lecteur un vertige durable évoquant l'infini.

VALÉRY

À cette époque d'expérimentations sensationnelles, Valéry représente la voix de la sagesse. Dans *Monsieur Teste* et *Tel quel*, il propose une morale et une esthétique où la sobriété et la rigueur ne s'opposent pas nécessairement à l'audace.

COLETTE

Colette écrit ses romans en posant sur la vie, sur la sexualité, sur les mœurs un regard de femme, qui est soutenu par un désir de liberté, pas toujours facile à vivre, et qui heurte souvent la société de son temps. Dans le roman *La Vagabonde,* le personnage de Renée se débat avec une liberté où se mêlent la solitude, l'appel de l'écriture et la nécessité de subvenir à ses besoins.

LEROUX

C'est avec *Le Mystère de la chambre jaune* que Gaston Leroux a réussi à imposer le roman de détection criminelle. La force de ce roman réside dans le fait que l'auteur exploite d'une nouvelle façon le mystère de la chambre close et crée un détective très doué, à la logique implacable.

LEBLANC

Dans *L'Aiguille creuse*, Maurice Leblanc réunit tous les éléments qui ont fait sa popularité : une énigme policière pleine de rebondissements, un mystère de l'Histoire et son célèbre gentleman-cambrioleur Arsène Lupin, qui réussit encore une fois à déjouer les forces de l'ordre.

CHAPITRE 3

D'UNE GUERRE À L'AUTRE :
LA CIVILISATION ÉBRANLÉE

ALBERTO GIACOMETTI (1901-1966).

Homme qui marche, 1955. (Bronze, 1,83 m de hauteur, Fondation Maeght, Saint-Paul-de-Vence, France.)

Un personnage à la silhouette filiforme avance droit devant lui, la tête baissée : l'être humain tel que sculpté par Giacometti semble fragile, isolé, perdu dans un siècle marqué par la double tragédie des deux guerres mondiales. Sa maigreur extrême rappelle de manière sinistre les rescapés des camps de la mort nazis, ces morts vivants qui témoignèrent de l'horreur absolue dont sont capables les régimes totalitaires. S'exprimant au sujet de ses œuvres, Giacometti avait déclaré : « J'ai toujours eu l'impression ou le sentiment de la fragilité des êtres vivants, comme s'il fallait une énergie formidable pour qu'ils puissent tenir debout. [...] Le seul fait de vivre, ça exige déjà une telle volonté et une telle énergie. » Confronté, comme les surréalistes et les existentialistes, à l'absurdité du monde, Giacometti choisit de montrer le désarroi et la solitude de l'individu en cette première moitié du XXᵉ siècle.

APRÈS HIROSHIMA

I L'ON ME DEMANDAIT quelle est la date la plus importante de l'histoire et de la préhistoire du genre humain je répondrais sans hésitation : 6 août 1945[1]. La raison est simple. Depuis l'apparition de la conscience jusqu'au 6 août 1945 chaque homme a dû vivre en ayant pour horizon sa mort en tant qu'*individu* ; depuis le jour où la première bombe atomique a éclipsé le soleil au-dessus d'Hiroshima c'est l'humanité, globalement, qui doit vivre dans la perspective de sa disparition en tant qu'*espèce*.

[...]

[...] On ne fait pas la guerre pour des terres, mais pour des mots.

[...]

[...] L'homme n'a pas d'arme plus terrible que le *langage*. Il est aussi susceptible à l'hypnose des slogans qu'aux maladies infectieuses. Et quand l'épidémie se déclare il laisse les rênes à l'esprit-de-groupe, lequel obéit à des règles particulières, qui ne sont pas celles qui gouvernent la conduite des individus. Quand une personne s'identifie à un groupe ses facultés de raisonnement s'affaiblissent tandis que ses passions se renforcent par une sorte de résonance émotive ou de rétroaction positive. L'individu n'est pas assassin, c'est le groupe qui l'est, et en s'identifiant à lui l'individu devient tueur. C'est la dialectique infernale qui se reflète dans l'histoire de la guerre, de la persécution et du génocide, et le principal catalyseur de cette transformation est le pouvoir hypnotique de la parole. Les paroles de Hitler ont été les plus puissants agents de destruction de son époque. Bien avant l'invention de l'imprimerie les paroles du Prophète d'Allah déclenchèrent une réaction émotive en chaîne qui ébranla le monde de l'Asie centrale à l'Atlantique. Sans paroles il n'y aurait pas de poésie — et pas de guerre. Le langage est le facteur principal de notre supériorité sur nos frères animaux, et compte tenu de son terrible potentiel émotif, une menace constante à notre survie.

Arthur KOESTLER,
La Quête de l'absolu, © Calmann-Lévy, 1981.

---

1. Le 6 août 1945, l'armée américaine lança sur la ville japonaise d'Hiroshima la première bombe atomique, qui fit plus de 80 000 morts.

DATES	ÉVÉNEMENTS POLITIQUES	ÉVÉNEMENTS SOCIOCULTURELS
1874		Naissance du photographe Hine (†1940).
1882		Naissance du peintre Hopper (†1967).
1883		Naissance du peintre Orozco (†1949).
1884		Naissance du peintre Meidner (†1966).
1886		Naissance du peintre Rivera (†1957).
1887		Naissance de l'artiste Duchamp (†1968).
1891		Naissance du peintre Dix (†1969).
1895		Naissance d'Éluard (†1952).
1896		Naissance de Tzara (†1963). – Naissance de Breton (†1966).
1897		Naissance d'Aragon (†1982). – Naissance de Soupault (†1990).
1898		Naissance du peintre Magritte (†1967).
1899		Naissance de Michaux (†1984).
1900		Naissance de Sauvageot (†1934). – Naissance de Desnos (†1945). – Naissance de Prévert (†1977).
1901		Naissance de Malraux (†1976). – Naissance de l'artiste Giacometti (†1966).
1903		Naissance de Simenon (†1989).
1905		Naissance de Sartre (†1980). – Naissance de Koestler (†1983).
1908		Naissance de Beauvoir (†1986).
1909		Naissance de Malet (†1996). – Naissance de Weil (†1943).
1910		Naissance d'Anouilh (†1987).
1913		Naissance de Camus (†1960).
1914	Première Guerre mondiale.	
1916		Premières créations à Zurich du mouvement dada.
1917	Révolution bolchévique en Russie.	
1919	Début de la prohibition de l'alcool aux États-Unis.	
1920	Les femmes obtiennent le droit de vote aux États-Unis.	Activités dadaïstes à Paris. – Breton et Soupault, *Les Champs magnétiques*.
1922	Mussolini instaure le fascisme en Italie.	Murnau, *Nosferatu*.
1924	Hitler rédige en prison le début de *Mein Kampf*.	Premier manifeste du surréalisme.
1926		Fritz Lang, *Metropolis*. – Éluard, *L'Amour la poésie*. – Adhésion des surréalistes au Parti communiste français.
1928		Breton, *Nadja*.
1929	Krach boursier de Wall Street, début de la crise économique.	Création de Tintin par Hergé.
1930		Bunuel, *L'Âge d'or*. – Michaux, *Un certain Plume*. – Deuxième manifeste du surréalisme.
1931		Breton, *L'Union libre*. – Simenon, *Le Chien jaune*.
1933	Hitler prend le pouvoir en Allemagne. – Fin de la prohibition.	Breton est exclu du Parti communiste. – Sauvageot, *Laissez-moi (Commentaire)*.
1936	Guerre d'Espagne.	Charlie Chaplin, *Les Temps modernes*.
1937		Breton, *L'Amour fou*.
1939	Début de la Seconde Guerre mondiale.	
1941	Attaque de Pearl Harbor.	
1942		Éluard, « Liberté ». – Camus, *L'Étranger*; *Le Mythe de Sisyphe*.
1943		Beauvoir, *L'Invitée*. – Malet, *120, rue de la Gare*.
1944	Débarquement en Normandie.	Breton, *Arcane 17*. – Soupault, *Ode à Londres bombardée*. – Anouilh, *Antigone*. – Sartre, *Huis clos*.
1945	Fin de la Seconde Guerre mondiale. – Largage de la bombe atomique sur Hiroshima. – Début du procès de Nuremberg.	
1946	Premier vote des femmes en France.	Prévert, *Paroles*.
1949		Piaf chante *L'Hymne à l'amour*.
1957		Camus, *Discours de Suède*.
1959		Aragon, *Elsa*.

A PRÈS LE CARNAGE des tranchées de la Première Guerre mondiale, la conclusion s'impose que les pays d'Europe peuvent disparaître comme Babylone. L'histoire le démontre. Malgré les règles qui régissent son comportement, malgré son éducation et ses bonnes manières, l'homme peut de ses mains façonner l'horreur. Il met à profit son intelligence, sa discipline, son audace créatrice à des fins de destruction. Pour accélérer le déroulement d'une bataille, n'invente-t-il pas des armes toujours plus redoutables, du char d'assaut à la bombe atomique ?

LES ANNÉES FOLLES (1919-1929)

Qu'est-ce qui pousse des hommes à commettre l'innommable ? La réponse des intellectuels : la religion, la famille au service de la nation, le devoir de la patrie. Pour échapper aux valeurs morales qui dictent les pires actions, il faut revoir le monde et le transformer, le remodeler. Aussi se met-on à rêver à une autre société délivrée de sa part obscure. Il faut inventer ou adopter des modèles d'organisation sociale différents. Les théories foisonnent, viennent de toutes parts. Pour plusieurs, l'art est l'outil qui permettra l'accomplissement de ce rêve. Berlin, Moscou et Paris se distinguent par l'exaltation des artistes qui rejettent le monde d'autrefois. L'éducation sévère des jeunes filles et l'élégance des salons de la Belle Époque ne sont plus pour eux que des souvenirs ridicules. On a soif de vivre. Tout s'accélère. Ceux qui ont échappé aux massacres veulent désormais rire en dansant le tango, le charleston, le fox-trot ou en conduisant une luxueuse voiture sport. On écoute le jazz, on consomme cigarettes et boissons venant des États-Unis. L'Amérique fascine avec son cinéma et ses stars, ses gratte-ciel, ses revues de music-hall, son confort ménager. Même si le Congrès américain vote sa loi sur la prohibition de l'alcool en 1919, le style de vie à l'américaine suscite une admiration sans bornes. Les gangsters qui s'enrichissent grâce à la vente illicite d'alcool deviendront même des figures captivantes.

Le monde a résolument changé. Les femmes revendiquent le droit de vote et sortent seules dans les cafés et les boîtes de nuit. Des artistes affichent ouvertement leur homosexualité. C'est le triomphe du septième art. Si Charlie Chaplin amuse, le *Nosferatu* de Murnau (1922), premier vampire du cinéma, épouvante les foules. Quant à Lang, il tourne *Metropolis* en 1926 et soulève la délicate question de la lutte des classes sociales. Freud, pour sa part, sonde le monde intérieur, l'âme humaine, et crée la psychanalyse. Ses théories permettent de comprendre les mécanismes qui amènent les hommes et les sociétés à agir de façons si diverses, si terribles, si humaines.

LA MONTÉE DES PÉRILS (1929-1939)

La deuxième décennie se voit d'abord marquée par le krach boursier de New York en 1929. La surproduction des industries, de nombreuses fraudes ainsi que le développement illimité du crédit et de la spéculation sont à l'origine de cette crise économique qui secoue les États-Unis. Des fortunes considérables disparaissent soudainement. Des masses de travailleurs se retrouvent du jour au lendemain sans emploi. Le modèle capitaliste n'est donc pas si parfait. La crise a bientôt des répercussions ailleurs dans le monde et encourage la montée de l'extrême droite. Le meilleur exemple de l'intérêt d'un peuple pour le totalitarisme est sans contredit celui de l'Allemagne où des millions de travailleurs deviennent chômeurs. Vaincue en 1918, l'Allemagne doit se redresser sur le plan financier et surtout retrouver la fierté qu'elle affichait jadis. Hitler expose son idéologie politique dans *Mein Kampf* et la met en application lorsqu'il prend le pouvoir en 1933. Inspiré par le fascisme que Mussolini a instauré en Italie dès 1922, autrement dit par une doctrine totalitaire, Hitler électrise les foules allemandes avec des discours sur l'unité nationale, la supériorité de la race germanique à protéger de toute contamination et la conquête de territoires qui permettrait l'expansion du régime, ce qu'il nomme « l'espace vital ». Par une propagande efficace, il manipule l'opinion publique et amène notamment la jeunesse hitlérienne à adopter des idéaux antiparlementaires, antidémocratiques et antisémites. Le Führer proclame le parti nazi unique, fait construire les premiers camps de concentration pour réaliser son projet d'épuration ethnique, envahit la Pologne et entraîne l'Europe dans ce qui deviendra la Seconde Guerre mondiale.

LA SECONDE GUERRE MONDIALE (1939-1945)

Qui n'a pas entendu parler d'Auschwitz, de l'extermination des Juifs, du débarquement en Normandie ? Qui n'a pas vu au moins un film qui traite de l'occupation allemande en France ou de l'humiliation subie par les Américains à Pearl Harbor ? Au cours de ce conflit fort complexe qui oppose les pays de l'Axe (l'Allemagne, l'Italie et le Japon) aux Alliés (la France, le Royaume-Uni, l'URSS et les États-Unis), les doctrines totalitaires ou racistes véhiculées par les premiers menacent les démocraties libérales ou communistes des seconds. Mais si l'ennemi commet des atrocités sans nom, il serait faux de croire que les Alliés n'ont rien à se reprocher. Exécutions sommaires, utilisation de la bombe atomique à Hiroshima et à Nagasaki par les Américains, viol de fillettes et de femmes allemandes de huit à quatre-vingts ans par les soldats de l'armée soviétique ivres dans Berlin, l'histoire de la Seconde Guerre regorge de monstruosités. Mais elle offre aussi le spectacle de l'entraide la plus humaniste qui soit : des familles accueillent des enfants juifs abandonnés et destinés à la chambre à gaz, des hommes et des femmes risquent leur vie en hébergeant une personne pourchassée par les SS, des nations comme le Canada répondent au SOS des pays en péril et se font massacrer sur les côtes de l'Atlantique pour amorcer la libération de l'Europe.

Le 30 avril 1945, Hitler se suicide avec son amante, Eva Braun, dans un bunker. Peu après, Berlin capitule et l'Allemagne doit maintenant vivre avec le poids de l'histoire. La folie d'un homme a hypnotisé un peuple qui se réveille dans la honte. Devant la puissance de destruction des deux bombes atomiques américaines, l'empereur japonais Hirohito ordonne l'arrêt des combats. Si le Japon doit reconstruire des villes, la capitale allemande, elle, est divisée en quatre zones d'occupation : soviétique, américaine, britannique et française. Les trois dernières formeront plus tard Berlin-Ouest et la première Berlin-Est qui érigera en 1961 le mur de Berlin, si justement surnommé le « mur de la honte ». Le procès de Nuremberg condamne des criminels nazis à la peine capitale. Bilan des pertes humaines durant la Seconde Guerre mondiale : de trente-cinq à soixante millions. L'écart entre ces deux chiffres témoigne à lui seul de l'envergure du désastre.

Le monde libre a gagné contre le fascisme. Si la fin de la guerre est vécue avec joie, elle n'en laisse pas moins un goût très amer aux gens qui crient leur bonheur dans les rues de Paris ou de New York. L'homme n'a-t-il rien appris du premier carnage ? En fallait-il un autre, aussi terrible sinon plus ? La découverte des charniers sur les terrains des camps de concentration, la froide orchestration de l'exécution de masse et l'efficacité de la bombe nucléaire ébranlent les consciences et annoncent des lendemains inquiétants. En 1945, ce n'est plus la fin de la civilisation qui terrorise l'humanité, comme l'avait annoncé Valéry, mais bel et bien la fin de toute vie sur terre.

PARTIE 1

MALAISE DANS LA CONDITION HUMAINE

APRÈS LA PREMIÈRE GUERRE mondiale, l'artiste a le sentiment de s'inscrire dans une histoire en marche qui a bien failli le briser et qui lui donne maintenant une autre chance d'exister pleinement, sans les structures étouffantes d'autrefois et les anciennes idées : l'éducation normative, la soumission à l'autorité, le pouvoir religieux, les règles qui régissent la sexualité ou l'univers des arts et des lettres. Tzara et les dadaïstes se feront d'ailleurs un devoir de ridiculiser les valeurs et les comportements des bourgeois. Mais, pour Breton, cette critique radicale du système tel qu'il est encore dans certains milieux bien-pensants doit mener le monde vers sa libération la plus totale. Plusieurs jeunes gens chercheront de nouvelles balises, de nouveaux moyens de mettre en scène d'autres univers jusqu'à ce jour inexplorés. Ils les trouveront dans l'aventure du surréalisme.

Les réalisations surréalistes déconcertent le public et choquent parfois les bonnes mœurs. Pourquoi Breton affirme-t-il que « l'acte surréaliste le plus simple consiste, revolvers aux poings, à descendre dans la rue et à tirer au hasard, tant qu'on peut, dans la foule » ? Pour comprendre l'appel terroriste du poète, il faut savoir que l'image, au centre de la production surréaliste, doit être forte, voire explosive, surtout si elle est chargée d'érotisme ou d'horreur. Son énergie ébranlera la raison habituée à une tout autre forme d'expression. Cette raison est celle de « la rue », de « la foule » et doit être revue et corrigée. L'image est également issue du « hasard ». C'est le propre de l'écriture automatique chère aux surréalistes, qui est aussi une arme « automatique », laquelle associe rapidement des mots les uns aux autres afin d'éviter d'attribuer une valeur littéraire au texte en construction. Comme des cow-boys, les surréalistes dégainent des fusils à images.

Cette violence ne vise pas uniquement la société. Elle touche de plein fouet le langage et parfois, comme chez Michaux, l'auteur qui se met en scène. Se faire violence de toutes parts n'est pas une entreprise d'autodestruction, mais plutôt une re-création du monde, du langage, de l'homme. Au centre de cette « re-création » se trouve souvent l'amour fou, sublime, dernière utopie susceptible de sauver la condition humaine. En ce sens, l'outrageuse critique de certains jeunes qui ont subi les affres de la Première Guerre mondiale cède le pas à un humanisme lumineux.

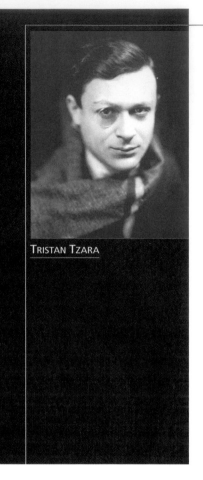

TRISTAN TZARA

Tristan Tzara (1896-1963)

Poète et animateur littéraire d'origine roumaine, Tzara lance, durant la Première Guerre mondiale, un mouvement artistique qu'il nomme Dada. Il n'est pas seul dans cette aventure. D'abord à Zurich en 1916, puis à Paris en 1920, de jeunes gens dégoûtés par le carnage guerrier tentent de revoir le monde. Lors de spectacles provocateurs, violents, ironiques et nihilistes, c'est-à-dire qui nient la vérité morale, les valeurs et leur hiérarchie, ils affirment leur liberté de créateurs en s'identifiant à un mot gratuit, voire enfantin, qui ne pourra pas être récupéré par l'art officiel. Tristan Tzara y joue un rôle de premier plan et proclame que tous les dadaïstes sont présidents du mouvement en question.

Faire table rase des valeurs civilisatrices qui mènent aux champs de bataille devient le premier leitmotiv de ces artistes poètes, musiciens et peintres. La notion même de littérature n'échappe pas à l'entreprise de démolition. Selon Tzara, il faut revoir les genres pour éviter que la littérature ne demeure « un dossier de l'imbécillité humaine pour l'orientation des professeurs à venir ». Toutefois, Dada est beaucoup plus qu'une critique de la société. C'est un fabuleux moyen d'accéder à la création sans frontières. Par exemple, pour devenir un poète célèbre, il suffit de prendre un journal et des ciseaux : « Choisissez dans ce journal un article ayant la longueur que vous comptez donner à votre poème. / Découpez l'article. / Découpez ensuite avec soin chacun des mots qui forment cet article et mettez-les dans un sac. / Agitez doucement. / Sortez ensuite chaque coupure l'une après l'autre. / Copiez consciencieusement dans l'ordre où elles ont quitté le sac. / Le poème vous ressemblera. »

■ « DADA APPARTIENT À TOUT LE MONDE » (1921)

Encouragée par Marcel Duchamp et Man Ray, deux artistes majeurs de l'époque, Gabrielle Buffet écrit à Tzara pour lui demander s'il est possible de créer une branche dadaïste à New York. La réponse de Tzara sera publiée dans l'unique numéro de la revue New York Dada.

Vous me demandez l'autorisation de nommer votre journal *Dada*. Mais Dada appartient à tout le monde. Je connais de braves gens qui s'appellent Dada — Mr. Jean Dada, Mr. Gaston de
5 Dada. Le chien de Fr. Picabia s'appelle Zizi de Dada ; le pape dans une pièce de G. Ribemont-Dessaignes s'appelle aussi Zizi de Dada. Je pourrais vous citer des dizaines d'exemples. Dada appartient à tout le monde. Comme l'idée de Dieu ou celle de la brosse à dents. Il y a des
10 gens très dada, plus dada, il y a des dada par-

tout, dans tout le monde et dans chaque individu. Comme dieu et la brosse à dents (qui fut d'ailleurs une excellente invention).

15 Dada est un type nouveau : mélange d'homme, de naphtaline, d'éponge, d'animal en ébonite, et de bifteck au savon pour le nettoyage des cerveaux. Les bonnes dents font l'estomac et les belles dents font le charme du sourire.
20 Alléluia en huile antique et injection de caoutchouc.

Le fait d'avoir choisi DADA pour titre de ma revue, en 1916, en Suisse, n'a rien d'anormal : j'étais avec des amis, je cherchais dans un dic-
25 tionnaire un mot approprié aux sonorités de toutes les langues, il faisait presque nuit lorsqu'une main verte déposa sa laideur sur la page du Larousse — en indiquant d'une manière précise Dada ; mon choix fut fait, j'al-
30 lumai une cigarette et bus un café noir. — Car DADA ne devait rien dire et n'entraîner aucune explication pour cette poussée de relativisme qui n'est pas un dogme, ni une école, mais une constellation d'individus et de facettes
35 libres.

(© Éditions Gallimard.)

QUESTIONS

1 Relevez diverses traces de l'esprit subversif de Tzara.

2 Est-ce que Tzara accède à la demande de Gabrielle Buffet ?

3 a) Quelles sont les dénotations possibles du mot « Dada » ?

b) Peut-on établir un parallèle entre les mots « Zizi » et « Dada » ?

c) Relevez une énumération et une métaphore, et expliquez-en l'effet.

4 Pourquoi devenir dadaïste ?

5 a) De prime abord, le propos de Tzara semble loufoque. Trouvez des arguments pour démontrer que le poète est intellectuellement intègre.

b) Selon vous, si l'auteur avait donné son aval à la revue d'une façon conventionnelle, comme s'il était le responsable de l'esprit dada, que lui aurait-on reproché ?

Art et littérature

UN « *READY-MADE* »

Marcel Duchamp surnomma « *ready-made* » des objets de la vie quotidienne qu'il achetait et exposait dans les galeries d'art, au même titre que des œuvres plus « traditionnelles ». Ces œuvres ne subissaient que des modifications minimes : l'artiste ajoutait sa signature ou, comme c'est le cas ici, assemblait deux objets. Les « *ready-made* » s'inscrivaient dans la logique de Dada, qui remet en question les fondements mêmes de l'art et du rôle de l'artiste. Ainsi, derrière la simplicité apparente de cette œuvre se cache une des plus profondes contestations de la conception traditionnelle de la nature d'une œuvre d'art.

MARCEL DUCHAMP (1887-1968).
Roue de bicyclette, 1963, original 1917, perdu. (Roue et tabouret, 132 × 64,8 cm. Collection Richard Hamilton, Henley-On-Thames, Grande-Bretagne.)

■ En quoi cette œuvre vient-elle illustrer l'esprit du texte de Tristan Tzara ?

■ Qu'est-ce qui confère à cet objet le statut d'« œuvre d'art » ?

■ Expliquez comment les « *ready-made* » redéfinissent le rôle de l'artiste.

■ Comment réagissez-vous devant cette œuvre ? Croyez-vous avoir affaire ici à une imposture ou à une démarche artistique légitime ?

ANDRÉ BRETON

André Breton (1896-1966)

L'intelligence et le magnétisme d'André Breton attirent autour de lui de nombreux écrivains majeurs de l'entre-deux-guerres. Avec eux, il sera le témoin privilégié d'une fulgurante épopée littéraire et artistique qui s'inscrit sous le signe ascendant de l'imaginaire.

Après une brève escapade dadaïste, Breton fonde le surréalisme en compagnie de Philippe Soupault. Ensemble, en 1920, ils rédigent *Les Champs magnétiques* en méprisant toute considération esthétique. Breton demeurera le chef et le théoricien de ce mouvement d'avant-garde qui ébranlera les consciences et sera marqué par des découvertes artistiques d'importance et des querelles internes provoquant l'expulsion de plusieurs membres.

Pour Breton, l'écriture automatique, l'inconscient, le rêve et l'hystérie, la rencontre inattendue d'une chose ou d'un être dans les rues de Paris, tout doit participer à la libération de l'esprit. Dans les manifestes du surréalisme (1924 et 1930) et des récits comme *Nadja* (1928) et *L'Amour fou* (1937), il s'attache à démontrer que l'homme et la femme doivent s'affranchir du réel, laisser place à la fulgurance de leurs désirs, pour permettre à leurs yeux de s'ouvrir sur une « beauté convulsive », une image électrisante qui vibre de sensualité et qui, paradoxalement, est figée sur le papier ou sur la toile.

L'amour se trouve au centre des préoccupations de Breton. Le sentiment amoureux possède un pouvoir subversif et donne aux amants l'éclat de la révolution s'il est dépourvu des idées de famille, de patrie et de religion. Aussi ne faut-il pas s'étonner que Breton malmène tout ce qui peut être associé à ces trois idées. Par ailleurs, ses textes poétiques ont sans conteste une valeur théorique et ses récits théoriques et ses manifestes, une tonalité poétique.

■ « L'UNION LIBRE » (1931)

La critique littéraire considère « L'Union libre » comme un discours surréaliste d'une exceptionnelle beauté. Les images y sont étonnantes. Breton accordait d'ailleurs au plaisir analogique une dimension érotique. Dans « Signe ascendant », il dit qu'il n'a « jamais éprouvé le plaisir intellectuel que sur le plan analogique ». N'écrit-il pas aussi, dans un poème qui s'intitule « Sur la route de San Romano (ville d'Italie) » : « La poésie se fait dans un lit comme l'amour / Ses draps défaits sont l'aurore des choses / La poésie se fait dans les bois » ? Et pourquoi là, dans les bois, justement ? La nature permet-elle au poète d'accomplir sa mission, celle de mettre en forme un corps verbal à aimer loin des regards civilisés ? Si la poésie se réalise en forêt, serait-ce parce qu'elle est sauvage, indomptable ? « L'Union libre » témoigne de la passion de Breton pour les rapports quasi charnels entre les mots, et la description du corps féminin qu'il fait de haut en bas révèle le plaisir des yeux.

Ma femme à la chevelure de feu de bois
Aux pensées d'éclairs de chaleur
À la taille de sablier

Ma femme à la taille de loutre entre les dents du tigre
5 Ma femme à la bouche de cocarde et de bouquet d'étoiles de dernière grandeur
Aux dents d'empreintes de souris blanche sur la terre blanche
À la langue d'ambre et de verre frottés
Ma femme à la langue d'hostie poignardée
À la langue de poupée qui ouvre et ferme les yeux
10 À la langue de pierre incroyable
Ma femme aux cils de bâtons d'écriture d'enfant
Aux sourcils de bord de nid d'hirondelle
Ma femme aux tempes d'ardoise de toit de serre
Et de buée aux vitres
15 Ma femme aux épaules de champagne
Et de fontaine à têtes de dauphins sous la glace
Ma femme aux poignets d'allumettes
Ma femme aux doigts de hasard et d'as de cœur
Aux doigts de foin coupé
20 Ma femme aux aisselles de martre[1] et de fênes[2]
De nuit de la Saint-Jean
De troène et de nid de scalares[3]
Aux bras d'écume de mer et d'écluse
Et de mélange du blé et du moulin
25 Ma femme aux jambes de fusée
Aux mouvements d'horlogerie et de désespoir
Ma femme aux mollets de moelle de sureau
Ma femme aux pieds d'initiales
Aux pieds de trousseaux de clés aux pieds de calfats qui boivent
30 Ma femme au cou d'orge imperlé[4]
Ma femme à la gorge de Val d'or
De rendez-vous dans le lit même du torrent
Aux seins de nuit
Ma femme aux seins de taupinière marine
35 Ma femme aux seins de creuset du rubis
Aux seins de spectre de la rose sous la rosée
Ma femme au ventre de dépliement d'éventail des jours
Au ventre de griffe géante
Ma femme au dos d'oiseau qui fuit vertical
40 Au dos de vif-argent
Au dos de lumière
À la nuque de pierre roulée et de craie mouillée
Et de chute d'un verre dans lequel on vient de boire
Ma femme aux hanches de nacelle
45 Aux hanches de lustre et de pennes de flèche
Et de tiges de plumes de paon blanc
De balance insensible

---

1. Dans certaines versions, on peut lire *marbre* plutôt que *martre*.
2. *fênes* : fruits du hêtre.
3. *scalares* (ou scalaires) : poissons d'Amazonie.
4. *imperlé* : néologisme qui signifie « contenant des perles ».

René Magritte (1898-1967).
La Magie noire, 1945. (Huile sur toile,
80 × 60 cm. Collection privée.)

Les peintres surréalistes, notamment Magritte, ont accordé une grande importance au corps féminin, symbole de l'*amour fou*, la passion amoureuse et érotique. Le modèle détourne pudiquement la tête, les yeux baissés, mais cette attitude peut également suggérer le rêve, si important pour les surréalistes. Le regard du spectateur est tout de suite attiré par le corps harmonieux et séduisant de la femme. La chair du haut du corps se confond avec le bleu du ciel, dans un habile mélange de poésie et de sensualité. Comme c'est souvent le cas chez Magritte, le tableau confond le réel et le rêve : ce que nous voyons est-il vrai, ou ne s'agit-il que d'un fantasme ?

Ma femme aux fesses de grès et d'amiante
Ma femme aux fesses de dos de cygne
50 Ma femme aux fesses de printemps
Au sexe de glaïeul
Ma femme au sexe de placer et d'ornithorynque
Ma femme au sexe d'algue et de bonbons anciens
Ma femme au sexe de miroir
55 Ma femme aux yeux pleins de larmes
Aux yeux de panoplie violette et d'aiguille aimantée
Ma femme aux yeux de savane
Ma femme aux yeux d'eau pour boire en prison
Ma femme aux yeux de bois toujours sous la hache
60 Aux yeux de niveau d'eau de niveau d'air de terre et de feu

(© Éditions Gallimard.)

QUESTIONS

1 Dans ce poème, observez et décrivez le mouvement du regard sur le corps féminin.

2 S'agit-il d'un poème d'amour ?

3 a) Cherchez dans le dictionnaire la signification des mots qui vous semblent exotiques.

b) Relevez et classez quelques images associées aux quatre éléments (terre, air, eau et feu). Ont-elles une certaine cohérence entre elles ?

c) Trouvez une métaphore qui s'oppose à la religion.

4 a) Sommes-nous en présence d'un poème à teneur sexuelle ? Justifiez votre réponse.

b) Expliquez la critique sociale présente métaphoriquement dans ce poème.

5 L'union libre dont parle Breton vient-elle en contradiction avec l'anaphore « Ma femme » ? Commentez.

■ « LYONS-LA-FORÊT TERRE DU CRIME… » (1931)

André Breton a écrit six poèmes ainsi que l'ébauche de « L'Union libre » dans un petit cahier d'écolier les 20 et 21 mai 1931. Il se trouve alors à Lyons-la-Forêt, un village de Normandie qui a conservé son aspect bourg du XVIIe siècle et dont le territoire abrite un théâtre romain. Ce village se situe au cœur de l'une des plus grandes forêts de hêtres d'Europe. Le poème qui suit, tiré du petit cahier en question, n'a pas été publié du vivant de Breton.

Lyons-la-Forêt terre du crime puisque j'y suis
Royaume de l'attentat à la pudeur puisque je m'y repose
Lyons-la-Forêt comme tu es faiblement nommé
Beau cirque de la première époque chrétienne puisque j'ai été baptisé
5 Où de grands lambeaux de femmes se donnent pour des rosiers
Où des cercueils d'enfants voguent puisque nous sommes en mai dans les arbres verts
Lyons-la-Forêt si tu me vois à trente-cinq ans
C'est que j'aime tes craquements et d'une manière générale tout ce que peuvent procurer
[aux arbres leurs rêves de meubles

Tes bandits de grands chemins
10 Tes rançons de sang et de sperme
C'est là à l'angle de ces deux murs de lave fumants
Que doit être déposé ce soir tout ce dont mon imagination a besoin
Les cassettes en lièvre tanné contenant toutes les plus belles chevelures
Les enveloppes noires par lesquelles les ravissantes jeunes filles m'annoncent qu'elles viennent
[d'assassiner leurs pères

15 C'est que j'aime les réverbères beaux comme le viol
Tes vampires assoupis devant l'escalier de la mairie
Les jours d'orage c'est-à-dire presque tous les jours
Immense champ de dépeçage pour les femmes qui viennent de faire l'amour
Borne du brigandage surmontée d'un drapeau de crêpe
20 Là du moins les écureuils sont de consommation courante
Pour le petit déjeuner dans un buisson de rouges-gorges
Puisque je dois encore manger
Là du moins la vermine de grande taille
Vient contempler mon pouls qui bat encore

(© Éditions Gallimard.)

QUESTIONS

1 Relevez les mots et expressions qui renvoient explicitement au village.

2 De quels crimes est-il question dans ce texte ?

3 a) Quelle est la signification de la métaphore « rêves de meubles » ?

b) Comment interprétez-vous la comparaison suivante : « les réverbères beaux comme le viol » ?

c) Repérez les nombreuses répétitions qui parsèment le texte. Quel effet général produisent-elles ?

d) Trouvez une métaphore qui associe la femme à l'horreur et un passage où la femme nie l'idée de famille.

4 Montrez que le « je » est criminel et expliquez de quel crime on peut l'accuser.

5 Peut-on dire que « L'Union libre » et « Lyons-la-Forêt terre du crime… » offrent une représentation similaire de la femme ? Dégagez des convergences et des divergences entre ces deux textes.

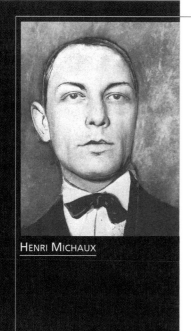

HENRI MICHAUX

Henri Michaux (1899-1984)

Le voyage caractérise l'entreprise créatrice de ce poète qui fut également peintre. Déçu par ses nombreux périples dans le monde, Michaux va peupler une autre terre en inventant les mœurs et coutumes des Orbus, des Plans, des Kalakiès, etc. Il se retranchera dans l'exploration des mondes intérieurs et aura même recours à la mescaline et au LSD pour y parvenir. Il contrôlera cependant sa prise de stupéfiants pour éviter d'en devenir dépendant. Entre les mains de Michaux, le langage devient un bistouri qu'il manipule pour accéder aux « puissances du dedans ».

Proche des théories surréalistes, surtout de l'utilisation du rêve comme instrument de descente en soi, Michaux n'en reste pas moins toute sa vie à distance de ce mouvement. Il expérimente les limites de la langue et use notamment de néologismes pour donner à sentir l'univers qui l'habite. À preuve, sa vision d'un combat opposant deux adversaires : « Il l'emparouille et l'endosque contre terre : / Il le rague et le roupète jusqu'à son drâle ; / Il le pratèle et le libucque et lui barufle les ouillais […]. » Dotée d'un humour certain et souvent cruel, la poésie de Michaux déconcerte le lecteur.

■ UN CERTAIN PLUME (1930)

L'invention du personnage de Plume permet à Michaux de rire de la futilité de l'existence. Dans les treize poèmes en prose qui constituent le recueil Un certain Plume, *il décrit, par un propos drôle et intelligent à la fois, les réactions inusitées de Plume devant certaines situations. Par exemple, en homme paisible, Plume ne s'inquiète pas du fait qu'il se réveille sans maison, que sa femme soit morte écrasée par un train et qu'on l'accuse de l'avoir tuée. À chaque étape de la narration, le personnage s'endort ! Dans le texte ci-dessous, Plume garde le moral après avoir subi les tourments de la médecine et essuyé les reproches de sa femme.*

« Plume avait mal au doigt »

Plume avait un peu mal au doigt.

— Il vaudrait peut-être mieux consulter un médecin, lui dit sa femme. Il suffit souvent d'une pommade…

5 Et Plume y alla.

— Un doigt à couper, dit le chirurgien, c'est parfait. Avec l'anesthésie, vous en avez pour six minutes tout au plus. Comme vous êtes riche, vous n'avez pas besoin de tant de doigts. Je serai
10 ravi de vous faire cette petite opération. Je vous montrerai ensuite quelques modèles de doigts artificiels. Il y en a d'extrêmement gracieux. Un peu chers sans doute. Mais il n'est pas question naturellement de regarder à la dépense. Nous
15 vous ferons ce qu'il y a de mieux.

Plume regarda mélancoliquement son doigt et s'excusa.

— Docteur, c'est l'index, vous savez, un doigt bien utile. Justement, je devais écrire encore à
20 ma mère. Je me sers toujours de l'index pour écrire. Ma mère serait inquiète si je tardais davantage à lui écrire, je reviendrai dans quelques jours. C'est une femme très sensible, elle s'émeut si facilement.

25 — Qu'à cela ne tienne, lui dit le chirurgien, voici du papier, du papier blanc, sans en-tête naturellement. Quelques mots bien sentis de votre part lui rendront la joie.

Je vais téléphoner pendant ce temps à la cli-
30 nique pour qu'on prépare tout, qu'il n'y ait plus qu'à retirer les instruments tout aseptisés. Je reviens dans un instant…

Et le voilà déjà revenu.

— Tout est pour le mieux, on nous attend.

35 — Excusez, docteur, fit Plume, vous voyez, ma main tremble, c'est plus fort que moi… eh…

— Eh bien, lui dit le chirurgien, vous avez raison, mieux vaut ne pas écrire. Les femmes sont terriblement fines, les mères surtout. Elles voient
40 partout des réticences quand il s'agit de leur fils, et d'un rien, font un monde. Pour elles, nous ne sommes que de petits enfants. Voici votre canne et votre chapeau. L'auto nous attend.

Et ils arrivent dans la salle d'opération.

45 — Docteur, écoutez. Vraiment…

— Oh! fit le chirurgien, ne vous inquiétez pas, vous avez trop de scrupules. Nous écrirons cette lettre ensemble. Je vais y réfléchir tout en vous opérant.

50 Et approchant le masque, il endort Plume.

— Tu aurais quand même pu me demander mon avis, dit la femme de Plume à son mari.

Ne va pas t'imaginer qu'un doigt perdu se retrouve si facilement.

55 Un homme avec des moignons, je n'aime pas beaucoup ça. Dès que ta main sera un peu trop dégarnie, ne compte plus sur moi.

Les infirmes c'est méchant, ça devient prompte-ment sadique. Mais moi je n'ai pas été élevée
60 comme j'ai été élevée pour vivre avec un sadique. Tu t'es figuré sans doute que je t'ai-derais bénévolement dans ces choses-là. Eh bien, tu t'es trompé, tu aurais mieux fait d'y réfléchir avant…

65 — Écoute, dit Plume, ne te tracasse pas pour l'avenir. J'ai encore neuf doigts et puis ton carac-tère peut changer.

(© Éditions Gallimard.)

QUESTIONS

1 Qu'est-ce qui déconcerte le lecteur dans ce poème en prose ?

2 Qu'y a-t-il d'inattendu dans ce texte ?

3 a) Relevez les nombreuses litotes et expliquez leur sens.

b) Montrez comment l'auteur adopte un style qui accélère l'action.

c) Comment Plume est-il manipulé par la figure d'autorité qu'est le chirurgien ?

d) Que reproche la femme à son mari ?

4 Plume est un personnage créé par Michaux pour rire de la futilité de l'existence. Expliquez.

5 a) Que pensez-vous des réactions de Plume devant ce qui lui arrive ?

b) Comme dans *Candide* de Voltaire, le destin s'acharne avec humour sur Plume. Est-il vrai que les deux personnages sont des optimistes à toute épreuve ?

L'ÉCRIVAIN ENGAGÉ

L'ENGAGEMENT POLITIQUE des surréalistes témoigne des différentes attitudes des artistes de l'époque par rapport au communisme. Puisque Dada était anti-bourgeois et avait un penchant pour la révolte, il était tout à fait normal que ceux qui se réclamaient de ce mouvement adhèrent au Parti communiste (PC) créé dans l'élan de la Révolution russe de 1917. Opposés aux religions et constatant l'écart grandissant entre les bourgeois et les ouvriers, les surréalistes attribuaient à l'acte révolutionnaire russe le même objectif que celui qu'ils poursuivaient avec la création artistique : « transformer le monde ». Toutefois, la plupart de ces artistes n'accepteront pas que leur art serve à promouvoir le régime communiste ; ils quitteront donc le Parti ou en seront exclus. Seul Aragon relèvera le défi de défendre coûte que coûte le PC, envers lequel il sera d'une fidélité exemplaire. Il fera preuve de la même fidélité envers Elsa, son amoureuse d'origine russe, qu'il mettra sur un piédestal.

Durant la Seconde Guerre, des écrivains, surréalistes ou non, prendront les armes que sont les fusils et les mots. Ils participeront à des missions périlleuses, poseront des bombes, chargeront réellement leur pistolet, écriront l'espoir de leurs camarades. Robert Desnos, poète surréaliste puis antifasciste, s'engagera dans la Résistance pour « l'inestimable satisfaction d'emmerder Hitler ». Arrêté par la Gestapo en 1944, il mourra épuisé par son expérience dans les camps de concentration.

Certains s'exileront. En 1944, André Breton se retrouve en Gaspésie devant le rocher Percé après un séjour à New York. Même en exil, Breton ne cessera d'affirmer que le seul engagement qui tienne est celui de l'amour. À ses yeux, la politique restreint trop la démarche humaniste de l'amour.

Enfin, pour certains, témoigner du conflit de 1939-1945 est aussi une forme d'engagement envers les disparus, les survivants et les générations futures. Soupault et Prévert, deux anciens surréalistes, écriront des poèmes-reportages poignants pour dire le drame humain qu'ils ont observé.

Par contre, des poètes proches de Breton, comme Benjamin Péret, en exil au Mexique durant le conflit, critiqueront sévèrement les écrivains engagés dans la guerre, car le langage poétique, matériau libertaire par essence, ne peut être au service d'une nation, fût-elle en danger. Être poète, c'est s'engager dans un type d'écriture qui ne peut accepter d'être sous la gouverne d'un drapeau, quel qu'il soit.

Paul Éluard (1895-1952)

Éluard, de son vrai nom Eugène Grindel, fut un poète de l'humanité généreuse et des amants enlacés. Les thèmes qu'il aborde sont souvent ceux du vol, de la légèreté et de la lumière. Avec un vocabulaire restreint, sa pensée humanise le monde, dévoile à l'être humain le côté ascendant de son existence.

Éluard participe activement au dadaïsme puis au surréalisme jusqu'en 1938 et côtoie les grands peintres de son temps : Picasso, Dali, Max Ernst. Il est exclu du PC en 1933 après avoir contesté le fait que l'écrivain doive se soumettre à une discipline et au contrôle des dirigeants communistes. Il y revient plus tard, durant la Seconde Guerre, essentiellement parce que le communisme s'oppose au fascisme.

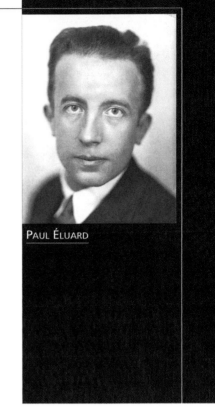

PAUL ÉLUARD

La poésie d'Éluard est marquée par ses expériences amoureuses. Après une relation tumultueuse avec Gala (Helena Dmitrievna Diakonava) qu'il a épousée en 1917 et qui le quitte pour Salvador Dali en 1930, Éluard fait la rencontre de Nusch (Maria Benz), modèle du photographe Man Ray et de Picasso. Lorsqu'elle meurt en 1946, il sombre dans un profond désespoir, jusqu'à ce qu'il tombe amoureux de Dominique Lemor en 1949 à Mexico. Éluard a publié une centaine de recueils de poésie dont la plupart parlent du corps féminin, de la relation intime entre un homme et une femme, de l'intense sentiment amoureux, de la fonction libératrice de la poésie synonyme d'amour.

■ POÉSIE ET VÉRITÉ (1942)

Durant l'occupation nazie en France, des milliers d'exemplaires de ce poème de « combat » seront parachutés dans le maquis, lieux peu accessibles où les résistants pouvaient se rassembler, par les avions de la Royal Air Force. « Liberté » évoque le nom de Nusch, l'égérie du poète. Loin de la femme aimée, le poète qui livre bataille établit une adéquation entre l'amour et la liberté. Ce poème est composé de vingt et un quatrains. Un vers seul vient conclure le texte. Les quatrains regroupent trois heptasyllabes suivis d'un tétrasyllabe, toujours le même.

« Liberté »

Sur mes cahiers d'écolier
Sur mon pupitre et les arbres
Sur le sable sur la neige
J'écris ton nom

5   Sur toutes les pages lues
Sur toutes les pages blanches
Pierre sang papier ou cendre
J'écris ton nom

Sur les images dorées
10 Sur les armes des guerriers
Sur la couronne des rois
J'écris ton nom

Sur la jungle et le désert
Sur les nids sur les genêts
15 Sur l'écho de mon enfance
J'écris ton nom

JOSE CLEMENTE OROZCO (1883-1949).

La Libertad (La Liberté), 1924. (Fresque, Escuela Nacional Preparatoria San Ildefonso, Mexico.)

Après la révolution mexicaine de 1910, le nouveau gouvernement va demander aux artistes de propager les nouvelles valeurs démocratiques du pays. Les peintres choisissent de peindre leurs œuvres sur les murs des écoles et des édifices gouvernementaux, afin de rejoindre le plus vaste public possible. *La Liberté* est une allégorie : le peuple, à droite, est guidé vers la liberté par une femme ailée portant le bonnet phrygien, rappel évident de la Révolution française. Son corps est suspendu par des cordes, ce qui rappelle au spectateur qu'il s'agit d'une femme réelle et non d'un ange, comme ses ailes pourraient le suggérer. Elle porte dans ses mains des chaînes brisées, autre symbole de la liberté. Chacun à sa manière, Orozco et Éluard ont souhaité, par leurs œuvres, galvaniser leurs semblables dans leur quête de liberté.

Sur les merveilles des nuits
Sur le pain blanc des journées
Sur les saisons fiancées
20 J'écris ton nom

Sur tous mes chiffons d'azur
Sur l'étang soleil moisi
Sur le lac lune vivante
J'écris ton nom

25 Sur les champs sur l'horizon
Sur les ailes des oiseaux
Et sur le moulin des ombres
J'écris ton nom

Sur chaque bouffée d'aurore
30 Sur la mer sur les bateaux
Sur la montagne démente
J'écris ton nom

Sur la mousse des nuages
Sur les sueurs de l'orage
35 Sur la pluie épaisse et fade
J'écris ton nom

Sur les formes scintillantes
Sur les cloches des couleurs
Sur la vérité physique
40 J'écris ton nom

Sur les sentiers éveillés
Sur les routes déployées
Sur les places qui débordent
J'écris ton nom

45 Sur la lampe qui s'allume
Sur la lampe qui s'éteint
Sur mes maisons réunies
J'écris ton nom

Sur le fruit coupé en deux
50 Du miroir et de ma chambre
Sur mon lit coquille vide
J'écris ton nom

Sur mon chien gourmand et tendre
Sur ses oreilles dressées
55 Sur sa patte maladroite
J'écris ton nom

Sur le tremplin de ma porte
Sur les objets familiers
Sur le flot du feu béni
60 J'écris ton nom

Sur toute chair accordée
Sur le front de mes amis
Sur chaque main qui se tend
J'écris ton nom

65 Sur la vitre des surprises
Sur les lèvres attentives
Bien au-dessus du silence
J'écris ton nom

Sur mes refuges détruits
70 Sur mes phares écroulés
Sur les murs de mon ennui
J'écris ton nom

Sur l'absence sans désir
Sur la solitude nue
75 Sur les marches de la mort
J'écris ton nom

Sur la santé revenue
Sur le risque disparu
Sur l'espoir sans souvenir
80 J'écris ton nom

Et par le pouvoir d'un mot
Je recommence ma vie
Je suis né pour te connaître
Pour te nommer

85 Liberté.

QUESTIONS

1 Pourquoi ce texte a-t-il été parachuté aux maquisards ? Que leur apportait-il ?

2 À première vue, ce texte est-il un hymne amoureux ou la marque de l'engagement politique de son auteur ?

3 a) Relisez le texte et déterminez les étapes de la vie que traverse le « je ». Quelle conclusion en tirez-vous ?

b) Que signifie la métaphore « saisons fiancées » ?

c) Plusieurs mots ont une connotation évoquant la mort. Lesquels ?

d) « Chiffons d'azur » est une synesthésie. Trouvez-en au moins une autre.

e) Quel est l'effet des anaphores ?

4 « Liberté » est une allégorie. Expliquez.

5 Une station de radio de la région de Québec a modifié ce texte éluardien. « Liberté j'écris ton nom » devient entre les mains de Radio X « Liberté je crie ton nom ». Êtes-vous d'accord avec un tel procédé ? Ce slogan respecte-t-il la pensée du poète ?

LOUIS ARAGON

Louis Aragon (1897-1982)

Fils illégitime d'un haut fonctionnaire de la IIIᵉ République, homme politique, écrivain, poète, essayiste, polémiste, Aragon sera dadaïste avant de participer aux activités surréalistes. Sa rupture avec André Breton survient après son retour d'URSS en 1932. Après avoir assisté à un congrès à Moscou, il en ressort avec une conviction certaine et décide dès lors de mettre son art au service du Parti communiste, ce que ses amis ne lui pardonneront pas.

L'écriture d'Aragon est éclatée. Dans *Les Aventures de Télémaque*, paru en 1922, il se révèle comme un styliste qui use de « collages ». Il écrit en 1928 un récit érotique, *Le Con d'Irène*. Il n'hésite pas, avec Benjamin Péret, à rédiger des vers pornographiques dans un recueil intitulé tout simplement *1929*. L'écriture d'Aragon se renouvelle sans cesse par la suite en reprenant des thèmes propres à l'esprit médiéval, classique ou romantique. Sa forme poétique est à la fois classique (rimes, vers) et moderne (absence de ponctuation). Vaillant militant de la libération de la classe ouvrière, Aragon chante l'URSS, son épopée industrielle, la France blessée par l'Occupation, puis la France libérée. Il tente à maintes reprises de faire reconnaître les vertus du système communiste. En 1928, il rencontre Elsa Triolet (1896-1970), écrivaine française d'origine russe, à qui il ne cessera, sa vie durant, de vouer un culte. Nombreux sont les textes qui en témoignent.

Dans sa poésie, Aragon affirme souvent qu'il n'était que l'ombre de lui-même avant sa rencontre avec Elsa. Dans *Le Roman inachevé* (1956), il compare les trente premières années de sa vie à un « mal qui n'en finit pas plus que la couleur des ecchymoses ». Au contact d'Elsa, le poète brûlera afin de mieux renaître. La femme aimée lui rendra « la caresse d'être ».

■ ELSA (1959)

Dans des poèmes d'un très grand lyrisme, Aragon fera le bilan de son amour pour Elsa. Le temps qui passe n'éloigne pas les deux amants, au contraire. Une solide étreinte émane des textes amoureux d'Aragon comme des romans qu'ils écrivent tous deux en même temps et qui se répondent. Le tableau qu'Aragon dresse ici est émouvant, car il interpelle à la fois les lecteurs et l'être aimé. Le poète y met son âme à nu et, comme les troubadours, avoue qu'il ne serait rien sans l'être aimé.

Voilà trente ans que je suis cette ombre à tes pieds
Un fidèle chien noir qui tourne à tes talons
Se cache à midi sous ta stature droite
Et sort danser avec le soleil oblique sur les champs
5 Au filé des lampes t'enveloppe et croît à mesure qu'elles sont basses
Comme tu aimes pour lire au soir dans les chambres selon ton cœur
C'est alors seulement que je monte jusqu'au plafond

Et m'y perds à répéter ta main tournant les pages
Voilà trente ans que ma pensée est l'ombre de ta pensée

10 J'ai beau le dire et le redire on croit
À je ne sais quelle bizarre élégance de ma part
Tout ce qui est noir disent-ils n'est pas d'ombre
On en prend et on en laisse de ce que je dis
Et pour me passer de t'aimer ils substituent
15 À ta réalité de chair une statue
Un symbole drapé de pierre une Patrie
Et quand ils mettent le coupe-papier à l'aisselle tendre de mes livres
Ils ne comprennent pas du tout pourquoi je crie
Ils ne voient pas que je saigne de ton sang
20 Je me demande un peu ce que pour eux mon chant signifie
Si chaque mot qui se brise dans ma voix ils ne savent point que c'est une harmonique de ta gorge
S'ils ne voient pas autour de mon âme tes bras

Pour une fois ici je parlerai de mon âme

Un homme c'est un jeu de cartes battu
25 Le rouge et le noir des valets des rois et des reines
Mais entre les volantes couleurs il y a l'air et les doigts qui battent
Mon corps est fait de deux inconnus que je n'ai pas choisis
Et je vois avec horreur sur mes mains paraître les taches de cuivre de l'âge
Qui marquaient les mains de ce père dont je ne raconterai rien
30 De qui je ne tiens guère que cette façon de pencher la tête
C'est qu'il entendait mal du côté droit et voilà que moi aussi
De ma mère j'ai le dessin des oreilles
Et la plantation des cheveux

Mais l'âme dans tout cela mais l'âme

35 C'était une âme fruste égarée informe encore
Une âme aveugle écoutant mal quand on parlait de la lumière
Une âme on ne sait d'où surgie
De quel aïeul dans le malheur des temps
De quel oncle absurde et fou qui n'a pas vécu
40 Ou seulement de cette grande honte de ma mère quand je suis venu au monde
À peine une âme une ébauche d'âme mal limée une âme hirsute une âme
Comme on en perd sans regret sur les champs de bataille ou dans les accidents de chemin de fer
Une pauvre âme qui ne savait que faire d'elle-même
À la dérive du temps présent
45 Pas du tout le genre Hamlet à peine une chevelure d'Ophélie[1]
Une bouteille à la mer sans lettre dedans
Une bille sur le billard japonais qu'un consommateur désœuvré fait courir dans un bar
Et que tu tombes dans le zéro ou dans le cent
Ce sera du pareil au même

---

1. *Ophélie* : dans le drame de Shakespeare (vers 1600), Hamlet simule la folie pour venger son père assassiné. Il abandonne même sa fiancée Ophélie qui perdra la raison avant de se noyer.

50 Une âme au vestiaire et le client saoul ne retrouve plus son numéro
Une âme pour un soir de carnaval on jettera demain ce masque
Une âme dépareillée on ne peut pas sortir avec
Et lourde à porter la poison qu'il faut s'arrêter tout le temps

Je n'ai jamais compris pourquoi tu as pris soin de mon âme
55 On en trouve à la pelle des comme ça

Mais que dit-il celui pour la première fois qui voit le jour des autres
Par miracle de chirurgie
Qu'est-ce que mon âme a dit quand tu l'as dépouillée ainsi de sa gaine
Quand tu l'as modelée à ta semblance
60 Quand j'ai su dans tes bras que j'étais un être humain
Quand j'ai cessé de feindre et de ricaner pour être moi-même au toucher de ta main
Prenez ces livres de mon âme ouvrez-les partout n'importe où
Brisez-les pour mieux en comprendre
Et le parfum et le secret
65 Coupez d'un doigt brutal les pages
Froissez-les et déchirez-les
On n'en retiendra qu'une chose
Un seul murmure un seul refrain
Un regard que rien ne repose
70 Un long merci qui balbutie
Ce bonheur comme une prairie
Enfant-Dieu mon idolâtrie
L'Ave sans fin des litanies
Ma perpétuelle insomnie
75 Ma floraison mon embellie
Ô ma raison ô ma folie
Mon mois de mai ma mélodie
Mon paradis mon incendie

Mon univers Elsa ma vie

(© Éditions Gallimard.)

QUESTIONS

1 Relevez les signes qui nous indiquent que le poète fait un bilan.

2 Quel héritage littéraire Aragon souhaite-t-il laisser à l'humanité ?

3 a) Quels sont les termes qui représentent l'être aimé ?

b) Le poète parle d'une âme « dépouillée de sa gaine ». Quelle est la signification de cette métaphore ?

c) Que peut-on dire des parents du poète ?

d) Y a-t-il des signes de soumission du poète vis-à-vis de la femme aimée ?

4 Quelles conclusions tirez-vous de cet amour d'un homme envers une femme ?

5 Le sentiment amoureux a-t-il encore sa place dans notre société ? Si oui, comment l'envisagez-vous ? Comment peut-il durer dans le temps ?

Philippe Soupault (1897-1990)

Peu cité dans l'histoire littéraire, Soupault n'en tient pas moins une place primordiale. Par l'entremise d'Apollinaire, il publie en 1917 son premier poème. Aussitôt, il rencontre Breton et Aragon. Ces trois écrivains deviendront vite les « trois mousquetaires » de la littérature.

Né dans une famille bourgeoise, Soupault scandalise ses parents lorsqu'il opte pour l'aventure dadaïste, bientôt transformée en aventure surréaliste. Cofondateur du surréalisme, il se méfie toutefois très tôt de Breton dont les propos valorisent tantôt les médiums et l'occultisme, tantôt un parti politique. En 1926, il est exclu du groupe, officiellement parce qu'il reconnaît une valeur à la littérature, ce qu'il ne faut surtout pas admettre lorsqu'on se trouve en face d'anciens dadaïstes et qu'on a été soi-même un acteur important du mouvement en France. En fait, si on lui montre la porte de sortie, c'est parce qu'il publie trop, qu'il ne prend rien au sérieux — sauf semble-t-il la littérature — et qu'il ne participe pas régulièrement aux assemblées surréalistes obligatoires. Cela ne l'empêchera pas néanmoins de revoir Breton à maintes reprises lorsqu'il retournera à Paris. L'amitié qui les unit ne cède pas sous le poids de leurs différends.

Pour subvenir à ses besoins, Soupault se fait journaliste et romancier. Il devient le témoin de son époque et s'intéresse au cinéma, au jazz et à l'art moderne. Il voyage énormément avant de se fixer en Tunisie où il fonde une radio. Après sa détention dans les prisons tunisiennes durant la Seconde Guerre, il se réfugie en Algérie, où il fait paraître des plaquettes, dont l'*Ode à Londres bombardée*. De retour en France, il rédige ses nombreux souvenirs des hommes célèbres qu'il a côtoyés.

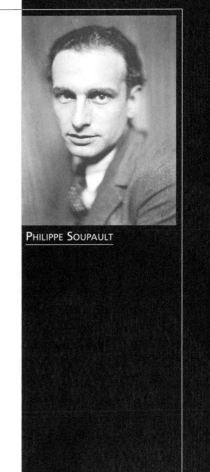

PHILIPPE SOUPAULT

■ ODE À LONDRES BOMBARDÉE (1944)

La radio a eu un impact certain dans l'histoire de la Seconde Guerre et a contribué à la chute du régime fasciste allemand. Pour Hitler, qui affirmait qu'en guerre «les mots sont des armes», la radio était une source de propagande d'une exceptionnelle efficacité. Contrôler l'information, c'était — et c'est toujours — contrôler la population. Sur ce point, pour contrer les nazis et le régime de Vichy, c'est-à-dire les collaborateurs français sous l'Occupation, la British Broadcasting Corporation (BBC), station de radio britannique, diffusa notamment une programmation française qui soutenait la résistance. Dès 1940, De Gaulle, futur président de la République, lança sur ses ondes un appel aux Français leur demandant de combattre le régime de Vichy. La BBC joua ainsi un rôle capital contre la puissance de la propagande allemande. De plus, elle diffusa des centaines de prétendus messages personnels qui recelaient en fait des codes secrets. Ainsi, la fameuse phrase de Verlaine «Les sanglots longs des violons de l'automne» annonçait l'imminence d'un débarquement. «Yvette aime les grosses carottes» venait confirmer à la personne qu'elle visait le parachutage d'armes attendu.

134 | Chapitre 3

Dans Ode à Londres bombardée, *Soupault fait référence à la radio britannique et aux multiples bombardements allemands sur Londres. Rappelons que du 7 au 30 septembre 1940, jour et nuit, les forces hitlériennes larguèrent des milliers de bombes sur Londres, qui tuèrent au moins sept mille civils et en blessèrent plus de dix mille. Hitler voulait ainsi briser l'élan de guerre et le moral des Britanniques. Malgré ces raids, Londres se relèvera et poursuivra la bataille.*

Cette nuit Londres est bombardée pour la centième fois
nuit noire nuit d'assassinat et de colère
l'ombre se gonfle de l'angoisse à venir
Déjà les premiers coups dans le lointain
5 et déjà les premières flammes les premiers signaux
Tout semble prêt pour le trouble le tremblement la peur
Tous soudain silencieux guettent les bruits devenus familiers
On attend la grande fête de la mort aveugle
Une lueur proche haute fervente
10 aurore d'un nouveau monde enfantée par la nuit

Nous étions bâillonnés avec de la boue et des immondices
Nous pouvions encore entendre et attendre
Nous savions nous le devinions
Cette nuit Londres est bombardée pour la centième fois
15 Une voix s'élevait c'était le cri espéré
Ici Londres Parla Londra London calling
Nous nous taisions comme lorsqu'on écoute battre un cœur

Tout à coup le silence et l'angoisse du silence
le temps perdu une seconde une heure
20 On interroge en vain la nuit l'ombre la distance
Il ne faut pas croire ce que crient les autres
Londres cette nuit est bombardée pour la centième fois
Un incendie muet des hommes morts
Ceux mêmes qui criaient ceux que nous attendions
25 Rien que l'image des pylônes brisés des fils coupés
Rien que ce trou dans l'espace et le temps

Ici Londres Parla Londra London calling
Et voici la Ville qui reprend sa place à l'horizon
Elle est seule au centre du monde
30 Elle est celle qui domine le tumulte
éclairée par les incendies et la plus haute flamme du courage
Londres Londres Londres toujours Londres
Cette nuit Londres est bombardée pour la centième fois

[…]

Courage c'est la centième nuit du courage
35 la capitale de l'espérance appelle et nous rappelle
la capitale est la même que jadis
celle qui méprise l'indifférence et la lâcheté et la bassesse
[…]

Je sors de ma paralysie nocturne
Je me glisse comme un souvenir et comme un papillon
40   vers les rues familières où me guident les reflets du fleuve
jusqu'à ce monument qui n'a pas d'autre nom
sur cette petite place morose près de l'éléphant
où sourit un jeune homme que je reconnais
et qui est le même après tout puisque je vis encore
45   Cette nuit où Londres est bombardée pour la centième fois

Aujourd'hui après tant d'années espérées et perdues
condamné au silence esclave des esclaves
j'écoute cette voix venue des profondeurs du courage
qui dit et redit écho des échos
50   Rira bien qui rira le dernier
comme chaque soir avant la musique de danse
alors que mugissent les sirènes
j'entends nous entendons et le monde avec nous
l'appel le même appel et de la même voix
55   celle qui compte que chacun fera son devoir
quand Londres est bombardée pour la centième fois

Chacun fait son devoir tous sans exception
chaque homme et chaque femme chaque enfant
Ceux qui se précipitent à la rencontre du feu
60   Celles qui courent à la recherche du sang
Ceux qui volent vers la mort
Celles qui pleurent et qui sourient
Ceux qui tendent les mains et qui espèrent
Tous ceux qui meurent sans se plaindre
65   Alors que Londres est bombardée pour la centième fois

[…]

Amis sans visage mains tendues
au-dessus de cette distance sans mesure
vous parlez et nous écoutons
vous vivez et nous allions mourir
70   car nous savons désormais que l'on peut mourir de honte
Ici Londres Parla Londra London calling
Nous écoutons nous les naufragés
nous que rongent les doutes et l'inquiétude
tapis dans l'ombre et silencieux jusqu'à la rage

75   Vous qui parlez vous qui criez
dans le vent et la fumée dans le sang
vous qui appelez à notre secours pour notre libération
vous qui combattez pour que nous combattions
Ici Londres Parla Londra London calling
80   Contre nous de la tyrannie l'étendard sanglant est levé
Entendez-vous

LUDWIG MEIDNER (1884-1966).

Ville apocalyptique, 1913. (Huile sur toile, 79 × 119 cm. Westfälisches Landesmuseum für Kunst und Kulturgeschichte, Münster, Allemagne.)

Ludwig Meidner a imaginé une ville secouée par de multiples explosions trois décennies avant les bombardements massifs de Londres par l'aviation allemande. La violence de ce tableau provient autant des couleurs vives que des explosions et des flammes qui ravagent la ville. Pour Meidner, peintre expressionniste, la ville apocalyptique plongée dans le chaos et l'horreur était avant tout le reflet de ses tourments intérieurs. La guerre a malheureusement donné à cette œuvre un aspect prophétique.

Nous respirons nous écoutons nous entendons
Londres est bombardée pour la centième fois

Londres est bombardée pour la centième fois
85   Rien n'est perdu vous veillez
Quand le grand Ben et ses cloches
affirme qu'il est minuit exactement
que c'est l'heure du nouveau courage
Melbourne[1] écoute et Ottawa
90   Le Cap[2] Calcutta[3] Auckland[4]
toutes les villes du monde
tous les villages de France
Et Paris

(Reproduit avec la permission de Ch. Chemetoff Soupault.)

---

1. *Melbourne* : ville d'Australie.
2. *Le Cap* : capitale législative de l'Afrique du Sud.
3. *Calcutta* : ville de l'Inde, capitale du Bengale-Occidental.
4. *Auckland* : ville de la Nouvelle-Zélande.

QUESTIONS

1 Relevez les traces du drame historique qui s'abat sur Londres.

2 Que signifie la répétition de la phrase « Londres est bombardée pour la centième fois » ?

3 a) Le sens du mot « ode » dans le titre contraste-t-il avec les bombes qui tombent sur la ville ?

b) Expliquez les métaphores « grande fête de la mort aveugle », « nuit du courage » et « paralysie nocturne ».

c) Quel est le sens du pléonasme « nuit noire » ?

d) Relevez les mots appartenant aux champs lexicaux du silence, de l'écoute et de la parole.

e) Comment, dans le texte, les pronoms « je », « nous » et « vous » communiquent-ils entre eux ?

4 Ce texte livre-t-il un message de peur ou un message d'espoir ? Expliquez.

5 a) Peut-on affirmer que les poètes Éluard et Soupault, lorsqu'ils écrivent respectivement « Liberté » (p. 127) et *Ode à Londres bombardée*, utilisent une rhétorique semblable pour arriver à un même objectif ?

b) L'espoir réside avant tout dans l'intervention des Alliés, dont ceux qui sont d'allégeance britannique, comme les Canadiens. Quel fut le rôle des soldats canadiens dans le dénouement de la Seconde Guerre mondiale ?

Jacques Prévert (1900-1977)

Prévert s'amuse avec le surréalisme. Il aime les jeux de mots, il désire étonner, surprendre, faire éclater le langage. Il use d'un humour corrosif qui scandalise. Lui aussi quitte le mouvement (1929), car il trouve André Breton trop autoritaire à son goût. Il ne joint pas non plus les rangs du Parti communiste. Poète populaire, à la structure syntaxique facile, il fait appel à un langage proche de l'oralité.

Prévert écrit des scénarios et des dialogues pour le cinéma (*Drôle de drame*, *Quai des brumes*, *Les Visiteurs du soir*, *Les Enfants du paradis*). La chanson devient, après la guerre, un moyen d'atteindre un vaste auditoire. Des interprètes comme Juliette Gréco, Serge Reggiani et Yves Montand rendent célèbres quelques-uns de ses textes tirés principalement du recueil *Paroles*.

Il aborde les thèmes de la liberté, de la justice et de la quête du bonheur. Antimilitariste, pacifiste, il défend les faibles et les opprimés.

Ses récits pour la jeunesse offrent une simplicité critique qui devient une bouffée d'oxygène. Après sa mort, son ami Paul Grimault réalise le film d'animation *Le Roi et l'Oiseau* (1980) d'après son conte *La Bergère et le Ramoneur* (1952).

Sa poésie s'inspire du quotidien le plus banal. Si elle est simple en apparence, elle révèle après analyse une structure tissée serré où les répétitions, inversions et autres figures de style se répondent.

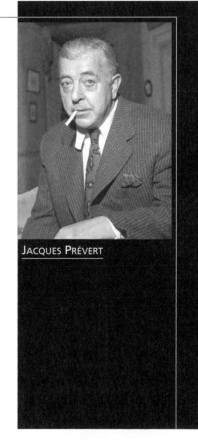

JACQUES PRÉVERT

■ PAROLES (1946)

Ville portuaire de la Bretagne, région administrative de l'ouest de la France, Brest a subi durant la Seconde Guerre mondiale tellement de bombardements de la part des Alliés — qui voulaient détruire une base navale allemande abritant des sous-marins — que son cœur fut anéanti.

Le sujet lyrique se souvient d'une scène qui s'est déroulée dans cette ville avant la guerre. Il interpelle une femme qui vit dans son souvenir, Barbara.

« Barbara »

Rappelle-toi Barbara
Il pleuvait sans cesse sur Brest ce jour-là
Et tu marchais souriante
Épanouie ravie ruisselante
5 Sous la pluie
Rappelle-toi Barbara
Il pleuvait sans cesse sur Brest
Et je t'ai croisée rue de Siam
Tu souriais
10 Et moi je souriais de même
Rappelle-toi Barbara
Toi que je ne connaissais pas
Toi qui ne me connaissais pas
Rappelle-toi
15 Rappelle-toi quand même ce jour-là
N'oublie pas
Un homme sous un porche s'abritait
Et il a crié ton nom
Barbara
20 Et tu as couru vers lui sous la pluie
Ruisselante ravie épanouie
Et tu t'es jetée dans ses bras
Rappelle-toi cela Barbara
Et ne m'en veux pas si je te tutoie
25 Je dis tu à tous ceux que j'aime
Même si je ne les ai vus qu'une seule fois
Je dis tu à tous ceux qui s'aiment
Même si je ne les connais pas
Rappelle-toi Barbara
30 N'oublie pas

Cette pluie sage et heureuse
Sur ton visage heureux
Sur cette ville heureuse
Cette pluie sur la mer
35 Sur l'arsenal
Sur le bateau d'Ouessant[1]
Oh Barbara
Quelle connerie la guerre
Qu'es-tu devenue maintenant
40 Sous cette pluie de fer
De feu d'acier de sang
Et celui qui te serrait dans ses bras
Amoureusement
Est-il mort disparu ou bien encore vivant
45 Oh Barbara
Il pleut sans cesse sur Brest
Comme il pleuvait avant
Mais ce n'est plus pareil et tout est abîmé
C'est une pluie de deuil terrible et désolée
50 Ce n'est même plus l'orage
De fer d'acier de sang
Tout simplement des nuages
Qui crèvent comme des chiens
Des chiens qui disparaissent
55 Au fil de l'eau sur Brest
Et vont pourrir au loin
Au loin très loin de Brest
Dont il ne reste rien.

(© *Éditions Gallimard.*)

---

1. *Ouessant* : île faisant partie de l'arrondissement de Brest.

QUESTIONS

1 Trouve-t-on dans le texte des indices qui rappellent les thèmes chers à Prévert (la liberté, la justice, la quête du bonheur) ?

2 Est-il vrai de dire que le personnage de Barbara s'oppose à la barbarie ?

3 a) Le texte se divise en deux parties : avant la guerre et après. Quelle phrase fait l'arrimage des temps ?

b) À quoi l'utilisation des impératifs sert-elle ?

c) Trouvez le chiasme qui donne à voir l'enlacement des amoureux.

d) Relevez une métaphore du bombardement qui a eu lieu sur la ville.

4 Quel jugement sur la guerre Prévert exprime-t-il par ce poème ? Expliquez votre réponse.

5 Quels liens pouvez-vous établir entre « Barbara » et *Ode à Londres bombardée* ?

Art et littérature

LES HORREURS DE LA GUERRE

Honneur ou horreur, la Première Guerre mondiale fut la première à utiliser la technologie moderne. Les chars d'assaut, les armes chimiques et les obus de longue portée ont fait des ravages au sein des troupes. Otto Dix a été marqué à jamais par son expérience de soldat lors de ce conflit. Le thème de la guerre, notamment celui des soldats défigurés par leurs blessures, occupe une place primordiale dans son œuvre. Réalisé en 1920, dans l'Allemagne ruinée par la défaite, le tableau *Les invalides de guerre jouant aux cartes* met les spectateurs de l'époque en face de la réalité gênante du sort des soldats démobilisés, vivotant de leurs maigres pensions d'amputés de guerre.

- Décrivez les blessures et les prothèses des joueurs de cartes.

- Montrez que, malgré l'horreur de la scène, le tableau conserve un aspect caricatural.

- Selon vous, en quoi ce tableau dénonce-t-il un problème social ?

- Pourquoi peut-on dire que cette toile est antimilitariste, au même titre que le poème de Prévert ?

OTTO DIX **(1891-1969).**

Les invalides de guerre jouant aux cartes, 1920. (Huile sur toile, 110 × 87 cm. Nationalgalerie, Staatliche Museen zu Berlin, Berlin.)

POÉSIE À LA PRÉVERT

Jacques Prévert se situe au cœur du surréalisme. Si les surréalistes tentent d'éclairer les parois de l'inconscient avec l'automatisme et l'aléatoire, Prévert atteint la surréalité à partir d'observations de la vie quotidienne, de faits anodins, de situations banales : un oiseau dans une cage, un enfant qui dessine avec des craies de couleur, une femme sous un porche, etc. Le langage de Prévert est métonymique : la partie exprime le tout. Pour écrire à la Prévert, il faut aiguiser son sens de l'observation. Il faut savoir voir, cadrer une situation et l'interroger. Un vieillard qui tient un enfant par la main, les lumières d'un feu de circulation, un cadavre dans un cercueil, un poisson dans un aquarium ; tout cela vous amènera aux portes de l'espoir, du faux et de la liberté. Vous devez donc développer une observation faite dans la quotidienneté et l'amener à signifier beaucoup plus dans une poésie en vers libres d'une page environ. Et pour exploiter à fond la veine prévertienne, agrémentez le tout d'un collage.

PARTIE 3

DANS LA FOULÉE EXISTENTIALISTE

DANS SES ÉCRITS, Kierkegaard, penseur et théologien danois du XIXe siècle, décrit l'angoisse paralysante qui saisit l'individu devant l'ampleur de sa liberté dans la construction de son devenir. Quelques générations plus tard, Husserl, puis Heidegger, Sartre et Camus reprendront les interrogations de Kierkegaard pour en faire les assises d'une philosophie, l'existentialisme, où — les mots sont de Sartre — « l'existence précède l'essence ».

LA QUESTION DE LA NATURE HUMAINE

La formule révolutionnaire de Sartre inverse le rapport entre l'acte et l'être : dans le théâtre classique par exemple, c'est la nature du personnage (l'avare, le misanthrope, etc.) qui détermine ses actes. L'existentialisme propose exactement le contraire : les actes choisis déterminent la nature du personnage, considéré comme un projet, un *devenir*, plutôt qu'un être irréversiblement constitué. Ainsi, face à un homme accusé de vol, le partisan de l'approche classique dira « Il est un voleur, donc il a volé », mais l'existentialiste, « Il a volé, donc il est un voleur ».

Les existentialistes remplacent le concept de « nature humaine » par celui de « devenir » : chacun serait l'artisan de qui il est (son essence). Pour les existentialistes, les concepts de destin et même de Dieu n'existent pas ; l'homme choisit en toute liberté quel acte poser, sans être limité par ses choix passés, et, conséquemment, ce qu'il veut devenir. Ainsi, l'essence est sujette à être révisée tant qu'on est en vie. À la mort seulement, le trait est tracé et l'essence se fixe.

L'ABSURDE

Pour Sartre, la vie est absurde, c'est-à-dire sans raison. Nous existerions pour rien. Les moments où nous avons conscience d'être *de trop* ou d'être seuls sont des moments de lucidité impitoyable. Cette conscience du néant inspire un vertige qui peut à son tour provoquer une sensation de nausée. Le néant peut cependant être « rempli » par l'action engagée, ce qui permet à la solitude de céder le pas à la solidarité de ceux qui défendent une cause commune.

Pour Camus, l'absurde n'est pas dans le monde, mais bien dans la conscience. Ce sentiment naît du heurt entre la volonté tout humaine de sens et l'absence flagrante de ce dernier dans le monde tel qu'il est perçu et vécu. La révolte, seule attitude digne d'un humain sous l'emprise de l'absurde, implique elle aussi l'engagement conséquent de l'individu dans les affaires de sa société.

L'ANGOISSE ET LE REGARD D'AUTRUI

Nos actes seuls nous jugent, et ils sont irréversibles. Celui qui assume sa liberté et qui tient compte de la liberté de l'autre est, selon Sartre, « authentique ». Celui qui n'assume pas sa liberté et qui se complaît dans la fuite, par exemple, est dit de mauvaise foi. Il y en a de deux sortes : le lâche et le salaud. Le premier est celui qui renie sa liberté, qui prétend qu'un autre est responsable de ses actes. Le second est celui qui usurpe la liberté d'autrui, celui qui abuse de sa liberté pour réduire celle des autres.

Pour Sartre, quand une personne est devant un choix et qu'il n'existe aucune valeur universelle pour la guider, elle ressent de l'angoisse, car elle reconnaît du même coup que, choisissant en toute liberté, elle est entièrement responsable de l'action qui définira ensuite son essence. Mais l'angoisse peut avoir une autre source : nos actes peuvent aussi être jugés par autrui. Le regard de l'autre peut aussi être source d'angoisse, car autrui est libre de juger d'une manière qui ne nous sied pas. L'autre et sa liberté deviennent donc un facteur important dans les choix que nous avons à faire.

Les questions du destin, de la responsabilité et de la liberté sont abondamment discutées par la génération s'acheminant vers la guerre et par ceux l'ayant vécue. Sans être existentialistes, certains écrivains, dont Jean Anouilh, développent dans leurs œuvres des thèmes tels que le vertige de la liberté, la responsabilité de ses actes et le sens de l'engagement. Chez eux, les questionnements aboutissent à une reconnaissance du rôle déterminant de la liberté humaine : il leur paraît urgent de proposer une morale de l'action.

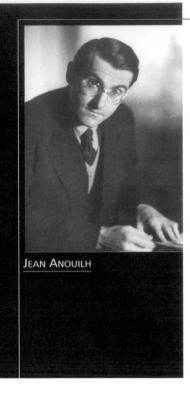

JEAN ANOUILH

Jean Anouilh (1910-1987)

Né à Bordeaux, Jean Anouilh se retrouve dès 1921 à Paris. Après des études de droit, il intègre le milieu de la publicité, où il fait la connaissance du poète Jacques Prévert. Dès la publication de ses premières pièces, il connaît le succès, si bien qu'à partir de 1938, il vit bien de sa plume. Lorsque la Seconde Guerre mondiale éclate, il continue d'écrire, évitant de prendre position pour ou contre la collaboration française avec l'occupant allemand. Ce refus d'engagement lui sera d'ailleurs durement reproché. La première représentation d'*Antigone* provoque une polémique, car certains estiment qu'Anouilh réserve une trop belle place au personnage de Créon, défenseur de l'ordre établi (et en l'occurrence de la collaboration). Après la Libération, il produit des pièces dont le ton passe d'un pessimisme féroce à un scepticisme amusé. En 1961, déçu de l'échec de sa pièce *La Grotte*, Anouilh délaisse l'écriture au profit de la mise en scène. Ce faisant, il cède volontiers la place aux étoiles montantes du théâtre de l'absurde, Samuel Beckett et Eugène Ionesco, dont il est parmi les premiers à saluer l'œuvre. Quand il reprend la plume dans les années 1970, Anouilh, incorrigiblement ironique et indifférent à ce que l'on pense de lui, renchérit sur le rôle d'« auteur de pièces de distraction » que la critique lui attribue en se présentant lui-même comme un simple « fabricant de pièces ».

■ ANTIGONE (1944)

Présentée pour la première fois en 1944, Antigone reprend une histoire antique pour montrer la lâcheté pragmatique des parvenus et le sacrifice héroïque de la militante convaincue. Antigone a osé enterrer son frère rebelle, Polynice, dont le cadavre devait être exposé sans sépulture afin de servir d'exemple. Mais les hommes du roi l'ont déterré et elle entend bien l'inhumer de nouveau. Dans cet extrait, Créon, roi de Thèbes, tente de raisonner sa nièce.

CRÉON (*la regarde et murmure soudain.*)
L'orgueil d'Œdipe[1]. Tu es l'orgueil d'Œdipe. Oui, maintenant que je l'ai retrouvé au fond de tes yeux, je te crois. Tu as dû penser que je te
5 ferais mourir. Et cela te paraissait un dénouement tout naturel pour toi, orgueilleuse ! Pour ton père non plus — je ne dis pas le bonheur, il n'en était pas question — le malheur humain, c'était trop peu. L'humain vous gêne aux en-
10 tournures dans la famille. Il vous faut un tête-à-tête avec le destin et la mort. Et tuer votre père et coucher avec votre mère et apprendre tout cela après, avidement, mot par mot. Quel breuvage, hein, les mots qui vous con-
15 damnent ? Et comme on les boit goulûment

quand on s'appelle Œdipe, ou Antigone. Et le plus simple après, c'est encore de se crever les yeux et d'aller mendier avec ses enfants sur les routes… Eh bien, non. Ces temps sont révo-
20 lus pour Thèbes. Thèbes a droit maintenant à un prince sans histoire. Moi, je m'appelle seulement Créon, Dieu merci. J'ai mes deux pieds par terre, mes deux mains enfoncées dans mes poches et, puisque je suis roi, j'ai résolu, avec
25 moins d'ambition que ton père, de m'employer tout simplement à rendre l'ordre de ce monde un peu moins absurde, si c'est possible. Ce n'est même pas une aventure, c'est un métier pour tous les jours et pas toujours drôle, comme tous
30 les métiers. Mais puisque je suis là pour le faire,

je vais le faire… Et si demain un messager cras-
seux dévale du fond des montagnes pour
m'annoncer qu'il n'est pas très sûr non plus de
ma naissance, je le prierai tout simplement de
35 s'en retourner d'où il vient et je ne m'en irai pas
pour si peu regarder ta tante sous le nez et me
mettre à confronter les dates. Les rois ont autre
chose à faire que du pathétique personnel, ma
petite fille. *(Il a été à elle, il lui prend le bras.)*
40 Alors, écoute-moi bien. Tu es Antigone, tu es
la fille d'Œdipe[1], soit, mais tu as vingt ans et il
n'y a pas longtemps encore tout cela se serait
réglé par du pain sec et une paire de gifles.
(Il la regarde, souriant.) Te faire mourir ! Tu ne
45 t'es pas regardée, moineau ! Tu es trop maigre.
Grossis un peu, plutôt, pour faire un gros garçon à Hémon. Thèbes en a besoin plus que de
ta mort, je te l'assure. Tu vas rentrer chez toi
tout de suite, faire ce que je t'ai dit et te taire.
50 Je me charge du silence des autres. Allez, va !
Et ne me foudroie pas comme cela du regard.
Tu me prends pour une brute, c'est entendu,
et tu dois penser que je suis décidément bien
prosaïque. Mais je t'aime bien tout de même
55 avec ton sale caractère. N'oublie pas que c'est
moi qui t'ai fait cadeau de ta première poupée,
il n'y a pas si longtemps.

Antigone ne répond pas. Elle va sortir. Il l'arrête.

CRÉON
Antigone ! C'est par cette porte qu'on regagne
60 ta chambre. Où t'en vas-tu par là ?

ANTIGONE, *s'est arrêtée, elle lui répond doucement, sans forfanterie.*
Vous le savez bien…

Un silence. Ils se regardent encore debout l'un en
65 *face de l'autre.*

CRÉON, *murmure, comme pour lui.*
Quel jeu joues-tu ?

ANTIGONE
Je ne joue pas.

CRÉON
Tu ne comprends donc pas que si quelqu'un
70 d'autre que ces trois brutes sait tout à l'heure
ce que tu as tenté de faire, je serai obligé de te
faire mourir ? Si tu te tais maintenant, si tu
renonces à cette folie, j'ai une chance de te sauver, mais je ne l'aurai plus dans cinq minutes.
75 Le comprends-tu ?

ANTIGONE
Il faut que j'aille enterrer mon frère que ces
hommes ont découvert.

CRÉON
Tu irais refaire ce geste absurde ? Il y a une autre
garde autour du corps de Polynice et, même si
80 tu parviens à le recouvrir encore, on dégagera
son cadavre, tu le sais bien. Que peux-tu donc,
sinon t'ensanglanter encore les ongles et te faire
prendre ?

ANTIGONE
Rien d'autre que cela, je le sais. Mais cela, du
85 moins, je le peux. Et il faut faire ce que l'on peut.

1. *Œdipe* : père d'Antigone. Ce personnage est abandonné de ses parents à cause d'un oracle qui prédisait qu'il allait tuer son père et épouser sa mère. Adopté et élevé dans une ville voisine, Œdipe ignore qui sont ses vrais parents. Quand il consulte à son tour l'oracle, il apprend qu'il doit tuer son père et épouser sa mère, ce qui l'incite à quitter sa ville adoptive et à se rendre sans le savoir dans sa ville natale. En chemin, il croise un homme qui l'irrite et qu'il tue : c'est son père ; arrivé dans sa ville natale, il s'éprend de la reine et l'épouse : c'est sa mère. Plusieurs années plus tard, Œdipe, devenu roi, apprend qu'il a réalisé à son insu la prédiction de l'oracle et qu'il doit donc son règne à des crimes contre nature. Son remords est tel qu'il se crève les yeux et abandonne son royaume pour mener une vie de mendiant, accompagné de sa fille Antigone qui lui sert de guide.

QUESTIONS

1 Comment cet extrait montre-t-il l'importance de l'engagement ?

2 Quels thèmes s'opposent dans cet extrait ?

3 a) Comment Créon se définit-il ? Quelle mission personnelle se donne-t-il ? Comment les paroles de la fin de la première réplique le caractérisent-elles ?

b) Quelle réplique de Créon met Antigone « en situation », à la manière typique des existentialistes ? Comment les répliques d'Antigone la caractérisent-elles ?

4 Comparez les attitudes des deux personnages face à l'absurde.

5 a) Comment les positions des deux personnages face à l'absurde et au destin peuvent-elles être considérées comme des attitudes typiquement existentialistes ?

b) Quels liens peut-on faire entre les caractères distinctifs des personnages de cet extrait et la situation des Français pendant l'Occupation ?

c) Ces deux personnages sont-ils héroïques chacun à sa manière ? Expliquez votre réponse.

Écriture littéraire

ÉCRIVAIN ENGAGÉ

Si vous évaluez votre existence en faisant la somme de vos intentions, vous n'arriverez pas à grand-chose. Si vous le faites, par contre, en faisant la somme de vos actions, bonnes ou mauvaises, vous aurez une très bonne idée de ce que vous êtes et de la place que vous prenez dans le monde. Vous aurez une vision existentialiste de vous-même. Écrire de façon existentialiste, c'est réaliser une action. Comment peut-on réaliser une action en écrivant ? En rédigeant un texte engagé.

Êtes-vous impliqué(e) dans une cause que vous croyez juste ? Êtes-vous prêt(e) à vous compromettre pour la défendre ? La force d'un texte existentialiste est proportionnelle au risque que prend son auteur en le publiant. Se prononcer en faveur de ce que tout le monde admet comme une évidence n'est pas très risqué. Vous ne courrez aucun risque en plaidant contre les délits de fuite. Par contre, si vous y allez d'un texte en faveur de la légalisation de la prostitution ou contre la charia, vous soulèverez des controverses. Quelle que soit la cause que vous défendrez, vous devez ultimement servir le but le plus noble qui soit : la liberté. Pour que cet exercice ait des chances de réussir, il vous faut choisir un sujet qui contrariera certaines personnes, voire certaines tranches de la société, mais qui, selon vous, engendrera un mieux-être et un plus grand épanouissement de l'humain.

JEAN-PAUL SARTRE

Jean-Paul Sartre (1905-1980)

Selon son autobiographie *Les Mots* (1964), sa condition d'orphelin prédispose Sartre à une existence de philosophe existentialiste : le sentiment « d'être de trop » dans un monde dépourvu d'un sens imposé (par une autorité paternelle ou autre) l'accompagne dès son plus jeune âge. Après de brillantes études, il devient professeur de philosophie, prolongeant les recherches des philosophes allemands Hegel et surtout Husserl. Cependant, Sartre veut que la pensée existentialiste telle qu'il la développe soit connue du grand public, car il est convaincu que ses principes sont accessibles à tout le monde et seraient bénéfiques à la société. Dès 1938, il amorce donc une carrière d'écrivain et de dramaturge, et pose dans ses œuvres certains problèmes philosophiques pour faire découvrir au lecteur ou au spectateur sa liberté et sa responsabilité entières. Comme son entreprise philosophique et littéraire est basée sur l'action dans le monde, son engagement devient aussi politique : il se porte volontaire pour défendre la France lors de l'invasion allemande de 1940, s'échappe d'un camp de prisonniers de guerre, se joint à la Résistance française, puis, après la guerre, se fait le porte-parole du communisme français et dirige plusieurs journaux politiques engagés (*Les Temps modernes*, *La Cause du peuple* et *Libération*). Son anti-élitisme le pousse à refuser le prix Nobel de littérature en 1964 et son souci pour le bien-être des générations à venir fait de lui l'un des premiers intellectuels à dénoncer la construction d'usines nucléaires en France.

■ HUIS CLOS (1944)

Cette pièce est la plus classique que Sartre ait écrite : trois personnages (quatre si on compte le portier) séquestrés dans une chambre d'hôtel font connaissance et s'entre-déchirent. Ce drame en vase clos a une dimension philosophique certaine, car chacun d'eux vient de mourir et sait qu'il mérite l'enfer. L'action de la pièce est simple : chaque personnage voudra savoir de l'autre pourquoi il mérite l'enfer et en quoi consistera son supplice. Elle présente en outre une forme de triangle amoureux : Inès, lesbienne, veut séduire Estelle qui, elle, veut séduire Garcin, qui voit en Inès une personne dont il lui faut absolument gagner le respect. Sur le plan politique, elle est aussi une critique de la lâcheté des Français qui collaborent avec l'occupant allemand.

Garcin, journaliste brésilien pacifiste, fusillé par le régime militaire alors qu'il tentait de fuir le pays, a décidé de ne pas sortir de la pièce suffocante quand il en a eu la chance. Dans cet extrait, il dit qu'il n'est pas parti à cause d'Inès qui, de son vivant, a tant torturé psychologiquement sa compagne que celle-ci a décidé d'en finir en s'empoisonnant au gaz. Estelle, bourgeoise bien mariée, a noyé son nouveau-né conçu avec son amant afin d'éviter le scandale, ce qui a entraîné le suicide de l'amant. Elle qui a besoin du regard d'un homme pour exister assiste hébétée à l'aveu de Garcin.

INÈS
À cause de moi ?

GARCIN
Oui. Tu sais ce que c'est qu'un lâche, toi.

INÈS
Oui, je le sais.

GARCIN
5   Tu sais ce que c'est que le mal, la honte, la peur. Il y a eu des jours où tu t'es vue jusqu'au cœur — et ça te cassait bras et jambes. Et le lendemain, tu ne savais plus que penser, tu n'arrivais plus à déchiffrer la révélation de la veille. Oui, tu connais le prix du mal. Et si tu dis que
10   je suis un lâche, c'est en connaissance de cause, hein ?

INÈS
Oui.

GARCIN
C'est toi que je dois convaincre : tu es de ma race. T'imaginais-tu que j'allais partir ? Je ne
15   pouvais pas te laisser ici, triomphante, avec toutes ces pensées dans la tête ; toutes ces pensées qui me concernent.

INÈS
Tu peux vraiment me convaincre ?

GARCIN
Je ne peux plus rien d'autre. Je ne les entends
20   plus, tu sais[1]. C'est sans doute qu'ils en ont fini avec moi. Fini : l'affaire est classée, je ne suis plus rien sur terre, même plus un lâche. Inès,

---

1. En se concentrant un peu, les personnages peuvent entendre ce qui se passe sur terre, dans ce qui fut leur entourage.

nous voilà seuls : il n'y a plus que vous deux pour penser à moi. Elle ne compte pas. Mais toi, toi qui me hais, si tu me crois, tu me sauves.

INÈS

Ce ne sera pas facile. Regarde-moi : j'ai la tête dure.

GARCIN

J'y mettrai le temps qu'il faudra.

INÈS

Oh ! tu as tout le temps, *Tout* le temps.

GARCIN (*la prenant aux épaules.*)

Écoute, chacun a son but, n'est-ce pas ? Moi, je me foutais de l'argent, de l'amour. Je voulais être un homme. Un dur. J'ai tout misé sur le même cheval. Est-ce que c'est possible qu'on soit un lâche quand on a choisi les chemins les plus dangereux ? Peut-on juger une vie sur un seul acte ?

INÈS

Pourquoi pas ? Tu as rêvé trente ans que tu avais du cœur ; et tu te passais mille petites faiblesses parce que tout est permis aux héros. Comme c'était commode ! Et puis, à l'heure du danger, on t'a mis au pied du mur et... tu as pris le train pour Mexico.

GARCIN

Je n'ai pas rêvé cet héroïsme. Je l'ai choisi. On est ce qu'on veut.

INÈS

Prouve-le. Prouve que ce n'était pas un rêve. Seuls les actes décident de ce qu'on a voulu.

GARCIN

Je suis mort trop tôt. On ne m'a pas laissé le temps de faire *mes* actes.

INÈS

On meurt toujours trop tôt — ou trop tard. Et cependant la vie est là, terminée : le trait est tiré, il faut faire la somme. Tu n'es rien d'autre que ta vie.

GARCIN

Vipère ! Tu as réponse à tout.

INÈS

Allons ! allons ! Ne perds pas courage. Il doit t'être facile de me persuader. Cherche des arguments, fais un effort. (*Garcin hausse les épaules.*) Eh bien, eh bien ? Je t'avais dit que tu étais vulnérable. Ah ! comme tu vas payer à présent. Tu es un lâche, Garcin, un lâche parce que je le veux. Je le veux, tu entends, je le veux ! Et pourtant, vois comme je suis faible, un souffle ; je ne suis rien que le regard qui te voit, que cette pensée incolore qui te pense. [...]

Garcin la menace avec ses poings, en vain : sa brutalité ne changerait pas l'opinion qu'Inès a de lui. Estelle essaie alors de s'allier à Garcin pour toucher le point sensible d'Inès : elle propose à Garcin de l'embrasser passionnément, ce qui rendra Inès épouvantablement jalouse. Mais Inès nargue si bien le couple qui s'embrasse que Garcin finit par détacher ses lèvres de celles d'Estelle.

GARCIN

Il ne fera donc jamais nuit ?

INÈS

Jamais.

GARCIN

Tu me verras toujours ?

INÈS

Toujours.

Garcin abandonne Estelle et fait quelques pas dans la pièce. Il s'approche du bronze.

GARCIN

Le bronze... (*Il le caresse.*) Eh bien, voici le moment. Le bronze est là, je le contemple et je comprends que je suis en enfer. Je vous dis que tout était prévu. Ils avaient prévu que je me tiendrais devant cette cheminée, pressant ma main sur ce bronze, avec tous ces regards sur moi. Tous ces regards qui me mangent... (*Il se retourne brusquement.*) Ha ! vous n'êtes que deux ? Je vous croyais beaucoup plus nombreuses. (*Il rit.*) Alors, c'est ça l'enfer. Je n'aurais jamais cru... Vous vous rappelez : le soufre, le bûcher, le gril... Ah ! quelle plaisanterie. Pas besoin de gril : l'enfer, c'est les Autres.

(© *Éditions Gallimard*, 1947.)

QUESTIONS

1 Quelles idées typiquement existentialistes reconnaît-on dans cet extrait ?

2 Qu'est-ce qui importe le plus à Garcin ? Pourquoi ?

3 a) Quels arguments Garcin veut-il faire valoir auprès d'Inès pour mériter son respect ?

b) Comment les répliques d'Inès la caractérisent-elles ?

c) Par quelle métaphore Inès se présente-t-elle comme à la fois faible et forte ?

d) Quel rapport y a-t-il entre le bronze sur lequel Garcin pose sa main et le sentiment d'impuissance qu'il exprime simultanément ?

4 Comment ces trois personnages expriment-ils les différentes formes de ce que Sartre a appelé « la mauvaise foi » ?

5 Quel parallèle faites-vous entre « la mauvaise foi » des personnages et les Français sous l'Occupation ?

Sartre s'explique

Les trois personnages que vous entendrez dans *Huis clos* ne nous ressemblent pas en ceci que nous sommes vivants et qu'ils sont morts. Bien entendu, ici, « morts » symbolise quelque
5 chose. Ce que j'ai voulu indiquer, c'est précisément que beaucoup de gens sont encroûtés dans une série d'habitudes, de coutumes, qu'ils ont sur eux des jugements dont ils souffrent mais qu'ils ne cherchent même pas à
10 changer. […]

[…] c'est une mort vivante que d'être entouré par le souci perpétuel de jugements et d'actions que l'on ne veut pas changer. De sorte que, en vérité, comme nous sommes vivants, j'ai voulu
15 montrer par l'absurde l'importance chez nous de la liberté, c'est-à-dire l'importance de changer les actes par d'autres actes. Quel que soit le cercle d'enfer dans lequel nous vivons, je pense que nous sommes libres de le briser. Et
20 si les gens ne le brisent pas, c'est encore librement qu'ils y restent. De sorte qu'ils se mettent librement en enfer.

(Extraits du préambule à l'enregistrement phonographique de la pièce en 1965. © Éditions Gallimard.)

Albert Camus (1913-1960)

Né à Alger d'une mère pauvre mais forte de caractère, Albert Camus a toujours été parmi les premiers à appuyer ceux qui se révoltaient contre leur condition. Après des études en philosophie que la tuberculose l'oblige à interrompre, il se lance en journalisme, puis rédige ses premières œuvres littéraires. Il y célèbre la lumière sensuelle des pays du Midi et dénonce l'absurde et les injustices. Il se rend en France peu avant la déclaration de la Seconde Guerre mondiale et s'engage dans la Résistance dès le début de l'Occupation, engagement qui se traduit notamment par la direction du journal clandestin *Combat*. Après la guerre, il suit de près les procès des nazis à Nuremberg et milite contre la peine capitale. Romancier, dramaturge, essayiste, journaliste, il s'engagera dans une longue polémique avec Jean-Paul Sartre au sujet du communisme, opposant à l'existentialisme sartrien une nouvelle forme d'humanisme axé sur la conscience de l'absurde et la noblesse de la révolte. Il meurt subitement dans un accident de la route.

ALBERT CAMUS

■ L'ÉTRANGER (1942)

Premier roman de Camus, L'Étranger *présente Meursault, un personnage indifférent à tout qui refuse de croire à quelque valeur. Un concours de circonstances l'amène à tuer un homme arabe venu menacer son nouvel ami et voisin de palier. Lors du procès, Meursault refuse d'inventer des raisons pour se justifier et se fait donc condamner à mort par un jury outré plus par l'absence de vrais mobiles que par le meurtre lui-même. Dans cet extrait, Meursault sait qu'il n'a plus que quelques heures à vivre. Cette situation sera pour lui une occasion de lucidité et de révolte.*

Il y avait aussi deux choses à quoi je réfléchissais tout le temps : l'aube et mon pourvoi. Je me raisonnais cependant et j'essayais de n'y plus penser. Je m'étendais, je regardais le ciel,
5 je m'efforçais de m'y intéresser. Il devenait vert, c'était le soir. Je faisais encore un effort pour détourner le cours de mes pensées. J'écoutais mon cœur. Je ne pouvais imaginer que ce bruit qui m'accompagnait depuis si longtemps pût
10 jamais cesser. Je n'ai jamais eu de véritable imagination. J'essayais pourtant de me représenter une certaine seconde où le battement de ce cœur ne se prolongerait plus dans ma tête. Mais en vain. L'aube ou mon pourvoi étaient là. Je
15 finissais par me dire que le plus raisonnable était de ne pas me contraindre.

C'est à l'aube qu'ils venaient, je le savais. En somme, j'ai occupé mes nuits à attendre cette aube. Je n'ai jamais aimé être surpris. Quand
20 il m'arrive quelque chose, je préfère être là. C'est pourquoi j'ai fini par ne plus dormir qu'un peu dans mes journées et, tout le long de mes nuits, j'ai attendu patiemment que la lumière naisse sur la vitre du ciel. Le plus dif-
25 ficile, c'était l'heure douteuse où je savais qu'ils opéraient d'habitude. Passé minuit, j'attendais et je guettais. Jamais mon oreille n'avait perçu tant de bruits, distingué de sons si ténus. Je peux dire, d'ailleurs, que d'une certaine façon
30 j'ai eu de la chance pendant toute cette période, puisque je n'ai jamais entendu de pas. Maman disait souvent qu'on n'est jamais tout à fait malheureux. Je l'approuvais dans ma prison, quand le ciel se colorait et qu'un nouveau
35 jour glissait dans ma cellule. Parce qu'aussi bien, j'aurais pu entendre des pas et mon cœur aurait pu éclater. Même si le moindre glissement me jetait à la porte, même si, l'oreille collée au bois, j'attendais éperdument jusqu'à ce
40 que j'entende ma propre respiration, effrayé de la trouver rauque et si pareille au râle d'un chien, au bout du compte mon cœur n'éclatait pas et j'avais encore gagné vingt-quatre heures.

45 Pendant tout le jour, il y avait mon pourvoi. Je crois que j'ai tiré le meilleur parti de cette idée. Je calculais mes effets et j'obtenais de mes réflexions le meilleur rendement. Je prenais toujours la plus mauvaise supposition : mon
50 pourvoi était rejeté. « Eh bien, je mourrai donc. » Plus tôt que d'autres, c'était évident. Mais tout le monde sait que la vie ne vaut pas la peine d'être vécue. Dans le fond, je n'ignorais pas que mourir à trente ans ou à soixante-
55 dix ans importe peu puisque, naturellement, dans les deux cas, d'autres hommes et d'autres femmes vivront, et cela pendant des milliers d'années. Rien n'était plus clair, en somme. C'était toujours moi qui mourrais, que ce soit
60 maintenant ou dans vingt ans. À ce moment, ce qui me gênait un peu dans mon raisonnement, c'était ce bond terrible que je sentais en moi à la pensée de vingt ans de vie à venir. Mais je n'avais qu'à l'étouffer en imaginant ce
65 que seraient mes pensées dans vingt ans quand il me faudrait quand même en venir là. Du moment qu'on meurt, comment et quand, cela n'importe pas, c'était évident. Donc (et le difficile c'était de ne pas perdre de vue tout ce
70 que ce « donc » représentait de raisonnements), donc, je devais accepter le rejet de mon pourvoi.

À ce moment, à ce moment seulement, j'avais pour ainsi dire le droit, je me donnais en quelque sorte la permission d'aborder la deuxième hypothèse : j'étais gracié. L'ennuyeux, c'est qu'il fallait rendre moins fougueux cet élan du sang et du corps qui me piquait les yeux d'une joie insensée. Il fallait que je m'applique à réduire ce cri, à le raisonner. Il fallait que je sois naturel même dans cette hypothèse, pour rendre plus plausible ma résignation dans la première. Quand j'avais réussi, j'avais gagné une heure de calme. Cela, tout de même, était à considérer.

L'aumônier vient rendre visite au condamné à mort qui persiste dans son athéisme même à cette heure critique. Quand, invaincu, le curé lui dit, en guise d'adieu, qu'il priera pour lui, Meursault pique une sainte colère, rejetant violemment les certitudes métaphysiques au profit de ses certitudes physiques, et aussi de sa conscience de l'absurde.

Lui parti, j'ai retrouvé le calme. J'étais épuisé et je me suis jeté sur ma couchette. Je crois que j'ai dormi parce que je me suis réveillé avec des étoiles sur le visage. Des bruits de campagne montaient jusqu'à moi. Des odeurs de nuit, de terre et de sel rafraîchissaient mes tempes. La merveilleuse paix de cet été endormi entrait en moi comme une marée. À ce moment, et à la limite de la nuit, des sirènes ont hurlé. Elles annonçaient des départs pour un monde qui maintenant m'était à jamais indifférent. Pour la première fois depuis bien longtemps, j'ai pensé à maman. Il m'a semblé que je comprenais pourquoi à la fin d'une vie elle avait pris un « fiancé », pourquoi elle avait joué à recommencer. Là-bas, là-bas aussi, autour de cet asile où des vies s'éteignaient, le soir était comme une trêve mélancolique. Si près de la mort, maman devait s'y sentir libérée et prête à tout revivre. Personne, personne n'avait le droit de pleurer sur elle. Et moi aussi, je me suis senti prêt à tout revivre. Comme si cette grande colère m'avait purgé du mal, vidé d'espoir, devant cette nuit chargée de signes et d'étoiles, je m'ouvrais pour la première fois à la tendre indifférence du monde. De l'éprouver si pareil à moi, si fraternel enfin, j'ai senti que j'avais été heureux, et que je l'étais encore. Pour que tout soit consommé, pour que je me sente moins seul, il me restait à souhaiter qu'il y ait beaucoup de spectateurs le jour de mon exécution et qu'ils m'accueillent avec des cris de haine.

(© *Éditions Gallimard.*)

QUESTIONS

1 Comment l'attitude du personnage s'apparente-t-elle à celle des Français sous l'Occupation ou à celle des gens vivant dans un régime totalitaire ?

2 Quels traits de Meursault semblent particulièrement étranges ?

3 a) À quoi voit-on la lucidité du personnage ?

b) À quoi reconnaît-on qu'il est attaché au monde ?

c) Quelle antithèse trouve-t-on dans le troisième paragraphe (lignes 45 à 72) ? Quelle autre antithèse trouve-t-on dans le quatrième paragraphe (lignes 73 à 85) ? Quel est l'effet de ces antithèses ?

d) Relevez une métonymie et une comparaison dans le dernier paragraphe (lignes 86 à 118). Quel effet ont-elles ?

e) Comment le dernier paragraphe montre-t-il la solidarité humaine face à l'absurde ?

4 De quelle manière Meursault passe-t-il d'une froideur inhumaine à un tendre attachement au monde et aux humains ?

5 Comparez l'attitude de Meursault devant l'absurde à celle des personnages d'Anouilh (p. 142).

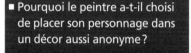
Art et littérature

L'INTERROGATION EXISTENTIELLE

Le sentiment d'être *de trop* dans le monde, de lui être étranger, habite un grand nombre de toiles de l'artiste américain Edward Hopper. Peintre de la solitude, des décors impersonnels et de l'anonymat urbain, Hopper représente des êtres pensifs, habités, semble-t-il, par une interrogation existentielle. Le spectateur qui regarde *Hotel Room* devient le témoin indiscret d'une scène intime : une jeune femme, en sous-vêtements, lit un document avec attention : est-ce une lettre d'amour, un prospectus publicitaire ou un simple horaire de train ? On ne saurait dire. Au spectateur d'interpréter les sentiments de la jeune femme, de même que les raisons de sa présence dans cette chambre d'hôtel. Seule compte, pour le peintre, la représentation d'un moment fugace de l'existence.

- Pourquoi le peintre a-t-il choisi de placer son personnage dans un décor aussi anonyme ?

- Quels détails nous montrent que la jeune femme n'est que de passage dans cette chambre ? Quel effet est ainsi créé ?

- En quoi une telle œuvre d'art peut-elle illustrer la sensation existentialiste « d'être de trop dans un monde dépourvu de sens » ?

- Composez un court texte de fiction à partir de cette scène. Qui est cette femme ? Qu'est-il écrit sur le document qu'elle lit ? Pourquoi cette femme est-elle à l'hôtel ?

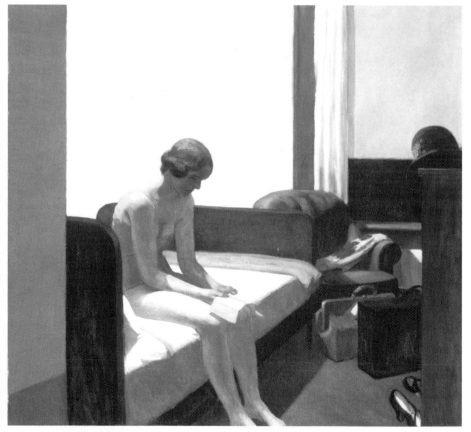

EDWARD HOPPER (1882-1967).
Hotel Room, 1931. (Huile sur toile, 152,4 × 165,7 cm. Museo Thyssen-Bornemisza, Madrid.)

■ LE MYTHE DE SISYPHE (1942)

Publié la même année que L'Étranger, Le Mythe de Sisyphe *en reprend la substance philosophique. Cet essai se penche d'abord sur le problème de la valeur de la vie pour qui est conscient de l'absolue relativité des valeurs, propose ensuite des études de fuites de l'absurde et des analyses d'œuvres, et donne enfin une nouvelle interprétation du mythe de Sisyphe. Les extraits retenus ici présentent d'un côté le suicide comme une « réponse » à la reconnaissance d'une existence dénuée de sens et de l'autre, l'attitude héroïque de l'homme qui, conscient de l'absurde, ne se supprime pas.*

Il n'y a qu'un problème philosophique vraiment sérieux : c'est le suicide. Juger que la vie vaut ou ne vaut pas la peine d'être vécue, c'est répondre à la question fondamentale de la philosophie. Le reste, si le monde a trois dimensions, si l'esprit a neuf ou douze catégories, vient ensuite. Ce sont des jeux ; il faut d'abord répondre. Et s'il est vrai, comme le veut Nietzsche, qu'un philosophe, pour être estimable, doive prêcher d'exemple, on saisit l'importance de cette réponse puisqu'elle va précéder le geste définitif. [...]

Si je me demande à quoi juger que telle question est plus pressante que telle autre, je réponds que c'est aux actions qu'elle engage. Je n'ai jamais vu personne mourir pour l'argument ontologique. Galilée, qui tenait une vérité scientifique d'importance, l'abjura le plus aisément du monde dès qu'elle mit sa vie en péril. Dans un certain sens, il fit bien. Cette vérité ne valait pas le bûcher. Qui de la terre ou du soleil tourne autour de l'autre, cela est profondément indifférent. Pour tout dire, c'est une question futile. En revanche, je vois que beaucoup de gens meurent parce qu'ils estiment que la vie ne vaut pas la peine d'être vécue. J'en vois d'autres qui se font paradoxalement tuer pour les idées ou les illusions qui leur donnent une raison de vivre (ce qu'on appelle une raison de vivre est en même temps une excellente raison de mourir). Je juge donc que le sens de la vie est la plus pressante des questions. Comment y répondre ? [...]

[...]

Les dieux avaient condamné Sisyphe à rouler sans cesse un rocher jusqu'au sommet d'une montagne d'où la pierre retombait par son propre poids. Ils avaient pensé avec quelque raison qu'il n'est pas de punition plus terrible que le travail inutile et sans espoir.

[...]

On a compris déjà que Sisyphe est le héros absurde. Il l'est autant par ses passions[1] que par son tourment. Son mépris des dieux, sa haine de la mort et sa passion pour la vie, lui ont valu ce supplice indicible où tout l'être s'emploie à ne rien achever. C'est le prix qu'il faut payer pour les passions de cette terre. On ne nous dit rien sur Sisyphe aux enfers. Les mythes sont faits pour que l'imagination les anime. Pour celui-ci on voit seulement tout l'effort d'un corps tendu pour soulever l'énorme pierre, la rouler et l'aider à gravir une pente cent fois recommencée ; on voit le visage crispé, la joue collée contre la pierre, le secours d'une épaule qui reçoit la masse couverte de glaise, d'un pied qui la cale, la reprise à bout de bras, la sûreté tout humaine de deux mains pleines de terre. Tout au bout de ce long effort mesuré par l'espace sans ciel et le temps sans profondeur, le but est atteint. Sisyphe regarde alors la pierre dévaler en quelques instants vers ce monde inférieur d'où il faudra la remonter vers les sommets. Il redescend dans la plaine.

C'est pendant ce retour, cette pause, que Sisyphe m'intéresse. Un visage qui peine si près des pierres est déjà pierre lui-même ! Je vois cet homme redescendre d'un pas lourd mais égal vers le tourment dont il ne connaîtra pas la fin. Cette heure qui est comme une respiration et qui revient aussi sûrement que son malheur, cette heure est celle de la conscience. À chacun de ces instants, où il quitte les sommets et s'enfonce peu à peu vers les tanières des dieux, il est supérieur à son destin. Il est plus fort que son rocher.

Si ce mythe est tragique, c'est que son héros est conscient. Où serait en effet sa peine, si à chaque pas l'espoir de réussir le soutenait ? L'ouvrier d'aujourd'hui travaille, tous les jours de sa vie, aux mêmes tâches et ce destin n'est pas moins absurde. Mais il n'est tragique qu'aux rares moments où il devient conscient.

---

1. Les causes du châtiment de Sisyphe varient : avoir fourni de l'aide aux hommes alors que les dieux voulaient s'amuser de leurs malheurs ; avoir enchaîné la Mort, ce qui irrita Pluton, dieu des Enfers ; avoir obtenu le droit de retourner sur terre pour accomplir une mission et en avoir profité pour essayer de n'en revenir jamais, etc.

Sisyphe, prolétaire des dieux, impuissant et révolté, connaît toute l'étendue de sa misérable condition : c'est à elle qu'il pense pendant sa descente. La clairvoyance qui devait faire son tourment consomme du même coup sa victoire. Il n'est pas de destin qui ne se surmonte par le mépris.

[...]

Toute la joie silencieuse de Sisyphe est là. Son destin lui appartient. Son rocher est sa chose. De même, l'homme absurde, quand il contemple son tourment, fait taire toutes les idoles. Dans l'univers soudain rendu à son silence, les mille petites voix émerveillées de la terre s'élèvent. Appels inconscients et secrets, invitations de tous les visages, ils sont l'envers nécessaire et le prix de la victoire. Il n'y a pas de soleil sans ombre, et il faut connaître la nuit. L'homme absurde dit oui et son effort n'aura plus de cesse. S'il y a un destin personnel, il n'y a point de destinée supérieure ou du moins il n'en est qu'une dont il juge qu'elle est fatale et méprisable. Pour le reste, il se sait le maître de ses jours. À cet instant subtil où l'homme se retourne sur sa vie, Sisyphe, revenant vers son rocher, contemple cette suite d'actions sans lien qui devient son destin, créé par lui, uni sous le regard de sa mémoire et bientôt scellé par sa mort. Ainsi, persuadé de l'origine tout humaine de tout ce qui est humain, aveugle qui désire voir et qui sait que la nuit n'a pas de fin, il est toujours en marche. Le rocher roule encore.

Je laisse Sisyphe au bas de la montagne ! On retrouve toujours son fardeau. Mais Sisyphe enseigne la fidélité supérieure qui nie les dieux et soulève les rochers. Lui aussi juge que tout est bien. Cet univers désormais sans maître ne lui paraît ni stérile ni futile. Chacun des grains de cette pierre, chaque éclat minéral de cette montagne pleine de nuit, à lui seul forme un monde. La lutte elle-même vers les sommets suffit à remplir un cœur d'homme. Il faut imaginer Sisyphe heureux.

(© *Éditions Gallimard.*)

Lewis H. Hine (1874-1940).

Powerhouse Mechanic, v. 1920. (Photo, 34,4 × 26,7 cm. Brooklyn Museum of Art, New York.)

Cette photographie prise dans les années 1920 aux États-Unis montre un ouvrier dans une centrale électrique. Le photographe a eu l'habileté de figer le mouvement du travailleur de telle manière qu'il semble ne faire qu'un avec la machine, comme s'il était pris dans un engrenage, ce que suggère également la roue contre laquelle il s'appuie. L'effort exigé par le travail se constate par le dos courbé, les muscles des bras tendus et la tête penchée vers l'avant. L'ouvrier devient ainsi un Sisyphe moderne qui effectue une tâche répétitive et épuisante.

QUESTIONS

1 Quels traits du personnage illustrent la quête de clarté et de sens propre à la génération des années 1930 et 1940 ?

2 Pourquoi faut-il imaginer Sisyphe heureux ?

3 a) Commentez le style du début de cet extrait : qu'est-ce qui en assure la clarté et la force persuasive ?

b) Relevez une antithèse de l'avant-dernier paragraphe. Quel effet a-t-elle ?

c) Par quels procédés littéraires Camus souligne-t-il la vanité des efforts de Sisyphe ?

d) Quel parallèle Camus fait-il entre le destin de Sisyphe et celui de l'ouvrier moderne ?

e) Pourquoi Sisyphe est-il supérieur à son destin déplorable ?

f) Quel rapport peut-on établir entre Sisyphe et les propos sur le suicide dans l'ouverture de l'essai ?

4 En quoi Sisyphe est-il un personnage à la fois tragique et héroïque ?

5 L'attitude héroïque de Sisyphe vous semble-t-elle idéaliste ? Y a-t-il aujourd'hui de tels héros absurdes ?

Littérature et actualité

DES ARTISTES ENGAGÉS

L'absurdité et la cruauté de la Seconde Guerre font que plusieurs artistes, comme Paul Éluard et Jean-Paul Sartre, ne peuvent rester neutres et ressentent le besoin de dénoncer les injustices, de soutenir des causes, des idéologies, des valeurs dans leurs œuvres. Identifiez des artistes d'aujourd'hui qui, au Québec ou ailleurs dans le monde, font des œuvres engagées. Pensez à la littérature, mais aussi à d'autres domaines artistiques comme la chanson et le cinéma.

Quelles sont les situations qu'ils dénoncent ou les causes qu'ils défendent ?

S'engagent-ils autrement que dans leurs œuvres artistiques ?

De quelle forme d'engagement est-il question ? Précisez, par exemple, si leur engagement est explicite ou subtil, occasionnel ou constant, sérieux, violent ou humoristique.

■ DISCOURS DE SUÈDE (1957)

Albert Camus reçoit le prix Nobel de littérature en 1957. Lors de la réception officielle organisée pour cette occasion à Stockholm, il prononce un discours dans lequel il précise sa position sur le destin de l'homme et le sens de l'art. Dans l'extrait suivant, il définit le rôle de l'artiste dans la communauté.

[...] c'est au moment même où l'artiste choisit de partager le sort de tous qu'il affirme l'individu qu'il est. Et il ne pourra sortir de cette ambiguïté. L'artiste prend de l'histoire ce qu'il peut en voir lui-même ou y souffrir lui-même, directement ou indirectement, c'est-à-dire l'actualité au sens strict du mot, et les hommes qui vivent aujourd'hui, non le rapport de cette actualité à un avenir imprévisible pour l'artiste vivant. Juger l'homme contemporain au nom d'un homme qui n'existe pas encore, c'est le rôle de la prophétie. L'artiste, lui, ne peut qu'apprécier les

Diego Rivera (1886-1957).

Les Exploiteurs, 1926-27. (Murale, 3,43 × 5,55 m. Universidad Autonoma, Chapingo, Mexique.)

Durant la révolution mexicaine de 1910, mouvement populaire et national, les grands propriétaires terriens, héritiers des conquérants espagnols, se sont opposés aux paysans indigènes, descendants des Aztèques et des Mayas. La murale *Les Exploiteurs* dénonce les inégalités sociales dont étaient victimes les paysans mexicains de cette époque. À gauche, un mineur, dont le casque, la pelle et la pioche sont posés sur le sol, est fouillé par deux soldats. Au centre et à droite, les paysans travaillent sous la menace d'une arme à feu. Un homme en habit d'équitation, probablement le propriétaire de la plantation, frappe un paysan avec sa cravache. Diego Rivera était, au même titre que Jose Clemente Orozco (p. 128), un peintre profondément engagé dans les luttes révolutionnaires des paysans de son pays. Cette démarche illustre parfaitement le rôle de l'artiste défini par Albert Camus dans son *Discours de Suède*.

mythes qu'on lui propose en fonction de leur répercussion sur l'homme vivant. Le pro-
15 phète, religieux ou politique, peut juger absolument et d'ailleurs, on le sait, ne s'en prive pas. Mais l'artiste ne le peut pas. S'il jugeait absolument, il partagerait sans nuances la réalité entre le bien et le mal, il ferait du mélodrame.
20 Le but de l'art, au contraire, n'est pas de légiférer ou de régner, il est d'abord de comprendre. Il règne parfois, à force de comprendre. Mais aucune œuvre de génie n'a jamais été fondée sur la haine et le mépris. C'est pourquoi l'ar-
25 tiste, au terme de son cheminement, absout au lieu de condamner. Il n'est pas juge, mais justificateur. Il est l'avocat perpétuel de la créature vivante, parce qu'elle est vivante. Il plaide vraiment pour l'amour du prochain,
30 non pour cet amour du lointain qui dégrade l'humanisme contemporain en catéchisme de tribunal. Au contraire, la grande œuvre finit par confondre tous les juges. Par elle, l'artiste, en même temps, rend hommage à la plus haute
35 figure de l'homme et s'incline devant le dernier des criminels. « Il n'y a pas, écrit Wilde en pri-

son, un seul des malheureux enfermés avec moi dans ce misérable endroit qui ne se trouve en rapport symbolique avec le secret de la vie. »
40 Oui, et ce secret de la vie coïncide avec celui de l'art.

Pendant cent cinquante ans, les écrivains de la société marchande, à de rares exceptions près, ont cru pouvoir vivre dans une heureuse
45 irresponsabilité. Ils ont vécu, en effet, et puis sont morts seuls, comme ils avaient vécu. Nous autres, écrivains du XXe siècle, ne serons plus jamais seuls. Nous devons savoir au contraire que nous ne pouvons nous évader de la
50 misère commune, et que notre seule justification, s'il en est une, est de parler, dans la mesure de nos moyens, pour ceux qui ne peuvent le faire. Mais nous devons le faire pour tous ceux, en effet, qui souffrent en ce moment, quelles
55 que soient les grandeurs, passées ou futures, des États et des partis qui les oppriment : il n'y a pas pour l'artiste de bourreaux privilégiés. C'est pourquoi la beauté, même aujourd'hui, surtout aujourd'hui, ne peut servir aucun

60 parti ; elle ne sert, à longue ou brève échéance, que la douleur ou la liberté des hommes. Le seul artiste engagé est celui qui, sans rien refuser du combat, refuse du moins de rejoindre les armées régulières, je veux dire le franc-
65 tireur. La leçon qu'il trouve alors dans la beauté, si elle est honnêtement tirée, n'est pas une leçon d'égoïsme, mais de dure fraternité. Ainsi conçue, la beauté n'a jamais asservi aucun homme. Et depuis des millénaires,
70 tous les jours, à toutes les secondes, elle a soulagé au contraire la servitude de millions d'hommes et, parfois, libéré pour toujours quelques-uns. Pour finir, peut-être touchons-nous ici la grandeur de l'art, dans cette per-
75 pétuelle tension entre la beauté et la douleur, l'amour des hommes et la folie de la création, la solitude insupportable et la foule harassante, le refus et le consentement. Il chemine entre deux abîmes, qui sont la frivolité et la propa-
80 gande. Sur cette ligne de crête où avance le grand artiste, chaque pas est une aventure, un risque extrême. Dans ce risque pourtant, et dans lui seul, se trouve la liberté de l'art. Liberté difficile et qui ressemble plutôt à une discipline
85 ascétique ? Quel artiste le nierait ? Quel artiste oserait se dire à la hauteur de cette tâche incessante ? Cette liberté suppose une santé du cœur et du corps, un style qui soit comme la force de l'âme et un affrontement patient. Elle est,
90 comme toute liberté, un risque perpétuel, une aventure exténuante et voilà pourquoi on fuit aujourd'hui ce risque comme on fuit l'exigeante liberté pour se ruer à toutes sortes de servitudes, et obtenir au moins le confort de
95 l'âme. Mais si l'art n'est pas une aventure qu'est-il donc et où est sa justification ? Non, l'artiste libre, pas plus que l'homme libre, n'est l'homme du confort. L'artiste libre est celui qui, à grand peine, crée son ordre lui-même.

(© *Éditions Gallimard.*)

QUESTIONS

1 À quoi reconnaît-on dans cet extrait une attitude existentialiste ?

2 À quoi se résume le rôle de l'artiste ?

3 a) Qu'est-ce qui oppose l'artiste et le prophète ?

b) À la fin du premier paragraphe (lignes 1 à 41), quelles expressions appartiennent au champ lexical de la religion ? Quel usage Camus en fait-il ?

c) Qu'est-ce qui oppose les écrivains « de la société marchande » et ceux du XXᵉ siècle ?

d) Relevez deux allégories dans le deuxième paragraphe (lignes 42 à 99). Quels sont leurs effets ?

4 Comment l'artiste engagé du XXᵉ siècle est-il fondamentalement différent des autres grands hommes ayant marqué le destin ou la culture d'un peuple ?

5 a) Comparez le contenu de ce discours à l'extrait du *Mythe de Sisyphe* (p. 150).

b) Selon vous, la société actuelle a-t-elle encore besoin de l'artiste engagé ? Ceux du passé ont-ils fait une différence ? Expliquez votre réponse.

PARTIE **4**

EXPÉRIMENTER LA VIE AUTREMENT

DANS LES ANNÉES 1920, certaines femmes revendiquent l'accès à une éducation qui n'est pas que décorative, c'est-à-dire qui dépasse l'objectif de bien paraître dans le monde. Certaines de ces futures auteures privilégient donc l'étude de la philosophie et de la littérature. Pour ces femmes dont la vie est passablement contrôlée, connaître et comprendre les fondements des valeurs humaines est probablement une façon de s'affranchir. Loin d'être pure provocation de leur part, leur volonté de ne pas répondre aux attentes de la société en étant des épouses et des mères qui s'effacent pour le bonheur de leur famille vient de leur désir de se prendre en charge en tant que sujets. C'est dans cet esprit que, chacune à sa façon, Simone de Beauvoir et Marcelle Sauvageot remettent en question la notion d'amour traditionnel et que Simone Weil se penche sur les liens entre la philosophie, la foi en Dieu et la poésie, tout en demeurant indépendante de toute doctrine.

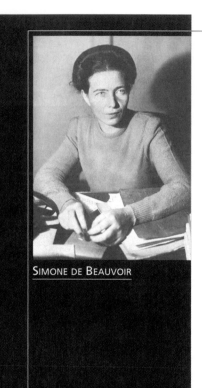

SIMONE DE BEAUVOIR

Simone de Beauvoir (1908-1986)

Nombreuses sont les femmes, et les hommes, qui considèrent Simone de Beauvoir comme la mère du féminisme. Dans *Le Deuxième Sexe* (1949), elle s'attache en effet à expliquer pourquoi la femme subit depuis toujours l'oppression de l'homme, qu'elle soit anthropologique, physique, historique, littéraire, etc. Très controversé, cet essai volumineux a provoqué des remous : Simone de Beauvoir ne se contentait pas d'exposer de façon analytique les raisons pour lesquelles on confinait la femme à ses rôles d'épouse et de mère, elle démontrait que ces fonctions ne relevaient pas de sa nature physiologique, mais bel et bien d'une construction sociale. Aussi sa critique remettait-elle en question les fondements mêmes de la société occidentale.

Beauvoir est une des premières femmes à obtenir l'agrégation de philosophie ; cela fait d'elle une « personne déclarée apte [...] à être titulaire d'un poste de professeur de lycée ou de certaines facultés » (*Le Petit Robert*). Elle peut ainsi subvenir à ses besoins, ce qui satisfait à la fois son désir de liberté, son besoin de choisir elle-même les avenues dans lesquelles elle veut s'engager et sa détermination à ne pas être à la merci d'un mari.

Compagne de Jean-Paul Sartre, Simone de Beauvoir consacre sa vie à son œuvre, tant philosophique que littéraire, et à l'engagement social et politique. La plupart de ses récits ont pour point de départ un élément autobiographique qui lui permet d'entreprendre une réflexion existentialiste. Dans *Une mort très douce*, par exemple, Beauvoir décrit l'agonie de sa mère qui se meurt d'un cancer, en proposant un regard féministe sur les relations mère-fille, sur la vie de sa mère, sur ses sentiments ambivalents face à la souffrance et à la mort, et sur les choix difficiles que soulève la question de l'euthanasie. Dans *La Cérémonie des adieux* (1981), elle se met en retrait et décrit sans aucune pudeur les derniers moments de la vie de Jean-Paul Sartre.

■ L'INVITÉE (1943)

L'Invitée est le premier ouvrage publié par Simone de Beauvoir. C'est le récit d'une expérience amoureuse à trois. Le couple de départ, formé de Pierre et de Françoise, n'est pas marié, car tous deux considèrent l'institution du mariage comme une prison sociale. Ils rencontrent une jeune fille à Rouen, Xavière. Ils la sortent de son milieu et l'amènent à Paris où, malgré leurs nombreuses activités, ils veulent l'intégrer à leur vie pour créer une relation amoureuse à trois, dont les liens deux à deux ne susciteraient ni la jalousie ni les cachotteries des aventures extraconjugales habituelles. Mais ce n'est pas aisé à mettre en œuvre. Si elle est tentée par l'expérience, Xavière n'en porte pas moins des jugements sur la façon dont Pierre et Françoise mènent leur vie. En fait, elle est rapidement jalouse de ce que vit le couple. De son côté, Françoise finit par être affectée par cette relation à trois, puisqu'elle sent sa relation avec Pierre changer parce que Xavière ne respecte pas l'entente. Dans l'extrait qui suit, les trois protagonistes passent la soirée dans un bar andalou.

Ça reprenait ; à nouveau corrosive comme un acide, la haine s'échappait de Xavière en lourdes volutes ; c'était inutile de se défendre contre cette morsure déchirante, il n'y avait qu'à

5 subir et à attendre, mais Françoise se sentait à bout de forces. Pierre n'était pas si résigné. Xavière ne lui faisait pas peur.

— Pourquoi est-ce que vous nous haïssez soudain ? dit-il avec dureté.

10 Xavière éclata d'un rire strident.

— Ah ! non, vous n'allez pas recommencer, dit-elle. Ses joues étaient en feu et sa bouche crispée, elle paraissait au comble de l'exaspération. Je ne passe pas mon temps à vous haïr,

15 j'écoute la musique.

— Vous nous haïssez, reprit Pierre.

— Absolument pas, dit Xavière. Elle reprit sa respiration : Ce n'est pas la première fois que je m'étonne que vous preniez plaisir à regar-

20 der les choses du dehors, comme si c'étaient des décors de théâtre. Elle toucha sa poitrine : moi, dit-elle avec un sourire passionné, je suis en chair et en os, comprenez-vous ?

Pierre jeta à Françoise un regard navré, il hésita,

25 puis parut faire un effort sur lui-même.

— Qu'est-ce qui s'est passé ? dit-il d'un ton plus conciliant.

— Il ne s'est rien passé, dit Xavière.

— Vous avez trouvé que nous faisions couple,

30 dit Pierre.

Xavière le regarda dans les yeux.

— Exactement, dit-elle avec hauteur.

Françoise serra les dents, elle fut traversée d'une envie farouche de battre Xavière, de la fouler

35 aux pieds ; elle passait des heures à écouter patiemment ses duos avec Pierre, et Xavière lui refusait le droit d'échanger avec lui le moindre signe amical ! C'était trop, ça ne pouvait pas durer ainsi : elle ne le supporterait plus.

[…]

40 Il se pencha sur Xavière et détacha de ses doigts le tison rouge ; elle le dévisagea comme au sortir d'un cauchemar, puis elle regarda Françoise. Brusquement, elle leur prit à chacun une main, ses paumes étaient brûlantes. Françoise

45 frissonna au contact des doigts fiévreux qui se crispaient sur les siens ; elle aurait voulu retirer sa main, détourner la tête, parler à Pierre, mais elle ne pouvait plus faire un mouvement ; rivée à Xavière, elle considérait avec stupeur ce

50 corps qui se laissait toucher, et ce beau visage visible derrière lequel se dérobait une présence scandaleuse. Longtemps, Xavière n'avait été qu'un fragment de la vie de Françoise ; elle était soudain devenue l'unique réalité souveraine et

55 Françoise n'avait plus que la pâle consistance d'une image.

— Pourquoi elle plutôt que moi ? pensa Françoise avec passion ; il n'y aurait eu qu'un mot à dire, il n'y avait qu'à dire « C'est moi. »

60 Mais ce mot, il aurait fallu y croire, il aurait fallu savoir se choisir ; ça faisait des semaines que Françoise n'était plus capable de réduire en inoffensives fumées la haine, la tendresse, les pensées de Xavière ; elle les avait laissées

65 mordre sur elle, elle avait fait d'elle-même une proie. Librement, à travers ses résistances et ses révoltes, elle s'était employée à se détruire elle-même ; elle assistait à son histoire comme un témoin indifférent, sans jamais oser s'affirmer,
70 tandis que des pieds à la tête, Xavière n'était qu'une vivante affirmation de soi. Elle se faisait exister avec une force si sûre que Françoise fascinée s'était laissé emporter à la préférer à elle-même et à se supprimer. Elle s'était mise
75 à voir avec les yeux de Xavière les endroits, les gens, les sourires de Pierre ; elle en était venue à ne plus se connaître qu'à travers les sentiments que Xavière lui portait, et maintenant elle cherchait à se confondre avec elle ; mais dans
80 cet effort impossible, elle ne réussissait qu'à s'anéantir.

Les guitares poursuivaient leur chant monotone et l'air flambait comme un vent de sirocco ; les mains de Xavière n'avaient pas lâché leur
85 proie, son visage figé n'exprimait rien. Pierre non plus n'avait pas bougé ; on aurait cru qu'un même enchantement les avait tous trois changés en marbre. Des images traversèrent Françoise : un vieux veston, une clairière abandon-
90 née, un coin du Pôle Nord où Pierre et Xavière vivaient loin d'elle un mystérieux tête-à-tête. Déjà il lui était arrivé de sentir comme ce soir

son être se dissoudre au profit d'êtres inacces-
95 sibles, mais jamais elle n'avait réalisé avec une lucidité si parfaite son propre anéantissement. Si au moins plus rien n'était demeuré d'elle ; mais il restait une vague phosphorescence qui traînait à la surface des choses, parmi des mil-
100 liers et des milliers de vains feux follets. La tension qui la raidissait se brisa soudain et elle éclata en sanglots silencieux.

Ce fut la rupture du charme. Xavière retira ses mains. Pierre parla :

— Si nous partions, dit-il.

105 Françoise se leva ; d'un seul coup, elle se vida de toute pensée et son corps se mit docilement en mouvement. Elle prit sa cape sur son bras et traversa la salle. L'air froid du dehors sécha ses larmes mais son tremblement intérieur ne
110 s'arrêtait pas. Pierre lui toucha l'épaule.

— Tu n'es pas bien, dit-il avec inquiétude.

Françoise fit une grimace d'excuse.

— J'ai décidément trop bu, dit-elle.

Xavière marchait à quelques pas devant eux,
115 raide comme une automate.

— Celle-là aussi, elle en tient un bon coup, dit Pierre. Nous allons la rentrer et puis nous causerons tranquillement.

(© Éditions Gallimard.)

QUESTIONS

1 Par quels signes Beauvoir caractérise-t-elle la femme non soumise ?

2 La vie affective est-elle bien vécue dans ce trio que forment Pierre, Françoise et Xavière ?

3 a) Le narrateur externe privilégie-t-il un des personnages ? Si oui, lequel ? Comment s'en aperçoit-on ?

b) Relevez les mots utilisés pour décrire les attitudes de Xavière ; ces attitudes indiquent-elles qu'il s'agit d'un personnage fort ou faible ?

c) Relevez les mots qui caractérisent le malaise de Françoise. Quels aspects de son état intérieur révèlent-ils ?

d) Pierre se comporte-t-il de la même façon avec Xavière et avec Françoise ? Qu'est-ce que cela révèle de ses rapports avec les deux femmes ?

4 Dans cet extrait, la relation amoureuse à trois paraît un échec. Expliquez la part de chacun des trois personnages dans cet insuccès.

5 Aujourd'hui, comment jugerait-on des personnes choisissant de vivre une relation amoureuse à trois ? Quelle expérience de relation homme-femme s'en rapproche le plus ? Qu'en pensez-vous ?

Marcelle Sauvageot (1900-1934)

Si Marcelle Sauvageot est une auteure inconnue de la plupart des lecteurs, même des plus initiés, c'est qu'elle n'a écrit qu'un seul texte, avant de mourir à trente-quatre ans. Née à Charleville, patrie du poète Arthur Rimbaud, elle est chassée de la région par les batailles de la Première Guerre mondiale. Elle vit dans plusieurs villes de France avant de s'installer à Paris pour étudier et devenir agrégée de lettres. Bien qu'elle obtienne un poste dans un collège pour garçons de sa ville natale, elle n'a pas vraiment le temps d'enseigner, la tuberculose l'obligeant à faire de longs séjours dans divers sanatoriums. Elle déteste devoir se séparer de ceux qu'elle aime et se retirer ainsi de la vie, elle qui, en digne héritière de l'esprit des années folles, aime en profiter pleinement.

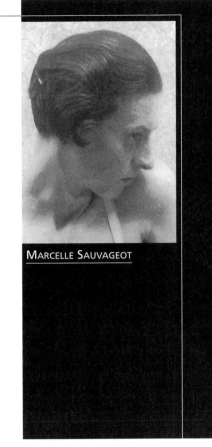

MARCELLE SAUVAGEOT

Son seul ouvrage, *Laissez-moi (Commentaire)*, est un récit autobiographique. Durant son énième séjour dans un sanatorium, Sauvageot reçoit une lettre de son amoureux lui annonçant son mariage avec une autre. Isolée et malade, elle entreprend alors de commenter leur relation, d'où le titre entre parenthèses, mais décide de garder ses réflexions pour elle-même. En fait, ce texte ne restera privé que quelque temps puisqu'un ami de l'auteure en fera imprimer cent soixante-cinq exemplaires. D'abord destiné à ses proches, ce récit croisera le chemin d'auteurs réputés tels que Paul Claudel, Paul Valéry, Charles du Bos et Clara Malraux qui entreprendront de le faire connaître au public. Il sera réédité cinq fois, ce qui montre l'intérêt qu'il suscite de sa première parution, en 1933, à la dernière, en 2004.

■ LAISSEZ-MOI (COMMENTAIRE) (1933)

Le début du récit ressemble à un journal intime. L'auteure y montre son désarroi d'avoir à séjourner encore une fois loin de son ami de cœur qu'elle sent se détacher d'elle. Puis elle reçoit une lettre de lui : « Je me marie… Notre amitié demeure… » Dans la solitude du sanatorium, elle adresse des lettres à celui qu'elle aime. Sauvageot procède à une véritable dissection du rapport amoureux. Elle appelle à une relation égalitaire dans laquelle la femme s'oblige à exercer son esprit critique et à dire ce qu'elle pense. La façon d'aimer qu'elle propose est donc lucide et autonome, ce qui n'est pas encore très fréquent chez les femmes de cette époque.

14 décembre 1930

Il y a des romances qui commencent comme votre lettre : « Vous que j'ai tant aimée… » Ce temps du passé, quand résonne encore si proche le présent, est triste comme les fins de
5   fête, lorsque les lampes s'éteignent et qu'on reste seul à regarder partir les couples dans les rues sombres. C'est fini : on n'a plus rien à attendre et pourtant on reste là indéfiniment, sachant que rien ne viendra plus. Vous avez des
10   notes de guitare ; on dirait par moments d'un

b) Quel parallèle la narratrice fait-elle entre un parfum et l'amour ?

c) Dans le quatrième paragraphe (lignes 51 à 71), la narratrice passe du « vous » au « tu », pour revenir au « vous » deux paragraphes plus loin. Si le « tu » n'indique pas seulement une plus grande intimité, que signifie-t-il d'autre ?

d) Qu'est-ce que ce « petit coin de conscience » auquel tient absolument Sauvageot ?

e) Que dit la narratrice chaque fois qu'elle décrit un travers de son ami ? Qu'entend-elle par là ?

f) Dans les deux derniers paragraphes (lignes 147 à 187), il y a une rupture dans le discours. Qu'est-ce qui change ? Qu'est-ce que cela nous apprend sur la narratrice ?

4 Pour Sauvageot, l'amour ne saurait être aveugle. Cela se traduit-il de la même façon pour l'homme et la femme dans cet extrait ?

5 Cet extrait décrit certaines attitudes que l'homme et la femme avaient à cette époque par rapport à la relation amoureuse. Diriez-vous qu'elles existent encore de nos jours ? Précisez votre pensée.

SIMONE WEIL

Simone Weil (1909-1943)

Simone Weil naît à Paris dans une famille agnostique d'origine juive, dont le père est médecin. D'une intelligence hors du commun, son frère André entre tôt à l'université et devient mathématicien. Simone Weil lui voue une grande admiration tout en éprouvant un sentiment d'infériorité, bien qu'elle soit elle aussi très intelligente. Étudiante en philosophie, elle devient l'élève d'Alain (Émile Chartier) pour qui l'enseignement repose non pas sur une relation d'autorité, mais bien sur un échange entre personnes désirant s'instruire, le professeur agissant dès lors comme un guide les aidant à dépasser les préjugés et à se construire leur propre idée sur le monde.

Pour Weil, la dignité de l'être humain se trouve dans la capacité de comprendre ce qui l'entoure et ce qui lui arrive. Aussi décide-t-elle, après avoir passé son agrégation, de s'engager dans le mouvement syndical pour la défense des ouvriers, à qui elle donne des cours. Elle écrit aussi de nombreux articles sur les différentes façons d'améliorer la situation de ces travailleurs. Afin de bien traduire les conditions de vie des petits salariés et d'en saisir toute la portée, elle décide de vivre de l'intérieur le travail en usine.

En 1936, elle s'engage dans les Brigades internationales durant la guerre d'Espagne. De retour en France, elle devient travailleuse agricole. En 1942, la menace que l'Occupation fait peser sur leur vie, comme sur celle de tous les Juifs, oblige Weil et ses parents à quitter la France pour aller s'installer à New York. Elle repart cependant rapidement pour l'Angleterre où elle participe activement à la guerre. Refusant des soins que les Français demeurés au pays ne peuvent recevoir, elle mourra de tuberculose le 24 août 1943.

Au fil de ses nombreuses expériences, Simone Weil concentre sa réflexion sur les conditions ouvrières, tout en poussant toujours plus loin sa quête de la vérité de plus en plus axée sur la religion et le mysticisme. Très attirée par le catholicisme, elle ne s'y convertira jamais, allergique à l'idée de se soumettre à un dogme.

Si elle a laissé de nombreux textes, aucun ne fut édité de son vivant. C'est au travail de certains amis que l'on doit la publication de ses écrits.

■ ATTENTE DE DIEU

Attente de Dieu rassemble des lettres et des textes que Simone Weil a écrits avant de partir pour New York et que l'abbé Perrin, avec qui elle discutait de la foi, a plus tard réunis sous ce titre. Ces écrits s'interrogent tous sur la place de Dieu dans la vie, celle de leur auteure comme celle des étudiants et de tous les humains en général. L'extrait choisi est tiré de l'article intitulé « Formes de l'Amour implicite de Dieu » dans lequel Weil réfléchit sur l'amour que ressent un être humain avant que Dieu vienne à lui — si cela arrive jamais. Mais avant de croire en Dieu, Weil avait fréquenté les philosophes et ne pouvait renier les enseignements qu'elle en avait tirés. Selon les stoïciens, il faut bien connaître l'univers, vivre en harmonie avec lui et savoir qu'on ne doit pas vouloir le changer, mais plutôt avoir l'intention de se changer soi-même. Le bonheur vient de la beauté, de l'harmonie avec l'univers. Et c'est pour Weil une façon d'aimer Dieu que d'apprécier l'univers tel qu'il est.

« Formes de l'Amour implicite de Dieu »

L'univers est beau comme serait belle une œuvre d'art parfaite s'il pouvait y en avoir une qui méritât ce nom. Aussi ne contient-il rien qui puisse constituer une fin ou un bien. Il ne
5   contient aucune finalité, hors la beauté universelle elle-même. C'est la vérité essentielle à connaître concernant cet univers, qu'il est absolument vide de finalité. Aucun rapport de finalité n'y est applicable, sinon par mensonge ou
10 par erreur.

Dans un poème, si l'on demande pourquoi tel mot est à tel endroit, et s'il y a une réponse, ou bien le poème n'est pas de premier ordre, ou bien le lecteur n'a rien compris. Si on peut
15 dire légitimement que le mot est là où il est pour exprimer telle idée, ou pour la liaison grammaticale, ou pour la rime, ou pour une allitération, ou pour remplir le vers, ou pour une certaine coloration, ou même pour plu-
20 sieurs motifs de ce genre à la fois, il y a eu recherche de l'effet dans la composition du poème, il n'y a pas eu véritable inspiration. Pour un poème vraiment beau, la seule réponse c'est que le mot est là parce qu'il
25 convenait qu'il y fût. La preuve de cette convenance, c'est qu'il est là, et que le poème est beau. Le poème est beau, c'est-à-dire que le lecteur ne souhaite pas qu'il soit autre.

C'est ainsi que l'art imite la beauté du monde.
30 La convenance des choses, des êtres, des événements consiste seulement en ceci, qu'ils existent et que nous ne devons pas souhaiter qu'ils n'existent pas ou qu'ils aient été autres. Un tel souhait est une impiété à l'égard de notre patrie
35 universelle, un manquement à l'amour stoïcien de l'univers. Nous sommes constitués d'une manière telle que cet amour est en fait possible ; et c'est cette possibilité qui a pour nom la beauté du monde.

40 La question de Beaumarchais : « Pourquoi ces choses et non pas d'autres ? » n'a jamais de réponse, parce que l'univers est vide de finalité. L'absence de finalité, c'est le règne de la nécessité. Les choses ont des causes et non des fins.
45 Ceux qui croient discerner des desseins particuliers de la Providence ressemblent aux professeurs qui se livrent aux dépens d'un beau poème à ce qu'ils nomment l'explication du texte.

L'équivalent dans l'art de ce règne de la nécessité, c'est la résistance de la matière et les règles
50 arbitraires. La rime impose au poète dans le choix des mots une direction absolument sans rapport avec la suite des idées. Elle a dans la poésie une fonction peut-être analogue à celle du malheur dans la vie. Le malheur force à sen-
55 tir avec toute l'âme l'absence de la finalité.

(© Librairie Arthème Fayard, 1966.)

QUESTIONS

1 Dans l'extrait, à quoi peut-on voir que Weil met en pratique sa vision de l'enseignement lorsqu'elle parle de la poésie ?

2 Pour Weil, l'art semble-t-il être une imitation du monde ?

3 a) Que signifie le terme « non-finalité » sur lequel repose cet extrait ?

b) Relevez les mots utilisés pour décrire l'acte de création poétique. Expliquez s'ils relèvent ou non de l'ordre de l'action.

c) Trouvez les éléments qui indiquent comment Weil conçoit la beauté. Vient-elle de la volonté de l'être humain ?

4 Expliquez en quoi l'art — notamment la poésie — et la vie sont liés à la notion de nécessité et de non-finalité.

5 a) L'idée de non-finalité de l'univers que développe Simone Weil dans l'extrait rejoint-elle le non-sens de l'existence chez Sartre et Camus ? Expliquez votre réponse.

b) Confrontez la définition de la beauté de Simone Weil avec celle de Charles Baudelaire (p. 41) ou encore celle du peintre dans la nouvelle de Marguerite Yourcenar (p. 185 et 186). Que pouvez-vous en dégager ?

PARTIE **5**

LE ROMAN NOIR FRANÇAIS : ROMAN SOCIAL ET D'ATMOSPHÈRE

D'ABORD INSPIRÉ de l'univers *hard boiled* (littéralement dur à cuire) américain qui désigne les romans noirs parus de 1925 à 1940 et dans lesquels règnent l'immoralité et la violence, la haine sans merci, l'humour et les jeux de mots vaseux, le roman noir français développera sa propre personnalité. L'action si importante pour les écrivains américains est reléguée au second plan chez les auteurs français qui cherchent à décrire le décor et l'ambiance. La ville et ses rues désertes ou la grisaille des banlieues devient le cadre de l'enquête, laquelle s'efface devant le crime qui est prétexte pour illustrer la déchéance, la corruption et le vice.

Contrairement au roman de détection, où toute l'intrigue reposait sur l'élucidation d'un mystère, le roman noir français s'attarde maintenant à la peinture psychologique et sociale. Il ne s'agit plus, comme l'affirme Pierre Véry dès 1930, d'écrire des romans « avec des personnages qui ne [sont que] des pantins au service d'une énigme, mais des êtres humains en lutte avec leur vérité. »

Léo Malet (1909-1996)

LÉO MALET

Né à Montpellier, cet autodidacte entreprend sa carrière artistique comme chansonnier à Montmartre en 1925. Par la suite, il sera employé de bureau, manœuvre, journaliste, gérant de magasin, figurant au cinéma, etc. De 1930 à 1949, Malet écrit de la poésie et se joint au groupe surréaliste. Il rédige son premier manifeste en 1932 : *L'Affaire Aragon devant l'opinion publique*. En 1934, il invente le procédé dit du « décollage », qu'André Breton définira dans le *Dictionnaire abrégé du surréalisme* de la manière suivante : « il s'agit d'arracher par places une affiche de manière à faire apparaître fragmentairement celle (ou celles) qu'elle recouvre et à spéculer sur la vertu dépaysante ou égarante de l'ensemble obtenu ».

En 1942, il tâte du roman policier et publie sous l'Occupation *120, rue de la Gare*, considéré comme le premier roman noir français. C'est là qu'apparaît le détective Nestor Burma qui, contrairement à ses collègues Sherlock Holmes, Hercule Poirot ou Rouletabille, tient plus de l'anti-héros que du personnage infaillible et quasiment sans défauts. Malet dépeint son personnage principal comme un être authentique, authentique parce qu'il est faillible, susceptible de se tromper, mais aussi sensible et fidèle à ses amis ; c'est un être solitaire ayant des préoccupations ordinaires, comme des problèmes d'argent. Burma est donc quelqu'un qui n'est jamais « achevé », qui change, qui hésite, et tout cela devant nos yeux. En plus du réalisme du héros, l'utilisation d'une certaine violence verbale et psychologique dans les rapports humains, de même que le recours à l'argot et à l'humour noir, contribue à rendre l'œuvre de Malet novatrice et contestataire.

En 1948, Léo Malet est le premier lauréat du Grand Prix de littérature policière pour *Le Cinquième Procédé* et, en 1958, il reçoit le Grand Prix de l'humour noir pour sa série des *Nouveaux mystères de Paris*.

■ 120, RUE DE LA GARE (1943)

Alors qu'il rentre en France après une longue captivité dans un camp allemand, le détective Nestor Burma croise à la gare de Lyon son ancien collaborateur Colomer, qui a à peine le temps de lui murmurer « 120, rue de la Gare » avant d'être assassiné. Dès lors, son enquête va le mener de la zone libre au Paris occupé. Il rencontrera notamment le sosie d'une actrice, un mystérieux amnésique aperçu auparavant au stalag et une bourgeoise véreuse. Dans cet extrait, le commissaire Armand Bernier interroge Nestor Burma après l'assassinat de Bob Colomer.

— Hum… Oui. Mon nom est Bernier. Commissaire Armand Bernier.

— Enchanté. Vous savez le mien. Bob est mort ?

5 — Bob ?… Ah ! oui, Colomer ? Oui. Il était farci de projectiles de .32. Que vous disait-il, à la portière ?

— Rien de particulier. Qu'il était content de me revoir.

— Vous aviez rendez-vous? Il était informé de votre retour, veux-je dire? De votre passage à Lyon?

— Mais bien sûr, voyons, ricanai-je. Les autorités de mon stalag m'avaient permis de lui câbler la bonne nouvelle.

— Ne plaisantons pas, monsieur Burma. J'essaye de venger votre employé, comprenez-vous?

— Collaborateur.

— Quoi? Ah! oui… si vous voulez. Alors, vous vous êtes rencontrés par hasard?

— Oui. Tout à fait fortuitement. Je l'ai remarqué sur le quai et l'ai appelé. Du diable si je m'attendais à le trouver là, sur le coup de deux heures du matin. Il a mis un sacré moment à me reconnaître. J'ai dû grossir. Enfin, tout joyeux de me revoir, il a sauté sur le marchepied. La gare était plutôt bruyante. Je n'ai pas entendu de détonation. Mais j'ai remarqué sur son visage cette expression de surprise et d'incrédulité qui ne trompe pas. Enfin, tandis qu'il roulait sur le ciment, j'ai observé que son élégant pardessus était tout déchiré, dans le dos…

— Vous avez une idée?

— Aucune. Je ne comprends rien à cette histoire, commissaire. Je rentre de captivité et…

— Bien sûr, bien sûr. Quand aviez-vous vu votre collaborateur pour la dernière fois?

— À la déclaration de guerre. J'ai fermé l'agence et « ai rejoint ». Colomer a dû continuer à s'occuper de quelques petites affaires, à titre personnel.

— Il n'a pas été mobilisé?

— Non. Réformé. Pas très costaud. Quelque chose qui clochait du côté des poumons…

— Vous êtes resté en rapport avec lui?

— Une carte de temps à autre. Puis, j'ai été fait prisonnier.

— S'intéressait-il à la politique?

— C'est-à-dire qu'il ne s'occupait pas de politique jusqu'à septembre 39.

— Mais depuis?

Depuis, je ne sais pas. Mais ça m'étonnerait.

— Était-il riche?

— Ne me faites pas rigoler, voulez-vous?

— Fauché?

— Oui. Il y a quelques années, il avait réussi à mettre quelques billets de côté. Il les a placés… et son banquier a levé le pied. Depuis, il dépensait tout son gain au fur et à mesure, vivant au jour le jour.

— Nous avons trouvé sur lui plusieurs milliers de francs. Billets neufs pour la plupart…

— Cela ne m'en dit pas plus qu'à vous, observai-je.

Le commissaire Bernier eut un compréhensif hochement de tête.

— Pourquoi avez-vous sauté du train? demanda-t-il, doucement.

Je me mis à rire.

— Voilà la première question idiote que vous posez, dis-je.

— Répondez toujours, fit-il, sans se fâcher.

— Cela m'a porté un coup de voir mon assistant se faire assaisonner sous mes yeux… Comme cadeau de bienvenue, c'était un peu trop gratiné… J'ai voulu savoir de quoi il retournait…

— Et…?

— … Et je me suis cassé la margoulette.

— Vous aviez remarqué quelque chose d'insolite?

— Rien du tout.

— Vous n'avez pas vu la flamme des coups de feu?

— Je n'ai rien entendu et rien vu. Tout s'est passé si rapidement. Je ne pourrais même pas vous dire à quel endroit de la gare nous étions lorsque c'est arrivé. Le train était en marche… Une difficulté de plus pour déterminer l'angle de tir, ajoutai-je, sans avoir l'air d'y toucher.

— Oh !… Nous sommes déjà fixés sur ce point, dit-il d'un ton neutre. Le tireur devait se trouver près du kiosque à journaux qui est à côté de la lampisterie. C'est miracle que per-
95 sonne d'autre n'ait été atteint… Un type remarquablement adroit, si vous voulez mon avis.

— Alors, cela exclut l'hypothèse que ce soit en me visant que l'assassin ait tué Colomer.

100 — En vous visant ? Diantre, je n'avais pas songé à cela…

— Continuez à ne pas y songer, l'encourageai-je. J'essaye seulement de faire travailler mes méninges. Il ne faut rien négliger et pas mal
105 d'individus m'en veulent. Toutefois, ils ne sont pas assez fortiches pour avoir su à l'avance la date de ma libération.

— C'est juste. Néanmoins, votre réflexion m'ouvre de nouveaux horizons. Robert
110 Colomer était moins votre employé que votre collaborateur ?

— Oui. Nous menions toujours nos enquêtes de concert… Les deux faisaient la paire, comme on dit.

115 — Si un criminel, que vous avez fait coffrer dans le temps, avait décidé de se venger…

Je mentis :

— C'est dans le domaine du possible, dis-je d'un air inspiré.

(© *Fleuve Noir*, 1983.)

QUESTIONS

1 Relevez les éléments qui montrent que cet extrait s'inscrit dans le contexte historique de la France de 1930 à 1950.

2 À quel stade de l'enquête cette scène a-t-elle lieu ? Quelles informations le dialogue donne-t-il sur la progression de l'enquête ?

3 a) Relevez les termes argotiques. Qui, de Bernier ou de Burma, les emploie le plus ?

   b) Relevez les marques de l'oral dans cet extrait.

   c) Quel type de phrases le commissaire Bernier utilise-t-il principalement ?

d) Comment Burma se comporte-t-il avec Bernier ? Justifiez votre réponse.

e) Quel ton le détective utilise-t-il ?

4 Faites le portrait du héros créé par Malet et montrez en quoi il se démarque du commissaire ou du détective traditionnel.

5 Comparez Rouletabille (p. 102), Lupin (p. 104 à 106) et Burma. Se ressemblent-ils ? Quelle idée vous faites-vous du détective privé d'aujourd'hui ?

Georges Simenon (1903-1989)

C'est en 1931 que le Belge Georges Simenon invente le commissaire Maigret, qui le rendra universellement célèbre. *Maigret aux assises*, *La Tête d'un homme* et *Pietr le Letton* sont quelques titres mettant en scène cet illustre personnage. Avant de connaître cette renommée, Simenon écrira des romans populaires sous différents pseudonymes. Comme plusieurs auteurs de polar, aussi bien ceux qui le précèdent que les contemporains, il exercera le métier de journaliste, un « passage obligatoire » qui permet à l'écrivain de se frotter à la réalité et de s'en inspirer.

Auteur prolifique (il a écrit plus de deux cents romans, dont pas moins de soixante-quinze « Maigret »), décédé en 1989, il a marqué le roman policier français en remisant au second plan la résolution de l'énigme pour se concentrer

GEORGES SIMENON
Dessin de Bernard Buffet, 1957.

sur la peinture des lieux, des milieux sociaux et des personnages auxquels il donne une épaisseur psychologique inhabituelle. Son écriture dépouillée contribue également à distinguer Simenon des autres auteurs de romans noirs. Plusieurs « Maigret » ont été adaptés au grand écran.

■ LE CHIEN JAUNE (1931)

Une série de crimes ont été perpétrés dans la ville de Concarneau où la population vit désormais dans la peur du « chien jaune », signe que le meurtrier laisse sur le lieu de ses méfaits. Chargé de mener l'enquête, le commissaire Maigret, qui se démarque de ses confrères par le peu de considération qu'il accorde aux techniques policières, va devoir faire appel à tout son talent pour démasquer le criminel. L'extrait suivant ouvre le roman.

Vendredi 7 novembre. Concarneau est désert. L'horloge lumineuse de la vieille ville, qu'on aperçoit au-dessus des remparts, marque onze heures moins cinq.

5 C'est le plein de la marée et une tempête du sud-ouest fait s'entrechoquer les barques dans le port. Le vent s'engouffre dans les rues, où l'on voit parfois des bouts de papier filer à toute allure au ras du sol.

10 Quai de l'Aiguillon, il n'y a pas une lumière. Tout est fermé. Tout le monde dort. Seules, les trois fenêtres de l'*Hôtel de l'Amiral*, à l'angle de la place et du quai, sont encore éclairées.

Elles n'ont pas de volets mais, à travers les
15 vitraux verdâtres, c'est à peine si on devine des silhouettes. Et ces gens attardés au café, le douanier de garde les envie, blotti dans sa guérite, à moins de cent mètres.

En face de lui, dans le bassin, un caboteur qui,
20 l'après-midi, est venu se mettre à l'abri. Personne sur le pont. Les poulies grincent et un foc mal cargué claque au vent. Puis il y a le vacarme continu du ressac, un déclic à l'horloge, qui va sonner onze heures.

25 La porte de l'*Hôtel de l'Amiral* s'ouvre. Un homme paraît, qui continue à parler un instant par l'entrebâillement à des gens restés à l'intérieur. La tempête le happe, agite les pans de son manteau, soulève son chapeau melon qu'il rat-
30 trape à temps et qu'il maintient sur sa tête tout en marchant.

Même de loin, on sent qu'il est tout guilleret, mal assuré sur ses jambes et qu'il fredonne. Le douanier le suit des yeux, sourit quand
35 l'homme se met en tête d'allumer un cigare. Car c'est une lutte comique qui commence entre l'ivrogne, son manteau que le vent veut lui arracher et son chapeau qui fuit le long du trottoir. Dix allumettes s'éteignent.

40 Et l'homme au chapeau melon avise un seuil de deux marches, s'y abrite, se penche. Une lueur tremble, très brève. Le fumeur vacille, se raccroche au bouton de la porte.

Est-ce que le douanier n'a pas perçu un bruit
45 étranger à la tempête ? Il n'en est pas sûr. Il rit d'abord en voyant le noctambule perdre l'équilibre, faire plusieurs pas en arrière, tellement penché que la pose en est incroyable.

Il s'étale sur le sol, au bord du trottoir, la tête
50 dans la boue du ruisseau. Le douanier se frappe les mains sur les flancs pour les réchauffer, observe avec mauvaise humeur le foc dont les claquements l'irritent.

Une minute, deux minutes passent. Nouveau
55 coup d'œil à l'ivrogne, qui n'a pas bougé. Par contre un chien, venu on ne sait d'où, est là, qui le renifle.

— C'est seulement à ce moment que j'ai eu la sensation qu'il s'était passé quelque chose ! dira
60 le douanier, au cours de l'enquête.

(© 1931, Georges Simenon Limited, une société du groupe Chorion. Tous droits réservés.)

QUESTIONS

1 Quelles caractéristiques d'un roman à la Simenon trouve-t-on dans cet extrait ?

2 Quel climat général se dégage de l'incipit du roman ?

3 a) En quoi la description du temps contribue-t-elle à l'ambiance créée par Simenon ?

b) Définissez les mots « caboteur », « foc » et « cargué ».

c) Relevez les références au temps et au lieu. Quelle conclusion peut-on tirer de ces observations ?

d) Comment la scène est-elle présentée ?

e) Qu'est-ce qui vous frappe dans l'écriture de Simenon ?

4 Qu'est-ce qui nous permet d'associer ce passage au roman noir ?

5 Comparez Gaboriau, Leroux, Leblanc et Simenon, et expliquez la différence entre roman judiciaire, roman de détection et roman noir.

Texte écho

■ MACHINE DE FUITE, MOYEN D'ACCÈS (2001)

de Yann Kerninon

Jeune écrivain (il est né en 1972), prestidigitateur, professeur de philosophie, Yann Kerninon s'intéresse particulièrement au vélo. Il livre ici sa réflexion sur l'utilité que ce sport inutile peut avoir pour contrer les pulsions guerrières.

Si la vie n'obligeait, si nous étions fin libres, si toutes les contingences disparaissaient soudain, je ne ferais qu'une chose : je ferais du vélo.

[...]

5 Elle est belle et modeste cette machine délirante issue du labo fou d'une science poétique : Vélo ! Bicyclette ! Cyclisme ! Machine de guerre sans armes.

Machine de guerre sans armes ? Précisons donc cela. Les symboliques guerrières 10 conviennent bien au poète dont l'esprit est toujours agité d'énergie et de plasma flambant. Mais tel Nietzsche lorsqu'il célèbre la guerre, le conflit, le combat, les Verdun[1] des poètes sont tout métaphoriques. Les chocs sangui-15 naires, les tableaux foudroyants, n'intéressent le poète que parce qu'ils donnent accès et révèlent le monde. Ce que l'âme poétique célèbre dans le boulet de canon, ce n'est ni le mortier dont il sort, ni la cible qu'il atteint mais 20 le boulet lui-même ainsi que son mouvement. L'idéal poétique : un boulet de canon, une roquette, un obus, *mais sans pourquoi ni but*. L'énergie de la guerre, le cinglant du missile, la parabole parfaite de la bombe qui tombe, 25 mais sans le militaire qui en *calcule* la chute et sans la destruction qui est le *but utile*. En d'autres mots, le triomphe de l'art, du mouvement et du style sur les valeurs morbides de l'utilitarisme qui calcule le monde pour le 30 désenchanter.

1. *Verdun* : le bilan meurtrier de la bataille de Verdun, durant la Première Guerre, s'élève à 360 000 Français et 335 000 Allemands.

Elles restent à découvrir, pour la plupart d'entre elles, ces usines à enchanter le monde, à le parcourir et à le révéler, ces machines de guerre sans armes qui préservent le monde sans

35 le stériliser, qui animent les hommes sans les emprisonner. Imaginez-vous donc ce qu'eût été Verdun si les soldats allemands et les soldats français, au lieu de se tuer, avaient mis en commun toutes leurs cargaisons d'armes pour… un

40 feu d'artifice ! On en parlerait encore, on en rigolerait bien, de cette grande mutinerie à enchanter le monde plutôt qu'à le détruire, de cette machine de guerre sans armes. Devant elle, les États se seraient écroulés et les hommes

45 du calcul se seraient tous pendus — haut et court — ou se seraient ralliés à la cause poétique des énergies superbes, magiquement inutiles.

Le cyclisme est une machine de guerre, une

50 furieuse mécanique à arpenter le monde, à aller de l'avant à grand feu. Mais contrairement au tank, au croiseur ou au jet qui ont tous vocation à tuer et détruire, le cyclisme est une machine de guerre sans armes. De la machine

55 de guerre, il garde la vitesse, la puissance, la furie mais pas la destruction. Il nous faut faire l'éloge de cette stérilité. Agonie du calcul, amorce de la beauté…

(Reproduit avec la permission de l'auteur.)

QUESTION

Pouvez-vous établir des convergences entre ce texte et la phrase suivante de Breton : « L'acte surréaliste le plus simple consiste, revolvers aux poings, à descendre dans la rue et à tirer au hasard, tant qu'on peut, dans la foule » (voir l'explication de cette phrase à la page 117).

Chanson écho

■ « JE T'AIME TANT » (1959)
de Louis Aragon

Le grand amour d'Aragon, Elsa Triolet, a inspiré au poète de très beaux vers dont les images surprennent, qu'elles fassent rêver ou qu'elles dérangent. Les poèmes d'Aragon ont retenu l'attention de plusieurs créateurs qui ont mis leur sensibilité et leur génie musical au service des mots du poète pour leur donner une place de choix dans le répertoire de la chanson française.

Des auteurs-compositeurs-interprètes comme Léo Ferré, Jean Ferrat et Georges Brassens ont contribué à faire du chantre d'Elsa un auteur dont les mots font rêver sur des mélodies touchantes. Ces chansons ont été reprises notamment par des interprètes tels Francesca Solleville, Monique Morelli, Marc Ogeret, Isabelle Aubret, Dalida, Barbara, Maya, Catherine Sauvage. Le texte suivant, tiré du recueil Elsa, a été mis en musique par Léo Ferré qui a retenu six des onze strophes du poème dans la chanson.

Mon sombre amour d'orange amère
Ma chanson d'écluse et de vent
Mon quartier d'ombre où vient rêvant
    Mourir la mer

5   Mon doux mois d'août dont le ciel pleut
Des étoiles sur les monts calmes
Ma songerie aux murs de palmes
    Où l'air est bleu

Mes bras d'or mes faibles merveilles
10 Renaissent ma soif et ma faim
Collier collier des soirs sans fin
    Où le cœur veille

[...]

Est-ce qu'on sait ce qui se passe
C'est peut-être bien ce tantôt
15 Que l'on jettera le manteau
    Dessus ma face

[...]

Coupez ma gorge et les pivoines
Vite apportez mon vin mon sang
Pour lui plaire comme en passant
20   Font les avoines

Il me reste si peu de temps
Pour aller au bout de moi-même
Et pour crier-dieu que je t'aime
    Tant

QUESTION

Analysez les analogies que le poète crée de strophe en strophe. Proposent-elles une vision optimiste ou pessimiste de l'amour ? Comparez cette chanson avec les poèmes de Breton (p. 120 et 123), d'Éluard (p. 127) et un autre poème d'Aragon (p. 130). La vision de l'amour est-elle semblable ? Après avoir écouté une interprétation de la chanson, expliquez ce que la musique de Ferré apporte au poème d'Aragon.

CLÉS POUR COMPRENDRE L'ÉPOQUE D'UNE GUERRE À L'AUTRE

1 La Première Guerre mondiale est une vraie boucherie. Les survivants, dont certains artistes, ne veulent plus jamais vivre une expérience semblable. Il faut donc revoir le monde parce que la civilisation occidentale pourrait disparaître si elle demeure ce qu'elle est.

2 Les années 1920 sont vécues avec frénésie. Un vent de fraîcheur souffle sur les grandes villes d'Europe.

3 Le communisme attire à lui des écrivains. Certains quitteront les rangs de ce parti ou en seront exclus. D'autres se mettront corps et âme à son service. En URSS, le régime communiste de Staline dissimule une dictature.

4 Les années 1930, après le krach économique de New York, voient apparaître la menace nazie.

5 L'épuration ethnique de Hitler vise principalement l'élimination des Juifs.

6 La Seconde Guerre mondiale oppose ceux qui privilégient un système totalitaire à ceux qui valorisent une politique démocratique ou communiste.

7 Le largage de la bombe atomique sur deux villes japonaises laisse craindre le pire. L'arme atomique menace toute vie sur terre.

8 Le dadaïsme et le surréalisme sont des mouvements artistiques qui rejettent avec virulence la bourgeoisie, la religion et la nation.

9 L'écriture dadaïste fait appel à la bouffonnerie intellectuellement organisée pour montrer l'inutilité des pires actions.

10 L'écriture surréaliste transgresse tous les interdits possibles et révèle le vrai visage de l'humanité, son côté imaginaire, sans le déformer par des structures étouffantes.

11 Pour les surréalistes, l'amour pur, sans valeurs pour l'encadrer et le régir, est ce qui sauvera l'homme et la civilisation.

CLÉS POUR COMPRENDRE L'EXISTENTIALISME

1 Pour Sartre, la nature humaine est une illusion qu'il préfère remplacer par le concept de « devenir », identité changeante que l'on est libre de modifier. Pour Camus, elle correspond à la volonté innée de trouver du sens.

2 Pour Sartre, l'absurde est l'absence de justification. Pour Camus, c'est l'effet de la conscience issu du divorce du sens et de l'existence.

3 Le regard d'autrui est une force majeure : « À chaque instant, autrui me regarde », écrit Sartre. Le regard de l'autre révèle l'être de la personne regardée qui se soucie de son image. Les actes en eux-mêmes ne veulent rien dire : les autres leur donnent un sens et déterminent donc l'essence de la personne les ayant faits. Le sens de l'être se trouve donc dans les yeux de l'autre.

4 L'individu authentique est celui qui assume son entière liberté et qui tient compte de la liberté de l'autre. Celui qui n'est pas authentique est de mauvaise foi, car il s'imagine responsable d'un autre ou abandonne sa liberté à autrui.

5 La fuite est le comportement du lâche.

6 Le lâche est celui qui renie sa liberté, celui qui, se croyant pur, prétend qu'un autre que lui (parent, supérieur, destin, Dieu…) est responsable de ses actes. Le salaud est celui qui usurpe la liberté d'autrui, qui abuse de sa liberté pour réduire celle des autres.

BILAN DES AUTEURS ET DES ŒUVRES

TZARA

Nihiliste et en quête de liberté absolue, Tzara ridiculise la bourgeoisie et tente de créer une littérature « antilittéraire » qu'aucune institution ne pourrait récupérer.

BRETON

Figure centrale du mouvement surréaliste, Breton rejette avec véhémence tout ce qui peut empêcher le désir de s'exprimer et fait de l'amour le moyen par excellence de gagner sa liberté sur terre.

MICHAUX

Poète de la descente en soi et des expériences limites, Michaux décrit les peuples imaginaires qui l'habitent et exprime ce qu'il est par un langage unique. Le personnage de Plume déconcerte le lecteur par sa pensée légère.

ÉLUARD

Humaniste, Éluard donne espoir à ceux qui s'aiment, à ceux qui souhaitent se libérer du joug de l'envahisseur allemand et, par extension, de toute oppression.

ARAGON

Au service d'un amour unique et d'une cause politique, Aragon utilise tout son savoir-faire littéraire pour dévoiler son âme forgée par les mains d'Elsa, qui est toute sa vie.

SOUPAULT

Grand voyageur du dedans et du dehors, Soupault est le témoin de son temps. Son univers poétique est aussi radiophonique. En témoigne l'*Ode à Londres bombardée* : l'appel à la résistance passe par les informations diffusées à la radio.

PRÉVERT

Avec simplicité et efficacité, rage et tendresse, l'œil de Prévert enregistre des moments du quotidien que sa plume rehausse ensuite de manière tantôt comique, tantôt dramatique. Dans le poème « Barbara », un simple fait divers devient le bilan de la tourmente guerrière.

ANOUILH

Dans *Antigone*, Anouilh oppose, d'une part, la sagesse pragmatique de celui qui voit dans le respect de l'ordre établi le secret du bonheur et, d'autre part, l'engagement absolu de celle dont les convictions profondes justifient le sacrifice de son bonheur et de sa vie.

SARTRE

Inventeur du théâtre à thèse, Sartre vise à conscientiser le peuple en produisant une œuvre qui dénonce les fuites et met en lumière la responsabilité et la liberté de l'homme. *Huis clos* illustre la terrible angoisse existentielle de personnages ayant vécu dans la mauvaise foi et qui s'en rendent compte trop tard.

CAMUS

Dans *L'Étranger*, Camus présente un personnage logique mais indifférent. Son procès pour meurtre est l'occasion d'approfondir le concept de l'absurde. Ce personnage peut être vu comme l'illustration du héros absurde que Camus présente dans *Le mythe de Sisyphe*. C'est dans son *Discours de Suède* que Camus expose le plus clairement la mission de l'artiste engagé : contrer l'oppression, favoriser la fraternité et servir la liberté.

BEAUVOIR

Existentialiste, Beauvoir remet en cause, dans *Le Deuxième Sexe*, la place de la femme confinée aux rôles d'épouse et de mère. Avec *L'Invitée*, elle propose la notion de couple ouvert pour critiquer l'union bourgeoise dans laquelle la femme subit les relations extraconjugales de son époux.

SAUVAGEOT

Dans *Laissez-moi (Commentaire)*, son seul récit, Sauvageot dissèque les relations amoureuses. Elle expose une conception de l'amour dans laquelle les rapports sont égalitaires et la passion ne doit pas empêcher la lucidité.

WEIL

Philosophe, Weil est une femme d'engagement. Publié après sa mort, *Attente de Dieu* rassemble divers textes et lettres qui témoignent de sa réflexion sur l'art et la vie.

MALET

Dans *120, rue de la Gare,* Malet tisse son intrigue autour d'un détective privé plus près de l'anti-héros que de l'enquêteur traditionnel. L'auteur met de côté l'énigme pure au profit de la description réaliste du Paris des années 1950, et ce, par l'utilisation d'un langage cru, d'une intrigue faite de meurtres, de poursuites et de règlements de comptes.

SIMENON

Simenon, à qui on attribue l'invention du roman policier psychologique, a laissé une production considérable dans laquelle le commissaire Maigret occupe un rôle de premier plan. Maigret ne se limite pas à élucider le meurtre, il veut comprendre les motivations ayant conduit l'assassin à le commettre. Pour cela, il s'intéresse au milieu social et à la personnalité du criminel.

CHAPITRE 4

LES CRIS
APRÈS LE TUMULTE

Jackson Pollock (1912-1956).

Silver Over Black, White, Yellow and Red, 1948. (Acrylique sur toile, 61 × 80 cm. Musée national d'art moderne, Paris.)

Vers la fin des années 1940, Jackson Pollock secoue le milieu de l'art moderne avec des œuvres audacieuses conçues au moyen d'une technique nouvelle appelée «*dripping*» (égouttement). Plutôt que d'appliquer la peinture avec un pinceau sur une toile maintenue en position verticale, Pollock étend une immense toile blanche sur le sol de son atelier et laisse tomber la peinture goutte à goutte du bout de son pinceau ou d'un bâton, en se déplaçant autour de sa toile dans un mouvement proche de la transe hypnotique. L'œuvre qui en résulte n'a ni haut, ni bas, ni aucun centre d'intérêt particulier. Devant elle, on ressent d'abord une impression de grande confusion et d'immense énergie brute; mais une observation attentive du tableau révèle des réseaux de couleur enchevêtrés, superposés, si bien qu'on peut presque reconstituer le processus créateur de l'artiste. Le geste spontané du peintre ressort ainsi, figé à jamais sur la toile, comme s'il avait réussi à arrêter le temps.

Avec de telles œuvres, Jackson Pollock est vite devenu le chef de file d'une nouvelle génération d'artistes américains qui, devant l'angoisse existentielle laissée par la Seconde Guerre mondiale, se replient sur la richesse de leur monde intérieur. La critique les a regroupés sous le nom d'«expressionnistes abstraits».

ADAMOV ET LE LANGAGE

On vient de le voir, le bon sens poujadiste[1] consiste à établir une équivalence simple entre ce qui se voit et ce qui est. Lorsqu'une apparence est décidément trop insolite, il reste à ce même sens commun un moyen de la réduire sans sortir d'une mécanique des égalités. Ce moyen, c'est le symbolisme. Chaque fois qu'un spectacle semble immotivé, le bon sens fait donner la grosse cavalerie du symbole, admis au ciel petit-bourgeois dans la mesure où, en dépit de son versant abstrait, il unit le visible et l'invisible sous les espèces d'une égalité quantitative (ceci *vaut* cela): le calcul est sauvé, le monde tient encore.

Adamov ayant écrit une pièce sur les appareils à sous, objet insolite au théâtre bourgeois qui, en fait d'objets scéniques, ne connaît que le lit de l'adultère, la grande presse s'est hâtée de conjurer l'inhabituel en le réduisant au symbole. Du moment que *ça voulait dire quelque chose*, c'était moins dangereux.

Et plus la critique du *Ping-Pong* s'est adressée aux lecteurs des grands journaux (*Match, France-Soir*), plus elle a insisté sur le caractère symbolique de l'œuvre: rassurez-vous, il ne s'agit que d'un symbole, l'appareil à sous signifie simplement «la complexité du système social». Cet objet théâtral insolite est exorcisé puisqu'il vaut quelque chose.

Or le billard électrique du *Ping-Pong* ne symbolise rien du tout; il n'exprime pas, il produit; c'est un objet littéral, dont la fonction est d'engendrer, par son objectivité même, des situations. Mais ici encore, notre critique est blousée, dans sa soif de profondeur: ces situations ne sont pas psychologiques, ce sont essentiellement des *situations de langage*. C'est là une réalité dramatique qu'il faudra bien finir par admettre à côté du vieil arsenal des intrigues, actions, personnages, conflits et autres éléments du théâtre classique. Le *Ping-Pong* est un réseau, magistralement monté, de situations de langage.

Roland Barthes, *Mythologies*, © Éditions du Seuil, 1957.

1. *poujadiste*: partisan d'une politique de droite.

DATES	ÉVÉNEMENTS POLITIQUES	ÉVÉNEMENTS SOCIOCULTURELS
1878		Naissance du peintre Malevitch (†1935).
1903		Naissance de Yourcenar (†1987). – Naissance de Tardieu (†1995). – Naissance de Queneau (†1977). – Naissance de Follain (†1971). – Naissance du peintre Rothko (†1970).
1906		Naissance de Beckett (†1989).
1909		Naissance d'Ionesco (†1994).
1912		Naissance du peintre Pollock (†1956).
1914		Naissance de Duras (†1996).
1920		Naissance de Vian (†1959).
1922		Naissance de Robbe-Grillet.
1923		Naissance du peintre Lichtenstein (†1997).
1926		Naissance de Butor.
1928		Naissance du peintre Warhol (†1987).
1929		Naissance de l'artiste Oldenburg.
1932		Naissance d'Arrabal.
1937		Naissance du peintre Hockney.
1938		Yourcenar, « La tristesse de Cornélius Berg ».
1944		Duras, *La Vie tranquille*.
1950	Début de la guerre de Corée.	Première représentation de *La Cantatrice chauve* d'Ionesco. – Duras, *Moderato Cantabile*.
1951	La paix est signée entre le Japon et les États-Unis.	Yourcenar, *Mémoires d'Hadrien*. – Tardieu, *Monsieur Monsieur*. – Première représentation de *La Leçon* d'Ionesco.
1952		Beckett, *En attendant Godot*.
1953	Décès de Staline. – Fin de la guerre de Corée.	Follain, *Territoires*.
1954	Début de la guerre d'Algérie.	Invention de la pilule contraceptive. – Vian, « Le Déserteur » ; « L'Évadé ».
1956	L'URSS envahit la Hongrie.	Musique électronique et concrète de Stockhausen.
1957		Butor, *La Modification*. – Beckett, *Fin de partie*.
1959	Charles de Gaulle est élu président de la Vᵉ République.	Queneau, *Zazie dans le métro*.
1960	Indépendance de l'Algérie. – J. F. Kennedy est élu président des États-Unis d'Amérique.	
1961	Début de la guerre du Viêt-Nam. – Construction du mur de Berlin.	Resnais tourne *L'Année dernière à Marienbad*, d'après un scénario de Robbe-Grillet. – Queneau, *Cent mille milliards de poèmes*.
1962		Burgess publie *Orange mécanique*, qui sera adapté au cinéma par Kubrick en 1971. – Robbe-Grillet, *Instantanés*.
1963	Assassinat de J. F. Kennedy.	Beckett, *Oh les beaux jours*. – Robbe-Grillet, *Pour un Nouveau Roman*.
1964		Duras, *Le Ravissement de Lol V. Stein*.
1966		Tardieu, *Théâtre de chambre*.
1968		Kubrick, *2001 : L'Odyssée de l'espace*.
1969		Premier Américain sur la Lune.

L'EUROPE devra se reconstruire dans un grand paradoxe. Alors que certains font preuve d'optimisme dans un monde où tout semble dorénavant possible, d'autres éprouvent une angoisse existentielle devant la menace d'un autre conflit entretenue par la guerre froide qui divise la planète en deux hémisphères idéologiques.

Ce grand bouleversement de l'après-guerre se traduit par une philosophie de l'absurde qui vient éclairer le caractère irrationnel de l'existence de l'homme, philosophie que partageront aussi les existentialistes.

UN MONDE VIDÉ DE SON SENS

Nietzsche ayant énoncé haut et fort que Dieu est mort, les valeurs religieuses, anciennes assises des traditions et d'une certaine morale, poursuivent leur déclin. Certains auteurs vont privilégier un engagement social et politique, allant du communisme au marxisme et même au maoïsme, qui se soldera toutefois par un échec. En effet, force est de constater leur impossibilité de modifier ce monde sans cesse menacé par la possibilité d'un autre conflit d'envergure internationale.

Il s'agit donc d'un constat d'impuissance puisque l'homme a perdu ses repères traditionnels et se trouve dorénavant face à un monde dans lequel les certitudes d'antan ont été évacuées. Quelle est donc la place de l'homme dans ce monde ? Quelles sont les significations de cet univers bas de plafond ? Et, pour pasticher le personnage de Bérenger de la pièce *Le roi se meurt*, où Ionesco pose la question de la finitude humaine, pourquoi l'homme est-il né si ce n'était pas pour durer toujours ?

Parallèlement à cette désillusion face à l'engagement social, la société française se remet rapidement des nombreuses privations que la guerre avait imposées. Elle se modifie considérablement et la consommation affecte dorénavant toutes les sphères d'activité humaine, en particulier la scène culturelle.

Immédiatement après la guerre, un peu comme si on désirait mettre de l'avant l'imaginaire, on assiste à une grande diversité de productions théâtrales. Les salles de théâtre se multiplient sur la rive gauche de Paris et les petites salles reçoivent des spectateurs en nombre restreint, souvent des intellectuels ou des étudiants attirés par ces nouveaux spectacles produits avec peu de moyens matériels.

Ces nouveaux spectacles amorcent la rupture avec le théâtre classique dont ils se démarquent tant par leurs thèmes que par leurs nouvelles structures dramatiques. Les textes théâtraux sonnent le glas des codes traditionnels en imposant un théâtre qui sort des normes dans lesquelles il était enfermé. Brusqués par l'impossibilité de donner un sens à cette société qui a produit tant d'horreurs, les auteurs dramatiques adoptent une vision pessimiste du monde, un monde vidé de son sens, un monde désolé et hostile, un monde qui prend les personnages au piège.

MISE À MORT DES MODÈLES TRADITIONNELS

Pour rendre compte de cet univers particulier, les auteurs dramatiques vont abolir certains repères usuels qui permettaient jusqu'alors aux spectateurs de se situer dans l'espace et le temps. La scène ne sera plus le reflet schématique du monde réel tel que nous le connaissons, mais bien un univers imaginaire qui ne s'encombre plus de la vraisemblance. Cette nouvelle construction dramatique va faire peser une atmosphère de constante menace qui, à son tour, produira chez le spectateur un certain malaise.

Comme la société qui a modifié ses propres habitudes de consommation, certaines pièces du théâtre de l'absurde entretiendront un rapport particulier avec les objets : les chaises, dans la pièce du même nom d'Ionesco, occuperont tout l'espace scénique, pour représenter le vide de l'être humain qui se raccroche à ce qu'il peut pour se donner l'illusion d'exister ; symptôme existentiel similaire dans *Le Nouveau Locataire*, du même auteur, où le personnage empilera des boîtes dans son nouvel appartement, lesquelles occuperont graduellement tout son espace vital.

Obnubilés par cette conquête du matériel, les personnages perdent donc toutes les caractéristiques psychologiques qui permettaient auparavant aux spectateurs de comprendre leurs motivations ; ils agissent dorénavant d'une manière presque mécanique, comme des pantins désarticulés, ce qui traduit la vanité des efforts de l'homme pour conjurer cette mort qui est le lot de tous et qu'il ne peut éviter.

Une des ruptures essentielles de ce type de théâtre est sans nul doute son nouvel apport au langage, source traditionnelle de communication. « Ce qui se conçoit bien s'énonce clairement », écrivait Boileau. Or, comment traduire le malentendu que crée inévitablement une communication qui sert à exprimer des idées quand le projet même des dramaturges de l'absurde est de « désacraliser » ce langage producteur de sens ? Dans l'absurde, le langage se décompose, les répliques se limitent parfois à des automatismes sans véritable contenu, les dialogues sont des dialogues de sourds : « Chaque fois qu'elle parle, personne ne l'écoute », nous fera remarquer Boris Vian dans *Les Bâtisseurs d'empire*.

UN NOUVEAU REGARD SUR LE MONDE

La littérature narrative qui va apparaître au début des années 1950 remet en question les codes traditionnels du discours narratif en abolissant la notion de personnage, que les auteurs antérieurs avaient pour habitude de doter de caractéristiques psychologiques vraisemblables, ainsi que la notion même d'intrigue, moteur des romans classiques.

Ce type de romans qui vient rompre avec les catégories antérieures du genre narratif n'a pas, comme c'était le cas dans d'autres courants littéraires, de chef de file. C'est au hasard des publications par la même maison d'édition, les Éditions de Minuit, que vont se regrouper les auteurs. Les critiques, observateurs de ces importantes modifications, parleront alors de l'« École de Minuit » ou même d'« anti-roman ». Ce n'est qu'en 1957 qu'apparaît l'expression « Nouveau Roman » pour désigner tous ces écrivains visant les mêmes buts. Sans cesse animés par des préoccupations formelles, ils refusent l'engagement idéologique qu'avaient défendu les existentialistes. Le regard devient donc un objet de recherche pour ces écrivains qui veulent travailler une nouvelle perception dans laquelle la narration objective demande à l'auteur de s'effacer. Pour reprendre le chiasme de Jean Ricardou : « Le roman n'est plus l'écriture d'une aventure, mais l'aventure d'une écriture. »

Le Nouveau Roman a souvent été critiqué pour son écriture qui traduit elle aussi, comme le théâtre de l'absurde, l'impossibilité de communiquer. D'autres critiqueront plutôt son refus de donner une valeur symbolique aux choses et une dimension psychologique aux êtres. Mais les reproches les plus sévères viseront surtout la relation analytique que veut imposer cette nouvelle forme de texte : le lecteur ne doit plus se divertir de sa lecture, mais bien comprendre les nouveaux codes qui gèrent les œuvres « techniquement » construites par les écrivains. Le Nouveau Roman va graduellement péricliter à la fin des années 1970, et les écrivains vont revenir à une forme d'écriture plus classique.

PARTIE 1

L'HÉRITAGE DU PASSÉ : PLUS ÇA CHANGE...

APRÈS les célébrations de la Libération, on découvre peu à peu à quel point l'Europe a été ravagée par la guerre. On fait le calcul des nombreuses victimes, plus de cinquante millions, on découvre les horreurs de la politique hitlérienne qui a décimé des millions de Juifs dans les camps de travail et dans les chambres à gaz. La puissance nucléaire qui a détruit Hiroshima et Nagasaki au Japon rappelle à l'homme sa fragilité et la précarité de l'équilibre planétaire.

Malgré ce grand bouleversement historique qui a marqué le monde, la seconde moitié du XXe siècle s'ouvre encore sur deux guerres : la guerre de Corée (1950-1953), pays divisé en deux zones occupées, l'une par l'URSS et l'autre par les États-Unis, et la guerre d'Algérie (1954-1962), qui oppose le Front de libération nationale (FLN) à l'armée française. Quoi de plus normal donc que certains s'élèvent contre l'absurdité d'un monde qui ne semble pas avoir appris des erreurs du passé.

Boris Vian (1920-1959)

Figure marquante du Paris d'après-guerre, Vian, « touche-à-tout », laisse une empreinte indélébile dans la vie intellectuelle. Romancier, poète, chansonnier, dramaturge, musicien de jazz (c'est grâce à lui que le jazz a été introduit en France), créateur d'un livret d'opéra, traducteur, « ingénieux ingénieur », Vian a laissé une œuvre très diversifiée dans laquelle il nous présente un monde pour le moins insolite. En 1946, il écrit *L'Écume des jours* qui serait, selon certains, le roman d'amour du siècle et dans lequel son sens de l'humour et de l'absurde laisse néanmoins percer un certain désespoir. Parmi ses œuvres dramatiques, on relève *Les Bâtisseurs d'empire* où un étrange personnage, le Schmürz, hante une famille qui, pour le fuir, doit déménager d'étage en étage dans un espace de plus en plus restreint. Vian va créer un scandale et sera poursuivi pour outrage

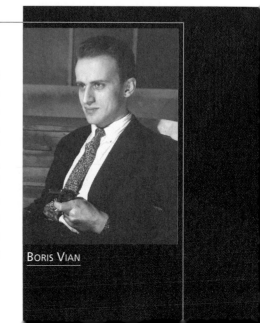

BORIS VIAN

aux bonnes mœurs après avoir écrit, sous le pseudonyme de Vernon Sullivan, deux romans noirs teintés d'érotisme, pastiches des romans policiers américains. Au début des années 1950, il écrira des chansons jazzées ou aux allures rock'n'roll, au texte parfois farfelu, comme « Va te faire cuire un œuf, Man » ou « Le Rock des petits cailloux ». À l'âge de trente-neuf ans, Boris Vian, cardiaque, meurt lors de la projection privée du film tiré de son roman *J'irai cracher sur vos tombes*, adaptation qu'il désavoue. L'œuvre de Boris Vian traduit son goût inné pour les multiples possibilités du langage, ce qui est d'ailleurs évident lorsqu'on voit la diversité des genres qu'il a abordés. Ses œuvres, parfois teintées d'humour et de jeux langagiers, aussi bien que son esprit irrévérencieux ont fait de lui une figure vénérée des jeunes générations.

■ TEXTES ET CHANSONS (1966)

Le recueil Textes et chansons regroupe quelques courts textes narratifs, quelques poèmes et les textes de plusieurs chansons qui furent chantées par Vian lui-même et par de nombreux interprètes, dont Jacques Higelin, Magali Noël, Henri Salvador, Serge Reggiani et Pauline Julien. Cet ouvrage contient également une longue lettre très acerbe dans laquelle Vian répond à un conseiller municipal qui voulait que la chanson « Le Déserteur » soit interdite à la radio parce qu'elle était, selon lui, une insulte aux anciens combattants de toutes les guerres. Notons que cette chanson a été composée au début de la guerre d'Algérie, en 1954, alors que la France cherchait à protéger ses intérêts coloniaux. Inspirée par l'horreur des conflits armés, la chanson « Le Déserteur » sera considérée comme un manifeste antimilitariste et reprise par le groupe américain Peter, Paul and Mary pendant la guerre du Viêt-Nam.

« Le Déserteur » (1954)

Monsieur le Président
Je vous fais une lettre
Que vous lirez peut-être
Si vous avez le temps

5   Je viens de recevoir
Mes papiers militaires
Pour partir à la guerre
Avant mercredi soir

Monsieur le Président
10   Je ne veux pas la faire
Je ne suis pas sur terre
Pour tuer des pauvres gens

C'est pas pour vous fâcher
Il faut que je vous dise
15   Ma décision est prise
Je m'en vais déserter.

ANDY WARHOL **(1928-1987).**

*Atomic Bomb,*1965. (Sérigraphie, 264 × 203 cm. The Andy Warhol Foundation for the Visual Arts.)

Cette œuvre a été réalisée durant la guerre froide, alors que le monde entier vivait dans la crainte d'un conflit nucléaire entre l'URSS et les États-Unis. Warhol reprend ici l'image la plus sinistre, mais aussi la plus emblématique de l'ère nucléaire : le fameux « champignon » provoqué par une explosion atomique. Il a recours à la séri-graphie, technique qui consiste à enduire de peinture une image imprimée sur un support (de la soie par exemple) qui laisse passer cette pein-ture sur une toile en agissant un peu comme un filtre, ce qui permet de reproduire à l'infini l'image voulue sur plusieurs toiles ou, comme c'est le cas ici, sur la même. On a souvent dit de Warhol qu'il refusait l'engagement politique ; pourtant, la répétition de l'image de l'explosion crée une impression d'apocalypse nucléaire, impression que l'artiste a accentuée en n'utili-sant que le rouge et le noir. On remarque aussi que les explosions ne sont pas toutes identiques : le noir est de plus en plus présent dans le bas de la toile, et les explosions plus rapprochées les unes des autres, comme si Warhol avait voulu suggérer une accélération des bombardements et une destruction de plus en plus massive. *Atomic Bomb* rejoint ainsi « Le Déserteur » de Vian dans les rangs des œuvres antimilita-ristes.

Depuis que je suis né
J'ai vu mourir mon père
J'ai vu partir mes frères
20 Et pleurer mes enfants

Ma mère a tant souffert
Qu'elle est dedans sa tombe
Et se moque des bombes
Et se moque des vers

25 Quand j'étais prisonnier
On m'a volé ma femme
On m'a volé mon âme
Et tout mon cher passé

Demain de bon matin
30 Je fermerai ma porte
Au nez des années mortes
J'irai sur les chemins.

Je mendierai ma vie
Sur les routes de France
35 De Bretagne en Provence
Et je dirai aux gens

Refusez d'obéir
Refusez de la faire
N'allez pas à la guerre
40 Refusez de partir

S'il faut donner son sang
Allez donner le vôtre
Vous êtes bon apôtre
Monsieur le Président

45 Si vous me poursuivez
Prévenez vos gendarmes
Que je n'aurai pas d'armes
Et qu'ils pourront tirer

(© Éditions Julliard.)

QUESTIONS

1 Relevez les passages qui justifient le fait que le conseiller municipal a trouvé ce texte insultant pour les anciens combattants.

2 Vian critique-t-il ouvertement les militaires ?

3 a) Quelles sont les marques de politesse utilisées dans cette lettre en forme de poème ?

b) Observez la structure des rimes et dites si le sens général prime sur la versification. À quel registre de langue les mots de ce texte appartiennent-ils ?

c) Y a-t-il une certaine progression dans cette lettre de Vian ?

4 Montrez que ce texte est un manifeste contre la guerre.

5 La solution proposée par Vian respecte-t-elle le rôle que tout citoyen doit jouer pour sa patrie ?

■ TEXTES ET CHANSONS (1966)

Tiré lui aussi du recueil Textes et chansons, « L'Évadé » trouve un écho thématique dans le poème « Je voudrais pas crever », publié en 1962 après la mort de l'auteur. Dans ces deux œuvres poétiques, Vian insiste sur l'urgence de vivre et de profiter de tous les moments de la vie, aussi simples soient-ils. Écrit dans une période où l'homme se sent fragilisé et perçoit la faiblesse de l'équilibre planétaire, « L'Évadé » endosse la philosophie du carpe diem d'Horace et des poètes de la Pléiade qui intime aux lecteurs de vivre pleinement tandis qu'il en est encore temps. Mort prématurément d'un arrêt cardiaque à trente-neuf ans, Boris Vian se demandera d'ailleurs dans un autre poème pourquoi il vit et en arrivera à la conclusion toute simple que c'est « parce que c'est joli ».

« L'Évadé » (1954)

Il a dévalé la colline
Ses pieds faisaient rouler des pierres
Là-haut, entre les quatre murs
La sirène chantait sans joie

5 Il respirait l'odeur des arbres
Avec son corps, comme une forge
La lumière l'accompagnait
Et lui faisait danser son ombre

Pourvu qu'ils me laissent le temps
10 Il sautait à travers les herbes
Il a cueilli deux feuilles jaunes
Gorgées de sève et de soleil

Les canons d'acier bleu crachaient
De courtes flammes de feu sec
15 Pourvu qu'ils me laissent le temps
Il est arrivé près de l'eau

Il y a plongé son visage
Il riait de joie ; il a bu
Pourvu qu'ils me laissent le temps
20 Il s'est relevé pour sauter

Pourvu qu'ils me laissent le temps
Une abeille de cuivre chaud
L'a foudroyé sur l'autre rive
Le sang et l'eau se sont mêlés

25 Il avait eu le temps de voir
Le temps de boire à ce ruisseau
Le temps de porter à sa bouche
Deux feuilles gorgées de soleil

Le temps de rire aux assassins
30 Le temps d'atteindre l'autre rive
Le temps de courir vers la femme

Il avait eu le temps de vivre.

(© Éditions Julliard.)

QUESTIONS

1 Ce poème pourrait-il traduire une certaine crainte de la mort chez un auteur qui se sait cardiaque ?

2 Peut-on dire que ce poème endosse la philosophie du *carpe diem* ?

3 a) Quel effet l'absence de ponctuation produit-elle ?

b) Soulignez les répétitions du vers « Pourvu qu'ils me laissent le temps ». Observez ensuite leur disposition dans les strophes et leur position par rapport à l'ensemble. Que remarquez-vous ?

c) Quel effet l'anaphore des deux dernières strophes (vers 25 à 32) produit-elle ?

4 Selon le poète, qu'est-ce que vivre ?

5 a) Le personnage a-t-il eu raison de s'évader même s'il risquait d'en mourir ?

b) Ce poème reprend-il certains éléments de la thématique du « Déserteur » ?

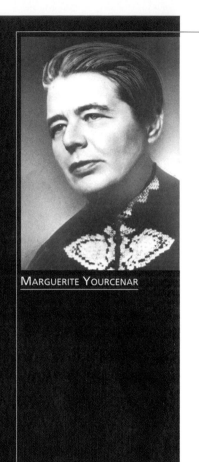

MARGUERITE YOURCENAR

Marguerite Yourcenar (1903-1987)

Marguerite Yourcenar naît à Bruxelles. Elle n'a que dix jours quand sa mère meurt ; elle vivra près de Lille avec sa grand-mère paternelle et son père qui lui inculque le goût de la culture gréco-latine. Au début de la Première Guerre, elle part vivre avec son père en Angleterre où elle voit le buste de l'empereur Hadrien, ce qui n'est pas étranger au fait qu'elle écrive plus tard, en 1951, *Mémoires d'Hadrien*, roman à la première personne qui fait revivre cet empereur romain ayant favorisé les arts et amélioré la vie des esclaves. Dans son œuvre, Yourcenar s'intéresse plus à l'histoire et à la mythologie que ses contemporains et elle met souvent en scène des personnages masculins aux prises avec des réalités qu'ils veulent transgresser. C'est le cas notamment dans *L'Œuvre au noir* (1968) où Zénon, fils naturel d'un noble prélat florentin, a tôt fait d'apercevoir les limites de l'enseignement théologique et doit fuir son pays pour échapper au destin de clerc qui lui est assigné ; ou encore dans *Alexis ou le Traité du vain combat* (1929) où un jeune homme décide de ne plus mentir à sa femme et de lui avouer son homosexualité.

Yourcenar a fait de nombreux voyages et a eu une vie privée bien en avance sur les mœurs de son époque, partagée entre des amours lesbiens et des relations amoureuses avec des homosexuels. En 1939, à la déclaration de la guerre, elle suit sa compagne d'alors et va vivre aux États-Unis où elle restera jusqu'à la fin de ses jours. Cette contestation des normes sexuelles et morales de la société de son temps trouve un écho dans ses œuvres, dont le personnage clé est souvent homosexuel.

Poète, romancière, historienne, essayiste, Yourcenar est, en 1980, la première femme à être élue à l'Académie française.

■ « LA TRISTESSE DE CORNÉLIUS BERG » (1938)

Cette courte nouvelle a d'abord été publiée seule en 1938. En 1963, Gallimard a réuni les dix nouvelles parues séparément puis retravaillées sous le titre Nouvelles orientales. *« La tristesse de Cornélius Berg » met en scène un vieux peintre désabusé et se termine sur une note relativement pessimiste quant à la valeur des êtres humains. Dans un raisonnement plus esthétique qu'argumentatif, le vieux peintre en arrive à voir la coexistence du beau et du laid, dichotomie entre la beauté de la nature et la laideur associée aux activités humaines en général. Cette nouvelle que nous reproduisons ici intégralement est intéressante par le long cheminement qui conduit Yourcenar à une conclusion correspondant parfaitement aux préoccupations des auteurs de l'époque.*

Cornélius Berg, dès sa rentrée dans Amsterdam, s'était établi à l'auberge. Il en changeait souvent, déménageant quand il fallait payer, peignant encore, parfois, de petits portraits, des tableaux
5 de genre sur commande, et, par-ci par-là, un morceau de nu pour un amateur, ou quêtant le long des rues l'aubaine d'une enseigne. Par malheur, sa main tremblait ; il devait ajuster à ses lunettes des verres de plus en plus forts ; le
10 vin, dont il avait pris le goût en Italie, achevait, avec le tabac, de gâter le peu de sûreté de touche dont il se vantait encore. Il se dépitait, refusait de livrer l'ouvrage, compromettait tout par des surcharges et des grattages, finis-
15 sait par ne plus travailler.

Il passait de longues heures au fond des ta-vernes enfumées comme une conscience d'ivrogne, où d'anciens élèves de Rembrandt[1], ses condisciples d'autrefois, lui payaient à boire,
20 espérant qu'il leur raconterait ses voyages. Mais les pays poudreux de soleil où Cornélius avait traîné ses pinceaux et ses vessies de cou-leurs s'avéraient moins précis dans sa mémoire qu'ils ne l'avaient été dans ses projets d'avenir ;
25 et il ne trouvait plus, comme dans son jeune temps, d'épaisses plaisanteries qui faisaient glousser de rire les servantes. Ceux qui se rap-pelaient le bruyant Cornélius d'autrefois s'éton-naient de le retrouver si taciturne ; l'ivresse seule
30 lui rendait sa langue ; il tenait alors des discours incompréhensibles. Il s'asseyait, la figure tour-née vers la muraille, son chapeau sur les yeux, pour ne pas voir le public, qui, disait-il, le dégoûtait. Cornélius, vieux peintre de por-
35 traits, longtemps établi dans une soupente de Rome, avait toute sa vie trop scruté les visages humains ; il s'en détournait maintenant avec une indifférence irritée ; il allait jusqu'à dire qu'il n'aimait pas à peindre les animaux, ceux-ci res-
40 semblant trop aux hommes.

À mesure que se perdait le peu de talent qu'il avait jamais possédé, du génie semblait lui venir. Il s'établissait devant son chevalet, dans sa mansarde en désordre, posait à côté de lui
45 un beau fruit rare qui coûtait cher, et qu'il fal-lait se hâter de reproduire sur la toile avant que sa peau brillante ne perdît de sa fraîcheur, ou bien un simple chaudron, des épluchures. Une lumière jaunâtre emplissait la chambre ; la pluie
50 lavait humblement les vitres ; l'humidité était partout. L'élément humide enflait sous forme de sève la sphère grumeleuse de l'orange, bour-souflait les boiseries qui criaient un peu, ternissait le cuivre du pot. Mais il reposait bien-
55 tôt ses pinceaux ; ses doigts gourds, si prompts jadis à peindre sur commande des Vénus couchées et des Jésus à barbe blonde bénissant des enfants nus et des femmes drapées, renon-çaient à reproduire sur la toile cette double cou-
60 lée humide et lumineuse imprégnant les choses et embuant le ciel. Ses mains défor-mées avaient, en touchant les objets qu'il ne peignait plus, toutes les sollicitudes de la ten-dresse. Dans la triste rue d'Amsterdam, il rêvait
65 à des campagnes tremblantes de rosée, plus belles que les bords de l'Anio crépusculaires, mais désertes, trop sacrées pour l'homme. Ce vieillard, que la misère semblait gonfler, paraissait atteint d'une hydropisie[2] du cœur.
70 Cornélius Berg, bâclant çà et là quelques piteux ouvrages, égalait Rembrandt par ses songes.

Il n'avait pas renoué avec ce qui lui restait de famille. Certains de ses parents ne l'avaient pas
75 reconnu ; d'autres feignaient de l'ignorer. Le seul qui le saluât encore était le vieux Syndic de Haarlem.

Il travailla durant tout un printemps dans cette petite ville claire et propre, où on l'employait
80 à peindre de fausses boiseries sur le mur de l'église. Le soir, sa tâche finie, il ne refusait pas d'entrer chez ce vieil homme doucement abêti par les routines d'une existence sans hasards, qui vivait seul, livré aux soins douillets
85 d'une servante, et ne connaissait rien aux choses de l'art. Il poussait la mince barrière de

---

1. *Rembrandt* : peintre et graveur néerlandais (1606-1669) reconnu pour l'utilisation du clair-obscur dans ses toiles et pour la grande expressivité de ses portraits.

2. *hydropisie* : accumulation de liquide dans une partie du corps.

bois peint ; dans le jardinet, près du canal, l'amateur de tulipes l'attendait parmi les fleurs. Cornélius ne se passionnait guère pour ces
90 oignons inestimables, mais il était habile à distinguer les moindres détails des formes, les moindres nuances des teintes, et il savait que le vieux Syndic ne l'invitait que pour avoir son opinion sur une variété nouvelle. Personne
95 n'aurait pu désigner par des mots l'infinie diversité des blancs, des bleus, des roses et des mauves. Grêles, rigides, les calices patriciens sortaient du sol gras et noir : une odeur mouillée, qui montait de la terre, flottait seule
100 sur ces floraisons sans parfum. Le vieux Syndic prenait un pot sur ses genoux, et, tenant la tige entre deux doigts, comme par la taille, faisait, sans mot dire, admirer la délicate merveille. Ils échangeaient peu de paroles : Cornélius Berg
105 donnait son avis d'un hochement de tête.

Ce jour-là, le Syndic était heureux d'une réussite plus rare que les autres : la fleur, blanche et violacée, avait presque les striures d'un iris. Il la considérait, la tournait en tous sens, et, la
110 déposant à ses pieds :

— Dieu, dit-il, est un grand peintre.

Cornélius Berg ne répondit pas. Le paisible vieil homme reprit :

— Dieu est le peintre de l'univers.

115 Cornélius Berg regardait alternativement la fleur et le canal. Ce terne miroir plombé ne reflétait que des plates-bandes, des murs de brique et

la lessive des ménagères, mais le vieux vagabond fatigué y contemplait vaguement toute sa
120 vie. Il revoyait certains traits de physionomie aperçus au cours de ses longs voyages, l'Orient sordide, le Sud débraillé, des expressions d'avarice, de sottise ou de férocité notées sous tant de beaux ciels, les gîtes misérables, les hon-
125 teuses maladies, les rixes à coups de couteau sur le seuil des tavernes, le visage sec des prêteurs sur gages et le beau corps gras de son modèle, Frédérique Gerritsdochter, étendu sur la table d'anatomie à l'école de médecine
130 de Fribourg. Puis, un autre souvenir lui vint. À Constantinople, où il avait peint quelques portraits de Sultans pour l'ambassadeur des Provinces-Unies, il avait eu l'occasion d'admirer un autre jardin de tulipes, orgueil et joie d'un
135 pacha qui comptait sur le peintre pour immortaliser, dans sa brève perfection, son harem floral. À l'intérieur d'une cour de marbre, les tulipes rassemblées palpitaient et bruissaient, eût-on dit, de couleurs éclatantes ou tendres.
140 Sur une vasque, un oiseau chantait ; les pointes des cyprès perçaient le ciel pâlement bleu. Mais l'esclave qui par ordre de son maître montrait à l'étranger ces merveilles était borgne et sur l'œil récemment perdu des mouches s'amas-
145 saient. Alors, ôtant ses lunettes :

— Dieu est le peintre de l'univers.

Et, avec amertume, à voix basse :

— Quel malheur, monsieur le Syndic, que Dieu ne se soit pas borné à la peinture des paysages.

(© Éditions Gallimard.)

QUESTIONS

1 Relevez les éléments de cette nouvelle qui témoignent du goût de son auteure pour l'histoire et la mythologie.

2 Cornélius Berg est-il véritablement un peintre ?

3 a) Relevez les types de tableaux réalisés par le peintre et indiquez à quelle étape de sa vie il est rendu.

b) Notez les diverses descriptions que l'auteure fait du peintre. Observez les différences de l'une à l'autre. Qu'est-ce qui change ? Que signifient ces changements ?

c) À quoi sert la répétition, vers la fin du récit, de la phrase « Dieu est le peintre de l'univers » (lignes 114 et 146) ?

d) Par quel procédé l'auteure fait-elle plonger Cornélius Berg dans ses souvenirs ?

4 a) Quelle vision des êtres humains se dégage-t-il du texte ?

b) Peut-on dire que ce récit fait cohabiter le Bien et le Mal ?

5 Yourcenar nous donne-t-elle une vision pessimiste du rôle de l'homme dans la création ?

Art et littérature

UN ART UNIVERSEL

Trois bandes de couleurs presque identiques semblent flotter sur une surface orangée. Le titre, *Rouge sur orange*, ne suggère pas d'interprétation ou de référence à la réalité, ce qui plonge le spectateur dans l'abstraction totale. Mark Rothko cherche à transmettre une émotion brute, sans intermédiaires tels que le sujet ou les objets : l'image parle d'elle-même, comme le font les notes de musique qui suggèrent des sentiments sans les formuler de manière explicite.

Ce refus de la figuration vient en partie de circonstances historiques : après la Seconde Guerre mondiale et les atrocités subies par les Juifs, Rothko, fils d'émigrés russes juifs, croit que « l'incommunicabilité humaine » rend caduc l'emploi de la figure en art. Pour surmonter cet obstacle, il prône un art universel, débarrassé de toute référence culturelle ou historique, un art qui permettrait au spectateur de s'extirper de son environnement immédiat et de ressentir un sentiment d'infini. De nature pessimiste, Rothko fait penser à Cornélius Berg, ce peintre désabusé par ses semblables et qui juge que Dieu aurait dû se « born[er] à la peinture des paysages ».

MARK ROTHKO **(1903-1970).**

Rouge sur orange, 1955. (Huile sur toile, 175,6 × 141,6 cm. Museum of Modern Art, New York.)

■ On raconte que certaines personnes fondent en larmes à la vue des œuvres de Rothko. Comment expliquez-vous cela ?

■ Relevez dans l'extrait de Marguerite Yourcenar des passages qui décrivent le regard que le peintre porte sur le monde qui l'entoure : peut-on dire que Cornélius Berg et Mark Rothko partagent la même vision artistique ?

■ Rothko a déclaré que le seul objectif de son art est « d'exprimer des sentiments humains fondamentaux, la tragédie, l'extase, le destin funeste et ce genre de choses ». Quels sentiments cette toile vous inspire-t-elle ?

2 PARTIE

L'IMPUISSANCE DE LA PAROLE

EN PROIE à une même angoisse, les écrivains de ce milieu de siècle, comme les existentialistes avant eux, vont perdre les anciens repères qui tenaient lieu de certitudes et réagir en se questionnant sur la valeur de l'existence humaine.

Cette grande interrogation sur l'impossibilité d'établir une véritable communication entre les êtres humains engendre une forme théâtrale dans laquelle on montre l'absurdité de la condition humaine plutôt que d'en discuter philosophiquement. Même si Vian a abordé des thèmes pouvant s'apparenter à cette absurdité, il reste qu'une interprétation symbolique peut se dégager de ses grandes œuvres dramatiques, romanesque ou poétiques et que le sens est ce qui prime dans ses écrits. Chez Beckett et Ionesco par contre, des procédés parfois burlesques nous convient à la tragédie du non-sens. Les personnages du théâtre de Beckett semblent fonctionner à vide, comme une meule qui tourne sans arrêt sur le même axe, et les pièces d'Ionesco s'ouvrent sur un vide scénique qui ne demande qu'à se remplir d'objets pour contrer les effets de cet univers privé de sens. Les auteurs de l'absurde utilisent le langage usuel fait de clichés et d'automatismes qui ne veulent plus rien dire pour montrer des personnages qui ne savent plus penser et qui répètent inlassablement des formules vides de sens.

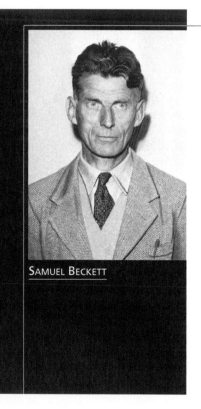

SAMUEL BECKETT

Samuel Beckett (1906-1989)

Auteur d'origine irlandaise, Samuel Beckett s'installe définitivement à Paris en 1937 et devient le secrétaire de James Joyce. Il fréquente alors le milieu intellectuel et mène une vie désordonnée qui rompt avec la morale très stricte qu'il avait connue auprès de sa mère. Pendant la Seconde Guerre, Beckett joint la Résistance et doit se réfugier dans le Vaucluse pour échapper à la Gestapo. Il partage ensuite son temps entre les travaux agricoles et la rédaction d'un roman, *Watt* (1953), qui porte déjà les germes des pièces d'anti-théâtre à venir.

C'est en 1953, avec *En attendant Godot*, que Beckett acquiert une renommée mondiale. Dans ce théâtre de l'attente — que feront les personnages tout le long de la pièce sinon que d'espérer l'improbable venue de Godot ? —, l'immobilité des êtres dans le temps semble pousser les personnages à tenter malgré tout de trouver un sens dans l'univers. Dans *Oh les beaux jours* (1963), Winnie, dont le corps est à demi enterré, s'enfonce graduellement dans le sable et elle soliloque sans arrêt dans une immobilité de plus en plus grande. Faute de pouvoir se mouvoir, les personnages n'ont donc plus dans l'espace théâtral que la parole, parole dérisoire, parole vide de sens, parole qui ne peut rien modifier. Dans *Fin de partie*, ils sont pris dans un huis clos, et tout espoir est encore une fois évacué au profit d'un discours dépourvu de sens.

■ FIN DE PARTIE (1957)

La scène se passe dans un intérieur sans meubles aux fenêtres obstruées par des rideaux fermés. Hamm est assis dans son fauteuil à roulettes tandis que son serviteur Clov s'active autour de lui. Hamm et son fauteuil sont recouverts d'un vieux drap, comme les deux poubelles à l'avant-scène à gauche. Clov va à la fenêtre de gauche, regarde au travers et se rend ensuite à la fenêtre de droite. Il enlève les draps couvrant les deux poubelles, puis celui couvrant Hamm et son fauteuil. Au début de l'extrait, Hamm semble sortir de son sommeil.

HAMM
Tu n'as jamais vu mes yeux ?

CLOV
Non.

HAMM
Tu n'as jamais eu la curiosité, pendant que je dormais, d'enlever mes lunettes et de regarder
5 mes yeux ?

CLOV
En soulevant les paupières ? (*Un temps.*) Non.

HAMM
Un jour je te les montrerai. (*Un temps.*) Il paraît qu'ils sont tout blancs. (*Un temps.*) Quelle heure est-il ?

CLOV
10 La même que d'habitude.

HAMM
Tu as regardé ?

CLOV
Oui.

HAMM
Et alors ?

CLOV
Zéro.

HAMM
15 Il faudrait qu'il pleuve.

CLOV
Il ne pleuvra pas.

(*Un temps.*)

HAMM
À part ça, ça va ?

CLOV
Je ne me plains pas.

HAMM
20 Tu te sens dans ton état normal ?

CLOV (*agacé.*)
Je te dis que je ne me plains pas.

HAMM
Moi je me sens un peu drôle. (*Un temps.*) Clov.

KAZIMIR MALEVITCH (1878-1935).

Composition suprématiste : blanc sur blanc, 1918. (Huile sur toile, 79,4 × 79,4 cm. Museum of Modern Art, New York.)

Cette œuvre est avant tout un manifeste : le peintre ne cherche pas à susciter une émotion, mais plutôt à faire valoir sa conception artistique. Malevitch écrira au sujet de cette toile qu'il a « réduit à néant l'élasticité de la matière » et qu'au terme de sa démarche « le monde des choses » aura disparu. La simplicité de l'œuvre s'explique ainsi par le désir de ramener l'art à l'essentiel, de privilégier un minimalisme absolu, désir qui amènera Malevitch à déclarer que « la peinture est périmée depuis longtemps ». Dans ses pièces et ses romans, Beckett poursuivra lui aussi une démarche qui réduira le langage à sa plus simple expression : les derniers romans qu'il a publiés sont de toutes petites plaquettes d'à peine quelques pages dans lesquelles la langue est impitoyablement réduite au strict minimum. Certaines pièces, dont *Acte sans parole*, sont même entièrement muettes, les personnages ne s'exprimant que par gestes.

CLOV
Oui.

HAMM
Tu n'en as pas assez ?

CLOV
25 Si ! (*Un temps.*) De quoi ?

HAMM
De ce… de cette… chose.

CLOV
Mais depuis toujours. (*Un temps.*) Toi non ?

HAMM (*morne.*)
Alors il n'y a pas de raison pour que ça change.

CLOV
30 Ça peut finir. (*Un temps.*) Toute la vie les mêmes questions, les mêmes réponses.

HAMM
Prépare-moi. (*Clov ne bouge pas.*) Va chercher le drap. (*Clov ne bouge pas.*) Clov.

CLOV
Oui.

HAMM
35 Je ne te donnerai plus rien à manger.

CLOV
Alors nous mourrons.

HAMM
Je te donnerai juste assez pour t'empêcher de mourir. Tu auras tout le temps faim.

CLOV
Alors nous ne mourrons pas. (*Un temps.*) Je vais
40 chercher le drap.

(*Il va vers la porte.*)

HAMM
Pas la peine. (*Clov s'arrête.*) Je te donnerai un biscuit par jour. (*Un temps.*) Un biscuit et demi. (*Un temps.*) Pourquoi restes-tu avec moi ?

CLOV
45 Pourquoi me gardes-tu ?

HAMM
Il n'y a personne d'autre.

CLOV
Il n'y a pas d'autre place.

(*Un temps.*)

HAMM
Tu me quittes quand même.

CLOV
50 J'essaie.

HAMM
Tu ne m'aimes pas.

CLOV
Non.

HAMM
Autrefois tu m'aimais.

CLOV
Autrefois !

HAMM
55 Je t'ai trop fait souffrir. (*Un temps.*) N'est-ce pas ?

CLOV
Ce n'est pas ça.

HAMM (*outré.*)
Je ne t'ai pas trop fait souffrir ?

CLOV
Si.

HAMM (*soulagé.*)
Ah ! Quand même ! (*Un temps. Froidement.*)
60 Pardon. (*Un temps. Plus fort.*) J'ai dit, Pardon.

CLOV
Je t'entends. (*Un temps.*) Tu as saigné ?

HAMM
Moins. (*Un temps.*) Ce n'est pas l'heure de mon calmant ?

CLOV
Non.

65 (*Un temps.*)

HAMM
Comment vont tes yeux ?

CLOV
Mal.

HAMM
Comment vont tes jambes ?

CLOV
Mal.

HAMM
70 Mais tu peux bouger.

CLOV
Oui.

HAMM (*avec violence.*)
Alors bouge ! (*Clov va jusqu'au mur du fond, s'y appuie du front et des mains.*) Où es-tu ?

CLOV
Là.

HAMM
75 Reviens ! (*Clov retourne à sa place à côté du fauteuil.*) Où es-tu ?

CLOV
Là.

HAMM
Pourquoi ne me tues-tu pas ?

CLOV
Je ne connais pas la combinaison du buffet.

(© *Les Éditions de Minuit.*)

QUESTIONS

1 Repérez dans cet extrait ce qui relève du théâtre de l'absurde.

2 Les deux personnages entretiennent-ils une relation saine ?

3 a) Observez d'abord les répliques interrogatives puis l'emploi de l'impératif et décrivez l'effet de ces formes sur l'interaction entre les deux personnages.

b) De quoi parlent la plupart des didascalies ? Quel effet ont-elles ?

c) La longueur des répliques et la ponctuation permettent-elles de créer une ambiance particulière ?

4 Quel lien peut-on établir entre cette scène et le titre de la pièce ?

5 Peut-on faire un rapprochement entre ce type de dialogue et des conversations quotidiennes ou certaines déclarations des politiciens ?

Écriture littéraire

L'ABSURDE

Même si, à dix-huit ou à vingt ans, on n'a pas assez vécu pour saisir dans toute son ampleur l'absurdité de l'existence, il est possible de faire l'expérience de l'absurde au moyen de l'écriture. Il s'agit de mettre en évidence son côté léger. Vous allez donc créer un dialogue entre deux personnes qui n'ont rien à se dire. Ce peut être deux personnes qui conversent dans un bar après une journée de travail, ou un couple usé qui attend son repas au restaurant. En fait, il faut deux personnages qui échangent des propos. Et qu'échangent-ils ? Peu de choses. Appliquez-vous à leur faire dire les phrases les plus insipides et les plus fades. Trouvez des formules creuses, des questions banales, des réponses clichés. Aucun des personnages ne doit être intéressé par ce que l'autre raconte et chacun se sert de ses répliques pour parler de lui.

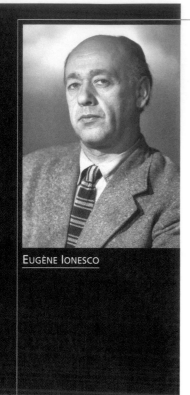

EUGÈNE IONESCO

Eugène Ionesco (1909-1994)

Né en 1909 d'une mère française et d'un père roumain, Eugène Ionesco quitte la Roumanie avec sa famille en 1913 pour s'installer à Paris. Très jeune, il s'intéresse au théâtre de Guignol, ce qui trouvera un écho dans sa façon burlesque d'écrire des pièces où il se moque des conventions théâtrales. Secoué par une vie familiale particulière et par les événements historiques, il devra retourner en Roumanie en 1925. C'est un choc pour le jeune Ionesco qui doit alors réapprendre le roumain pour poursuivre ses études. Parallèlement à ses cours, Ionesco se met à l'écriture et, en 1934, il provoque son premier scandale dans le monde littéraire roumain en s'attaquant dans un article virulent à certains grands écrivains nationaux que les institutions d'enseignement glorifient. Cela ne l'empêchera pas néanmoins d'enseigner le français jusqu'à l'obtention, en 1938, d'une bourse du gouvernement français pour la rédaction d'une thèse sur la poésie française depuis Baudelaire. Son séjour en France sera bref, puisque la guerre le ramène encore une fois en Roumanie. Ce n'est qu'en 1942 qu'il pourra s'installer définitivement à Paris. Il exercera plusieurs métiers tout en se mettant à l'écriture de ce qui va devenir le modèle du théâtre de l'absurde. *La Cantatrice chauve*, « anti-pièce » écrite en 1948-1949, reste encore aujourd'hui l'exemple le plus frappant d'un théâtre de protestation contre le conformisme.

■ LA LEÇON (1951)

Pièce dénonçant les abus du pouvoir, La Leçon met en scène un professeur privé tyrannique qui tente d'inculquer parfois violemment quelques notions générales et incompréhensibles à une nouvelle élève qu'il reçoit chez lui. Après lui avoir enseigné sans grand succès les mathématiques spéciales pour le concours au doctorat total, le professeur décide de l'initier à la philologie linguistique et comparée. Avant l'extrait que nous présentons ici, la bonne, qui observe la leçon de loin, intervient pour rappeler au professeur que la philologie conduit au pire. Plus la leçon progresse, plus l'élève se plaint d'un mal de dents. Mais le bon pédagogue aux allures ridicules n'en tient pas compte et s'impatiente de plus en plus du manque de sérieux de sa nouvelle élève. Vers la fin de la pièce, excédé par le mal de dents de son élève, il la tue. Gêné de son acte, il laisse à sa bonne, qui lui répète que l'enseignement de la philologie conduit toujours aux pires excès, le soin de disposer du cadavre avant d'introduire un nouvel élève. Comme quoi tout est toujours à recommencer…

LE PROFESSEUR
Je vais donc vous prier d'écouter avec la plus grande attention mon cours, tout préparé…

L'ÉLÈVE
Oui, Monsieur.

5

LE PROFESSEUR
… Grâce auquel, en quinze minutes, vous pouvez acquérir les principes fondamentaux de la philologie linguistique et comparée des langues néo-espagnoles.

L'ÉLÈVE
Oui, Monsieur, oh !

(*Elle frappe dans ses mains.*)

[…]

LE PROFESSEUR
10 Ce qui distingue les langues néo-espagnoles
entre elles et leurs idiomes des autres groupes
linguistiques, tels que le groupe des langues
autrichiennes et néo-autrichiennes ou habs-
bourgiques, aussi bien que des groupes espé-
15 rantiste, helvétique, monégasque, suisse, andor-
rien, basque, pelote, aussi bien encore que des
groupes des langues diplomatique et technique
— ce qui les distingue, dis-je, c'est leur ressemblance frappante qui fait qu'on a bien du
20 mal à les distinguer l'une de l'autre — je parle
des langues néo-espagnoles entre elles, que l'on
arrive à distinguer, cependant, grâce à leurs
caractères distinctifs, preuves absolument in-
discutables de l'extraordinaire ressemblance,
25 qui rend indiscutable leur communauté d'origine, et qui, en même temps, les différencie
profondément — par le maintien des traits distinctifs dont je viens de parler.

L'ÉLÈVE
Oooh ! oouuii, Monsieur !

[…]

LE PROFESSEUR
30 J'attire au passage votre attention sur les
consonnes qui changent de nature en liaisons.
Les *f* deviennent en ce cas des *v*, les *d* des *t*, les
g des *k* et vice versa, comme dans les exemples
que je vous signale : « trois heures, les enfants,
35 le coq au vin, l'âge nouveau, voici la nuit ».

L'ÉLÈVE
J'ai mal aux dents.

LE PROFESSEUR
Continuons.

[…]

L'ÉLÈVE
Oui, Monsieur, j'ai mal aux dents.

LE PROFESSEUR
Continuons, continuons. Quant aux langues
40 néo-espagnoles, elles sont des parentes si rapprochées les unes des autres, qu'on peut les
considérer comme de véritables cousines ger-
maines. Elles ont d'ailleurs la même mère : l'espagnole, avec un *e* muet. C'est pourquoi il est
45 si difficile de les distinguer l'une de l'autre.
C'est pourquoi il est si utile de bien prononcer, d'éviter les défauts de prononciation. La
prononciation à elle seule vaut tout un langage.
Une mauvaise prononciation peut vous jouer
50 des tours. À ce propos, permettez-moi, entre
parenthèses, de vous faire part d'un souvenir
personnel. (*Légère détente, le Professeur se
laisse un instant aller à ses souvenirs ; sa figure
s'attendrit ; il se reprendra vite.*) J'étais tout jeune,
55 encore presque un enfant. Je faisais mon service militaire. J'avais, au régiment, un camarade, vicomte, qui avait un défaut de prononciation assez grave : il ne pouvait pas
prononcer la lettre *f*. Au lieu de *f*, il disait *f*.
60 Ainsi, au lieu de : fontaine, je ne boirai pas de
ton eau, il disait : fontaine, je ne boirai pas de
ton eau. Il prononçait fille au lieu de fille,
Firmin au lieu de Firmin, fayot au lieu de fayot,
fichez-moi la paix au lieu de fichez-moi la paix,
65 fatras au lieu de fatras, fifi, fon, fa fa au lieu de
fifi, fon, fafa ; Philippe, au lieu de Philippe ; fictoire au lieu de fictoire ; février au lieu de
février ; mars-avril au lieu de mars-avril ;
Gérard de Nerval et non pas, comme cela est
70 correct, Gérard de Nerval ; Mirabeau au lieu de
Mirabeau, etc., au lieu de etc., et ainsi de suite
etc. au lieu de etc., et ainsi de suite, etc. Seulement il avait la chance de pouvoir si bien
cacher son défaut, grâce à des chapeaux, que
75 l'on ne s'en apercevait pas.

L'ÉLÈVE
Oui. J'ai mal aux dents.

LE PROFESSEUR
(*changeant brusquement de ton, d'une voix dure.*)
Continuons. Précisons d'abord les ressem-
blances pour mieux saisir, par la suite, ce qui
80 distingue toutes ces langues entre elles. Les différences ne sont guère saisissables aux personnes non averties. Ainsi, tous les mots de
toutes ces langues…

L'ÉLÈVE
Ah oui ?… J'ai mal aux dents.

LE PROFESSEUR

85 Continuons… sont toujours les mêmes, ainsi que toutes les désinences, tous les préfixes, tous les suffixes, toutes les racines…

L'ÉLÈVE

Les racines des mots sont-elles carrées ?

LE PROFESSEUR

Carrées ou cubiques. C'est selon.

(© *Éditions Gallimard*.)

QUESTIONS

1 Relevez des signes de l'intérêt de l'auteur pour le théâtre de Guignol.

2 À première vue, quelle impression de l'éducation se dégage-t-il de cet extrait ?

3 a) Relevez les mots ou expressions qui montrent l'admiration de la jeune élève. Quel effet ont-ils ?

b) Les exemples que le professeur donne pour montrer que les consonnes changent de nature en liaisons sont-ils bons ?

c) Comment le professeur construit-il une argumentation qui semble logique ?

d) Quels éléments de l'extrait permettent de dire que le professeur n'accorde que peu d'importance à son élève ? Que signifie cette attitude du professeur ?

4 Y a-t-il un rapport entre l'écriture de la leçon, les principes du professeur et la vision de la société que nous propose l'auteur ?

5 En vous basant sur vos expériences personnelles, diriez-vous que ceux qui détiennent un certain pouvoir abusent dans leur discours de procédés qui ne veulent rien dire ?

Littérature et actualité

UN MONDE TOUJOURS ABSURDE

Les horreurs des deux guerres mondiales ont amené les artistes à se révolter contre toute image rationnelle du monde et à mettre en relief l'absurdité de la vie.

- Les dadaïstes proposent la destruction des valeurs occidentales et leurs œuvres n'ont volontairement aucun sens, aucune morale ni aucun esthétisme.

- Les surréalistes puisent dans l'inconscient la folie et les rêves pour redonner à l'homme une liberté totale.

- Les dramaturges de l'absurde mettent en scène des personnages désorientés aux prises avec un langage qui ne communique rien.

Ces courants ont eu une grande influence sur le monde artistique et, peut-être sans qu'on en prenne conscience, l'art absurde se retrouve aujourd'hui dans tous les domaines culturels : télévision, théâtre, humour, cinéma, chanson, publicité.

Identifiez des artistes actuels ou des œuvres contemporaines qui sont influencés par un de ces trois courants et justifiez votre choix. Comment expliquer qu'aujourd'hui le sentiment de l'absurde — absurdité de l'homme et du monde — anime encore notre société ? Utilisez des exemples concrets pour justifier votre réponse.

PARLER AVEC LA VOIX DU JOUR

LA POÉSIE FRANÇAISE de la seconde moitié du XXe siècle offre une grande diversité. Tant dans ses propos que dans ses formes, elle se démarque du surréalisme qui cherchait à savourer les ressources de l'inconscient. Tous les styles d'écriture deviennent possibles, tant les jeux de l'oralité chez des auteurs comme Tardieu et Queneau qui associent la poésie à un aspect ludique que l'intimisme d'auteurs comme Follain qui, lui, a recours à peu d'éléments pour reconstruire des univers complexes. Disparus les grands courants auxquels nous étions habitués, comme le Parnasse et le symbolisme, qui nous rassuraient dans notre façon d'appréhender la poésie par la reconnaissance de formes et de figures de rhétorique ou par l'emploi de certains thèmes privilégiés. Le langage poétique se trouve modifié : certains poètes puisent dans l'argot, d'autres adoptent des graphies « fonétik » associées à l'oralité pour mettre de l'avant l'aspect ludique de la poésie.

Jean Tardieu (1903-1995)

Jean Tardieu naît dans le Jura en 1903. De son père peintre et de sa mère musicienne il va conserver un intérêt marqué pour ces deux formes d'art. Adolescent dans une famille bourgeoise, il rédige déjà de courts poèmes et des farces basées sur la vie familiale. Il étudie en droit puis en littérature, mais ses études n'aboutissent pas. Sa rencontre avec Roger Martin du Gard est déterminante puisqu'il publiera quelques poèmes dans la *Nouvelle Revue Française* et son premier recueil de poésies en 1939. En 1944, il sort un ouvrage traitant de musique et de peinture. Son poste à la radio nationale française lui permet de côtoyer toutes les figures marquantes de son époque. La poésie reste néanmoins son mode d'expression principal et sera marquée par un aspect ludique que l'on trouve aussi dans son théâtre. D'une grande brièveté, souvent en un seul acte, ses pièces, dont plusieurs sont montées entre 1945 et 1949, reposent sur l'exploitation de procédés formels ou langagiers (caricaturisation du langage). Dans l'avant-propos de son recueil *Théâtre de chambre*, Tardieu explique d'ailleurs que le petit format convient mieux à la recherche qu'il désire effectuer. Vu leur multitude, il classe ses études en diverses catégories : comédies du langage, comédies de la comédie, monologues et dialogues, etc. S'écartant de toute esthétique réaliste, Tardieu déforme ou transpose le langage pour laisser voir autre chose dans des actes banals et des paroles anodines au premier abord.

Ne satisfaisant pas aux critères des grandes troupes théâtrales qui optent souvent pour des programmes plus longs, les pièces de Tardieu conviennent parfaitement aux troupes de théâtre amateur et de recherche qui les joueront dans le monde entier.

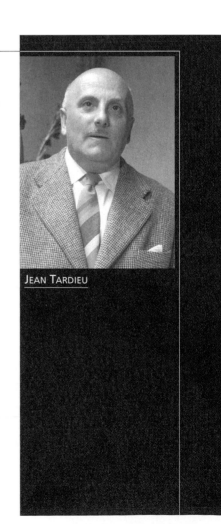

JEAN TARDIEU

■ CE QUE PARLER VEUT DIRE (1966)

Un professeur de linguistique s'adresse directement au public pour lui montrer toutes les déformations que les groupes sociaux, et plus particulièrement les familles, font subir au langage. Ainsi, le spectateur assiste à un dialogue dont le langage codé n'est compréhensible que pour les deux membres du couple qui veulent exprimer leur désir sexuel. Les multiples répliques qu'ils s'échangent échappent au discours référentiel, jamais les mots usuels du langage amoureux ne seront dits, ce qui produit chez le spectateur un effet aussi burlesque qu'absurde. Par l'emploi de diminutifs et de tours langagiers imitatifs, Tardieu signale à quel point notre langage quotidien peut parfois sembler primitif : c'est « bibi » qui part en « teuf-teuf » avec un gros « patapouf ». Dès lors, la parole se retrouve vidée de son sens et le langage s'apparente beaucoup plus à un jeu qu'à une véritable communication.

LE PROFESSEUR (*se frottant les mains.*)

[…] Terminons, voulez-vous, sur un exemple d'importance, puisé, comme tout à l'heure, dans le groupe de mes observations sur les
5 « langages familiaux ». Ici, nous allons voir une famille aux mœurs respectables, et même austères, adopter pour son usage particulier — j'allais dire : pour l'usage interne — une langue étrange, une sorte d'argot privé, un « sabir »
10 composé presque uniquement de vocables empruntés au langage enfantin. Ces vocables, vous ne l'ignorez pas, sont de deux sortes. Il y a les mots inventés par les petits enfants eux-mêmes, c'est-à-dire des mots courants simpli-
15 fiés ou déformés. Exemples : « mazé » pour « manger ». « Toutou » pour le chien. « Toutou a mazé fiture. » : « Le chien a mangé de la confiture. » Et puis, il y a ces mots touchants et ridicules qu'inventent les grandes personnes —
20 bien à tort, il est vrai ! — sous prétexte de « se mettre à la portée des enfants ». Ces mots consistent, le plus souvent, en syllabes à répétition niaise et bêtifiante. Exemples classiques : « Toutou » (déjà nommé) pour « le chien »,
25 « dada » pour « le cheval » ou « lolo » pour « le lait ». La famille-type qui va vous être présentée, en une courte scène, emploie exclusivement ce vocabulaire, dès que ses membres se trouvent réunis pour ainsi dire « à huis clos ».
30 Par contre, ces braves gens recouvrent instantanément l'usage du français normal dès qu'ils se trouvent en présence d'une personne étrangère à leur groupe. C'est là ce que j'ai appelé le « Dialecte défensif d'appartement », ou plus
35 simplement : le « blabla de bébé ». Voici d'abord Monsieur Z…, rentrant chez lui, accompagné d'un de ses amis. Comme vous pourrez le constater, il parle, pour le moment, de façon très normale.

40 (*Le rideau s'est levé sur une pièce quelconque. Monsieur Z… ouvre la porte, s'efface pour laisser passer son camarade et entre après lui en secouant son trousseau de clés avec satisfaction.*)

45 MONSIEUR Z… (*il est d'un aspect sévère et suffisant. Un lorgnon d'or tremble sur son nez.*)
Et nous voici arrivés ! (*Soupir de contentement.*) Mon cher, tu me feras bien le plaisir d'accepter quelque chose, avant de repartir ?

50 L'AMI (*consultant son bracelet-montre.*)
Non vraiment. Merci mille fois, car je dois rentrer. Mais je suis ravi d'avoir pu bavarder avec toi jusqu'ici… Ainsi, tu estimes que, dans cette affaire, mon intervention ne te serait d'aucun
55 secours ?

MONSIEUR Z…
Mais non, mon bon, mon cher ami ! Mais non !… Note que je ne te suis pas moins reconnaissant de tes offres. Ah ! ah ! tu es un ami, toi, un vrai — et moi aussi d'ailleurs ! Nous mé-
60 riterions que l'on applique à notre vieille amitié ce qu'écrivait ce… grand essayiste, en parlant de…

(*Il hésite.*)

L'AMI

Eh bien, de… cet autre ! Allons ! Au revoir et
65 mes respects à ta femme.

MONSIEUR Z…

Au revoir, au revoir, mon vieil et excellent
ami !

(*Exit l'ami. Aussitôt après, apparaît Madame Z…*)

LE PROFESSEUR (*à mi-voix.*)
70 Voici Madame Z… Observez bien le changement !

MONSIEUR Z… (*toujours aussi digne.*)

Coucou à la mémère ! Bozou la dadame à
bibi !

75 **MADAME Z…** (*avec naturel.*)

Bozou le peussieu ! Kiki c'était qu'était avé le
peussieu ?

MONSIEUR Z…

C'était le zami.

MADAME Z…

L'est déjà pati, le zami ?

MONSIEUR Z…
80 L'est pati, pati.

MADAME Z…

Pouka qu'est pati ? Pouka qu'est pu là ? Pouka
qu'a pas mazé avé nous, le zami ?

MONSIEUR Z…

Paque vite-vite râtrer mizon avé teuf-teuf.

LE PROFESSEUR (*traduisant à mi-voix.*)
85 Parce qu'il avait hâte de rentrer chez lui en taxi.

MADAME Z…

L'avait ben cavaillé, le ché peussieu à la
dadame ?

LE PROFESSEUR (*même jeu.*)

Mon cher époux a-t-il bien travaillé ?

90 **MONSIEUR Z…** (*rêveur, avec un soupir.*)

Eh oui ! Cavaillé ! Ben cavaillé ! Bôcou cavaillé !
Touzou cavaillé, pou gagner sou-soupe à dadame et bébé.

MADAME Z… (*soupçonneuse.*)
95 Tur-lu-tu-tu ! Ben vrai, ben vrai ? Cavaillé ou pas
cavaillé ?

MONSIEUR Z… (*indigné.*)

Coba, pas cavaillé ! A fait bla-bla poum-poum
avé les plou-plous du tralala !

LE PROFESSEUR (*même jeu.*)
100 Comment ! Je n'ai pas travaillé ! Je n'ai pas cessé
de parler et de discuter avec les plus importants
délégués du Comité !

MADAME Z… (*secouant son index avec un
105 reproche gentil.*)

Ah ! le peussieu encore fait kili-kili avé Mizelle
Tac-Tac ! La dadame permet kili-kili, mais
pas cou-couche !

LE PROFESSEUR (*même jeu.*)
110 Je parie que mon époux a encore flirté avec sa
secrétaire. « Mizelle Tac-Tac », c'est mot à mot :
« La demoiselle-à-la-machine-à-écrire. » Le
reste… hem… se comprend de soi-même.

(*Pendant la réplique du Professeur,
115 la Bonne est entrée à l'improviste,
une pile d'assiettes sur les bras.*)

MONSIEUR Z… (*recouvrant tout à coup l'usage du
parler normal. D'un air sévère et offensé.*)

Mais non, voyons ! Que veux-tu dire ? C'est une
120 ridicule plaisanterie. Je n'ai aucune familiarité
avec mon personnel, tu le sais bien !

MADAME Z… (*de même.*)

Bon, bon ! mon ami ! Admettons que je n'aie
rien dit !

(*Rideau.*)
125

LE PROFESSEUR (*toujours devant le rideau.*)

Ainsi, mesdames et messieurs, se termine
notre promenade à travers les curiosités sociales
du langage contemporain. Elle n'était guère ras-
130 surante, cette promenade ! Nous avons vu partout l'*à-peu-près* se substituer au mot propre,
le *geste* remplir les vides béants du vocabulaire
et le *galimatias enfantin* envahir le langage des
adultes !… (*Changeant brusquement de ton.*) Et
135 maintenant, *au dodo !*

(*Le professeur disparaît derrière le rideau.*)

(© *Éditions Gallimard.*)

QUESTIONS

1 Malgré la grande transformation de la langue, le lecteur peut-il comprendre la discussion entre les deux protagonistes ?

2 Quels sont les deux univers langagiers présentés dans cet extrait ?

3 a) Quels éléments produisent une tonalité comique ? Comment cette tonalité sert-elle le propos de l'auteur ?

b) Les didascalies donnent-elles un sens intelligible aux répliques du couple ?

c) Malgré l'apparent sérieux de sa dernière réplique, le professeur est-il cohérent ?

4 Que veut nous montrer l'auteur à propos de l'usage du langage ?

5 Le professeur agit-il d'une manière analogue à celui de *La Leçon* d'Ionesco (p. 192) ?

Art et littérature

POP ART

L'artiste américain Roy Lichtenstein puise son inspiration dans la culture populaire, notamment dans les *comics*, ces bandes dessinées produites en série par des auteurs anonymes et publiées dans les quotidiens. Lichtenstein isole une case du récit et la reproduit en la modifiant à peine. L'image, coupée de son contexte d'origine, acquiert une valeur symbolique, car elle exprime un sentiment universel : la tristesse, la violence, la joie, etc.

ROY LICHTENSTEIN
(1923-1997).

WHAAM !, 1963. (Acrylique et huile sur toile, deux tableaux de 172,7 × 203,2 cm chacun. Tate Gallery, Londres.)

■ Comment cette œuvre unit-elle culture populaire et culture « sérieuse » ?

■ Pourquoi le peintre a-t-il donné l'onomatopée « WHAAM ! » comme titre à son œuvre ?

■ Quel lien pouvez-vous établir entre cette œuvre et *Atomic Bomb* de Warhol (p. 181) ?

■ Montrez que Tardieu et Lichtenstein partent tous deux d'éléments formels et langagiers pour créer leurs œuvres.

■ MONSIEUR MONSIEUR (1951)

Monsieur Monsieur, publié en 1951, est un recueil de courts poèmes humoristiques. Dans les deux poèmes suivants, Tardieu utilise encore une fois la langue enfantine pour construire une logique qui ressemble étrangement au raisonnement de l'enfant et pour l'élever au rang de raisonnement poétique.

« La Môme néant »

(Voix de marionnette, voix de fausset, aiguë, nasillarde, cassée, cassante, caquetante, édentée.)

Quoi qu'a dit?
— A dit rin.

5   Quoi qu'a fait?
— A fait rin.

À quoi qu'a pense?
— A pense à rin.

Pourquoi qu'a dit rin?
10 Pourquoi qu'a fait rin?
Pourquoi qu'a pense à rin?

A'xiste pas.

« Les Erreurs »

(La première voix est ténorisante, maniérée, prétentieuse; l'autre est rauque, cynique et dure.)

Je suis ravi de vous voir
bel enfant vêtu de noir.

5   — Je ne suis pas un enfant
je suis un gros éléphant.

Quelle est cette femme exquise
qui savoure des cerises?

— C'est un marchand de charbon
10 qui s'achète du savon.

Ah! que j'aime entendre à l'aube
roucouler cette colombe!

— C'est un ivrogne qui boit
dans sa chambre sous le toit.

15 Mets ta main dans ma main tendre
je t'aime ô ma fiancée!

— Je n'suis point vot'fiancée
je suis vieille et j'suis pressée
laissez-moi passer!

(© Éditions Gallimard.)

QUESTIONS

1 En quoi ces poèmes illustrent-ils le caractère ludique de l'écriture de Tardieu?

2 Quel est le projet du poète dans ces deux textes?

3 a) Qu'ont en commun ces deux poèmes?

b) Comment le poète s'y prend-il pour nous donner l'impression que ce sont des enfants qui parlent?

c) Est-il possible, dans le second poème, de deviner le sexe de l'enfant?

d) Comment le poète réussit-il à diriger la lecture expressive de ces deux poèmes? Comment l'into-nation proposée dans les didascalies vient-elle appuyer l'écriture et les thèmes de ces poèmes?

4 Expliquez pourquoi la communication ne peut pas véritablement s'établir entre les personnages mis en scène.

5 a) Expliquez comment ces deux poèmes peuvent être associés au théâtre de l'absurde.

b) Avez-vous déjà eu l'impression que vos propos, exprimés en privé ou en public, n'avaient pas été bien compris? Si oui, comment l'expliquez-vous?

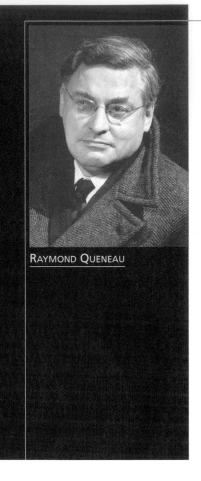

RAYMOND QUENEAU

Raymond Queneau (1903-1977)

S'il a participé à plusieurs courants littéraires dont le surréalisme et le Nouveau Roman, Queneau a su développer un style unique qui témoigne de son intérêt constant pour la langue et ses nombreuses possibilités. Très tôt attiré par les problèmes linguistiques, il veut créer une écriture calquée sur la langue parlée et n'hésite pas à jouer sur les divers niveaux de langue ou à employer, « par egzemple », une écriture phonétique. En 1933, il publie son roman *Chiendent*, rigoureusement construit selon des principes mathématiques. En 1947, dans *Exercices de style*, il présente quatre-vingt-dix-neuf versions d'une seule et même histoire banale, pour montrer que la forme est plus importante que les faits racontés et qu'il est possible de générer plusieurs écrits différents en apparence en ne modifiant que leur structure.

Par son style original et inventif, *Zazie dans le métro* (1959) vient consacrer Queneau. Ce roman sera adapté à l'écran l'année suivante par Louis Malle qui en conservera l'aspect caricatural. En 1960, Queneau fonde avec un ami l'Ouvroir de Littérature Potentielle, appelé l'OuLiPo, qui se propose de créer des textes littéraires, poétiques ou romanesques en s'imposant des contraintes très strictes qui s'apparentent à des structures mathématiques. Par ces « méthodes » d'écriture, les membres du groupe entendent nier l'importance de l'inspiration, en ne s'attardant pas véritablement au sens, et montrer que les combinaisons mathématiques peuvent créer des œuvres qui échappent à la rigoureuse logique de l'esprit. Pour les oulipiens comme Queneau, la poétique obéit à des règles, arbitraires il est vrai, avec lesquelles on peut jouer à l'infini.

■ CENT MILLE MILLIARDS DE POÈMES (1961)

Pour construire cet ouvrage, Queneau a d'abord composé dix sonnets, qu'il a ensuite découpés en lamelles pour que le lecteur puisse les recombiner à sa guise. Queneau veut ainsi montrer que les permutations et les multiples combinaisons offrent une variété de lectures quasi infinie. Dans la préface, il explique que le lecteur dispose de 10^{14} sonnets différents, soit cent mille milliards de relectures possibles. Compte tenu de ce principe, chaque lecteur devient lui-même créateur d'un sonnet et peut renouveler l'expérience au gré de sa fantaisie. À titre d'exemples, nous avons composé deux sonnets avec la méthode aléatoire, c'est-à-dire en mélangeant les lamelles sans tenter de donner aux vers quelque sens que ce soit, mais en retenant certains vers similaires pour montrer comment ils se greffent malgré tout les uns aux autres.

Sonnet 1

Le roi de la pampa retourne sa chemise
pour consommer un thé puis des petits gâteaux
sur l'antique bahut il choisit sa cerise
il chantait tout de même oui mais il chantait faux

5   Quand on prend des photos de cette tour de Pise
   quand se carbonisait la fureur des châteaux
   nous avions aussi froids que nus sur la banquise
   lorsque vient le pompier avec ses grandes eaux

   Devant la boue urbaine on retrousse sa cotte
10   on sale le requin on fume à l'échalotte
   le chemin vicinal se nourrit de crottin

   Frère je te comprends si parfois tu débloques
   tu me stupéfies plus que tous les ventriloques
   le mammifère est roi nous sommes son cousin

Sonnet 2

   Le roi de la pampa retourne sa chemise
   pour du fin fond du nez exciter les arceaux
   le chauffeur indigène attendait dans la brise
   il chantait tout de même oui mais il chantait faux

5   Je me souviens encor de cette heure exeuquise
   quand se carbonisait la fureur des châteaux
   nous regrettions un peu ce tas de marchandise
   lorsque vient le pompier avec ses grandes eaux

   Du pôle à Rosarios fait une belle trotte
10   on sale le requin on fume à l'échalotte
   lorsque Socrate mort passait pour un lutin

   L'Amérique du Sud séduit les équivoques
   on transporte et le marbre et débris et défroques
   le mammifère est roi nous sommes son cousin

(© Éditions Gallimard.)

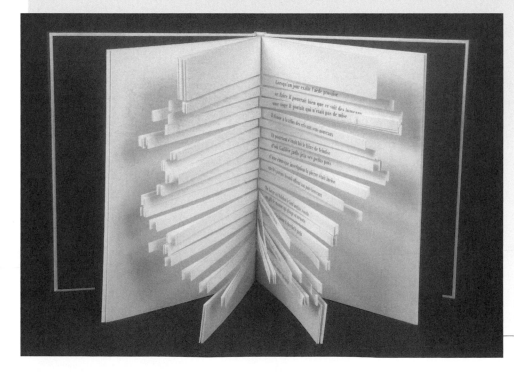

La littérature des années 1950 et 1960 remettait en question la nature même de l'objet livre. Cette photo de *Cent mille milliards de poèmes* nous montre comment Queneau permet au lecteur de composer à sa guise une multitude de poèmes différents.

QUESTIONS

1 À quoi reconnaît-on le principe générateur qui a permis la construction des deux sonnets ?

2 À première vue, se dégage-t-il une idée maîtresse de ces deux poèmes ?

3 a) Observez le premier vers de la première strophe des deux poèmes. La structure syntaxique des deux strophes est-elle logique ?

b) Relevez les temps des verbes employés dans les deux poèmes. Comment l'auteur réussit-il à installer une parfaite concordance temporelle ?

c) Serait-il possible de mélanger de nouveau les vers afin d'obtenir un autre sonnet parfait ?

d) Remarquez l'emploi du verbe « retourne » dans le premier vers des deux poèmes. Le sens du verbe change-t-il d'un poème à l'autre ?

4 Cette manière de composer des sonnets vous semble-t-elle inspirée par la volonté de laisser à la postérité un sonnet immortel ? Expliquez votre réponse.

5 a) Selon vous, la poésie perd-elle ce qui fait son essence lorsqu'elle est soumise à ce principe ? Pourquoi ?

b) Cette écriture rappelle-t-elle certains vers employés par les surréalistes, en particulier dans le poème « L'Union libre » de Breton (p. 120) ?

Écriture littéraire

ÉCRITURE ALÉATOIRE

L'exercice proposé ici ne relève pas de l'automatisme, mais de l'aléatoire, de la hasardisation. Et vous le faites seul. Il s'agit d'utiliser une grille de mots croisés dans un quotidien et de vous en servir comme point de départ d'un poème. Vous prenez une définition du numéro un horizontal et vous la faites suivre d'une définition du numéro un vertical. Cela vous donne un vers. Vous faites ensuite la même chose avec les autres numéros.

Comme le résultat sera imparfait, il ne vous restera qu'à réarranger les phrases pour qu'elles soient grammaticalement et stylistiquement correctes.

JEAN FOLLAIN

Jean Follain (1903-1971)

Inscrit au Barreau de Paris, Jean Follain pratique le droit jusqu'en 1951 pour ensuite entrer dans la magistrature où il siège en tant que juge de la Grande Instance à Charleville. Au fil des années, il composera graduellement son œuvre poétique et nous laissera quelques recueils importants, *Exister* en 1947 et *Territoires* en 1953. Plusieurs de ses recueils, *Usage du temps* (1943), *Tout instant* (1957), *Des heures* (1960), traduisent ce sentiment du temps qui passe furtivement. Sa poésie dépouillée se distingue et s'éloigne de l'OuLiPo par la grande sensibilité qu'elle exprime. Malgré l'apparente simplicité que lui confèrent ses images travaillées sans excès stylistique, elle évoque des réalités qui s'apparentent à des « constats » brefs et efficaces, quasi juridiques. On a souvent associé les poèmes de Follain à des miniatures, ce qui pourrait sembler réducteur, alors que son projet d'écriture repose essentiellement sur une perception globale des choses que les mots ne peuvent rendre que par une évocation simple et exacte qui laisse au lecteur le soin de prolonger et de parfaire l'image. En analysant certaines images, certaines thématiques et la toute relative simplicité de l'écriture, on pourrait trouver une analogie entre les poèmes de Jacques Prévert et ceux de Follain.

■ TERRITOIRES (1953)

Écrit en 1953, le recueil de poèmes Territoires *comporte quatre-vingt-un courts poèmes qui comptent chacun environ une dizaine de vers plutôt brefs. Les titres des poèmes, par exemple « Chevelure », « Fourmis noires » et « L'Affiche », renvoient souvent à des objets qui sont présentés très succinctement et que le lecteur perçoit en filigrane. Sans grand renfort de rhétorique, Follain évoque ici des lieux et des personnages différents qui semblent pourtant converger. Par la simplicité des structures, il se démarque des poètes plus structuralistes ou ludiques.*

« L'Étendue »

Miroitant comme la peau
d'une bête sauvage
le haut chapeau de soie
d'un homme
5 reste sur son crâne étroit
une femme demeure à son bras
autour d'eux les chantiers à houille
et les tas de sable
peuplent l'étendue exsangue
10 du paysage de leur vie
mais un écolier étudie
algèbre et géométrie
dans une pièce neutre
et toute blanche.

(© Éditions Gallimard.)

QUESTIONS

1 Comment le poète réussit-il à rendre son texte le plus sobre possible ?

2 Quelle image reste dans votre esprit après la lecture de ce poème ?

3 a) Comment Follain construit-il ici les descriptions des deux endroits représentés ? Peut-on faire un lien avec les mouvements d'une caméra ?

b) Quels sont les deux lieux évoqués ? Quelles couleurs et images le poète leur associe-t-il ?

c) Quel est le thème principal de ce poème ?

4 L'avenir de l'écolier semble-t-il plus enviable que le sort des adultes ?

5 L'atmosphère générale de la première partie du poème trouve-t-elle des échos dans le texte « Barbara » de Prévert (p. 138) ?

« Domaine d'homme »

L'homme éternel cultive
son terrain et gémit
sur le temps
pourvoyeur des blés et des vignes
5   quel cruel soleil un jour
mais quelle douce fraîcheur un autre
à la maison une femme au corps de gloire
met le couvert
un papillon la suit sans fin
10   rompant le pain
le journalier écoute fuir chaque minute.

(© Éditions Gallimard.)

DAVID HOCKNEY (1937).

A Bigger Splash, 1967.
(Acrylique sur toile, 243,8 × 243,8 cm.
Tate Gallery, Londres.)

Vivant à Los Angeles, David Hockney est fasciné par le climat ensoleillé de la Californie, qu'il va tenter de reproduire dans ses tableaux. Le minimalisme de *A Bigger Splash* s'inscrit dans cette volonté de faire ressentir au spectateur l'ambiance nonchalante d'un après-midi californien. Il n'y a pas de source précise de lumière, laquelle semble omniprésente grâce à l'application uniforme de la couleur. Les formes sont simples : des carrés, des rectangles, même les palmiers s'élèvent d'un trait vers le ciel. Tout est immobile, à l'exception des éclaboussures à côté du plongeoir qui suggèrent au spectateur la présence d'un nageur dans la piscine. Cette toile toute simple transforme le banal en moment de grâce et de recueillement, à la manière de la poésie de Jean Follain.

QUESTIONS

1 À quoi reconnaît-on les caractéristiques de l'écriture de Follain dans ce poème ?

2 Les deux personnages sont-ils heureux de leur sort ?

3 a) Le titre indique-t-il le thème qui sera développé dans le poème ?

b) L'utilisation de l'espace est-elle la même dans ces deux poèmes de Follain ?

c) Certains mots suggèrent-ils un regard machiste de l'homme ?

d) Relevez les termes qui font référence au temps et remarquez le temps des verbes employés. Que signifient ces observations sur le passage du temps ?

4 a) Montrez que la simplicité de l'écriture rend bien la simplicité de la scène évoquée.

b) Peut-on dire qu'il existe une corrélation entre les deux personnages présentés dans ces deux poèmes ?

5 a) La simplicité de la vie évoquée vous semble-t-elle enviable ? Expliquez pourquoi.

b) En quoi ce texte de Follain diffère-t-il de ceux de Queneau et de Tardieu ?

LE NOUVEAU ROMAN : L'ÉLOGE DE LA PARFAITE PERCEPTION

LES ROMANCIERS que l'on associe aujourd'hui au Nouveau Roman ne désiraient pas à proprement parler former une nouvelle école littéraire. D'abord publiés aux Éditions de Minuit, ces écrivains s'y retrouvent et présentent une nouvelle manière d'écrire des fictions qui s'éloigne des modèles antérieurs. Ce sont donc d'abord et avant tout des romanciers qui partagent ce même goût de « l'aventure » textuelle et des multiples théories narratives à exploiter qui formeront ce que Jean-Paul Sartre a appelé l'« anti-roman ».

Noyés dans un monde de consommation d'où les valeurs ont été évacuées, les nouveaux romanciers vont mettre en scène des personnages marginaux dont la grande errance n'a rien d'initiatique et qui sont contraints de vivre une vie vide de sens, d'autant plus vouée à l'échec qu'ils sont souvent anonymes. Loin d'être issus des théories psychanalytiques, les personnages s'effacent au profit des objets qui les entourent, ils ne sont pas définis en tant qu'entités distinctes (ils se réduisent parfois à une simple initiale ou à un pronom personnel), ce qui marque une rupture franche avec les traditions du roman balzacien.

Les nouveaux romanciers contestent les valeurs des romans traditionnels qui utilisent des formes héritées du XIXᵉ siècle. Plutôt que de mettre l'accent sur la description des personnages, ils vont privilégier une approche formelle structurée qui s'attache à décrire les objets avec minutie, sans que le narrateur intervienne directement, par souci d'objectivité. Contrairement aux romans antérieurs dans lesquels ils remplissaient parfois une fonction symbolique ou du moins situaient le lecteur dans le contexte de l'histoire, les objets ont ici un rôle formel : ils servent à la production textuelle, ils sont utilisés pour créer des lignes et des lignes de texte, et nous apparaissent finalement dans toute leur complexité. Cette « école du regard » va donc nous présenter les lieux et les objets avec une précision quasi photographique et d'une manière presque « chirurgicale ». Ces multiples descriptions des objets donnent souvent lieu, comme dans *Instantanés* de Robbe-Grillet, à des jeux de miroir internes.

ALAIN ROBBE-GRILLET

Alain Robbe-Grillet (1922)

Chef de file du Nouveau Roman, Robbe-Grillet rejette le roman traditionnel balzacien ainsi que ses multiples codes d'écriture et définit théoriquement les normes d'écriture des nouveaux romans dans *Pour un Nouveau Roman* (1963). Ses deux premières œuvres, *Les Gommes* et *Le Voyeur*, remportent d'importants prix littéraires, ce qui lui permet d'accéder au rang de conseiller littéraire pour les Éditions de Minuit et lui confère une certaine notoriété dans le roman français d'avant-garde. La construction même du roman *Les Gommes*, qui suit deux chronologies distinctes, vient montrer comment l'œuvre participe à la contestation du roman traditionnel. Robbe-Grillet se rapprochera aussi du cinéma d'avant-garde et écrira le scénario de *L'Année dernière à Marienbad* qu'Alain Resnais réalisera en 1961. Essentiellement, l'auteur et le réalisateur avaient pour but de faire un film objet et Resnais dira qu'il désirait tourner comme s'il s'était retrouvé « devant une sculpture qu'on regarde sous tel angle, puis sous tel autre, dont on s'éloigne, dont on se rapproche ».

■ INSTANTANÉS (1962)

La nouvelle « Le Mannequin » s'inscrit dans un cycle intitulé « Trois visions réfléchies » et fait partie d'un très court recueil de six nouvelles portant sur les multiples facettes de la perception des objets et la description d'êtres humains. Toutefois, lorsque le narrateur présente des personnages, il le fait de façon si objective que le lecteur a l'impression qu'il s'agit de « choses » au même titre que les objets et les paysages qui les environnent, bref qu'il y a « chosification » des êtres.

« Le Mannequin »

La cafetière est sur la table.

C'est une table ronde à quatre pieds, recouverte d'une toile cirée à quadrillage rouge et gris sur un fond de teinte neutre, un blanc jaunâtre qui
5 peut-être était autrefois de l'ivoire — ou du blanc. Au centre, un carreau de céramique tient lieu de dessous de plat ; le dessin en est entièrement masqué, du moins rendu méconnaissable, par la cafetière qui est posée dessus.

10 La cafetière est en faïence brune. Elle est formée d'une boule, que surmonte un filtre cylindrique muni d'un couvercle à champignon. Le bec est un *S* aux courbes atténuées, légèrement ventru à la base. L'anse a, si l'on
15 veut, la forme d'une oreille, ou plutôt de l'our-

let extérieur d'une oreille ; mais ce serait une oreille mal faite, trop arrondie et sans lobe, qui aurait ainsi la forme d'une « anse de pot ». Le bec, l'anse et le champignon du couvercle sont
20 de couleur crème. Tout le reste est d'un brun clair très uni, et brillant.

Il n'y a rien d'autre, sur la table, que la toile cirée, le dessous de plat et la cafetière.

À droite, devant la fenêtre, se dresse le man-
25 nequin.

Derrière la table, le trumeau de cheminée porte un grand miroir rectangulaire dans lequel on aperçoit la moitié de la fenêtre (la moitié droite) et, sur la gauche (c'est-à-dire du côté droit de
30 la fenêtre), l'image de l'armoire à glace. Dans

la glace de l'armoire on voit à nouveau la fenêtre, tout entière cette fois-ci, et à l'endroit (c'est-à-dire le battant droit à droite et le gauche du côté gauche).

35 Il y a ainsi au-dessus de la cheminée trois moitiés de fenêtre qui se succèdent, presque sans solution de continuité, et qui sont respectivement (de gauche à droite) : une moitié gauche à l'endroit, une moitié droite à l'endroit et une 40 moitié droite à l'envers. Comme l'armoire est juste dans l'angle de la pièce et s'avance jusqu'à l'extrême bord de la fenêtre, les deux moitiés droites de celle-ci se trouvent seulement séparées par un étroit montant d'armoire, qui 45 pourrait être le bois de milieu de la fenêtre (le montant droit du battant gauche joint au montant gauche du battant droit). Les trois vantaux laissent apercevoir, par-dessus le brise-bise, les arbres sans feuilles du jardin.

50 La fenêtre occupe, de cette façon, toute la surface du miroir, sauf la partie supérieure où se voient une bande de plafond et le haut de l'armoire à glace.

On voit encore dans la glace, au-dessus de la 55 cheminée, deux autres mannequins : l'un devant le premier battant de fenêtre, le plus étroit, tout à fait sur la gauche, et l'autre devant le troisième (celui qui est le plus à droite). Ils ne font face ni l'un ni l'autre ; celui de droite 60 montre son flanc droit ; celui de gauche, légèrement plus petit, son flanc gauche. Mais il est difficile de le préciser à première vue, car les deux images sont orientées de la même manière et semblent donc toutes les deux montrer le 65 même flanc — le gauche probablement.

Les trois mannequins sont alignés. Celui du milieu, situé du côté droit de la glace et dont la taille est intermédiaire entre celles des deux autres, se trouve exactement dans la même 70 direction que la cafetière qui est posée sur la table.

Sur la partie sphérique de la cafetière brille un reflet déformé de la fenêtre, une sorte de quadrilatère dont les côtés seraient des arcs de 75 cercle. La ligne formée par les montants de bois, entre les deux battants, s'élargit brusquement vers le bas en une tache assez imprécise. C'est sans doute encore l'ombre du mannequin.

La pièce est très claire, car la fenêtre est 80 exceptionnellement large, bien qu'elle n'ait que deux vantaux.

Une bonne odeur de café chaud vient de la cafetière qui est sur la table.

Le mannequin n'est pas à sa place : on le range 85 d'habitude dans l'angle de la fenêtre, du côté opposé à l'armoire à glace. L'armoire a été placée là pour faciliter les essayages.

Le dessin du dessous de plat représente une chouette, avec deux grands yeux un peu 90 effrayants. Mais, pour le moment, on ne distingue rien, à cause de la cafetière.

(© *Les Éditions de Minuit.*)

QUESTIONS

1 Quelle caractéristique du Nouveau Roman trouve-t-on dans cette nouvelle ?

2 Quelles figures humaines apparaissent dans cette nouvelle ? Quel est l'effet de ce choix de l'auteur ?

3 a) Comment les fenêtres et les mannequins sont-ils présentés dans la nouvelle ?

b) Quel type de focalisation l'auteur emploie-t-il ? Est-ce systématique ?

4 Quelle vision du monde l'auteur nous propose-t-il ?

5 a) Est-ce que cette nouvelle vous a donné une impression de vide ?

b) Quel est l'intérêt de cette nouvelle ?

c) Peut-on associer cette nouvelle à l'art abstrait ?

Art et littérature

LA SOCIÉTÉ DE CONSOMMATION

Les sculptures de Claes Oldenburg reproduisent dans des formats démesurés des objets de consommation de masse, notamment des aliments. L'emploi de matériaux bon marché donne un aspect caricatural au produit fini.

Ce gâteau géant qui occupe une très grande partie de la salle d'exposition se veut un commentaire ironique sur la société de consommation dans laquelle l'objet prend toute la place et devient pour certains une raison de vivre.

CLAES OLDENBURG **(1929).**

Floor Cake (Giant Piece of Cake), 1962. (Polymère synthétique peint sur latex sur toile rempli de mousse de caoutchouc et de boîtes de carton, 147 × 243 × 147 cm. Museum of Modern Art, New York.)

- Selon vous, pourquoi l'artiste a-t-il exagéré la grosseur du morceau de gâteau ?

- Trouvez-vous que cette œuvre est humoristique ? Pourquoi ?

- Dans quelle mesure Oldenburg reprend-il une image présentée par la publicité ?

- Quel lien établissez-vous entre cette sculpture et le texte d'Alain Robbe-Grillet ?

Écriture littéraire

LES GENRES LITTÉRAIRES ÉCLATÉS

L'effervescence du nouveau siècle s'exprime aussi par la possibilité de traduire, à l'aide d'un langage renouvelé, la multiplication des dimensions de l'expérience humaine.

Pour réaliser cet exercice, installez-vous devant un miroir (un miroir de poche ou un plus grand). L'exercice consiste à vous regarder dans le miroir et à écrire spontanément ce qui vous passe par la tête. Il faut faire sept petits textes d'environ une demi-page chacun.

1. On écrit au « je », inspiré par sa propre image.
2. Au « tu », en s'adressant à son reflet.
3. Au « il » ou « elle » en parlant du reflet que l'on voit.
4. Au « nous » en établissant une complicité avec le reflet.
5. Au « vous » en se détachant et en s'adressant à soi-même et au reflet.
6. Au « ils » ou « elles » en se détachant et en parlant de soi et du reflet.
7. On s'adresse au miroir en tant qu'objet, en tant que chose.

Michel Butor (1926)

Né en banlieue de Lille, Michel Butor s'installe à Paris en 1929 avec sa famille. Il fait des études en philosophie et devient professeur de lettres. Ses différentes affectations le conduiront tour à tour en Égypte, en Angleterre et à Genève. En 1954, il publie son premier roman, *Passage de Milan*, aux Éditions de Minuit. En 1957, *La Modification* remporte un grand succès et lui vaut le prix Renaudot et l'estime de ses lecteurs, ce qui ne l'empêche pas de continuer d'enseigner. Inspiré par les techniques structuralistes des auteurs du Nouveau Roman, Butor s'en éloigne graduellement et opte pour des formes inédites et complexes qui vont jusqu'à insérer des séquences narratives sans lien les unes avec les autres. C'est le cas notamment de son roman *L'Emploi du temps*, où plusieurs intrigues se mélangent dans un style d'enquête policière complexifiée par des jeux sur l'espace et le temps. Sans cesse animé par de nouveaux projets, Butor expérimente plusieurs formes afin de saisir les choses en profondeur. Voulant représenter la complexité des États-Unis qu'il a découverts lors d'un séjour prolongé, il publie en 1962 *Mobile*, œuvre composée comme un immense collage d'articles d'encyclopédies, de coupures de journaux et de descriptions de la flore, de la faune et des villes principales.

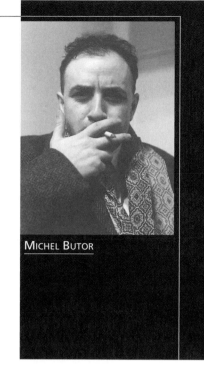

MICHEL BUTOR

■ LA MODIFICATION (1957)

Le narrateur, qui emploie le « vous » pour parler de lui-même, est partagé entre son amour pour Rome et son attachement à Paris, comme il l'est entre sa femme et Cécile, son amante. Quittant Paris, sa femme et ses enfants, il songe à refaire sa vie à Rome où l'attend sa maîtresse. Pendant le voyage en train, plus difficile que prévu, il va plonger dans son passé et réfléchir à sa liaison. La Modification est le roman de l'irrésolution, d'abord entre deux femmes, mais aussi entre deux villes, Paris et Rome, et, enfin, pour complexifier le tout, entre les deux visages de Rome, celui de l'Antiquité qu'adore sa maîtresse et celui du Vatican qui plaît tant à sa femme.

III

Vous reprenez la place que vient de quitter le représentant de commerce parce qu'il a reconnu dans le corridor une de ses relations au moment où dans le paysage bourguignon qui court à
5 votre rencontre se dessinait la gare des Laumes-Alésia avec son dépôt de vieilles locomotives, auprès de cette Alise-Sainte-Reine qu'on ne voit pas et où selon la tradition Jules César a vaincu les Gaulois, sans toucher à côté de vous
10 au roman que vous aviez déposé tout à l'heure comme marque à l'endroit que vous occupiez, et comme l'une des dernières fenêtres à l'avant

du wagon est légèrement entrouverte, ce qui fait passer le long de votre nez un filet d'air un peu
15 trop rafraîchissant, désirant l'atténuer vous tirez sur la porte qui cède brusquement et se déplace d'environ vingt centimètres.

Après avoir joué quelques instants avec le couvercle du cendrier vissé au chambranle, vous
20 ressortez de la poche droite de votre veston le paquet de gauloises dont vous n'avez déchiré qu'une des extrémités sans toucher à la bande de papier blanc collée au centre comme un

sceau, où manquent déjà deux cigarettes ; vous
en prenez une troisième que vous allumez en
protégeant votre flamme avec vos deux mains,
et dont la fumée vous vient un peu dans les
yeux, vous force à les cligner deux ou trois fois,
puis, après avoir regardé votre montre, vu qu'il
était dix heures et quart, que vous étiez donc
parti depuis un peu plus de deux heures, qu'il
vous restait donc encore presque une heure
avant le prochain arrêt à Dijon à onze heures
douze, vous en faites tomber la cendre, et
comme vous recommencez à aspirer par ce petit
tuyau de papier blanc rempli de brins de
feuilles sèches, vous voyez deux points rouges
s'allumer, tremblants, dans les verres de myope
de l'homme qui est en face de vous, non plus
l'Anglais maintenant, mais de nouveau son
voisin le professeur, penché sur son gros livre
aux pages jaunies, deux points rouges aug-
mentant d'intensité puis s'atténuant à chacune
de vos bouffées, à côté de la petite image
déformée des trois carreaux et de l'entrebâillement de la porte, avec un paysage courbe qui
y défile, sous son front déjà très dégarni avec
trois sillons bien marqués.

Il fait effort pour garder les yeux fixés sur les
lignes agitées par le mouvement du wagon,
pour aller vite dans sa lecture mais sans rien
laisser échapper d'important, un crayon dans
sa main droite, marquant de temps en temps
une croix dans la marge, parce que ce texte doit
lui servir à préparer quelque chose, un cours
sans doute qui n'est pas prêt et qu'il doit donner cet après-midi, un cours de droit probablement puisque, si le titre courant danse trop
pour que vous puissiez le déchiffrer à l'envers,
vous êtes pourtant capable d'identifier les
trois premières lettres L, E, G, du premier mot
qui doit être « législation », vraisemblable-
ment à Dijon puisqu'il n'y a pas d'autre université sur la ligne avant la frontière.

Il porte une alliance à son doigt effilé et agité ;
il doit venir faire ses cours deux ou trois fois
par semaine, une seule fois peut-être s'il s'est
bien débrouillé, s'il a un pied-à-terre là-bas ou
un hôtel assez bon marché qui lui convienne,
parce qu'il ne doit pas être royalement payé, et
laisser sa femme à Paris où il habite comme la
plupart de ses collègues, avec ses enfants, s'il
a des enfants, qui sont obligés d'y rester à cause
de leurs études, non qu'il manque d'excellents
lycées dans cette ville, mais parce qu'ils ont déjà
peut-être leur baccalauréat, l'aînée du moins,
ou l'aîné (c'est une réaction très sotte, c'est
entendu, mais il est sûr que vous auriez préféré que votre premier-né fût un garçon), car,
s'il est certainement plus jeune que vous de
quelques années, il s'est peut-être marié plus
tôt et ses enfants, mieux suivis, n'auront pas eu
de difficultés à faire des études plus brillantes
que Madeleine, par exemple, qui n'en est
qu'à sa première à dix-sept ans.

Il tourne la page avec fébrilité ; il revient en
arrière ; il n'a pas la conscience tranquille ; il doit
se reprocher d'avoir reculé jusqu'à ces dernières
minutes un travail qu'il aurait dû terminer
depuis longtemps en toute tranquillité ; ou bien
une difficulté soudaine a-t-elle surgi et s'est-il
trouvé brusquement obligé de reprendre complètement tout ce qu'il avait en effet préparé,
cette leçon dont il croyait ne plus avoir à s'occuper et qu'il recommençait tous les ans sans
histoires depuis l'obtention de son poste ? Il y
a une distinction véritable chez lui, et, on le
sent, de l'honnêteté.

Bien loin que son traitement lui permette une
escapade à Rome comme celle que vous êtes en
train de réaliser, il est probable qu'il aimerait,
s'il en avait les moyens, si le fait d'éviter à tout
prix les dépenses superflues dans les vêtements
n'était pas déjà devenu chez lui une seconde
nature, en porter d'autres que ceux-ci, presque
râpés, et qui même lorsqu'ils étaient neufs ne
devaient pas avoir la moindre prétention à l'élégance, un autre manteau que ce pardessus
peut-être déjà légendaire à la Faculté, noir à
gros boutons, qu'il a conservé, seul dans ce
compartiment à ne pas s'être mis à l'aise, non
qu'il ait moins chaud que les autres, mais parce
qu'il n'y fait pas attention, tellement absorbé
dans son problème ; son visage si pâle tout à
l'heure est légèrement congestionné, et à travers les reflets de ses verres vous voyez ses yeux
cligner nerveusement.

(© Les Éditions de Minuit.)

QUESTIONS

1 Observez comment le narrateur se désigne dans le texte. Quel effet cela produit-il ?

2 Selon vous, en toute logique, cette séquence devrait durer combien de temps ?

3 a) Comment Butor construit-il le réel dans ce fragment ?

b) Le narrateur décrit quelqu'un assis devant lui. Comment le présente-t-il ? Porte-t-il un regard objectif sur lui ? Expliquez votre réponse en citant des éléments du texte.

c) Relevez un extrait qui produit un effet de miroitement.

d) Notez les termes qui définissent ce que lit l'homme que le narrateur croit être un professeur. Comment peut-on caractériser ce type de lecture ?

4 Le texte évoque-t-il une certaine errance ?

5 Comparez les phrases de Butor avec celles de Proust (p. 91 à 93). Que remarquez-vous ?

PARTIE

MÉMOIRES ET IDENTITÉS

SOUVENT ASSOCIÉE au Nouveau Roman parce qu'elle ne campe pas ses personnages de façon traditionnelle, qu'elle accorde peu d'importance à l'intrigue et qu'elle publie la majorité de ses textes aux Éditions de Minuit, Marguerite Duras se distingue cependant des auteurs de ce courant en s'attachant non pas aux objets, mais plutôt au monde intérieur de ses personnages, qu'elle explore dans un mouvement évoquant une spirale.

Marguerite Duras (1914-1996)

Née Donnadieu, de parents enseignants venus s'installer dans le Viêt-Nam du Sud pour y propager la culture française, Marguerite Duras n'a que quatre ans quand son père, rapatrié en France, meurt d'une fièvre. Commence alors pour elle une vie de pauvreté, marquée tant par les humeurs de sa mère et de son frère aîné que par la grande liberté qu'elle partage avec son autre frère. À dix-huit ans, elle part étudier en France, où elle subit un choc émotif, car elle sera presque définitivement séparée de sa mère, mais surtout un choc culturel, car elle ne se reconnaît pas dans ce pays qu'on dit pourtant le sien.

Pendant la Seconde Guerre mondiale, elle s'engage dans la Résistance française avec des amis. Son mari d'alors est arrêté par la Gestapo et envoyé dans un camp de concentration. Dans *La Douleur* (1985), Duras fera un récit troublant de son retour à la vie libre. Ne pouvant accepter ni la guerre ni surtout le sort réservé aux Juifs, Duras devient membre du Parti communiste français, jusqu'à ce qu'on

MARGUERITE DURAS

la force à démissionner en 1950, car elle ne se soumet pas totalement à la ligne du parti.

Si elle a touché au cinéma et au journalisme, Duras est d'abord et avant tout une auteure. Son œuvre a rapidement évolué du roman classique à un roman éclaté, lequel se caractérise par son mode à la fois incantatoire et elliptique et par un jeu sur la narration qui crée intériorité et distance, ce qu'elle appelle l'« écriture courante ». Ce qui intéresse Duras, ce sont les sentiments et l'évolution psychologique de ses héroïnes de même que la mémoire, qu'elle associe à une chambre noire où les souvenirs décantent et qu'elle considère comme la source de l'écriture. Selon elle, un souvenir n'est jamais exactement le même, puisqu'il est tributaire du moment où il revient à la surface. Avec une telle conception du principe créateur, il va de soi que Duras fonde la plupart de ses écrits sur des éléments autobiographiques et explore le travail de la mémoire.

■ LA VIE TRANQUILLE (1944)

Dans La Vie tranquille, *une famille vit sur une ferme isolée nommée Les Bugues. Deux morts vont déstabiliser les rapports entre ses membres : d'abord celle de l'oncle Jérôme, battu à mort par son neveu Nicolas pour avoir eu une aventure avec sa femme, puis celle de Nicolas, frappé par un train. La vie sur la ferme était déjà un peu troublée par le fait que la mère s'enferme dans sa chambre et laisse le fardeau de diriger la maison familiale à sa fille Françou, la narratrice. Celle-ci est très perturbée par la mort de son frère, qu'elle aimait d'un amour plus que fraternel, et hésitante quant à ce qu'elle attend de sa relation avec Tiène, un ami de Nicolas. Dans l'extrait ci-dessous, qui se déroule après la mort de son frère, Françou quitte seule Les Bugues pour aller voir la mer. À vingt-cinq ans, c'est la première fois qu'elle la voit. Confrontée à sa vie et à ses désirs profonds, elle reviendra transformée de ce voyage.*

Là, dans ma chambre, c'est moi. On croirait qu'elle ne sait plus que c'est d'elle qu'il s'agit. Elle se voit dans l'armoire à glace ; c'est une grande fille qui a des cheveux blonds, jaunis 5 par le soleil, une figure brune. Dans la chambre, elle tient une place encombrante. De la très petite valise ouverte, elle tire trois chemises pour avoir l'air naturel devant celle qui la regarde. Tout en évitant de se voir, elle se voit 10 faire dans l'armoire à glace.

La chambre est très petite, la table, nue. Les cloisons sont très frêles. Quelqu'un de fort les ferait valser en se jetant dessus. Sur les murs de papier jaune tombe une grosse pluie verticale de 15 raies noires, parallèles. Le lit est bien fait, recouvert d'une couverture blanche. Devant la table, une chaise. Elle s'assied. Que faire ? Dix-sept

jours aujourd'hui que Nicolas est mort. C'est vrai. Du temps déjà et ça continue toujours.

***

20 Je crois que c'est le deuxième soir que c'est arrivé. Je n'y avais pas pris garde la veille. Je n'avais pas remarqué que lorsque la porte de l'armoire à glace était entrebâillée, le lit s'y reflétait tout entier. J'étais couchée lorsque je me suis 25 aperçue couchée dans l'armoire à glace ; je me suis regardée. Le visage que je voyais souriait d'une façon à la fois engageante et timide. Dans ses yeux, deux flaques d'ombre dansaient et sa bouche était durement fermée. Je ne me suis pas 30 reconnue. Je me suis levée et j'ai été rabattre la porte de l'armoire à glace. Ensuite, bien que fermée, j'ai eu l'impression que la glace contenait toujours dans son épaisseur je ne sais quel

personnage, à la fois fraternel et haineux, qui contestait en silence mon identité. Je n'ai plus su ce qui se rapportait le plus à moi, ce personnage ou bien mon corps couché, là, bien connu. Qui étais-je, qui avais-je pris pour moi jusque-là? Mon nom même ne me rassurait pas. Je n'arrivais pas à me loger dans l'image que je venais de surprendre. Je flottais autour d'elle, très près, mais il existait entre nous comme une impossibilité de nous rassembler. Je me trouvais rattachée à elle par un souvenir ténu, un fil qui pouvait se briser d'une seconde à l'autre et alors j'allais me précipiter dans la folie.

Bien plus, celle du miroir une fois disparue à mes yeux, toute la chambre m'a semblé peuplée d'un cercle sans nombre de compagnes semblables à elle. Je les devinais qui me sollicitaient de tous côtés. Autour de moi c'était une fantasmagorie silencieuse qui s'était déchaînée. Avec une rapidité folle, — je n'osais pas regarder, mais je les devinais — une foule de formes devaient apparaître, s'essayer à moi, disparaître aussitôt, comme anéanties de ne pas m'aller. Il fallait que j'arrive à me saisir d'une, pas n'importe laquelle, une seule, de celle dont j'avais l'habitude à ce point que c'était ses bras qui m'avaient jusque-là servi à manger, ses jambes, à marcher, le bas de sa face, à sourire. Mais celle-ci aussi était mêlée aux autres. Elle disparaissait, réapparaissait, se jouait de moi. Moi cependant, j'existais toujours quelque part. Mais il m'était impossible de faire l'effort nécessaire pour me retrouver. J'avais beau me remémorer les derniers événements des Bugues, c'était une autre qui les avait vécus, une qui m'avait remplacée toujours, en attendant ce soir. Et sous peine de devenir folle il fallait que je la retrouve, elle, qui les avait vécus, ma sœur, et que je m'enlace à elle. Les Bugues se déformaient dans des sursauts d'images successives, froides, étrangères. Je ne les reconnaissais plus. Je ne m'en souvenais plus. Moi, ce soir-là, réduite à moi seule, j'avais d'autres souvenirs. Et pourtant ceux-là même, tassés dans le noir, ne faisaient qu'essayer de ramper jusqu'à ma mémoire, de se faire voir, de venir respirer un coup. Des souvenirs d'avant moi, d'avant mes souvenirs.

Je vois que c'est par hasard que je me suis aperçue dans la glace, sans le vouloir. Je ne suis pas allée au-devant de l'image que je connaissais de moi. J'avais perdu le souvenir de mon visage. Je l'ai vu là pour la première fois. J'ai su en même temps que j'existais.

J'existe depuis vingt-cinq années. J'ai été toute petite, puis j'ai grandi et j'ai atteint ma taille, celle-ci que j'ai maintenant et que j'ai pour toujours. J'aurais pu mourir d'une des mille façons dont on meurt et pourtant j'ai réussi à parcourir vingt-cinq années de vie, je suis encore vivante, pas encore morte. Je respire. De mes narines, sort une haleine vraie, moite et tiède. J'ai réussi sans le vouloir à ne mourir de rien. Cela avance avec entêtement, ce qui semble arrêté, en ce moment, ma vie. J'entends les battements de mon cœur et les paumes de mes mains se sentent l'une l'autre m'appartenir : à moi, à ceci qui supporte ma découverte de ce moment. En ce moment même où je dévale avec les armées des choses — hommes, femmes, bêtes, blés, mois…

Ma vie : un fruit dont j'aurai mangé une partie sans le goûter, sans m'en apercevoir, distraitement. Je ne suis pas responsable de cet âge ni de cette image. On la reconnaît. Ce serait la mienne. Je le veux bien. Je ne peux pas faire autrement. Je suis celle-ci, là, une fois pour toutes et pour jamais. J'ai commencé de l'être il y a vingt-cinq ans. Je ne peux même pas me saisir entre mes bras. Je suis rivée à cette taille que je ne peux pas entourer. Ma bouche, et le son de mon rire, toujours je les ignorerai. Je voudrais pourtant pouvoir embrasser celle que je suis et l'aimer.

Je ressemble aux autres femmes. Je suis une femme d'aspect assez quelconque, je le sais. Mon âge est un âge moyen. On peut dire qu'il est encore jeune. Mon passé, les autres seuls pourraient me dire s'il est intéressant. Moi je ne sais pas. Il est fait de jours et de choses dont je n'arrive pas à croire qu'ils me sont arrivés vraiment. C'est mon passé, c'est mon histoire. Je n'arrive pas à m'y intéresser parce qu'il s'agit de la mienne. Il me semble que mon passé c'est demain qui commencera vraiment à le contenir.

À partir de demain soir, le temps comptera. Pour
130 le moment, tout autre passé que le mien m'appartient davantage. Celui de Tiène ou de Nicolas
par exemple. C'est parce que l'on ne m'a pas pré-
venue que je vivrai. Si j'avais su que j'aurais un
jour une histoire, je l'aurais choisie, j'aurais vécu
135 avec plus de soin pour la faire belle et vraie en
vue de me plaire. Maintenant, c'est trop tard.
Cette histoire a commencé, elle me mène vers
où elle veut, je ne sais pas où et je n'ai rien à y
voir. Bien que j'essaye de la repousser, elle me
140 suit, tout y prend rang, tout s'y décompose en
mémoire et rien ne peut plus s'inventer.

Je pourrais être mille fois différente de ce que
je suis et, en même temps, être à moi seule ces
mille différences. Cependant, je ne suis que
145 celle-ci qui se regarde en ce moment et rien au
delà. Et je dispose peut-être encore d'une tren-
taine d'années pour vivre, de trente octobre, de
trente août pour passer de ce moment-ci à la
fin de ma vie. Je suis à jamais prise au piège de
150 cette histoire-ci, de ce visage-là, de ce corps-
là, de cette tête-là.

(© Éditions Gallimard.)

QUESTIONS

1 Qu'est-ce qui, dans cet extrait, préfigure certains aspects du Nouveau Roman ?

2 Le séjour à la mer est-il bénéfique pour Françou ? Expliquez votre réponse.

3 a) Dans le premier paragraphe, quel verbe revient fréquemment ? Quel champ lexical se développe autour de ce verbe ? Comment cela met-il le lecteur sur la piste du thème principal de l'extrait ?

b) Dans l'extrait, on passe du « je » au « elle ». Qui est ce « elle » ? Comment le déduit-on et quel effet cela produit-il ?

c) Des lignes 47 à 87, une situation de tension est créée. Quels en sont les indices ?

d) À partir de la ligne 20, le « elle » n'apparaît plus. Pourquoi ?

e) Dans cet extrait, les souvenirs aident-ils Françou à se former une identité ?

4 Expliquez les diverses façons d'exploiter la mémoire que Françou utilise dans sa quête identitaire.

5 a) La solitude que vit Françou ressemble-t-elle à celle de Renée Néré dans *La Vagabonde* de Colette (p. 99 et 100) ?

b) Le besoin qu'a Françou de s'isoler vient de la mort de son frère. Pensez-vous que la perte d'êtres chers amène à rechercher la solitude et à remettre en question sa propre vie ?

■ LE RAVISSEMENT DE LOL V. STEIN (1964)

Le Ravissement de Lol V. Stein raconte l'histoire de Lol, une jeune femme de dix-neuf ans, joyeuse, mais un peu secrète, fiancée à Michael Richardson, le fils de riches propriétaires terriens. Lors d'un bal à T. Beach, Michael succombe au charme d'une femme beaucoup plus âgée, avec qui il danse toute la nuit. Délaissée, Lol tombe dans un état de prostration dont elle ne sort que partiellement pour mener une vie sans heurts ni sentiments vifs. Elle épouse un industriel qui l'emmène dans une autre ville et avec qui elle a des enfants. Après dix ans de mariage, ils reviennent à S. Tahla, la ville natale de Lol. Elle reprend contact avec son amie Tatiana qui lui présente Jacques Hold, son amant. Fasciné par Lol et son histoire, ce dernier en devient amoureux. Cette relation permettra à Lol de revivre et d'exorciser la perte de son premier amour. Dans l'extrait suivant, ils se rendent tous deux à T. Beach, où Lol était allée l'avant-veille dans une quête infructueuse.

Je la prends dans mes bras. Nous regardons le paysage. Voici une gare. Le train s'arrête. Une petite ville se groupe autour d'un Hôtel de Ville nouvellement repeint en jaune. Elle com-
5 mence à se souvenir matériellement des lieux.

— C'est l'avant-dernière gare avant T. Beach, dit-elle.

Elle parle, se parle. J'écoute attentivement un monologue un peu incohérent, sans impor-
10 tance quant à moi. J'écoute sa mémoire se mettre en marche, s'appréhender des formes creuses qu'elle juxtapose les unes aux autres comme dans un jeu aux règles perdues.

— Il y avait du blé là. Du blé mûr. — Elle
15 ajoute. — Quelle patience.

Ç'avait été par ce train qu'elle était repartie pour toujours, dans un compartiment comme celui-ci, entourée de parents qui essuient la sueur qui coule de son front, qui la font boire, qui la font
20 s'allonger sur la banquette, une mère l'appelle son petit oiseau, sa beauté.

— Ce bois, le train passait plus loin. Il n'y avait aucune ombre sur la campagne et pourtant il faisait grand soleil. J'ai mal aux yeux.

25 — Mais avant-hier il y avait du soleil ?

Elle n'a pas remarqué. Avant-hier qu'a-t-elle vu ? Je ne lui demande pas. Elle se trouve en ce moment dans un déroulement mécanique de reconnaissances successives des lieux, des
30 choses, ce sont ceux-là, elle ne peut pas se tromper, nous sommes bien dans le train qui mène à T. Beach. Elle rassemble dans un écha-faudage qui lui est momentanément nécessaire, on le dirait, un bois, du blé, de la patience.

35 Elle est très occupée par ce qu'elle cherche à revoir. C'est la première fois qu'elle s'absente si fort de moi. Pourtant de temps en temps elle tourne la tête et me sourit comme quelqu'un, il ne faudrait pas que je le croie, qui n'oublie
40 pas.

L'approche diminue, la presse, à la fin elle parle presque tout le temps. Je n'entends pas tout. Je la tiens toujours dans mes bras. Quelqu'un qui vomit, on le tient tendrement. Je me mets
45 à regarder moi aussi ces lieux indestructibles qui en ce moment deviennent ceux de mon avènement. Voici venue l'heure de mon accès à la mémoire de Lol V. Stein.

Le bal sera au bout du voyage, il tombera
50 comme château de cartes comme en ce moment le voyage lui-même. Elle revoit sa mémoire-ci pour la dernière fois de sa vie, elle l'enterre. Dans l'avenir ce sera de cette vision aujourd'hui, de cette compagnie-ci à ses côtés qu'elle se sou-
55 viendra. Il en sera comme pour S. Tahla main-tenant, ruinée sous ses pas du présent. Je dis :

— Ah je vous aime tant. Qu'allons-nous faire ?

Elle dit qu'elle sait. Elle ne sait pas.

(© Éditions Gallimard.)

QUESTIONS

1 Quelles caractéristiques de l'écriture durassienne trouve-t-on dans cet extrait ?

2 Quel est le but du voyage de Lol et de Jacques ?

3 a) Comment s'aperçoit-on du malaise de Lol dans le train qui la ramène à T. Beach ?

b) Relevez dans l'ordre les signes du retour de la mémoire de Lol. Que pouvez-vous en déduire ?

c) Alors qu'elle se rappelle des éléments de son voyage de retour après le bal, Lol dit : « J'ai mal aux yeux. » (ligne 24). Qu'exprime-t-elle par là ?

d) Qui est le narrateur dans cet extrait ? À quels indices le reconnaît-on ? Comment cela influence-t-il le récit ?

e) Que signifie cette phrase de Jacques : « Je me mets à regarder moi aussi ces lieux indestructibles qui en ce moment deviennent ceux de mon avènement » (lignes 44 à 47) ?

f) Quatre paragraphes commencent par le pronom « Elle ». Qu'est-ce que cela révèle sur l'état et le cheminement de Lol ?

4 Montrez que dans l'extrait la mémoire n'est pas permanente, mais dépend plutôt des états affectifs de Lol et de ce qui l'entoure.

5 Le travail mémoriel est-il ici le même que dans *Mémoire de mes putains tristes* de Gabriel García Márquez (p. 284) ? Expliquez votre réponse.

Texte écho

■ LES AMOURS IMPOSSIBLES (1962)

de Fernando Arrabal

L'écrivain espagnol Fernando Arrabal est né en 1932 au Maroc avant la guerre civile qui va déchirer l'Espagne. Son père, officier de l'armée espagnole, sera condamné à mort sous le régime de Franco, mais il réussira à s'enfuir et il disparaîtra pour toujours. Cette tragédie va marquer l'œuvre de l'auteur qui sera lui-même emprisonné pour avoir écrit une dédicace « blasphématoire » envers le régime. On doit à Arrabal plusieurs romans, quelques recueils de poésie, environ soixante-dix pièces de théâtre ainsi que sept longs métrages. Écrivain controversé par ses multiples provocations et son sens de la dérision, il fonde, en 1962, le Mouvement panique qui reflète « le chaos et la confusion de la vie ». La courte pièce Les Amours impossibles s'inscrit dans ce théâtre panique par son aspect faussement ludique et ses personnages caricaturaux d'apparence burlesque qui viennent secouer les mœurs. L'importance des multiples didascalies qui précisent les gestes posés sur scène semble vouloir amoindrir l'effet de la parole afin de profaner les relations entre les personnages.

(La princesse s'assied sur le banc. […] À droite, entre un prince à tête de chien. La princesse rougit et cache ses yeux avec son éventail. Scène muette. Le prince à tête de chien
5 *la regarde d'un air imperturbable. La princesse […] laisse voir un peu son visage derrière l'éventail.)*

LA PRINCESSE *(timidement et avec amour)*
Qui êtes-vous, prince téméraire qui osez vous
10 asseoir à mon côté ?

(Le prince à tête de chien la regarde d'un air imperturbable.)

[…]

LA PRINCESSE
Que voulez-vous de moi ? […] Vous savez bien
que je ne peux rien attendre de la vie qui me
15 traite si cruellement. Vous savez bien que la
seule chose que je puisse attendre c'est que
l'amour vienne à moi.

(Même jeu.)

LA PRINCESSE
M'aimez-vous ? Dites-le-moi promptement, je
20 ne peux supporter un si cruel supplice.

(Même jeu.)

LA PRINCESSE
Ne me tourmentez pas davantage. […] Vous
n'ignorez pas que je vous aime, que je vous ai
toujours aimé, que j'ai toujours rêvé de vous,
25 que vous êtes en tous points ressemblant au
prince qui m'aimait dans mes rêves.

(Même jeu.)

LA PRINCESSE
Dites-moi que vous m'aimez et je serai heureuse.

(Même jeu.)

[…]

30 **LA PRINCESSE** *(en pleurs)*
Je le savais. Je savais que vous ne m'aimiez pas.
Que puis-je alors attendre de la vie ? […] Mais
laissez-moi au moins vous aimer, vous adorer
en silence. Voulez-vous ?

35 **LE PRINCE À TÊTE DE CHIEN** *(aboyant d'un air condescendant)*
Ouah ! Ouah !

LA PRINCESSE
Merci, mon bien-aimé ! Merci gentil prince.
Comment pourrais-je vous rendre grâce de

40 cette marque de générosité ? Laissez-moi vous baiser les pieds.

(*La princesse veut lui baiser les pieds. Le prince à tête de chien la repousse.*)

LA PRINCESSE

Vous me repoussez. Vous êtes cruel avec moi,
45 mais je ne peux m'empêcher de vous aimer.

[…]

(*Le prince à tête de chien se lève […] et sort à droite. La princesse reste assise sur le banc et pleure. […] À gauche entre le prince à tête de taureau. Il est très bien vêtu. […] [Il] se dirige d'un air*
50 *empressé vers la princesse. Celle-ci pleure toujours.*
Le prince à tête de taureau la prend dans ses bras. La princesse se redresse.)

LA PRINCESSE

Non, prince, mon ami. C'est impossible. (*La*
55 *princesse caresse les cuisses du prince à tête de taureau pendant qu'elle parle.*) Aujourd'hui j'ai rencontré le prince de mes rêves, l'homme que j'ai cherché toute ma vie. Aujourd'hui je suis amoureuse.

60 (*Le prince à tête de taureau caresse la princesse avec volupté. La princesse en fait autant au prince.*)

LA PRINCESSE

Vous savez bien que tout est inutile. […] Il est inutile que vous me demandiez de vous aimer. Mon amour n'est pas pour vous, il est pour un
65 autre prince. […] Êtes-vous si amoureux de moi ?

LE PRINCE À TÊTE DE TAUREAU
(*dans une affirmation passionnée*)
Meuh ! Meuh !

[…]

LA PRINCESSE

Je regrette d'être cause de votre tristesse, mais
70 je n'ai qu'un seul amour qui m'absorbe toute.

[…]

(*Le prince à tête de taureau lève les jupes de la princesse et lui touche les cuisses ainsi mises à nu.*)

LE PRINCE À TÊTE DE TAUREAU (*d'un air excité*)
Meuh ! Meuh !

[…]

LA PRINCESSE

Prince, ne vous excitez pas. Ce serait sans motif.
75 Je ne vous ai jamais donné d'espoir. (*La princesse découvre à moitié sa gorge que le prince à tête de taureau caresse d'un air très excité.*)

[…]

LA PRINCESSE

Depuis que j'ai vu Médor mon bien-aimé rien ne peut me suffire. J'ai besoin de sa présence.
80 Il me faut le voir et l'aimer sans cesse. Ah ! vous ne savez pas quelles tortures endure mon cœur amoureux. Lorsque j'étais enfant et que mon père m'emmenait au zoo je pensais déjà à lui. Il n'y a qu'un instant que je l'ai vu pour la pre-
85 mière fois mais son image m'a toujours pour-suivie.

(*La princesse caresse furieusement le prince à tête de taureau. Elle commence par lui caresser la poitrine. Puis les yeux fermés elle lui caresse*
90 *le dos de sa main gauche et étreint nerveuse-ment de sa main droite la corne du prince. Ce dernier continue à « peloter » la princesse.*)

LA PRINCESSE

Je ne veux plus vous revoir, prince. Lui seul doit jouir de ma présence. […] Vous pouvez
95 continuer à m'adorer platoniquement comme vous l'avez fait jusqu'ici, mais je ne veux plus vous revoir. (*Furieuse attaque. Baisers. Caresses. « Pelotage ».*) Votre noble amour m'émeut, mais je ne peux vous appartenir.

[…]

100 **LA PRINCESSE** (*elle regarde vers la droite.*)
Mais quel est ce spectacle qui s'offre à mes regards ? Serait-ce un songe, une illusion ? […] (*Elle pelote le prince à tête de taureau et vice-versa.*) Ah ! c'est lui. […] Ce sont les muses
105 célestes qui ont intercédé en ma faveur.

(*La princesse, remplie de joie, attend l'arrivée de son bien-aimé tandis qu'elle enlace le prince à tête de taureau.*
Le prince à tête de chien entre à droite. […])

LA PRINCESSE

110 Prince Médor, mon bien-aimé. Je suis là. Je suis votre plus humble esclave. […] (*Elle*

étreint plus furieusement que jamais le prince à tête de taureau.) Votre délicatesse m'émeut. Je vous regarde et ne parviens pas à me convaincre que
115   je suis digne d'une si haute récompense. [...]

(*Le prince à tête de chien mange la fleur. Silence.*

La princesse le regarde bouche bée tandis qu'elle étreint et qu'elle pelote le prince à tête de taureau. [...])

LA PRINCESSE
120   Accordez-moi seulement quelques instants et je serai heureuse. Vous savez bien que depuis que je vous ai vu non seulement je vous aime mais aussi que je déteste les autres hommes.

LE PRINCE À TÊTE DE TAUREAU
(*profondément blessé*)
125   Meuh ! Meuh !

(*Le prince à tête de taureau se lève très en colère. Il sort un poignard et se jette sur le prince à tête de chien.*

La princesse s'interpose.)

LA PRINCESSE
130   Ne le tuez pas. Bien que mon amour lui appartienne ne le tuez pas pour cette raison, tuez-moi plutôt si c'est nécessaire. Ne soyez pas jaloux. [...]

(*Le prince à tête de taureau s'élance avec
135 décision vers le prince à tête de chien* [...].

*La princesse se jette désespérément sur le ventre du prince à tête de taureau. Elle l'étreint pour le retenir. Le prince à tête de taureau jette la princesse à terre. Elle demeure inerte : elle
140 s'est évanouie.*

Le prince à tête de taureau se jette sur le prince à tête de chien. [...] *Il le poignarde. Le prince à tête de chien tombe à terre, agonisant. Il aboie sèchement par deux fois — ce sont sans doute
145 ses dernières volontés* [...] *et meurt.*

Le prince à tête de taureau quitte la scène

en poussant des meuglements de colère et de douleur.*

*On entend ses pas au loin. On comprend qu'il
150 monte des escaliers et se jette d'en haut dans le vide. On entend distinctement le bruit de la chute. Un instant plus tard on entend deux mugissements — sans doute ses dernières volontés.* [...]

*La princesse qui était sur le sol se redresse
155 péniblement.* [...] *Elle regarde avec horreur le cadavre de son bien-aimé.*)

LA PRINCESSE
Grand Dieu comment avez-vous pu permettre un tel malheur ? [...] Si Dieu a voulu qu'il meure c'est qu'il désire aussi ma mort. [...] (*Elle
160 se jette sur son bien-aimé. Elle l'embrasse furieusement sur le ventre et entre les jambes.*) Je mourrai avec toi. Nous serons ensemble au Paradis. (*Elle regarde vers la droite.*) Je vois que mon père s'approche mais il n'arrivera pas à temps pour
165 retenir ma main. Non, mon père, non ! Je mourrai à ses côtés. (*Elle l'embrasse entre les jambes.*) Mon bien-aimé !

(*La princesse saisit le poignard* [...] *et elle l'enfonce dans sa poitrine.*

170 *Les deux corps gisent l'un à côté de l'autre : la tête de la princesse entre les cuisses du prince à tête de chien et vice-versa. La princesse murmure une phrase inintelligible, sans doute ses dernières volontés.* [...] *et meurt. Entre à droite
175 le père de la princesse. C'est un homme très bien vêtu, il a une tête d'éléphant.* [...] *Visiblement ému, il se dirige vers sa fille. Agenouillé, il la caresse paternellement d'abord avec les mains puis avec la trompe.*)

LE PÈRE (*qui, malgré sa tête et sa trompe
180 d'éléphant sait parler, dit d'une voix caverneuse*)
Oui, ma fille. Je sais bien ce que sont « les amours impossibles ».

(*Il continue à la caresser : il passe sa trompe avec une véhémence croissante entre les cuisses de sa fille.*)

(© *Christian Bourgois, 1967.*)

QUESTION

Cette courte pièce du théâtre « panique » d'Arrabal poursuit-elle la réflexion sur l'impossibilité de la communication déjà amorcée dans le théâtre de l'absurde ou va-t-elle encore plus loin ? S'agit-il ici d'un drame humain individuel ou d'une perte généralisée des valeurs de la société ?

Chanson écho

■ « LA COMPLAINTE DU PROGRÈS »

de Boris Vian

Cette chanson, qui porte comme sous-titre « Les Arts ménagers », a été inspirée à Boris Vian par le Salon des arts ménagers qui, dans les années 1950, présentait à la classe moyenne française les nouveaux biens de consommation qui leur étaient accessibles. On y retrouvait les appareils domestiques, comme des réfrigérateurs et des machines à laver, de même que plusieurs gadgets étonnants.

Autrefois pour faire sa cour
On parlait d'amour
Pour mieux prouver son ardeur
On offrait son cœur
5   Aujourd'hui, c'est plus pareil
Ça change, ça change
Pour séduire le cher ange
On lui glisse à l'oreille
Ah… Gudule!… Viens m'em-
      [brasser… Et je te donnerai

10 Un frigidaire
Un joli scooter
Un atomixer
Et du Dunlopillo[1]
Une cuisinière
15 Avec un four en verre
Des tas de couverts
Et des pell' à gâteaux
Une tourniquette
Pour fair' la vinaigrette
20 Un bel aérateur
Pour bouffer les odeurs
Des draps qui chauffent
Un pistolet à gaufres
Un avion pour deux
25 Et nous serons heureux

Autrefois s'il arrivait
Que l'on se querelle
L'air lugubre on s'en allait
En laissant la vaisselle
30 Aujourd'hui, que voulez-vous
La vie est si chère
On dit : rentre chez ta mère
Et l'on se garde tout
Ah… Gudule!… Excuse-toi…
      [ou je reprends tout ça

35 Mon frigidaire
Mon armoire à cuillères
Mon évier en fer
Et mon poêl' à mazout
Mon cire-godasses
40 Mon repasse-limaces
Mon tabouret à glace
Et mon chasse-filou
La tourniquette
À faire la vinaigrette
45 Le ratatine-ordures
Et le coupe-friture
Et si la belle
Se montre encore rebelle
On la fiche dehors
50 Pour confier son sort

Au frigidaire
À l'efface-poussière
À la cuisinière
Au lit qu'est toujours fait
55 Au chauffe-savates
Au canon à patates
À l'eventre-tomates
À l'écorche-poulet
Mais très très vite
60 On reçoit la visite
D'une tendre petite
Qui vous offre son cœur
Alors on cède
Car il faut qu'on s'entraide
65 Et l'on vit comme ça
Jusqu'à la prochaine fois
Et l'on vit comme ça
Jusqu'à la prochaine fois
Et l'on vit comme ça
70 Jusqu'à la prochaine fois.

---

1. *Dunlopillo* : mousse de latex, créée dans les années 1920, qui sert à faire des oreillers, des matelas et plusieurs autres produits.

QUESTION

Quel lien Vian établit-il entre le thème du matérialisme et celui de l'amour ? Montrez qu'il fait une critique de la nouvelle société en étudiant l'inventaire qu'il dresse : analysez, par exemple, l'effet que produisent l'énumération et les néologismes.

CLÉS POUR COMPRENDRE LE THÉÂTRE DE L'ABSURDE

1 L'existence humaine est présentée selon une vision pessimiste : les personnages se retrouvent dans un monde vide de signification ou alors encombré par les objets. Il n'y a pas de véritable communication entre eux.

2 Les dramaturges ont souvent une approche ludique du langage qu'ils déstructurent afin de tourner le rationnel en dérision.

3 Les pièces ne reposent pas sur une véritable intrigue. Certaines situations sont conçues de manière à en faire voir l'absurdité aux spectateurs.

4 Les auteurs veulent abolir les repères spatio-temporels habituels.

CLÉS POUR COMPRENDRE LE NOUVEAU ROMAN

1 L'intrigue classique est abolie. La structure narrative peut raconter plusieurs fois de suite les mêmes événements, en les nuançant parfois quelque peu.

2 Les jeux formels occupent une grande place dans la narration. La mise en abyme devient une des figures privilégiées.

3 Les descriptions ont un rôle important dans la narration et offrent des points de vue multiples. Les objets sont décrits de manière précise, avec beaucoup de détails, et de façon objective. Tout comme les lieux, ils sont dépouillés de toute valeur symbolique.

4 Le personnage est un être sans identité et souvent remis en question. Désœuvré, il a des problèmes de communication et sa vie semble vide de sens.

5 Les thématiques comprennent souvent les thèmes de l'errance, du voyage.

BILAN DES AUTEURS ET DES ŒUVRES

VIAN

Boris Vian apparaît comme une figure mythique du Paris d'après-guerre. Le théâtre de Vian se rapproche du théâtre de l'absurde. Touchant à différents genres littéraires, Vian s'est aussi attardé à la chanson. L'histoire littéraire retient d'ailleurs « Le Déserteur » comme un véritable manifeste antimilitariste.

YOURCENAR

Attirée par l'histoire et la mythologie, Yourcenar présente dans son œuvre des personnages qui subissent des situations auxquelles ils aimeraient bien se soustraire. Dans sa nouvelle « La Tristesse de Cornélius Berg », un peintre arrive à la conclusion que Dieu aurait dû se contenter de peindre des paysages plutôt que de créer des hommes féroces et sots.

BECKETT

Dans *Fin de partie* comme dans ses autres œuvres, Beckett met en scène des personnages sans espoir qui attendent que quelque chose d'improbable se produise dans leur existence vide de sens.

IONESCO

Considéré avec Beckett comme l'un des précurseurs du théâtre de l'absurde, Ionesco structure les répliques de ses personnages de *La Leçon* de façon à évacuer tout discours référentiel qui pourrait donner un sens à leurs propos.

TARDIEU

Avec humour, Tardieu construit un dialogue de sourds que seuls certains membres d'un même groupe social peuvent comprendre.

QUENEAU

Une approche ludique du langage imprègne aussi bien les romans que la poésie de Queneau. Pour lui, la littérature doit tenir compte des multiples possibilités de la langue et explorer de nouvelles avenues faites de contraintes mathématiques. Il publie *Cent mille milliards de poèmes* qui permet la lecture de 10^{14} sonnets différents.

FOLLAIN

Par leur brièveté et le peu de procédés rhétoriques, les poèmes de Follain permettent aux lecteurs de saisir rapidement l'essence des thèmes développés. Ainsi, par de simples évocations, Follain parvient à renvoyer à la permanence à partir de l'instantanéité et à rendre la complexité des choses et des êtres au moyen de particularités.

ROBBE-GRILLET

Rejetant les modèles du roman traditionnel, Robbe-Grillet est devenu le chef de file du Nouveau Roman en publiant *Pour un Nouveau Roman*. L'importance de ses descriptions et des jeux de focalisation associés au regard est perceptible dans *Instantanés*, où l'auteur présente des objets ou des êtres humains en les décrivant méthodiquement sans faire intervenir de sentiments.

BUTOR

Butor s'inspire des techniques structuralistes et expérimente des structures narratives inédites et complexes. Pour lui, l'écriture d'un roman s'associe à la recherche. Dans *La Modification*, le narrateur est confronté à un dilemme amoureux, ce qui l'amène à réfléchir sur son passé et son avenir.

DURAS

Le travail de la mémoire occupe une place centrale dans l'écriture itérative et elliptique de Marguerite Duras. Dans *La Vie tranquille*, la narratrice est à la recherche de sa propre identité et traverse une phase difficile de dissociation avant de la trouver. Dans *Le Ravissement de Lol V. Stein*, après plus de dix ans d'une vie sans sentiments véritables, Lol accède douloureusement à ses souvenirs.

CHAPITRE 5

LE TEMPS
DE LA DIVERSITÉ

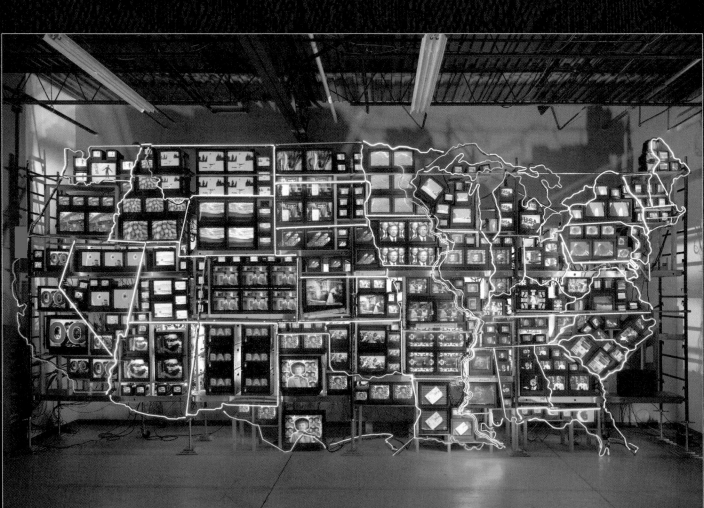

Nam June Paik (1932).

Electronic Superhighway: Continental USA, 1995. (49 installations vidéo en circuit fermé, néons, acier et composantes électroniques, approx. 4,6 × 12,2 × 1,2 m. Smithsonian American Art Museum, Washington.)

L'art vidéo apparaît aux États-Unis dès les années 1960 parce que la télévision, en tant qu'objet, symbolise parfaitement la société moderne envahie par les médias de masse. *Electronic Superhighway* est un commentaire ironique sur l'omniprésence de la télévision dans la société américaine. Paik a disposé des néons de couleur en forme de carte des États-Unis. Les frontières de chaque État sont soigneusement reproduites, comme dans un atlas. Derrière les néons, l'artiste a empilé des téléviseurs sur un échafaudage. Chaque appareil est relié à un système vidéo en circuit fermé projetant des images qui diffèrent selon les États. Le titre, qui se traduit par « autoroute électronique », est une allusion à l'importance des routes et des voitures dans le mode de vie américain, mais aussi au flot constant d'informations véhiculées par la télévision. Dans un tel contexte d'information instantanée et éphémère, quelle sera la place du livre ?

LA MUSIQUE D'UNE VIE

JE ME DIS qu'une telle mentalité a un nom. Un terme que j'ai entendu récemment dans la bouche d'un ami, auditeur clandestin des radios occidentales. Une appellation que j'ai sur le bout de la langue et que seule la fatigue m'empêche de reproduire. Je me secoue et le mot, lumineux et définitif, éclate :
« *Homo sovieticus* ! »

Sa puissance jugule l'amas opaque des vies autour de moi. « *Homo sovieticus* » recouvre entièrement cette stagnation humaine, jusqu'à son moindre soupir, jusqu'au grincement d'une bouteille sur le bord d'un verre, jusqu'aux pages de la *Pravda* sous le corps maigre de ce vieillard dans son manteau usé, ces pages remplies de comptes-rendus de performances et de bonheur.

Avec une délectation puérile, je passe un moment à jouer : le mot, véritable mot-clef, oui une clef ! glisse dans toutes les serrures de la vie du pays, parvient à percer le secret de tous les destins. Et même le secret de l'amour, tel qu'il est vécu dans ce pays, avec son puritanisme officiel et, contrebande presque tolérée, cette prostituée qui exerce son métier à quelques mètres des grands panneaux à l'effigie de Lénine et aux mots d'ordre édifiants…

Avant de m'endormir, j'ai le temps de constater que la maîtrise de ce mot magique me sépare de la foule. Je suis comme eux, certes, mais je peux nommer notre condition humaine et, par conséquent, y échapper. Le faible roseau, mais qui se sait tel, donc… « La vieille et hypocrite astuce de l'intelligentsia… », souffle en moi une voix plus lucide, mais le confort mental que m'offre l'« *Homo sovieticus* » fait vite taire cette contestation.

Andreï Makine,
© Éditions du Seuil, 2001, coll. Points, 2002.

DATES	ÉVÉNEMENTS POLITIQUES	ÉVÉNEMENTS SOCIOCULTURELS
1914		Naissance de Gary (†1980).
1920		Naissance de Groult.
1923		Naissance de Bonnefoy.
1924		Naissance de Tournier.
1925		Naissance de Chédid.
1926		Naissance de l'artiste Segal (†2000).
1928		Naissance de l'artiste Agam.
1929		Naissance de Kundera.
1930		Naissance de Bianciotti. – Naissance de Noël.
1931		Naissance de l'artiste Wesselman (†2004).
1932		Naissance de l'artiste Paik.
1935		Naissance de Kristof.
1936		Naissance du peintre Estes.
1938		Naissance de l'artiste Smithson (†1973).
1940		Naissance de Le Clézio. – Naissance de Leclerc. – Naissance de Ernaux.
1942		Naissance de Laâbi.
1945		Naissance de Modiano. – Naissance de l'artiste Kruger.
1948		Naissance de Koltès (†1989). – Naissance de Quignard.
1949		Naissance de Maalouf.
1950		Naissance de Dubois. – Naissance de l'artiste Holzer.
1960		Naissance du peintre Basquiat (†1988). – Naissance de Barillé.
1974	Valéry Giscard d'Estaing devient président de la France.	Leclerc, *Parole de femme*.
1975		Ajar, *La Vie devant soi*. – Modiano, *Villa triste*. – Groult, *Ainsi soit-elle*.
1977		Inauguration du centre national d'art et de culture Georges Pompidou.
1979	Établissement d'une république islamique en Iran. – L'ayatollah Khomeiny rentre de son exil en France.	
1980		Publication posthume de *Vie et Mort d'Émile Ajar* par Romain Gary.
1981	Victoire du socialiste François Mitterrand et de l'union de la gauche.	Inauguration du musée d'Orsay. – Laâbi, *Sous le bâillon le poème*.
1982	L'État français accorde 1 % de son budget au ministère de la Culture pour encourager les lettres et les arts.	
1983		Noël, *La Chute des temps*.
1984-1993		Travaux d'extension du Louvre.
1986		Kristof, *Le Grand Cahier*. – Tournier, *La Goutte d'or*. – Kundera, *L'Art du roman*.
1987		Bonnefoy, *Ce qui fut sans lumière*.
1988		Inauguration de l'Institut du monde arabe à Paris. – Koltès, *La Nuit juste avant les forêts*.
1989	Chute du mur de Berlin.	
1990		Le film *L'Autre* de Bernard Giraudeau, tiré d'un récit de Chédid.
1992	Référendum sur l'Union européenne.	Bianciotti, *Ce que la nuit raconte au jour*.
1993	Traité de Maastricht.	
1996	Mort de François Mitterrand.	
1999		Barillé, *Exaucez-nous !*
2000		Ernaux, *L'Événement*.
2002	La Commission nationale des droits de l'homme constate une augmentation des actes antisémites et racistes.	Quignard, *Les Ombres errantes*. – Polémique autour du prix Goncourt attribué à Pascal Guignard.
2003	Crise de la laïcité de l'école française, la crise du port du voile.	
2004		Le Clézio, *L'Africain*. – Maalouf, *Origines*. – Dubois, *Une vie française*.
2005	Rejet par référendum du projet de constitution européenne. – Émeutes dans les cités en périphérie des grandes villes françaises.	

L A FRANCE des trente dernières années a été marquée par des bouleversements en matière économique, politique et sociale qui ont fait basculer des conceptions et entraîné la remise en question de la nature de l'État et de l'identité nationale. Le projet d'intégration du pays à une nouvelle Europe a divisé les citoyens; les résultats mitigés de deux référendums sur cette question sont pour le moins éloquents. De l'élection de François Mitterrand, en mai 1981, jusqu'au référendum du printemps 2005, des tiraillements ont secoué l'Hexagone, signe d'une période de mutation.

L'ARRIVÉE AU POUVOIR DE LA GAUCHE

L'élection du socialiste François Mitterrand comme quatrième président de la Vᵉ République suscite un immense espoir de changement. Il est appuyé par de nombreux intellectuels et écrivains dont Marguerite Duras; sa victoire contre le président républicain sortant Valéry Giscard d'Estaing devient un véritable événement. Sa présidence débute au printemps 1981 et ne prend fin qu'en juin 1995. Sur le plan social, plusieurs lois sont votées, qui réduisent le temps de travail hebdomadaire à trente-neuf heures, accordent une cinquième semaine de congé payé, établissent la retraite à soixante ans. Sans oublier l'abolition de la peine de mort et la nationalisation de groupes bancaires et industriels, qui contribuent à modifier de façon significative le rapport de l'État avec la société française. Malgré ces efforts, le taux de chômage reste élevé, ce qui provoque le désenchantement de l'électorat dont les attentes étaient immenses.

C'est sous le mandat de François Mitterrand que s'accélère la construction de l'Europe qui aboutit à la signature, par le président, du traité sur l'Union européenne le 7 février 1992.

LA CRÉATION D'UNE NOUVELLE EUROPE

La chute du mur de Berlin, en novembre 1989, marque l'éclatement de l'ex-URSS et met fin à la guerre froide qui sévissait depuis la fin de la Seconde Guerre mondiale et divisait l'Occident en deux zones d'influence, Washington et Moscou. Les anciens pays satellites européens, annexés par l'Armée rouge après la défaite d'Hitler contre les forces alliées, retrouvent leur indépendance. *Le Grand Cahier* d'Agota Kristof s'inscrit dans ce contexte d'annexion forcée et d'asservissement d'un petit pays par une puissance militaire au service d'un empire. Le fait que ces divers pays reviennent à la tradition démocratique fait germer l'idée d'une coopération en matière de politique et de sécurité. De plus, la toute-puissance de l'économie américaine visant l'établissement d'un marché économique totalement ouvert, bousculant pour cela les frontières en laissant libre cours aux géants commerciaux, favorise une construction européenne qui réunirait les forces économiques des États membres. La signature du traité de Maastricht (Pays-Bas) entérine le 1ᵉʳ janvier 1993 la création d'un marché unique, prévoit la création d'une monnaie unique et permet d'étendre le champ de coopération aux domaines touchant les questions sociales et culturelles, la politique étrangère et la sécurité. L'instauration du Parlement européen, dont les membres, élus au suffrage universel, siègent à Bruxelles, achève de modifier le cadre politique traditionnel de chacun des États membres.

L'IDENTITÉ NATIONALE

Ces diverses modifications créent de vives tensions et des inquiétudes importantes sur les plans culturel, politique et économique, de sorte qu'en France, lors du référendum de 1992, le traité n'est entériné que par une très faible majorité. Les résultats serrés (51,04 % pour et 48,95 % contre) témoignent d'oppositions idéologiques majeures. Les ajustements des différentes politiques nationales aux politiques européennes causent de nombreuses irritations. Ainsi, la nouvelle politique agricole commune abolissant les subventions et fixant des quotas a provoqué l'ire des agriculteurs qui ne décolèrent pas. La mise en place du système monétaire européen qui a fait disparaître le franc au profit de l'euro, l'abolition des frontières entre les États membres, l'élection de députés européens ne siégeant pas dans la capitale française, l'élargissement possible du cadre européen traditionnel par l'éventuelle entrée de la Turquie bousculent les références identitaires conventionnelles. Les citoyens des différents départements se perçoivent-ils d'abord comme des Européens ou comme des Français ? Un double sentiment d'appartenance est-il possible ou souhaitable ? Ces questions donnent prise à une montée de la droite favorisant un gouvernement populiste et réagissant contre cette unification. Le résultat du référendum de mai 2005 sur le traité établissant une constitution pour l'Europe est particulièrement révélateur de cet état d'esprit : 55 % des Français ont voté non, ce qui a créé un problème politique majeur dont doivent maintenant tenir compte les différents politiciens, ce qu'illustre bien le roman de Jean-Paul Dubois *Une vie française*.

LES CONSÉQUENCES DE L'IMMIGRATION

L'ouverture des frontières aux États membres de la nouvelle Europe a entraîné en France une vague d'immigration économique provenant plus particulièrement des anciens pays satellites de l'URSS. L'arrivée de Roumains et de Polonais en quête de travail a provoqué une crise au sein du milieu ouvrier français. De plus, la surpopulation et la mondialisation ont favorisé un jeu de migration aux conséquences sociales et culturelles difficilement prévisibles en entraînant la formation d'une société multiethnique. Les écrivains Romain Gary, Bernard-Marie Koltès et Michel Tournier illustrent, chacun à sa façon, ces bouleversements. L'immigration importante d'une population musulmane en provenance du continent africain s'est accompagnée de la montée de l'intégrisme, autre problème de société dont la crise du port du voile dans les écoles françaises est une manifestation exemplaire. Le gouvernement français a dû légiférer pour imposer la laïcité dans le système éducatif et obliger les institutions d'enseignement à respecter les règles républicaines ayant cours depuis la Révolution. La séparation du pouvoir politique et du pouvoir religieux est une des bases de la société française contemporaine, ce qui la distingue nettement des milieux où vivaient ces nouveaux arrivants. Le poète marocain Abdellatif Laâbi, emprisonné pendant huit ans pour ses idées politiques et sociales, insiste sur la nécessité d'étudier le rapport de l'islam avec la réalité en partant d'une problématique intellectuelle qui s'appuie sur des instruments d'analyse neutres et dans une atmosphère de tolérance qui fait actuellement défaut à son pays d'origine.

LE REGARD DE L'AUTRE

LE POINT DE VUE DE L'ENFANT

Romain Gary et Agota Kristof sont deux écrivains d'origine étrangère, le premier russe, l'autre hongroise, qui écrivent en français. Dans *La Vie devant soi* et *Le Grand Cahier*, ils critiquent tous deux la société occidentale en mettant en scène des enfants qui racontent leur propre histoire en posant un regard lucide sur le monde qui les entoure. En tant que narrateurs du récit, ils se composent une vision du monde qui bouscule les conventions et la morale communément acceptée.

Cette utilisation du regard de l'enfant, faussement naïf, permet de remettre en question le système de valeurs des adultes et les règles de vie de la collectivité. Ces jeunes héros ont été mis à l'écart par des circonstances particulières : l'abandon par les parents immigrants illégaux dans le roman de Gary et la guerre dans celui de Kristof. Cela permet d'observer de l'extérieur les mécanismes qui régissent la vie en communauté en adoptant le regard d'un individu qui cherche lui-même à s'identifier et à se construire une vie supportable sinon heureuse.

LE POINT DE VUE DE L'ÉTRANGER

Adopter le point de vue de ceux qui sont exclus de la société de consommation permet de nuancer l'idéal démocratique majestueusement illustré par la devise française *Liberté, Égalité, Fraternité*. Le projet social proposé par cette devise se voit altéré par l'expérience de ceux qui vivent quotidiennement l'intolérance, l'exploitation, l'indifférence et l'inégalité. Introduire le personnage de l'étranger dans une œuvre fait donc éclater les belles certitudes républicaines.

Le héros de *La Nuit juste avant les forêts* du dramaturge français Bernard-Marie Koltès avoue ne plus vraiment chercher du travail parce qu'il n'est pas « complètement d'ici » et que les moins que rien, ceux qui ont les poches vides, ne pèsent pas bien lourd dans la balance ; un bon coup de vent peut les faire décoller. Le jeune Maghrébin de *La Goutte d'or*, roman de Michel Tournier, est lui aussi trompé par les mirages d'un univers meilleur lors de sa traversée du territoire français et à son arrivée à Paris. Par leurs personnages singuliers, ces deux auteurs opposent l'égocentrisme et le matérialisme de l'Occidental à l'esprit tribal, au sens de la solidarité et au respect du sacré qui fondent la culture de ces individus pourtant méprisés. L'odyssée du personnage de Tournier dans les rues de la capitale française, en compagnie d'un chameau qu'il doit mener à l'abattoir, en est la parfaite illustration. Ce jeune musulman, autrefois gardien de moutons, conduira finalement la bête dans un jardin zoologique, lui trouvera une femelle de son espèce et la laissera vivre auprès d'elle.

ROMAIN GARY

Romain Gary (1914-1980)

Né en Lituanie, Gary passe son enfance en Russie. Il émigre en Pologne avec sa famille avant de s'établir définitivement en France. Dans *La Promesse de l'aube*, récit autobiographique datant de 1960, il trace le portrait d'une mère admirable qui semble être un modèle d'humanité pour son fils. Un rapport semblable unit Madame Rosa au petit Momo de *La Vie devant soi* et illustre l'importance de la fraternité humaine dans l'œuvre et la vie de l'auteur. Combattant du côté de la France libre durant la Seconde Guerre mondiale, Gary fait preuve de courage et d'engagement moins par goût du risque que par désir d'absolu. Il s'engage ensuite dans une carrière diplomatique qui le poussera à vivre aux États-Unis.

Ses éditeurs le présentent à la fois comme un aviateur, un diplomate et un écrivain, heurtant ainsi la sensibilité de Gary qui déteste les formules publicitaires et le sensationnalisme des journalistes. Opposant la nécessité de l'écriture au conformisme du monde de la critique, il fait un formidable pied de nez à l'institution littéraire en montant tout un canular à l'intention des éditeurs et des critiques qui le considéraient, depuis 1970, comme un écrivain en fin de parcours : il compose le personnage d'un jeune écrivain contestataire et publie trois romans sous le pseudonyme d'Émile Ajar. Les critiques et les journalistes sont confondus et encensent le pseudo nouveau venu ; l'Académie Goncourt lui accorde son prix en 1975 pour *La Vie devant soi*. Romain Gary l'ayant déjà obtenu en 1956 pour *Les Racines du ciel*, il devient le seul écrivain à avoir reçu deux fois ce prix prestigieux. Son subterfuge veut dénoncer la rouerie d'une institution où le décorum fait office de contenu, les professionnels se contentant de répéter des formules toutes faites plutôt que de lire à fond les textes et d'en questionner l'écriture. Gary dévoile la vérité dans *Vie et Mort d'Émile Ajar*, qui sortira l'année même de sa propre disparition. Il y dénonce le laxisme des critiques qui n'ont pas le temps de lire sérieusement. Les mots sont rudes, la critique sévère, cernant un univers du paraître où le contenu ne sert plus que de support au vide de la pensée.

■ LA VIE DEVANT SOI (1975)

Roman de l'angoisse, de la panique d'un jeune être face à la vie devant lui : voilà comment Gary présente le sujet de ce récit et explique le sens du titre qui le coiffe. Le rapport de Momo à Madame Rosa qui fait figure de mère de remplacement s'en trouve lui aussi éclairé : elle affirme qu'il n'est pas nécessaire d'avoir une raison pour avoir peur ; lui est avide de tendresse et de sécurité affective dans un univers qui lui refuse une place. Enfant d'une prostituée algérienne venue illégalement travailler en France, il est sans papiers ni ressources. Il ne peut donc pas fréquenter l'école. Pris en charge par une ancienne prostituée juive à qui sa mère l'a confié, le jeune narrateur se construit une vision du monde qui lui est propre. La langue qu'il utilise témoigne, par ses raccourcis syntaxiques, d'une culture orale à mi-chemin entre l'arabe et le français. Dans ce passage, Momo vit un moment de bonheur et d'espoir même si sa vie risque de basculer à nouveau. La vieillesse et la maladie de Madame Rosa, sa protectrice, obligent le jeune héros à songer à son avenir immédiat.

Mais pour moi c'étaient les clowns qui étaient les rois. Ils ressemblaient à rien et à personne. Ils avaient tous des têtes pas possibles, avec des yeux en points d'interrogation et ils étaient tous
5 tellement cons qu'ils étaient toujours de bonne humeur. Je les regardais et je pensais que Madame Rosa aurait été très drôle si elle était un clown mais elle ne l'était pas et c'était ça qui était dégueulasse. Ils avaient des pantalons qui
10 tombaient et remontaient parce qu'ils étaient désopilants et ils avaient des instruments de musique qui émettaient des étincelles et des jets d'eau au lieu de ce que ces instruments produisent dans la vie ordinaire. Les clowns
15 étaient quatre et le roi c'était un Blanc en chapeau pointu avec un pantalon bouffé et au visage encore plus blanc que tout le reste. Les autres lui faisaient des courbettes et des saluts militaires et il leur donnait des coups de pied
20 au cul, il ne faisait que ça toute sa vie et ne pouvait pas s'arrêter même s'il voulait, il était réglé

dans ce but. Il ne le faisait pas méchamment, c'était chez lui mécanique. Il y avait un clown jaune avec des taches vertes et un visage tou-
25 jours heureux même lorsqu'il se cassait la gueule, il faisait un numéro sur fil qu'il ratait toujours mais il trouvait ça plutôt marrant car il était philosophe. Il avait une perruque rousse qui se dressait d'horreur sur sa tête
30 quand il mettait le premier pied sur le fil puis l'autre et ainsi de suite, jusqu'à ce que tous les pieds étaient sur le fil et il ne pouvait plus ni avancer ni reculer et il se mettait à trembler pour faire rire de peur, car il n'y avait rien de
35 plus comique qu'un clown qui a peur. Son copain était tout bleu et gentil qui tenait une mini guitare et chantait à la lune et on voyait qu'il avait très bon cœur mais n'y pouvait rien. Le dernier était en réalité deux, car il avait un
40 double et ce que l'un faisait, l'autre aussi était obligé de le faire et ils essayaient d'y couper mais il y avait pas moyen, ils avaient partie liée.

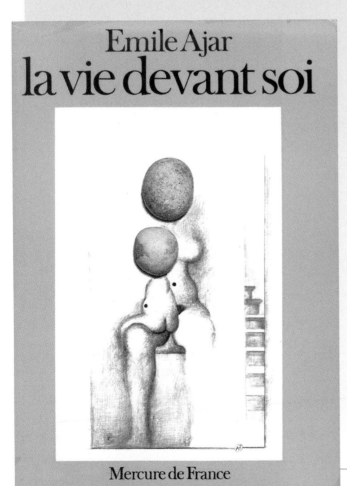

Emile Ajar
la vie devant soi

Mercure de France

Gary avait d'abord choisi d'intituler son roman *La Tendresse des pierres*, mais a ensuite opté pour *La Vie devant soi*. L'illustration retenue pour la page couverture de l'édition originale de 1975 semble toutefois convenir davantage au premier choix de l'écrivain. Les têtes sont remplacées par des cailloux et les corps nus évoquent les deux personnages principaux du roman : Momo, le petit garçon, est assis sur les genoux de Madame Rosa, figure de la maternité et de la tendresse.

Ce qu'il y avait de meilleur c'est que c'était mécanique et bon enfant et on savait d'avance qu'ils ne souffraient pas, ne vieillissaient pas, et qu'il n'y avait pas de cas de malheur. C'était complètement différent de tout et sous aucun rapport. Même le chameau vous voulait du bien, contrairement que son nom l'indique. Il avait le sourire plein la gueule et se dandinait comme une rombière. Tout le monde était heureux dans ce cirque qui n'avait rien de naturel. Le clown sur le fil de fer jouissait d'une totale sécurité et en dix jours je ne l'ai pas vu tomber une fois, et s'il tombait je savais qu'il ne pouvait pas se faire mal. C'était vraiment autre chose, quoi. J'étais tellement heureux que je voulais mourir parce que le bonheur il faut le saisir pendant qu'il est là.

Je regardais le cirque et j'étais bien lorsque j'ai senti une main sur mon épaule. Je me suis vite retourné car j'ai tout de suite cru à un flic mais c'était une môme plutôt jeune, vingt-cinq ans à tout casser. Elle était vachement pas mal, blonde, avec des grands cheveux et elle sentait bon et frais.

— Pourquoi pleures-tu ?

— Je ne pleure pas.

Elle m'a touché la joue.

— Et ça, qu'est-ce que c'est ? Ce ne sont pas des larmes ?

— Non. Je ne sais pas du tout d'où ça vient.

— Bon, je vois que je me suis trompée. Qu'est-ce qu'il est beau, ce cirque !

— C'est ce que j'ai vu de mieux dans le genre.

— Tu habites par ici ?

— Non, je ne suis pas français. Je suis probablement algérien, on est à Belleville.

— Tu t'appelles comment ?

— Momo.

Je ne comprenais pas du tout pourquoi elle me draguait. À dix ans j'étais encore bon à rien, même comme arabe. Elle gardait sa main sur ma joue et j'ai reculé un peu. Il faut se méfier. Vous ne le savez peut-être pas, mais il y a des Assistances sociales qui ont l'air de rien et qui vous foutent une contravention avec enquête administrative. L'enquête administrative, il n'y a rien de pire. Madame Rosa ne vivait plus, quand elle y pensait. J'ai reculé encore un peu mais pas trop, juste pour avoir le temps de filer si elle me cherchait.

(© *Mercure de France*.)

QUESTIONS

1 Comment Romain Gary, d'origine étrangère, suggère-t-il, dans les sentiments exprimés par Momo, que la réalité est menaçante ?

2 Dans la seconde partie de l'extrait, Momo décline son identité.

a) De quelle manière le fait-il ?

b) Cette déclaration permet-elle de mieux comprendre les réactions du héros dans cet extrait ?

3 a) Dégagez l'aspect burlesque de la scène :

– en relevant des éléments décrivant la représentation des clowns ;

– en notant le rapport des clowns avec les objets auxquels ils sont associés ;

– en cernant les liens entre les clowns.

b) Malgré le moment de bonheur qu'il vit, Momo trouve la réalité extérieure moins heureuse. Relevez, dans la description des clowns, trois indications qui le démontrent.

c) Deux scènes se succèdent dans cet extrait, celle du cirque et celle de la rencontre d'une étrangère.

– Par quels liens l'auteur les unit-il ?

– Comment les oppose-t-il sur le plan narratif ?

4 Les diverses réactions de Momo suggèrent-elles une critique sociale ? Expliquez votre réponse.

5 Le cas de Momo, associé à une immigration illégale, demeure-t-il d'actualité aujourd'hui ? Donnez-en quelques exemples.

Agota Kristof (1935)

Née en Hongrie en 1935, Agota Kristof se réfugie en Suisse en 1956. Dès l'enfance, elle vit deux expériences qui marquent son destin et celui des siens : la dévastation de son pays par la guerre et les conséquences inattendues de l'imposition d'un régime totalitaire aux ordres de Moscou. Comme elle n'a que quatre ans lors du déclenchement des hostilités, elle apprend à vivre dans un contexte qui devient vite naturel et qui, curieusement, accorde aux enfants une liberté totale en ne leur imposant que très peu d'obligations, même pas celle d'aller à l'école. Le rapport à l'autorité s'est dissous de lui-même en l'absence de son père, auprès duquel il lui faudra plus tard réapprendre à vivre. En outre, les violences propres aux régimes totalitaires entraînent chez Kristof une sorte de durcissement. L'enfant qu'elle était a appris qu'elle devait, pour survivre, ne pas se laisser atteindre par ce qui l'entourait. Elle qualifie les années d'après-guerre de période noire, de règne de la peur qui a provoqué une méfiance généralisée et brisé, ce faisant, toute vie sociale. Même les instituteurs, se rappelle-t-elle, devaient faire attention à ce qu'ils disaient en classe. Un tel passé laisse des traces. Agota Kristof n'est cependant pas amère. Elle a vite saisi que le malheur peut être partout et toucher tout le monde. Si sa perception de l'humanité en a été influencée, elle reste sensible à la lucidité et à l'entraide spontanée dont font preuve certains individus.

Agota Kristof croit par ailleurs au pouvoir de la lecture pour aider à dépasser la douleur. Elle affirme que, très jeune, la lecture et l'écriture ont été son refuge. Elle vient d'une famille où la culture était valorisée : dans la maison familiale, il y avait une bibliothèque que la guerre a dévastée, son père aimait écrire et l'un de ses frères est devenu journaliste et écrivain. Elle se rappelle qu'enfant elle inventait des poèmes et de petites pièces pour les fêtes à l'école. Immigrée en Suisse, elle adopte le français et écrit des pièces pour la radio, tout en travaillant dans une usine pour élever ses trois enfants. Écrire *Le Grand Cahier* n'a pas été un acte de libération, mais plutôt une manière de retrouver une douleur lointaine de son enfance.

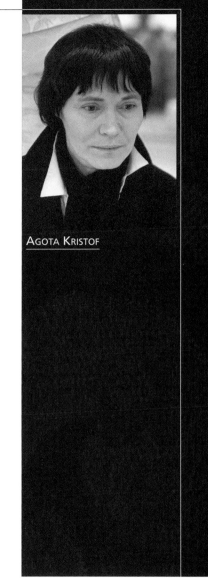

AGOTA KRISTOF

■ LE GRAND CAHIER (1986)

Dans un entretien, Agota Kristof qualifie Le Grand Cahier *de récit très dur et très noir. Elle avoue s'être inspirée de l'expérience même de son enfance, bouleversée par la guerre. Ce roman est le point de départ d'une trilogie dans laquelle deux frères, Claus et Lucas, sont confrontés à l'invasion de leur région par des armées étrangères. Leurs parents les ont envoyés vivre chez leur grand-mère maternelle à la campagne. Ils sont appelés, par la force des choses, à faire l'apprentissage de la vie dans un contexte particulièrement violent et comprennent très tôt qu'ils ne peuvent compter que sur eux-mêmes. Ils pratiquent donc des exercices d'endurcissement pour le corps et l'esprit, et cherchent à s'éduquer même si l'école est fermée.*

Dans une série de chapitres très brefs, les enfants adoptent une écriture saccadée pour raconter comment ils tentent de survivre au malheur ambiant en s'appuyant l'un sur l'autre. Dans ce chapitre, ils précisent le rapport qu'ils entretiennent avec les mots et l'écriture.

« Nos études »

Pour nos études, nous avons le dictionnaire de notre Père et la Bible que nous avons trouvée ici, chez Grand-Mère, dans le galetas.

5 Nous avons des leçons d'orthographe, de composition, de lecture, de calcul mental, de mathématiques et des exercices de mémoire.

Nous employons le dictionnaire pour l'orthographe, pour obtenir des explications, mais aussi pour apprendre des mots nouveaux, des 10 synonymes, des antonymes.

La Bible sert à la lecture à haute voix, aux dictées et aux exercices de mémoire. Nous apprenons donc par cœur des pages entières de la Bible.

15 Voici comment se passe une leçon de composition :

Nous sommes assis à la table de la cuisine avec nos feuilles quadrillées, nos crayons, et le Grand Cahier. Nous sommes seuls.

20 L'un de nous dit :

— Le titre de ta composition est : « L'arrivée chez Grand-Mère ».

L'autre dit :

— Le titre de ta composition est : « Nos tra-25 vaux ».

Nous nous mettons à écrire. Nous avons deux heures pour traiter le sujet et deux feuilles de papier à notre disposition.

Au bout de deux heures nous échangeons nos 30 feuilles, chacun de nous corrige les fautes d'orthographe de l'autre à l'aide du dictionnaire et, en bas de la page, écrit : « Bien », ou « Pas bien ». Si c'est « Pas bien », nous jetons la composition dans le feu et nous essayons de traiter le même 35 sujet à la leçon suivante. Si c'est « Bien », nous pouvons recopier la composition dans le Grand Cahier.

Pour décider si c'est « Bien » ou « Pas bien », nous avons une règle très simple : la compo-40 sition doit être vraie. Nous devons décrire ce qui est, ce que nous voyons, ce que nous entendons, ce que nous faisons.

Par exemple, il est interdit d'écrire : « Grand-Mère ressemble à une sorcière » ; mais il est per-45 mis d'écrire : « Les gens appellent Grand-Mère la sorcière. »

Il est interdit d'écrire : « La Petite Ville est belle », car la Petite Ville peut être belle pour nous et laide pour quelqu'un d'autre.

50 De même, si nous écrivons : « L'ordonnance est gentil », cela n'est pas une vérité, parce que l'ordonnance est peut-être capable de méchancetés que nous ignorons. Nous écrirons donc simplement : « L'ordonnance nous donne des 55 couvertures. »

Nous écrirons : « Nous mangeons beaucoup de noix », et non pas : « Nous aimons les noix », car le mot « aimer » n'est pas un mot sûr, il manque de précision et d'objectivité. « Aimer 60 les noix » et « aimer notre Mère », cela ne peut pas vouloir dire la même chose. La première formule désigne un goût agréable dans la bouche, et la deuxième un sentiment.

Les mots qui définissent les sentiments sont très 65 vagues, il vaut mieux éviter leur emploi et s'en tenir à la description des objets, des êtres humains et de soi-même, c'est-à-dire à la description fidèle des faits.

(© *Éditions du Seuil.*)

QUESTIONS

1 Dans un monde où la guerre a fait disparaître l'école, comment les jumeaux s'y prennent-ils pour étudier ?

2 Que signifie le titre du chapitre et qu'indique l'utilisation du possessif ?

3 a) Dégagez et expliquez les deux règles que les enfants se donnent pour parvenir à ce qu'ils appellent une description fidèle des faits.

b) Situez le narrateur. Qu'est-ce que l'utilisation des pronoms indique ?

c) Que suggère l'utilisation du possessif dans : « Nous sommes assis à la table de la cuisine avec nos feuilles quadrillées, nos crayons, et le Grand Cahier. » Pourquoi n'est-il pas utilisé pour le Grand Cahier ?

4 Que représente le Grand Cahier par rapport aux objectifs d'apprentissage des deux héros ?

5 Croyez-vous que la démarche des deux héros est une affirmation des droits et de la dignité de l'être humain ? Construisez une argumentation en deux paragraphes et n'oubliez pas d'y établir une progression.

Art et littérature

L'HYPERRÉALISME

De prime abord, le spectateur croit être ici en présence de la photographie banale d'un coin de rue dans une grande ville américaine… sauf qu'il s'agit d'une peinture sur toile, comme le révèle un examen attentif. Richard Estes appartient en effet au courant artistique de l'hyperréalisme qui, comme son nom l'indique, entend représenter fidèlement la réalité, sans jugement ni interprétation du sujet. Estes s'inspire des rues de New York, avec leurs immeubles à bureaux recouverts de vitres opaques sur lesquelles se réfléchissent les différents éléments du décor urbain. Travaillant à partir de diapositives projetées sur une toile, Estes propose une vision neutre, voire clinique, du monde moderne.

■ Comment expliquez-vous l'absence presque totale de personnages dans cette œuvre ? Quelle vision de la ville l'artiste crée-t-il ainsi ?

■ Certains critiques ont contesté la pertinence et la valeur de l'hyperréalisme. Pouvez-vous expliquer leurs réticences ?

■ Dans quelle mesure le projet d'écriture de Claus et Lucas dans *Le Grand Cahier* s'inscrit-il dans la démarche artistique de l'hyperréalisme ? Repérez dans l'extrait un passage qui appuie votre réponse.

RICHARD ESTES (1936).

Hotel Lucerne, 1976. (Huile sur toile, 122 × 153 cm. Museo Thyssen-Bornemisza, Madrid.)

BERNARD-MARIE KOLTÈS

Bernard-Marie Koltès (1948-1989)

Dès le bac terminé, Bernard-Marie Koltès sent le besoin de rompre avec son milieu d'origine qu'il qualifie de monde fermé, celui d'une bourgeoisie militaire de province. En effet, son père étant professeur dans les écoles militaires, Koltès passe son enfance à Metz, non loin des frontières avec l'Allemagne et le Luxembourg. Il a des mots dévastateurs pour dépeindre ce milieu provincial : égocentrisme, immobilisme et arrogance. À cet univers clos il oppose la nécessité de s'ouvrir au monde par le voyage car, comme Montaigne en souligne l'importance dans ses *Essais*, il apprécie et recherche la différence. Après une année d'étude de la mise en scène à l'École de théâtre de Strasbourg, Koltès part pour Paris en 1968. Là, il refuse toute forme de travail relevant d'une structure bureaucratique afin de conserver sa liberté. Il organise alors sa vie selon les deux pôles qu'il privilégie : les voyages et l'écriture.

Il séjourne sur la côte ouest africaine et se rend au Nigeria d'où lui vient l'idée de la pièce *Combat de nègre et de chiens* (1979) qu'il écrit durant un séjour au Nicaragua et au Guatemala. Il avoue aimer particulièrement écrire en pays étranger, où le rapport au langage prend une dimension inédite. C'est aux États-Unis qu'il rédige *Quai Ouest* (1986). Mais sa passion des voyages finit par s'atténuer. Ses nombreux déplacements ont cependant été essentiels à la construction de son œuvre où le thème de l'étranger est récurrent.

Dans le contexte politique européen, Koltès s'oppose à toute forme de nationalisme étroit et va jusqu'à déclarer que la notion de grandeur d'un pays est une sottise infernale. Il croit au contraire que l'ouverture à l'autre, par le jeu de l'émigration, est non seulement bénéfique, mais porteuse de forces régénératrices. Sa rencontre avec Patrice Chéreau est déterminante : c'est ce metteur en scène et cinéaste français qui crée sur scène ses pièces et stimule ainsi le développement de son œuvre dramatique.

■ LA NUIT JUSTE AVANT LES FORÊTS (1988)

Koltès affirme n'aimer que le théâtre de Shakespeare, de Marivaux et de Tchekhov, qui ont le goût de la langue et du jeu. Il n'écrit pas des pièces à message, encore moins un théâtre politique, mais utilise l'ironie pour présenter des univers qui se croisent, dans des rencontres dont certains ont souligné la dureté, la brutalité, voire la violence. L'auteur explore l'incompatibilité des rapports humains par une exubérance de langage qui intègre par moments un vocabulaire argotique, singulier ou insolite. Qu'il soit noir ou arabe, l'étranger retenu comme interlocuteur joue un rôle déstabilisateur en venant briser les certitudes et remettre en question l'égocentrisme d'une civilisation occidentale matérialiste.

La Nuit juste avant les forêts met en scène un seul personnage dont on ignore le nom et qui monologue durant toute la pièce, s'en prenant à quelqu'un qui n'est pas visible sur scène et qui pourrait être chacun des spectateurs. La phrase est longue, *ponctuée de virgules, coupée de parenthèses, de tirets et rythmée par de nombreux points d'exclamation, d'interrogation ou de suspension scandant un discours qui déferle dans l'urgence de dire. Cette étonnante construction, qui ne s'appuie que sur un monologue, exclut toute action extérieure, mais atteint curieusement une universalité qui touche l'auditoire à la manière d'un projectile. Koltès disait d'ailleurs vouloir créer «une émotion, un lieu, de la lumière et du bruit, n'importe quoi qui soit un bout de notre monde et qui appartienne à tous». Depuis 1991, ses pièces sont montées au Québec par des metteurs en scène aussi différents qu'Alice Ronfard, Denis Marleau et Brigitte Haentjens.*

[…] malgré tout cela, j'ai couru derrière toi dès que je t'ai vu tourner le coin de la rue, malgré tous les cons qu'il y a dans la rue, dans les cafés, dans les sous-sols de café, ici, partout, malgré
5 la pluie et les fringues mouillées, j'ai couru, pas seulement pour la chambre, pas seulement pour la partie de nuit pour laquelle je cherche une chambre, mais j'ai couru, couru, couru, pour que cette fois, tourné le coin, je ne me
10 trouve pas dans une rue vide de toi, pour que cette fois je ne retrouve pas seulement la pluie, la pluie, la pluie, pour que cette fois je te retrouve toi, de l'autre côté du coin, et que j'ose crier : camarade !, que j'ose prendre ton
15 bras : camarade !, que j'ose t'aborder : camarade, donne-moi du feu, ce qui ne te coûtera rien, camarade, sale pluie, sale vent, saloperie de carrefour, il ne fait pas bon tourner ce soir par ici, pour toi comme pour moi, mais je n'ai pas de
20 cigarette, ce n'est pas tant pour fumer que je disais : du feu, camarade, c'était, camarade, pour te dire : saloperie de quartier, saloperie d'habitude de tourner par ici (manière d'aborder les gens !), et toi aussi tu tournes, les
25 fringues toutes trempées, au risque d'attraper n'importe quelle maladie, je ne te demande pas de cigarette non plus, camarade, je ne fume même pas, cela ne te coûtera rien de t'être

JEAN-MICHEL BASQUIAT (1960-1988).

All Coloured Cast (Part II), 1982.
(Acrylique, crayon et collage sur bois, 152,5 × 252,5 cm. Collection privée.)

L'artiste américain Jean-Michel Basquiat puisait son inspiration dans l'art clandestin du graffiti urbain, très répandu à New York. L'art de Basquiat est celui de la révolte et de la marginalité. C'est ainsi que l'artiste, même lorsqu'il sera devenu célèbre, continuera à faire des graffitis dans ses dessins, comme si la feuille de papier n'était que le prolongement du mur de la ville. Le dessin est volontairement simpliste, brusque, habité par l'urgence de s'exprimer, une urgence qui se retrouve dans l'argot et le rythme haletant des phrases de Bernard-Marie Koltès, autre artiste de la marginalité.

arrêté, ni feu, ni cigarette, camarade, ni argent
(pour que tu partes après!, je ne suis pas à cent
30 francs près, ce soir), et d'ailleurs, j'ai moi-même
de quoi nous payer un café, je te le paie, camarade, plutôt que de tourner dans cette drôle de
lumière, et pour que cela ne te coûte rien que
35 je t'aie abordé — j'ai peut-être ma manière
d'aborder les gens, mais finalement, cela ne leur
coûte rien (je ne parle pas de chambre, camarade, de chambre pour passer la nuit, car alors
les mecs les plus corrects ont leur gueule qui
40 se ferme, pour que tu partes après!, on ne parlera pas de chambre, camarade), mais j'ai une
idée à te dire — viens, on ne reste pas ici, on
tomberait malades, à coup sûr — pas d'argent,
pas de travail, cela n'arrange pas les choses (je
45 n'en cherche pas vraiment, ce n'est pas vraiment cela), c'est que j'ai cette idée, d'abord, qu'il
faut que je te dise, toi, moi, qui tournons dans
cette drôle de ville sans un argent en poche
(mais je te paie un café, camarade, j'ai de quoi,
50 je ne dis pas le contraire maintenant), car, au
premier coup d'œil, ce n'est pas l'argent, ni toi,
ni moi, qui nous cloue au sol! alors moi, j'ai
cette idée, camarade, pour ceux comme toi et
moi qui n'avons pas d'argent, ni de travail, et
55 je n'en cherche plus vraiment — c'est qu'au travail, nous autres, dehors, sans rien dans les
poches, on ne pèse pas bien lourd, que le
moindre souffle de vent nous ferait décoller, on
ne pourrait pas nous forcer à rester sur les écha-

60 faudages, à moins de nous y attacher: un bon
coup de vent et on décolle, légers —, quant à
travailler en usine, moi, jamais!, à toi, ce sera
dur d'expliquer, pour moi-même, c'est dur
pour tout bien comprendre sans rien mélan-
65 ger, mais mon idée, c'est comme — c'est pas
une religion, c'est pas une bêtise qu'on raconterait n'importe comment sans que ça change
rien, c'est pas la politique, surtout pas un parti
ou quelque chose comme cela, ou comme les
70 syndicats qui savent tout, qui ont tout vu, que
rien ne leur échappe, alors rajouter à cela mon
idée, il n'y aurait plus de place, et cela n'a rien
à voir, non, mon idée, ce n'est pas du tout cela,
rassure-toi, camarade: c'est pour notre défense,
75 uniquement la défense, car c'est bien cela dont
on a besoin, se défendre, non? tu penses peut-
être: pas moi, pourtant, moi je te dis: peut-être
que c'est moi qui t'ai abordé, que ce serait moi
qui aurais besoin d'une chambre pour cette nuit
80 (non, camarade, je n'ai pas dit que j'en avais
besoin), que c'est moi qui ai demandé: camarade, donne-moi du feu, mais ce n'est pas toujours celui qui aborde qui est le plus faible, et
j'ai bien vu tout de suite que tu ne semblais pas
85 bien fort, de là-bas, à tourner tout mouillé, vraiment pas bien solide, alors que moi, malgré
cela, j'ai de la ressource, et que je reconnais,
moi, ceux qui ne sont pas bien forts, d'un seul
petit coup d'œil […]

(© *Les Éditions de Minuit.*)

QUESTIONS

1 Koltès est particulièrement critique face à l'égocentrisme d'un monde occidental fermé sur lui-même.
Dans cet extrait, l'étranger semble-t-il rejeté ?

2 Pourquoi l'étranger cherche-t-il un interlocuteur ?

3 a) Définissez l'espace où évoluent les personnages et
qualifiez-le.
   – Dégagez les éléments du décor.
   – Notez les qualificatifs qui lui sont associés.
   – Relevez les éléments de déplacement suggérés
      par le monologue.

   b) Comment le personnage cherche-t-il à se rapprocher
de son interlocuteur en lui présentant son idée ?

c) Notez le jeu des tirets et celui des parenthèses.
À quoi servent-ils ? Étayez votre réponse en donnant trois exemples pour chacun.

4 Montrez que cet extrait constitue une attaque contre
les organismes détenteurs du pouvoir et divers
aspects de la société de consommation.

5 a) Écrivez une tirade en réponse au personnage
(200 mots). Expliquez votre propos.

   b) Le rapport de l'étranger avec le monde extérieur
est-il semblable à celui qu'entretient le personnage de Romain Gary (p. 228) ? Qu'est-ce qui différencie ces deux attitudes ?

Michel Tournier (1924)

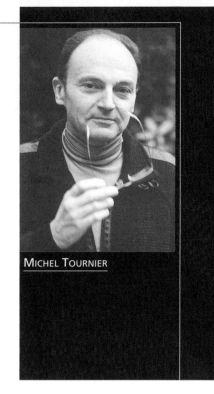

MICHEL TOURNIER

Michel Tournier naît à Paris en 1924. Après des études en philosophie qui devaient le conduire à l'enseignement, il échoue aux examens d'agrégation et se tourne vers la radio. Il habite alors un hôtel de l'île Saint-Louis qui l'oblige à vivre une sorte de nomadisme alimentaire et hygiénique puisqu'il lui est impossible de s'y nourrir et de s'y laver. Toutefois, la beauté de la Seine et de ses quais, visibles des fenêtres, compense largement l'inconfort général. Tournier raconte cela dans *Célébrations*, recueil de souvenirs, de lectures et de voyages qui témoigne de son sens de l'humour et de son goût pour les déplacements.

En 1962, il se fixe définitivement dans le village de Choisel, à une heure de route de Paris, dans un ancien presbytère jouxtant l'église et le cimetière et dont le jardin rectangulaire attire les oiseaux sauvages. C'est là qu'il écrira toute son œuvre, vivant en solitaire au milieu des livres qui couvrent des murs entiers.

Si sa formation en philosophie et son intérêt pour les grands mythes occidentaux tiennent de son côté sérieux, Tournier n'en a pas moins un côté taquin qui le pousse à s'amuser de situations cocasses, même quand il en est lui-même la cible. Ses œuvres reflètent aussi son grand amour des bêtes et son souci de vivre en harmonie avec elles en partageant un même territoire.

■ LA GOUTTE D'OR (1986)

Tournier s'intéresse beaucoup aux contacts interculturels, et l'aventure d'Idriss dans La Goutte d'or l'illustre bien. Le jeune Maghrébin part à la recherche de la photo qu'une touriste française a prise de lui dans l'oasis isolée qu'il habite dans le Sahara. Il rejoint la mer, s'embarque pour Marseille et gagne Paris, une goutte d'or au cou, comme un rappel de ses origines. Dans ce passage, le héros rencontre sur le bateau un jeune orfèvre de son pays s'exilant en quête d'un avenir meilleur. Ensemble, ils découvrent les premières images de la France.

Il sombrait dans le sommeil, quand l'orfèvre se dégagea, et, appuyé sur un coude, présenta au mince faisceau de la lampe la goutte d'or d'Idriss.

5 — Qu'est-ce que c'est que ça ?

— C'est mon gri-gri saharien.

— Mais c'est de l'or !

— Peut-être…

L'orfèvre faisait tourner la sphère oblongue dans 10 la lumière en fronçant les sourcils.

— Celui qui t'a donné ça s'est pas moqué de toi.

— Personne me l'a donné.

— Bulla aurea.

— Quoi ?

15 — C'est du latin : *bulla aurea*, la bulle d'or. Tous les orfèvres connaissent ça. C'est un insigne romain et même étrusque qui subsiste encore de nos jours dans certaines tribus sahariennes. Les enfants romains de naissance libre por-
20 taient cette goutte d'or suspendue à leur cou par une bélière, comme preuve de leur condition. Lorsqu'ils échangeaient la robe prétexte contre la toge virile, ils abandonnaient également la bulla aurea en offrande aux lares
25 domestiques.

— Comme tu es savant !

TOM WESSELMAN
(1931-2004).

Still Life #30, 1963.
(Collage avec peintures et
matériaux divers sur panneau,
116,8 × 162,6 × 10 cm.
Museum of Modern Art,
New York.)

Tom Wesselman conçoit ses natures mortes en utilisant deux techniques parallèles. Il peint d'abord un décor sur la toile, puis y applique les images qu'il a découpées dans des magazines et des prospectus. Dans *Still Life #30*, œuvre typique de cette façon de faire, le spectateur remarque immédiatement la présence de marques de commerce indissociables du mode de vie américain. Les couleurs unies et criardes confèrent à l'ensemble un aspect plastique, artificiel, comme si la réalité et la publicité ne faisaient qu'un dans la société de consommation, une impression que les immigrants de l'extrait de *La Goutte d'or* pourraient sûrement ressentir lorsqu'ils regardent la télévision française.

— L'orfèvrerie n'est pas qu'un artisanat, c'est aussi une culture traditionnelle. Je pourrais te parler ainsi des fibules, des peltes, des sceaux
30 de Salomon, des mains de Fatma, ajouta-t-il en se laissant retomber sur le dos.

— Alors ma goutte d'or, qu'est-ce qu'elle veut dire ?

— Que tu es un enfant libre.

35 — Et ensuite ?

— Ensuite… Tu vas devenir un homme, et alors tu verras bien ce qui arrivera à ta goutte d'or, et à toi aussi…

***

Le lendemain, il pouvait être midi quand un
40 cri parcourut le bateau et rassembla les passagers dans la salle de restaurant : la télé ! Sur les trois récepteurs, une image sautait, disparaissait, revenait dans un clignotement fiévreux. La première image provenant directement de
45 France ! Une foule d'immigrés inquiète et attentive, des visages osseux, des yeux sombres attendent ce premier message de la Terre Promise. L'écran palpite, s'éteint et se rallume, un paysage, une silhouette, un visage ondulent, puis se stabilisent. On voit un couple marcher dans une
50 prairie. Ils sont jeunes, beaux, amoureux. Ils se sourient. Deux enfants radieux se précipitent vers eux en écartant les herbes et les fleurs. Longue embrassade, bonheur. Soudain l'image

55 s'immobilise. Un homme grave à lunettes apparaît en surimpression. Il tient à la main à hauteur de son visage un contrat d'assurance-vie. Ensuite on voit une jolie maison proven-çale. Devant la piscine, toute une famille
60 prend son petit déjeuner en riant. Le bonheur. Cette fois, c'est grâce à la poudre à laver *Soleil*. Il pleut. Une élégante marche, abritée sous son parapluie. En passant devant la glace d'un magasin, elle se trouve si chic qu'elle se sou-
65 rit. Comme ses dents brillent ! Le bonheur. Il faut utiliser le dentifrice *Briodent*. Le petit écran s'assombrit. Plus rien. Les hommes et les femmes du bateau qui voyagent en classe éco-nomique se regardent. C'est donc cela la
70 France ? Ils échangent leurs impressions. Mais tout le monde se tait, car l'image reparaît. Une voix explique que, contre les étudiants qui manifestaient au Quartier latin, les C.R.S. ont fait usage de bombes lacrymogènes. Les poli-
75 ciers casqués, masqués et munis de boucliers en plexiglas ressemblent à des samouraïs japo-nais du Moyen Âge. Les étudiants leur lancent des pierres, puis se dispersent en courant. Des fusées éclatent parmi eux. On voit en gros plan
80 le visage inondé de sang d'une très jeune fille. L'écran s'éteint à nouveau.

Deux heures plus tard les côtes de France étaient en vue. Les familles commençaient à rassembler les enfants et les bagages. Idriss se retrouva
85 accoudé au bastingage à côté de l'orfèvre pour voir passer le château d'If. Sans doute à l'in-tention des touristes de première classe, les haut-parleurs se mirent à claironner que, dans cette forteresse, avaient été enfermés le Masque de fer
90 qui était peut-être le frère jumeau de Louis XIV, ainsi que le comte de Monte-Cristo et l'abbé Faria, personnages célèbres d'Alexandre Dumas. La foule des Maghrébins reçut ces informations avec tout le respect de l'incompréhension.

95 — Je vais travailler à Paris dans un atelier clan-destin de bijouterie, dit l'orfèvre. C'est Étienne le chauffeur qui m'emmène dans son camion. Je ne sais pas quand nous nous reverrons. Je voulais simplement te dire une chose. Orfèvre,
100 ça veut dire : forgeron de l'or. Mais il y a bien longtemps que les orfèvres ont abandonné l'or pour ne plus travailler que l'argent. Nos bra-celets, nos plateaux, nos cassolettes, tout ce que nous faisons, nous le faisons en argent.
105 Pourquoi ? La plupart d'entre nous refusent aujourd'hui de travailler l'or. La vérité, c'est qu'ils ne connaissent pas la technique parti-culière de ce métal. Mais il y a autre chose. Nous pensons que l'or porte malheur. L'argent
110 est pur, franc et honnête. L'or, excessivement précieux, excite la cupidité et provoque le vol, la violence, le crime. Je te dis cela parce que je te vois partir à l'aventure avec ta *bulla aurea*. C'est un symbole de liberté, mais son métal est
115 devenu funeste. Que Dieu te garde !

(© Éditions Gallimard.)

QUESTIONS

1 Quels aspects de la société sont mis en relief dans cet extrait ?

2 Que nous apprend la conversation entre le jeune héros et son ami l'orfèvre ?

3 a) Dégagez le point de vue d'Idriss et de l'orfèvre dans ce dialogue. Que vous inspirent-ils l'un et l'autre ?

b) Tournier n'utilise pas un narrateur personnage comme Gary et Kristof, mais un narrateur situé à l'ex-térieur du récit. Quelles sont ses caractéristiques ?

c) Dans la présentation des messages publicitaires, relevez les adjectifs et les phrases nominales (sans verbe). Qu'en concluez-vous ?

4 Expliquez le sens de l'évolution du héros.

5 Les Maghrébins sont surpris par les messages publi-citaires qu'ils viennent de voir. Ils échangent leurs impressions, précise le narrateur, mais l'auteur ne pré-sente pas leur dialogue.

a) Construisez un dialogue entre trois de ces Ma-ghrébins discutant après avoir vu ces messages.

b) Imaginez un message publicitaire qui permettrait de leur faire connaître et aimer leur nouveau pays. Quels seraient les éléments culturels à mettre en valeur ?

LA RECHERCHE D'IDENTITÉ

L'OPPOSITION AU PÈRE

Dans le monde occidental, l'image du père est traditionnellement synonyme d'autorité. C'est lui le pourvoyeur, c'est aussi lui qui transmet le nom et, par ricochet, l'identité. N'attend-on pas du fils qu'il devienne une copie plus ou moins conforme de son géniteur ? Au-delà du bagage génétique, des références culturelles passent par le regard paternel, lesquelles imposent et précisent ces attentes. Les descendants sont forcés de réagir ; le passage à l'âge adulte impose généralement un questionnement sinon une remise en question du modèle proposé.

Jean-Marie Le Clézio et Hector Bianciotti utilisent tous deux le récit autobiographique pour parler de leur refus des valeurs associées au monde du père. Dans les deux cas, le regard qu'ils posent sur la réalité extérieure s'oppose à la vision du monde qu'on cherche à leur imposer. Alors que Le Clézio insiste sur la rupture, le père devenant non seulement un autre, mais un étranger, Bianciotti découvre chez le sien, au-delà du rejet, des éléments de ressemblance qui l'inscrivent dans une lignée.

LA REMISE EN QUESTION DU PASSÉ

Dans un monde où l'image fait office de contenu, l'être humain se transforme en marchandise malléable au gré des lois du marché. L'homme caméléon qui en résulte vit des illusions de bonheur, accordées au goût du jour et à la mode de l'instant. Le plaisir de consommer, imposé par le discours publicitaire, se conjugue mal au mouvement d'introspection. Le retour sur soi, en marge du divertissement à tout prix, peut permettre à ceux qui s'y adonnent de faire éclater les masques successifs pour s'interroger sur les apparences.

Patrick Modiano, Amin Maalouf et Pascal Quignard entreprennent, par des voies différentes, une telle remise en cause. Modiano crée dans *Villa triste* un personnage qui évoque un amour passé, unique point de repère d'une vie banale et usée. À ce questionnement d'une histoire individuelle, Maalouf substitue celle du clan familial où l'arbre généalogique constitue les fondements d'une identité qui se crée, au-delà d'une langue, d'une société ou d'un pays, dans un rapport au groupe au sein duquel chacun s'inscrit. Quignard questionne, pour sa part, les civilisations passées, porteuses d'éléments culturels qui ont servi d'assise, plus ou moins consciente, aux sociétés modernes.

Jean-Marie Le Clézio (1940)

Jean-Marie Le Clézio vit une enfance très particulière. Son père travaille dans un dispensaire au Nigeria quand sa mère, accompagnée de son premier fils, vient le mettre au monde en France. L'Occupation l'empêche de retourner vivre auprès de son époux sur le continent africain. Aussi les deux frères vivent-ils à Nice auprès de leur mère et de leurs grands-parents, sans leur père. Ce n'est que huit ans plus tard, en 1948, que la famille est réunie et qu'ils découvrent à la fois un père et un pays inconnus. Ils se retrouvent devant un homme usé, vieilli prématurément, à l'aspect sévère, qui impose une discipline stricte. Toutefois, la réalité africaine offre un contrepoids à cette raideur paternelle. Seuls enfants blancs de cette région, les deux frères jouissent d'une vie sauvage et libre et n'ont pas à fréquenter l'école. Cette découverte d'une nouvelle réalité sera déterminante pour eux.

Pour le futur écrivain, elle s'associe à un autre aspect qui marque son univers mental : la généalogie familiale. Son père ayant épousé sa cousine germaine, ses deux parents ont des ancêtres communs, qui ont vécu durant plusieurs générations à l'île Maurice, devenue possession française en 1764. Le grand-père auprès de qui le garçon a passé les premières années de sa vie est né là-bas et sa voix a conservé la mélodie de cet ailleurs mythique. Cette île de l'océan Indien stimule l'imagination du jeune Le Clézio qui recherchera sans cesse les confidences de ceux qui y ont vécu. Dans *Révolutions* (2003), récit largement autobiographique, il raconte l'épopée de ses ancêtres et décrit l'impact qu'elle a eu sur son monde imaginaire.

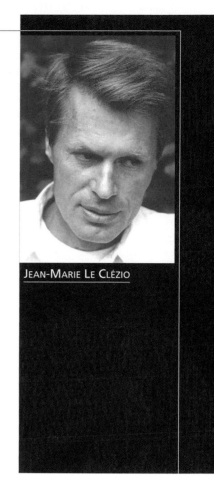

JEAN-MARIE LE CLÉZIO

■ L'AFRICAIN (2004)

L'Africain est une œuvre autobiographique dans laquelle Le Clézio tente de retracer la figure paternelle. Son exploration du souvenir s'alimente à diverses sources, comme des cartes anciennes et des photos prises par son père, dont certaines illustrent le récit. Il refait ainsi le parcours qui l'a mené, à l'âge de huit ans, à la découverte d'un pays et d'un père qui bousculèrent sa vision du monde et son rapport à autrui. Le premier contact avec le continent africain est saisissant. L'enfant s'étonne des corps nus offerts à sa vue, du vieillissement visible de la peau. Le corps de sa grand-mère serait-il semblable à celui de cette vieille femme aperçue du bateau ? Choqué non pas par le processus inévitable du vieillissement, mais bien du fait qu'on lui a menti, qu'on lui a caché la vérité, l'enfant remet en question toutes les valeurs qu'on lui a inculquées jusqu'alors. À la discipline imposée par un père strict s'opposent la savane immense juste devant la maison et le rapport avec les enfants noirs vivant en liberté sur un territoire qui semble illimité. L'odeur, le toucher, l'impudeur magnifique des corps contredisent la rigidité paternelle, annulent son emprise sur les deux jeunes garçons que la réalité extérieure émancipe.

Je ne me souviens pas du jour où nous nous sommes aventurés, mon frère et moi, pour la première fois dans la savane. Peut-être à 5 l'instigation des enfants du village, la bande un peu hétéroclite qui comportait des tout-petits tout nus avec un gros ventre et des presque adolescents de douze, treize ans, vêtus comme nous d'un short kaki et d'une chemise, et qui nous avaient appris à ôter chaussures et chaussettes de laine pour courir pieds nus dans les herbes. Ceux que je vois sur quelques photos de l'époque, autour de nous, très noirs, dégingandés, certainement moqueurs et combatifs, mais qui nous avaient acceptés malgré nos différences.

C'était probablement interdit. Mon père étant absent tout le jour, jusqu'à la nuit, nous avons dû comprendre que l'interdiction ne pouvait qu'être relative. Ma mère était douce. Sans doute était-elle occupée à d'autres choses, à lire ou à écrire, à l'intérieur de la maison pour échapper à la chaleur de l'après-midi. Elle s'était faite africaine, à sa mesure, j'imagine qu'elle devait croire qu'il n'y avait pas d'endroit plus sûr au monde pour deux garçons de notre âge.

Faisait-il chaud vraiment? Je n'en ai aucun souvenir. Je me souviens du froid de l'hiver, à Nice, ou à Roquebillière, je ressens encore l'air glacé qui soufflait dans les ruelles, un froid de glace et de neige, malgré nos guêtres et nos gilets en peau de mouton. Mais je ne me rappelle pas avoir eu chaud à Ogoja. Quand elle nous voyait sortir, ma mère nous obligeait à mettre nos casques Cawnpore — en réalité des chapeaux de paille qu'elle nous avait achetés avant notre départ dans un magasin de la vieille ville de Nice. Mon père avait institué entre autres règles celle des chaussettes de laine et des chaussures de cuir cirées. Dès qu'il partait pour son travail, nous nous mettions pieds nus pour courir. Les premiers temps, je m'écorchais sur le ciment du sol en courant — je ne sais pourquoi, c'était toujours le gros orteil du pied droit dont la peau s'arrachait. Ma mère me bandait le pied, et je cachais le pansement dans mes chaussettes. Puis cela recommençait.

Alors, un jour, nous avons couru tout seuls dans la plaine fauve, en direction de la rivière. L'Aiya à cet endroit n'était pas très large, mais était animée d'un courant violent qui arrachait aux rives des mottes de boue rouge. La plaine, de chaque côté de la rivière, paraissait sans bornes. De loin en loin, au milieu de la savane,

se dressaient de grands arbres au tronc très droit, dont j'ai su plus tard qu'ils servaient à fournir les planchers d'acajou des pays industriels. Il y avait aussi des cotonniers, et des acacias épineux qui faisaient une ombre légère. Nous courions presque sans nous arrêter, à perdre haleine, dans les hautes herbes qui fouettaient nos visages à hauteur des yeux, guidés par les fûts des grands arbres. Aujourd'hui encore, quand je vois des images de l'Afrique, les grands parcs du Serengeti ou du Kenya, je ressens un élan du cœur, il me semble reconnaître la plaine où nous courions chaque jour, dans la chaleur de l'après-midi, sans but, pareils à des animaux sauvages.

Au milieu de la plaine, à une distance suffisante pour que nous ne puissions plus voir notre case, il y avait des châteaux. Le long d'une aire dénudée et sèche, des pans de murs rouge sombre, aux crêtes noircies par l'incendie, tels les remparts d'une ancienne citadelle. De loin en loin, le long des murs, se dressaient des tours dont les sommets paraissaient becquetés d'oiseaux, déchiquetés, brûlés par la foudre. Ces murailles occupaient une superficie aussi vaste qu'une ville. Les murs, les tours étaient plus hauts que nous. Nous n'étions que des enfants, mais dans mon souvenir j'imagine que ces murs devaient être plus hauts qu'un homme adulte, et certaines des tours devaient dépasser deux mètres.

Nous savions que c'était la ville des termites.

Comment l'avons-nous su? Peut-être par mon père, ou bien par un des garçons du village. Mais personne ne nous accompagnait. Nous avons appris à démolir ces murs. Nous avions dû commencer par jeter quelques pierres, pour sonder, pour écouter le bruit caverneux qu'elles faisaient en heurtant les termitières. Puis nous avons frappé à coups de bâton les murs, les hautes tours, pour voir s'écrouler la terre poudreuse, mettre au jour les galeries, les bêtes aveugles qui y vivaient. Le jour suivant, les ouvrières avaient colmaté les brèches, tenté de reconstruire les tours. Nous frappions à nouveau, jusqu'à en avoir mal aux mains, comme si nous combattions un ennemi invisible.

Nous ne parlions pas, nous cognions, nous poussions des cris de rage, et de nouveaux pans de mur s'écroulaient. C'était un jeu. Était-ce un jeu ? Nous nous sentions pleins de puissance.
105 Je m'en souviens aujourd'hui, non pas comme d'un divertissement sadique de sale gosse — la cruauté gratuite que des petits garçons peuvent aimer exercer contre une forme de vie sans défense, couper les pattes des
110 doryphores, écraser les crapauds dans l'angle d'une porte —, mais d'une sorte de possession, que nous inspiraient l'étendue de la savane, la proximité de la forêt, la fureur du ciel et des orages. Ou peut-être que nous rejetions de cette
115 manière l'autorité excessive de notre père, rendant coup pour coup avec nos bâtons.

(© Mercure de France.)

QUESTIONS

1 Comment l'auteur met-il en opposition, dès le début de l'extrait, l'éducation à la française et l'éducation à l'africaine imposée par le père ?

2 Quels sont les deux mondes inconciliables que l'auteur évoque dans ses souvenirs de sa vie en Afrique ? Notez les caractéristiques essentielles de chacun d'eux.

3 a) Quelles sont les images du père qui se dégagent du champ lexical se rapportant à lui ?

b) Comment les éléments associés à la savane deviennent-ils des antidotes à la sévérité du père ?

c) Trouvez les passages, au présent de l'indicatif, qui suggèrent que Le Clézio tente de reconstituer des scènes de son enfance en Afrique. Que nous apprennent-ils sur le jeu de la mémoire ?

4 Comment l'auteur explique-t-il que la destruction des termitières est une forme de libération face à l'autorité abusive du père ?

5 D'après vous, une éducation prônant l'ordre et la discipline est-elle incompatible avec le plaisir, le rêve et l'imagination ?

Hector Bianciotti (1930)

Né en 1930 de parents modestes dont les familles avaient émigré d'Italie en Argentine, Hector Bianciotti parle d'abord l'espagnol, son père et sa mère ayant décidé d'élever leurs enfants dans la langue du pays d'adoption. C'est grâce aux disques d'opéra d'une grand-tante qu'il découvre l'italien. Voué comme ses frères au travail agricole, il saisit la chance qui lui est offerte d'entrer dans un collège franciscain pour faire des études devant le mener à une vie religieuse. À dix-huit ans, il écarte le sacerdoce au profit des livres qu'il aborde avec fébrilité. La découverte, en traduction, de l'œuvre de Paul Valéry est un choc qui le pousse à rechercher les textes originaux, défrichés à grand-peine grâce au secours d'un dictionnaire bilingue. C'est donc à son engouement pour les œuvres d'un poète parisien qu'il doit sa connaissance du français.

La politique de fermeté en vigueur dans une Argentine qui glissait vers la dictature l'amène, dans les années 1950, à fuir ce pays où règne la délation. L'intellectuel y est mal vu, le lettré, suspect et l'homosexuel, voué à l'emprisonnement. Il quitte sans regret ce monde fermé et fait à rebours le chemin autrefois parcouru par ses grands-parents, dans une sorte de retour aux sources qui le conduit de l'Italie vers l'Espagne, puis en France où il s'établit définitivement.

HECTOR BIANCIOTTI

Il travaille d'abord comme journaliste et amorce sa carrière d'écrivain. Il devient ensuite critique littéraire au *Nouvel Observateur* et lecteur chez Gallimard. Ce parcours insolite lui donne l'impression d'être un intrus qui doit mériter sa place sans jamais renoncer à sa singularité. Contrairement aux gens dont le français est la langue maternelle, qui peuvent être distraits lorsqu'ils écrivent en français, Bianciotti a la conscience de chaque mot et cherche constamment un vocabulaire plus juste, plus beau ou plus riche. Alors qu'il croyait qu'écrire en français ferait de lui un exilé définitif, il constate que cela marque au contraire la fin d'un exil. Il admire cette langue qui a atteint une sorte de perfection au XVIIIe siècle. Il tient de son milieu d'origine, le prolétariat paysan, ce désir d'utiliser en toute occasion une langue parfaite, respectueuse de la grammaire et de la syntaxe. Pour lui, le romancier doit être un écrivain public qui rend compte de ce qui est dans la langue la plus précise possible.

■ CE QUE LA NUIT RACONTE AU JOUR (1992)

Dans le récit autobiographique Ce que la nuit raconte au jour *(1992), Bianciotti tente de répondre à ce qu'il identifie comme « un besoin de mémoire ». Dans ce passage, il se rappelle que, ses études terminées, il est retourné vivre auprès de ses vieux parents qui ont quitté la plaine pour s'installer dans la petite ville de Villa del Rosario. Par nostalgie de la vie paysanne, son père a construit sur le patio de la maison un petit poulailler en maçonnerie, dans lequel il prétend entretenir, malgré l'environnement urbain, une volaille de race. Devant son fils, il tient toujours le rôle de celui qui sait et continue à donner des leçons.*

Aussi longtemps que j'ai séjourné à Villa del Rosario, j'ai vu mon père entreprendre sans cesse des réparations, de préférence juché au sommet d'une échelle, d'où l'on eût dit qu'il
5   jouissait, à en juger par son visage illuminé, d'une vision divine du monde depuis un balcon d'or. Il avait un faible pour ce qui se passait au plafond, une fissure imperceptible, un signe d'écaillement, le crochet de la lampe à
10   suspension lui fournissant, jour après jour, un motif de grimper à son échelle, qu'il finit par manier avec une adresse d'acrobate. Il ne m'agaçait pas moins qu'autrefois, et encore plus lorsqu'il me donnait des leçons d'économie à
15   propos de la nourriture, dont chaque bouchée devait être accompagnée de pain ; ou des lames de rasoir, ces larges lames Gillette en acier bleuté, qu'il aiguisait en les passant et repassant l'une sur l'autre, à la façon des bouchers avec
20   leurs couteaux, et qui, devenues inutilisables

pour le rasage, n'en étaient pas pourtant à jeter, car elles serviraient encore de taille-crayon.

[…]

Jamais las de m'apprendre à ménager toute dépense, évitant avec soin de le contredire, je
25   l'écoutais, attentif, jusqu'à ce que son discours tarisse. Mais pas de véritable satiété pour lui : fier de vous avoir prêché ses principes, il vous quittait en restant sur sa faim. Un marmonnement s'échappait de ses lèvres, qui prenait
30   de l'ampleur à mesure qu'il s'éloignait vers le poulailler et un essaim de mots brouillés l'enveloppait bientôt.

[…]

Le soir, il cloîtrait les poules, chacune dans sa niche, sous cadenas. Le couchant mordorait le
35   plumage du coq, impavide au sommet du perchoir, telle une girouette de grande allure […]

Indifférent aux ordres de mon père qui poussa des cocoricos avant de condescendre aux pépiements qu'il réservait aux poules afin qu'elles regagnent leur case, le coq se tenait comme une statue dans l'attente de l'obscurité. Et tous deux, immobiles, face à face, se ressemblaient.

Excédé, mon père essayait-il de l'attraper ? le coq lui donnait des coups de bec sur les mains avec cette prestesse infaillible des volatiles qui, du coin de l'œil, ont déniché un grain de sable dans la poussière. […]

J'ai toujours vu mon père habillé de la même façon, à tous les âges ; c'est-à-dire avec des chemises confectionnées par ma mère, en coton à fines rayures, ou, l'hiver, en pilou, et un pantalon large à la taille, se rétrécissant jusqu'aux chevilles, remonté très haut par des bretelles. Il portait, même à l'intérieur de la maison, un feutre droit sur le front. Au demeurant, il est resté le même, ou à peu près, jusqu'à l'approche de la mort. Il avait quatre-vingt-six ans lors de mon dernier séjour là-bas. La vieillesse n'avait altéré que son rythme. La taille diminuée de quelques pouces, il conservait l'allure qui, par sa superbe, dépassait depuis toujours sa condition : le dos jamais fléchi, le pas militaire, la tête comme on la rétracte sous l'effet de l'indignation — attitude que je retrouve chaque matin à l'heure du rasage, comme si ce n'était pas moi ce reflet, mais mon père qui a franchi Dieu sait quel nombre de miroirs pour me faire la leçon quant à l'entretien des lames.

(© Éditions Grasset & Fasquelle.)

QUESTIONS

1 Hector Bianciotti appartient à une famille d'émigrés. Comment l'attitude du père révèle-t-elle cette condition ?

2 Quels types de rapports unissent le père au fils ?

3 a) Comment, dans le dernier paragraphe, l'apparence du père révèle-t-elle des traits de son caractère ?

b) Dégagez les éléments qui associent le père au coq du poulailler.

c) Comment, au-delà des oppositions, le fils se reconnaît-il dans son père ?

4 Montrez comment le texte exprime la contradiction des réactions du fils à l'égard du père.

5 Comparez l'attitude face au père dans cet extrait avec celle décrite par Le Clézio (p. 242) ? En quoi se ressemblent-elles ? Qu'ont-elles de différent ?

Patrick Modiano (1945)

Patrick Modiano naît à la fin de la Seconde Guerre mondiale, en 1945. Fils d'une actrice flamande mariée à un Juif d'Alexandrie, il éprouve très tôt un sentiment d'abandon et de rejet. Son père l'envoie en effet loin de Paris étudier dans un collège catholique de province. Mais Modiano interrompt ses études par une fugue retentissante qui lui vaut une brouille définitive avec son père.

Bien qu'il se sente rejeté, il éprouve une très grande admiration pour ce père qui a refusé de porter l'étoile jaune dans la France occupée et qui a su échapper à une rafle qui l'aurait conduit dans un camp de concentration. Admiration aussi pour le milieu dans lequel il évoluait, celui des producteurs de cinéma et, durant la guerre, celui des trafiquants du marché noir. Une aura de mystère entoure ce personnage que le fils cherche à retrouver au gré des conversations sur le passé ou des souvenirs d'un oncle.

PATRICK MODIANO

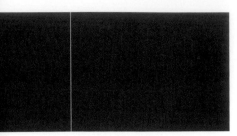

À l'âge de douze ans, Modiano ressent une vive douleur lorsque son petit frère Rudy, de deux ans son cadet, meurt subitement. Avec lui, il perd son unique complice. Aussi ne faut-il pas s'étonner que les romans de Modiano soient hantés par l'absence, l'effacement et la survie de personnages disparus. Même la mémoire atténue, malgré des points de repère très nets, le souvenir de la Seconde Guerre mondiale et de la guerre d'Algérie qui sont évoquées dans tous ses récits.

■ VILLA TRISTE (1975)

L'œuvre de Modiano s'apparente à la quête d'une sorte de paradis perdu. L'identité même des personnages demeure floue ; ils évoluent sous des noms d'emprunt dans un univers où l'inconsistance est la règle. Cet aspect énigmatique et évanescent s'associe cependant à une accumulation d'éléments d'une grande concision, à la limite des rapports de police dont l'auteur aime la lecture. C'est ainsi qu'on trouve dans Villa triste des listes téléphoniques, des articles de journaux et l'énumération des titres des films qui passaient dans les cinémas d'une petite ville du bord du lac Léman, ville qui reste néanmoins anonyme malgré les noms des rues et la description d'avenues et de façades d'hôtels.

Ces fausses précisions délimitent la trajectoire d'un héros à l'identité incertaine qui se remémore une histoire d'amour avec une inconnue rencontrée dans le hall d'un hôtel. Par le jeu de l'évocation, cette liaison de quelques mois devient une icône de bonheur. Dans ce passage, qui explique le titre du récit, le narrateur évoque des moments heureux dans une demeure ayant appartenu à un ami d'enfance de cette maîtresse adorée, un homme à la fois attachant et énigmatique appelé Meinthe.

Deux ou trois fois par semaine, Meinthe nous demandait de dormir chez lui. Il devait s'absenter ces soirs-là, et me chargeait de répondre au téléphone et de prendre les noms et les
5 « messages ». Il m'avait bien précisé, la première fois, que le téléphone risquait de sonner à n'importe quelle heure de la nuit, sans me dévoiler quels étaient ses mystérieux correspondants.

Il habitait la maison qui avait appartenu à ses
10 parents, au milieu d'un quartier résidentiel, avant Carabacel. On suivait l'avenue d'Albigny et on tournait à gauche, juste après la préfecture. Quartier désert, rues bordées d'arbres dont les feuillages formaient des voûtes. Villas
15 de la bourgeoisie locale aux masses et aux styles variables, selon le degré de fortune. Celle des Meinthe au coin de l'avenue Jean-Charcot et de la rue Marlioz, était assez modeste si on la comparait aux autres. Elle avait une teinte bleu-gris,

20 une petite véranda donnant sur l'avenue Jean-Charcot, et un bow-window du côté de la rue. Deux étages, le second mansardé. Un jardin au sol semé de graviers. Une enceinte de haies à l'abandon. Et sur le portail de bois blanc écaillé,
25 Meinthe avait inscrit maladroitement à la peinture noire (c'est lui qui me l'a confié) : VILLA TRISTE.

En effet, elle ne respirait pas la gaieté, cette villa. Non. Pourtant, j'ai d'abord estimé que le qua-
30 lificatif « triste » lui convenait mal. Et puis, j'ai fini par comprendre que Meinthe avait eu raison si l'on perçoit dans la sonorité du mot « triste » quelque chose de doux et de cristallin. Après avoir franchi le seuil de la villa, on
35 était saisi d'une mélancolie limpide. On entrait dans une zone de calme et de silence. L'air était plus léger. On flottait. Les meubles avaient sans doute été dispersés. Il ne restait qu'un lourd

canapé de cuir sur les accoudoirs duquel je
40 remarquai des traces de griffes, et, à gauche,
une bibliothèque vitrée. Quand on s'asseyait sur
le canapé, on avait, à cinq ou six mètres en face
de soi, la véranda. Le parquet était clair mais
mal entretenu. Une lampe de faïence à abat-
45 jour jaune posée à même le sol éclairait cette
grande pièce. Le téléphone se trouvait dans une
chambre voisine, à laquelle on accédait par un
couloir. Même absence de meubles. Un rideau
rouge occultait la fenêtre. Les murs étaient de
50 couleur ocre, comme ceux du salon. Contre le
mur de droite, un lit de camp. Accrochées à
hauteur d'homme, sur le mur opposé, une carte
Taride de l'Afrique-Occidentale française et une
grande vue aérienne de Dakar, cernée d'un
55 cadre très mince. Elle semblait provenir d'un
syndicat d'initiative. La photo brunâtre devait
être vieille d'une vingtaine d'années. Meinthe
m'apprit que son père avait travaillé quelque
temps « aux colonies ». Le téléphone était
60 posé au pied du lit. Un petit lustre avec de
fausses bougies et de faux cristaux. Meinthe
dormait là, je pense.

Nous ouvrions la porte-fenêtre de la véranda
et nous nous allongions sur le canapé. Il avait
65 une odeur très particulière de cuir que je n'ai
connue qu'à lui et qu'aux deux fauteuils qui
ornaient le bureau de mon père, rue Lord-
Byron. C'était du temps de ses voyages à
Brazzaville, du temps de la mystérieuse et chi-
70 mérique *Société Africaine d'Entreprise* qu'il créa
et dont je ne sais pas grand-chose. L'odeur du
canapé, la carte Taride de l'A.–O.F. et la photo
aérienne de Dakar composaient une série de
coïncidences. Dans mon esprit, la maison de
75 Meinthe était indissolublement liée à la

« Société Africaine d'Entreprise », trois mots qui
avaient bercé mon enfance. Je retrouvais l'atmosphère du bureau de la rue Lord-Byron,
parfum de cuir, pénombre, conciliabules inter-
80 minables de mon père et de Noirs très élégants
aux cheveux argentés… Est-ce pour cela que
lorsque nous restions Yvonne et moi dans le
salon, j'avais la certitude que le temps s'était
arrêté pour de bon ?

85 Nous flottions. Nos gestes avaient une infinie
lenteur et lorsque nous nous déplacions,
c'était centimètre par centimètre. En ram-
pant. Un mouvement brusque aurait détruit le
charme. Nous parlions à voix basse. Le soir
90 envahissait la pièce par la véranda et je voyais
des grains de poussière stagner dans l'air. Un
cycliste passait et j'entendais le ronronne-
ment du vélo pendant plusieurs minutes. Il
progressait lui aussi centimètre par centi-
95 mètre. Il flottait. Tout flottait autour de nous.
Nous n'allumions même pas l'électricité quand
la nuit était tombée. Le lampadaire le plus
proche, sur l'avenue Jean-Charcot, répandait
une clarté neigeuse. Ne jamais sortir de cette
100 villa. Ne jamais quitter cette pièce. Rester allongés sur le canapé, ou peut-être par terre,
comme nous le faisions de plus en plus souvent. J'étais étonné de découvrir chez Yvonne
une telle aptitude à l'abandon. Chez moi, cela
105 correspondait à une horreur du mouvement,
une inquiétude vis-à-vis de tout ce qui bouge,
ce qui passe et ce qui change, le désir de ne plus
marcher sur du sable mouvant, de me fixer
quelque part, au besoin de me pétrifier. Mais
110 chez elle ? Je crois qu'elle était simplement pa-
resseuse. Comme une algue.

(© Éditions Gallimard.)

QUESTIONS

1 L'œuvre de Modiano est en grande partie autobiographique. Cet extrait de *Villa triste* s'inscrit-il dans
cette veine ? Pourquoi ?

2 Cette évocation d'un amour passé vous paraît-elle
mélancolique compte tenu que le narrateur le qualifie de « doux » et « cristallin » (lignes 33 et 34) ?

3 a) Différents niveaux de passé se superposent dans
ce texte. Dégagez-les en considérant que le présent est le moment de l'évocation.

b) En vous en tenant à la description du quartier
et de la maison des Meinthe qui en fait partie
(lignes 9 à 27), montrez que les éléments de description sont à la fois précis et flous.

c) Comment l'auteur réussit-il à suggérer une sorte de suspension du temps ?

4 Montrez que la façon dont le narrateur se définit dans les dernières lignes est confirmée par l'ensemble de l'extrait.

5 Diriez-vous que ce repli sur soi dans une sorte de bulle est une attitude caractéristique du monde moderne actuel ?

Art et littérature

LES PERSONNAGES FANTOMATIQUES

Les installations de l'Américain George Segal sont constituées d'objets réels et de sculptures de plâtre moulées sur des modèles vivants placés dans des postures familières. Comme Segal ne touche plus à ses sculptures une fois leur moulage terminé, les visages des personnages demeurent impassibles, sans expression, ce qui les rend anonymes, presque fantomatiques.

GEORGE SEGAL (1926-2000).

The Gas Station, 1963. (Deux sculptures en plâtre et accessoires divers, 259 × 732 × 122 cm. Musée des beaux-arts du Canada, Ottawa.)

- Quelle atmosphère se dégage de cette installation ?
- Peut-on dire qu'une telle œuvre ravale l'être humain au rang des objets ?
- Relisez le dernier paragraphe de l'extrait de *Villa triste* et dégagez les points communs avec cette œuvre.

Amin Maalouf (1949)

Amin Maalouf est né en 1949 dans un pays nouvellement formé, le Liban. Originaires des montagnes, non loin de Beyrouth, ses ancêtres ont vécu dans une région à la géographie mouvante. Incorporée à l'Empire ottoman qui domina pendant quatre siècles la Méditerranée orientale, cette contrée est prise en charge, à la fin de la Première Guerre mondiale, par la Société des Nations qui charge la France d'administrer le territoire et de le préparer à l'indépendance qui ne devient effective qu'en 1943. Bien que l'arabe soit la langue officielle, on y parle aussi le français, l'anglais, le kurde et l'assyrien, ce qui témoigne de la grande diversité des communautés, essentiellement musulmanes et chrétiennes, qui se partagent ce pays, non sans faire naître des tensions qui culminent au XIXᵉ siècle lors du massacre par les Druzes de chrétiens maronites. Le souvenir de ces excès a fortement marqué la culture familiale de l'auteur.

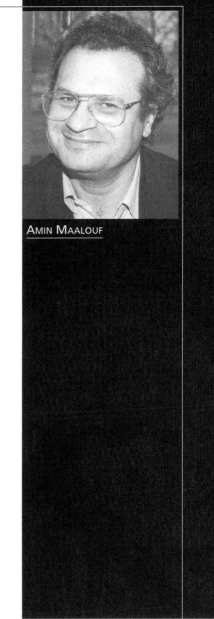

AMIN MAALOUF

Amin Maalouf s'est toujours méfié de tout nationalisme revendicateur s'appuyant expressément sur une langue, un territoire ou une religion. Il s'oppose aussi aux traditions familiales strictes qui refusent la différence et ne visent que la survie de ce qui est. La nécessité de l'accueil et de l'ouverture à l'autre s'impose rapidement à lui. Il est particulièrement fier de l'attitude de son grand-père paternel qui refusa de faire baptiser ses enfants à leur naissance afin qu'ils puissent décider eux-mêmes, une fois adultes, de ce qu'ils voulaient devenir. C'est ce même homme qui fonda une école mixte laïque, en insistant pour que les filles soient éduquées dans une région rurale où l'on favorisait les mariages précoces.

Maalouf vient donc d'une famille qui valorise la culture, aime les livres et fait de l'éducation une priorité. Journaliste et poète, le père de l'auteur est un modèle pour son fils, qui devient lui aussi journaliste et écrivain. Prônant à son tour la nécessité de la tolérance, Maalouf considère la guerre civile qui déchire son pays comme la pire calamité et, face à la dispersion des Libanais qui ont fui leur pays en guerre, il préconise l'importance de l'arbre généalogique et de la référence au clan. Dans ce monde à la culture nomade, la référence identitaire passe moins par la langue ou le sol natal — les enfants de ceux qui sont partis ne parlent pas l'arabe et ont de vagues connaissances du Liban — que par le sang qui les unit. Depuis 1976, Amin Maalouf vit en France et écrit en français.

■ ORIGINES (2004)

Écrivain de l'exil, Amin Maalouf sent le besoin et se fait un devoir de retracer le destin de ceux qui l'ont précédé. Ce récit des origines qu'il entreprend et qui donne son titre à l'œuvre relève donc de l'essai. À partir de documents d'archives conservés par sa famille et de recherches qui le mèneront en Amérique, l'auteur interroge le passé des siens. Mais pourquoi écrire sur eux ? À quoi bon s'atteler à cette tâche incertaine ? En ranimant le temps révolu, indique-t-il, on élargit l'espace de vie. La quête des origines devient dès lors une victoire sur la mort et l'oubli. Le chercheur découvre en outre qu'il est de la même argile que ses aïeux : les mêmes pudeurs, le même culte du silence et de la dignité. En avant-propos, l'auteur écrit ces lignes qui introduisent le récit des origines.

D'autres que moi auraient parlé de « racines »… Ce n'est pas mon vocabulaire. Je n'aime pas le mot « racines », et l'image encore moins. Les racines s'enfouissent dans le sol, se contor-
5 sionnent dans la boue, s'épanouissent dans les ténèbres ; elles retiennent l'arbre captif dès la naissance, et le nourrissent au prix d'un chantage : « Tu te libères, tu meurs ! »

Les arbres doivent se résigner, ils ont besoin de
10 leurs racines ; les hommes pas. Nous respirons la lumière, nous convoitons le ciel, et quand nous nous enfonçons dans la terre, c'est pour pourrir. La sève du sol natal ne remonte pas par nos pieds vers la tête, nos pieds ne servent qu'à
15 marcher. Pour nous, seules importent les routes. Ce sont elles qui nous convoient — de la pauvreté à la richesse ou à une autre pauvreté, de la servitude à la liberté ou à la mort violente. Elles nous promettent, elles nous por-
20 tent, nous poussent, puis nous abandonnent. Alors nous crevons, comme nous étions nés, au bord d'une route que nous n'avions pas choisie.

À l'opposé des arbres, les routes n'émergent pas
25 du sol au hasard des semences. Comme nous, elles ont une origine. Origine illusoire, puisqu'une route n'a jamais de véritable commencement ; avant le premier tournant, là derrière, il y avait déjà un tournant, et encore un autre.
30 Origine insaisissable, puisqu'à chaque croisement se sont rejointes d'autres routes, qui venaient d'autres origines. S'il fallait prendre en compte tous ces confluents, on embrasserait cent fois la Terre.

35 S'agissant des miens, il le faut ! Je suis d'une tribu qui nomadise depuis toujours dans un désert aux dimensions du monde. Nos pays sont des oasis que nous quittons quand la source s'assèche, nos maisons sont des tentes
40 en costume de pierre, nos nationalités sont affaire de dates, ou de bateaux. Seul nous relie les uns aux autres, par-delà les générations, par-delà les mers, par-delà le Babel des langues, le bruissement d'un nom.

45 Pour patrie, un patronyme ? Oui, c'est ainsi ! Et pour foi, une antique fidélité !

Je n'ai jamais éprouvé de véritable appartenance religieuse — ou alors plusieurs, inconciliables ; et je n'ai jamais ressenti non plus une
50 adhésion totale à une nation — il est vrai que, là encore, je n'en ai pas qu'une seule. En revanche, je m'identifie aisément à l'aventure de ma vaste famille, sous tous les cieux. À l'aventure, et aussi aux légendes. Comme pour les
55 Grecs anciens, mon identité est adossée à une mythologie, que je sais fausse et que néanmoins je vénère comme si elle était porteuse de vérité.

Étrange, d'ailleurs, qu'avant ce jour, je n'aie
60 guère consacré plus de quelques paragraphes à la trajectoire des miens ! Mais il est vrai que ce mutisme aussi fait partie de mon héritage…

(© Éditions Grasset & Fasquelle.)

QUESTIONS

1 En quoi ces pages appartiennent-elles à une culture d'émigrants ?

2 Ce texte vous apparaît-il comme une tentative de définition de soi ?

3 a) Comment l'image de l'arbre s'oppose-t-elle à celle de l'être humain dans les deux premiers paragraphes ?

b) Dans le quatrième paragraphe, que nous indique le rapport établi entre le « je » et le « nous » ?

c) Quand l'auteur affirme « mon identité est adossée à une mythologie », qu'entend-il par cette référence aux Grecs anciens et par l'utilisation du mot « mythologie » pour son cas individuel ? Pourquoi utilise-t-il le verbe « adosser » ?

4 Comment le titre du livre *Origines* trouve-t-il sa signification dans ces lignes de l'avant-propos ?

5 Pouvez-vous citer quelques mythes propres à la réalité d'ici ?

Pascal Quignard (1948)

Pascal Quignard est né en 1948 en Haute-Normandie. Dans cette région du nord-ouest de la France passe la rivière Iton, un affluent de l'Eure, dont Quignard a sûrement apprécié la présence ainsi que la sonorité particulière du nom. Fils d'un proviseur et d'une directrice de collège, il grandit parmi les livres et se passionne pour la langue dont il analyse l'étymologie et apprécie la musicalité particulière. Bien qu'il soit un intellectuel, un penseur et un lettré qui a fait des études en philosophie, il reste sensible à la beauté du monde et aux diverses mélodies de ses multiples modulations. Il a une prédilection pour la musique, particulièrement l'époque baroque, et joue de la viole de gambe, instrument ancien qu'il a fait connaître par son roman *Tous les matins du monde*, adapté au cinéma par Alain Corneau. Il y raconte l'histoire de Monsieur de Sainte-Colombe, musicien du XVIIe siècle qui refusa la gloire et la fortune à la cour du Roi Soleil au profit de la solitude et de la création, loin des grands centres.

PASCAL QUIGNARD

Dès 1969, il est lecteur chez Gallimard, puis membre du comité de lecture de 1976 à 1994. Quignard se présente lui-même comme un être fasciné par « ces objets étranges qui fixent le temps et renferment un univers entier entre leurs pages noircies ». Sa curiosité intellectuelle le pousse plus particulièrement vers la Chine et le Japon d'autrefois, l'Antiquité romaine et le XVIIe siècle français, ce qui ne l'empêche aucunement de faire une lecture lucide de la réalité contemporaine. Tranchant quant à l'impérialisme culturel américain, il n'hésite pas à qualifier « d'occupation américaine » l'époque où vingt-sept mille GI et leurs familles se sont installés en France, au moment de la Libération, sous l'égide de l'OTAN, jusqu'à ce que le général de Gaulle fasse cesser cette présence militaire, en 1959.

Loin de suivre les lois du marché qui jugent un livre en fonction du nombre d'exemplaires vendus, son écriture interpelle le lecteur en se situant aux antipodes du prêt-à-penser et de ce qu'il qualifie, insidieusement, de « prose flasque ». Quignard avoue rechercher d'abord dans chaque livre « une intonation dans le silence », ce qui peut en dérouter plus d'un.

■ LES OMBRES ERRANTES (2002)

À partir de ses Petits traités, *Quignard propose une poétique qui s'alimente à divers genres littéraires pour constituer une sorte de livre herbier en associant audacieusement de petits fragments tenant tantôt du conte ou de l'essai, tantôt du roman ou du poème.*

Les Ombres errantes *est le premier tome d'un vaste ensemble intitulé* Dernier royaume, *un projet démesuré dans lequel Quignard entend défricher les zones d'ombre du réel et du temps, les habiter et y interroger le vivant.*

Qu'il ait reçu le Goncourt 2002 pour Les Ombres errantes *provoqua des remous dans la presse parisienne. Certains rappelèrent à l'Académie qu'elle devait honorer une œuvre d'imagination en prose, ce qui excluait, selon eux, l'écriture éclatée de Quignard, comme en témoignent les passages suivants. Nous avons en effet reproduit en entier les très courts chapitres XII, XX et XXV, mais nous n'avons retenu que deux des sept fragments qui composent le chapitre XXIX, plus long que les précédents et coiffé d'un titre.*

CHAPITRE XII

Dans la vallée, devant l'hôtel, il y avait des chevaux couchés dans un champ, la tête dressée, ni éveillés, ni endormis, comme des fauves dont la faim s'est absentée, comme des fauves que
5 la sauvagerie a abandonnés, comme des souvenirs de grands fauves entourés de fils de fer barbelés. L'un s'ébroua quand je m'approchais et se dressa en titubant dans l'herbe pour venir vers moi dans un mouvement d'une mal-
10 adresse, d'un déséquilibre, mais aussi d'une élégance stupéfiante, comme s'il s'éveillait de quelque millénaire.

Épicure a écrit : Chacun sort de la vie comme s'il était à peine né.

CHAPITRE XX

15 J'avais mis à sécher sur la terrasse de la vieille villa de Mogador ma chemise. Elle était blanche. La brume l'entourait, la prolongeait sur le balustre blanc. Je regardais la mer. La brume due au soleil qui se levait déjà enva-
20 hissait le port punique.

Sur la gauche, la médina avait disparu sous la brume.

Il y eut une invasion de papillons.

***

La mer était sans écume, lissée, extrêmement
25 brillante, resplendissante. Chaque vague était comme une grande tuile d'or qui s'élevait, qui avançait.

CHAPITRE XXV

Au mois d'août 1999 je débarquai six caisses d'Épineuil sur la rive de l'Yonne et deux sacs
30 postaux en jute gris qui étaient remplis de livres. Je les tirai sur la pelouse.

L'été commençait bien. Il fallait espérer qu'on ne vît personne.

35 Pas un homme. Pas un enfant. Même pas les guêpes.

Même pas les scarabées énormes et hagards quand on lit dans la chaise longue en toile cirée sur la pelouse ou traînée plus loin sur les fleurs dodues et blanches des trèfles.

40 Même pas les mulots qui trottinent sur la poussière des planches sèches du grenier quand on s'endort.

Même pas les moustiques femelles qui vous piquent brusquement tandis qu'on rêve.

45 Même pas, à l'intérieur des rêves, pis que les moustiques femelles, la mémoire.

Même pas le langage lui-même.

Il n'y avait pas un avion qui traversât le ciel.

Pas le moindre son de transistor que portât l'air.

50 Pas un souvenir de moteur de tracteur.

Pas une tondeuse à gazon.

Pas un coq qui côche.

Pas un chien.

Pas un bal.

55 Pas la moindre affectation de gaieté autour de moi qui me donnât le désir de me suicider toutes affaires cessantes. Le bonheur montait. Je lisais. Le bonheur me dévorait. Je lus tout l'été. Le bonheur me dévora tout l'été.

CHAPITRE XXIX

Han Yu

60 Han Yu naquit en 768, obtint son doctorat en 792 et abomina le bouddhisme. Il ne s'inclina pas lors de l'arrivée, à Chang-an, d'un os du Bouddha. Il exprima son indignation par écrit c'est-à-dire de façon dangereuse : contre la
65 faveur qui entourait un os. Il écrivait des traités courts en prose concentrée et rude. Un jour il déploya les cinq doigts de sa main. Il dit

BARBARA KRUGER (1945).

Sans titre, 1991. (Photographies lithographiées sur papier, lettres en vinyle sur le plancher. Photo de l'installation temporaire, Mary Boone Gallery, New York.)

Tout comme Pascal Quignard, Barbara Kruger pratique un art basé sur des aphorismes. Les formules-chocs, à connotation souvent contestataire et féministe, que l'artiste dispose sur les murs, les planchers et même les plafonds sont accompagnées de photographies issues des journaux et des agences de presse. Les dimensions imposantes des œuvres, qui peuvent occuper plusieurs salles, font en sorte que les spectateurs sont complètement immergés dans le travail de l'artiste. Si Pascal Quignard propose à son lecteur une « intonation dans le silence », Kruger préfère apostropher violemment le spectateur afin de le faire réfléchir.

énigmatiquement qu'il avait encore entre chacun de ses doigts *l'ombre de la première aube.*

70 Il mit au point le style dit de prose antique (*gu wen*). La netteté de la syntaxe, la précision du lexique, la répétition des particules grammaticales, la clarté de l'énoncé caractérisent ce style.

75 Il disait : L'herbe qui pousse pousse.

Il détestait l'ellipse, la religion, la lâcheté dans les nœuds des cordes, la lâcheté dans les mœurs des habitants des cités, la lâcheté dans l'étreinte des amants.

80 Il aimait le sentier dans l'ombre du soir, la brume épaisse avant le jour complet, le vent par rafales.

Dans *Shan shi* il écrit : Qu'à l'ombre et à un compagnon je m'associe ! Nous vivrions *tous trois*
85 très vieux sans jamais revenir.

Il fut banni deux fois.

Il mourut.

À Han Yu le bouddhisme et la prose flasque survécurent.

***

90 Monsieur de Saint-Cyran répondit à une sœur religieuse qui lui demandait s'il était utile qu'elle parlât intérieurement dans ses prières :

— Non. Les hommes sont des jouets. Nos vies, des prisons. Quand nous disposons du langage, 95 nous élevons des ruines dans les feuilles mortes et les mousses.

L'art est la *moindre feuille*.

La feuille la plus faible car la plus petite des feuilles qui poussent.

100 Toujours la plus neuve et donc toujours la plus petite.

C'est un reste de nature au sein de la culture. Il est naissance. En toute chose la naissance cherche à revivre.

105 L'art ne connaît que les renaissances. La nature est l'origine. L'art n'est jamais plus grand que le plus petit des printemps qui rebourgeonne sa glu blanchâtre au terme de sa branche.

(© Éditions Grasset & Fasquelle.)

QUESTIONS

1 Comme nous l'avons dit plus haut, l'attribution du prix Goncourt à Pascal Quignard déclencha une polémique. Trouvez dans ces extraits les arguments qui donnent raison aux détracteurs et à ceux qui appuient la décision des membres du jury.

2 Après avoir lu ces textes, pouvez-vous dire quels sont les principaux centres d'intérêt de Quignard ?

3 a) Quelle analogie Quignard établit-il dans le chapitre XXIX entre la réponse de Monsieur de Saint-Cyran à une religieuse et le rapport de l'art à la nature ? Y a-t-il un lien entre cette analogie et l'histoire de Han Yu ?

b) Quels liens établissez-vous entre la phrase d'Épicure (lignes 13 et 14) et la scène des chevaux (lignes 1 à 12) ?

c) Que raconte le chapitre XX ? Comment la nature y apparaît-elle ?

d) Dans le chapitre XXV, comment le jeu des répétitions participe-t-il à la construction du sens de l'extrait ?

4 Au sujet de l'œuvre de Han Yu, Quignard note : « Il écrivait des traités courts en prose concentrée et rude. » Expliquez que cet énoncé peut s'appliquer à l'écriture de Quignard.

5 Peut-on établir des relations entre l'œuvre de Quignard et celle de Montaigne ?

PARTIE 3

LE COMBAT POUR LA TOLÉRANCE

DANS UN MONDE où les ordinateurs permettent de saisir rapidement les données, d'établir des communications d'une manière quasi instantanée, l'individu est moins sollicité à réfléchir qu'invité à souscrire à des images toutes faites : oasis de bonheur multipliant les mirages successifs. Pour plusieurs, la nature, synonyme de vacances rémunérées, se conjugue avec chalet, résidence secondaire, hôtel ou auberge de charme. L'espace est dès lors consigné, les plages privées, la forêt domestiquée. Les écrivains n'endossent pas nécessairement cet état de choses ; ils veulent plutôt établir un rapport à la nature qui dépasse le divertissement ou le dépaysement.

Le romancier Jean-Paul Dubois imagine une scène dans laquelle son héros citadin se retrouve seul dans le bois, en tête-à-tête avec des arbres qu'il photographie. Ce temps d'arrêt favorise chez le narrateur une introspection, renvoie l'individu à lui-même, stimule sa propre prise en charge, en marge d'une pensée dominante obsédée par l'efficacité et le rendement. Quant à Yves Bonnefoy, il utilise dans son poème l'image de branches sous la neige pour laisser entrevoir, au-delà du chaos du monde, une cohérence possible et en appeler à l'existence d'un réel porteur de sens dans lequel la poésie devient parole de rassemblement.

Jean-Paul Dubois (1950)

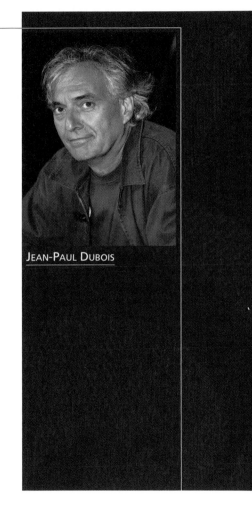

JEAN-PAUL DUBOIS

Jean-Paul Dubois est né à Toulouse où il vit toujours. Comme le héros de *Une vie française*, il a fait des études en sociologie, ce qui a développé chez lui le sens de l'observation et de la critique face à la société et à ses valeurs, sans compter une ironie qui lui donne un recul devant la réalité observée. C'est un homme discret qui ne cherche pas la publicité et ne multiplie pas les entrevues bien qu'il soit lui-même journaliste. Consultant pour le *Nouvel Observateur*, il connaît fort bien les États-Unis. Il a publié de nombreux articles, des essais (*L'Amérique m'inquiète*) et des romans (*Kennedy et moi*) touchant différentes facettes de cette civilisation. Bien qu'il apprécie la littérature américaine et le cinéma de Woody Allen, il est fort critique quant aux dérives récentes des gouvernements républicains successifs dont il craint l'arrogance et le peu de vision.

Comme certains de ses récits mettent en scène des journalistes observant la scène culturelle et politique, il serait tentant d'y déceler des traces autobiographiques, mais Dubois affirme que son souci d'être attentif à la vie des autres au sein de leur société, de leur famille ou de leur couple dilue la référence à son expérience personnelle. Il croit que la vie moderne crée des conditions d'existence telles que les expériences individuelles se trouvent reliées de sorte qu'observer un cas particulier permet de cerner des éléments touchant l'ensemble. C'est pourquoi ses lecteurs se retrouvent dans un univers où des personnages à la recherche d'un bonheur hors de leur portée côtoient des gens qui tentent de vivre malgré l'angoisse qui les étreint. Un certain humour permet à l'auteur de prendre ses distances par rapport à un monde envahi de tondeuses à gazon dernier cri, de piscines bleutées, de querelles conjugales et de familles dysfonctionnelles.

■ UNE VIE FRANÇAISE (2004)

Une vie française décrit la trajectoire de Paul Blick, fils d'une correctrice de presse et d'un concessionnaire de voitures Simca, à Toulouse. Une phrase du philosophe français Jean-Paul Sartre, répétée à plusieurs reprises dans le roman, suggère la banalité de la vie d'un individu confronté à l'usure du couple, aux conflits des générations et à l'aspect mercantile de la société de consommation : « [Tout] un homme, fait de tous les hommes, qui les vaut tous et que vaut n'importe qui. » Dans ce récit, Dubois fait ressortir l'aspect interchangeable des destinées et établit un parallèle entre la vie de son héros et la vie politique française en associant chacun des chapitres à un mandat présidentiel, de Charles de Gaulle à Jacques Chirac. Le récit glisse du burlesque au tragique en entraînant le lecteur dans le sillage de ce Paul Blick, petit-fils d'un berger

Art et littérature

L'ART ENVIRONNEMENTAL

L'œuvre de Robert Smithson appartient au mouvement du Land Art, apparu aux États-Unis à la fin des années 1960 et au sein duquel s'opèrent certaines des ruptures les plus radicales avec l'art traditionnel. Les artistes abandonnent les musées et les galeries d'art et interviennent directement dans le paysage, en le transformant et en le façonnant à leur gré, dans un but esthétique ou philosophique. Faite de boue et de pierres, la jetée en spirale de Robert Smithson mesure cinq cents mètres de long sur cinq mètres de large. Elle se trouve dans le Grand Lac Salé, en Utah, dans un endroit difficile d'accès. Il arrive parfois que les eaux du lac recouvrent complètement la jetée (on a même cru, à une certaine époque, que l'œuvre avait été détruite, mais elle est réapparue lorsque le niveau du lac a baissé). Sa forme évoque le phénomène de l'entropie, soit la dispersion graduelle de l'énergie dans l'espace, symbole pour Smithson de la force de la nature.

ROBERT SMITHSON **(1938-1973).**

Spiral Jetty, 1970. (Photographie de l'œuvre, dans le Grand Lac Salé, en Utah.)

- Comment cette œuvre, par ses dimensions inhabituelles, force-t-elle le spectateur à modifier sa manière de contempler et d'apprécier un objet d'art ?

- Pourquoi Smithson a-t-il choisi de construire la jetée dans un endroit isolé ?

- Cette œuvre a été construite par une équipe d'ouvriers spécialisés, sans que Smithson ait à effectuer de travail manuel. Dans un tel contexte, quel est le rôle de l'artiste dans la réalisation d'une œuvre d'art ? En quoi ce rôle diffère-t-il de l'image traditionnelle de l'artiste ?

- Peut-on affirmer que cette œuvre propose une réflexion sur le rapport entre l'être humain et la nature, comme dans l'extrait d'*Une vie française* ?

Yves Bonnefoy (1923)

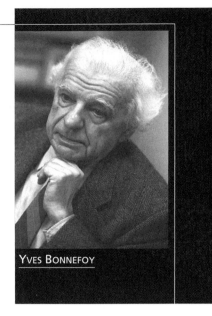

YVES BONNEFOY

Yves Bonnefoy est né à Tours, en France, en 1923. Il a étudié la philosophie et les mathématiques avant de se consacrer à la poésie. Parallèlement, il mène une carrière de traducteur (Shakespeare, Keats) et de professeur. Il a enseigné au Collège de France de 1981 à 1993. Passionné d'art, particulièrement de peinture italienne, il a publié, outre ses recueils de poésie, des essais sur la poétique (*Le Nuage rouge, L'Improbable*) et sur l'art (*Alberto Giacometti, biographie d'une œuvre, Dessin, couleur et lumière*). Ses diverses activités rendent compte de son ouverture face au monde et à la société dans laquelle il vit.

Yves Bonnefoy prend toutefois ses distances par rapport à une poésie trop soucieuse de la forme. Lecteur de Hésiode, de Dante et de Villon, dont les œuvres proposent une réflexion sur la présence de l'homme dans l'univers, l'auteur affirme que l'objet de la poésie est de rappeler notre présence au monde, d'indiquer que le sens est possible malgré le chaos du monde.

■ CE QUI FUT SANS LUMIÈRE (1987)

Bonnefoy est sans doute pessimiste, à court terme, quant à l'état d'un monde où se multiplient les faux besoins, les faux désirs, marque de l'aliénation contemporaine par des valeurs purement commerciales. S'il résiste à toute idéologie, c'est dans l'espoir que la poésie puisse indiquer « un vrai lieu » où l'être retrouverait son unité et le monde, son sens.

Pour y arriver, le poète n'hésite pas à investir le sens de la mort, allant ainsi à contre-courant de la mode et du goût du jour pour la recherche du plaisir et le jeu des apparences. Loin d'en faire un tabou, Bonnefoy considère la mort comme ce qui donne sa forme à la vie. Remettre son existence en question, c'est donc occulter la plénitude de la vie. Reprenant le philosophe allemand Hegel, il rappelle que la poésie ne doit pas s'effrayer de la mort, mais devenir conscience devant elle, dans la recherche de la plénitude et du sens.

Ce désir de réconcilier être et sens est au cœur du recueil intitulé Ce qui fut sans lumière. L'opposition entre le temporel et l'éternel est l'un de ses axes. La terre, l'eau et le feu y sont associés dans une recherche d'unité à peine entraperçue. L'image des branches chargées de neige laisse percer un bref instant cette unité.

« Sur des branches chargées de neige »

I

D'une branche neigeuse à l'autre, de ces années
Qui ont passé sans qu'aucun vent n'effraie leurs feuilles,
Se font des éparpillements de la lumière
À des moments, comme nous avançons dans ce silence.

5   Et cette poudre ne retombe qu'infinie,
Nous ne savons plus bien si un monde existe
Encore, ou si nous recueillons sur nos mains mouillées
Un cristal de réalité parfaitement pure.

Couleurs avec le froid plus denses, bleus et pourpres
10   Qui appelez de plus loin que le fruit,
Êtes-vous notre rêve qui moins s'efface
Qu'il ne se fait la prescience et la voie ?

Le ciel a bien lui-même ces nuées
Dont l'évidence est fille de la neige,
15   Et si nous nous tournons vers la route blanche,
C'est la même lumière et la même paix.

II

Sauf, c'est vrai, que le monde n'a d'images
Que semblables aux fleurs qui trouent la neige
En mars, puis se répandent, toutes parées,
20   Dans notre rêverie d'un jour de fête,

Et qu'on se penche là, pour emporter
Des brassées de leur joie dans notre vie,
Bientôt les voici mortes, non tant dans l'ombre
De leur couleur fanée que dans nos cœurs.

25   Ardue est la beauté, presque une énigme,
Et toujours à recommencer l'apprentissage
De son vrai sens au flanc du pré en fleurs
Que couvrent par endroits des plaques de neige.

(© Mercure de France.)

QUESTIONS

1 Bonnefoy se situe dans une tradition associant la poésie à une réflexion sur la présence de l'homme dans l'univers. Ce poème vous semble-t-il appartenir à cette tendance ?

2 Le titre du poème offre-t-il une piste de lecture ? Laquelle ?

3 a) Relevez, dans la première partie du poème, les mots composant le champ lexical du « nous ». Que vous indiquent-ils à ce sujet ?

    b) Dans cette même partie du poème, relevez les mots composant le champ lexical de la lumière et de la couleur associées à la nature.

    c) Pourquoi le poète utilise-t-il le rejet du vers 6 au vers 7 ?

4 Expliquez comment la seconde partie du poème donne des éléments de réponse à la question posée dans la première partie du poème.

5 Si Bonnefoy prend ses distances par rapport à une poésie moderne trop éclatée, peut-on dire de ce poème qu'il a une forme relativement classique ?

LA REMISE EN QUESTION DES FORMES D'ÉCRITURE

LES ŒUVRES LITTÉRAIRES sont bien souvent négligées par les éditeurs qui ont tendance à viser d'abord et avant tout la rentabilité. Malgré les contraintes que cela impose, des écrivains persistent dans leur travail de recherche et d'exploration, cherchant à créer sans reprendre les formules connues et remettant en question les formes littéraires courantes. Dans son essai intitulé *L'Art du roman*, Milan Kundera s'étonne de la facilité avec laquelle des journalistes se transforment en romanciers sans vraiment modifier leur style d'écriture. Avec une ironie mordante, il remet en cause le nivellement d'une écriture narrative soumise aux normes commerciales du best-seller, au détriment d'une production littéraire misant sur l'originalité et la qualité de l'écriture.

Le poète français Bernard Noël endosse cette critique en refusant l'appellation de poète pour bien montrer que son œuvre rejette les conventions de l'écriture poétique. Andrée Chédid, à l'inverse, se définit comme poète et renoue même avec les origines de la communication en rappelant que les hommes des premiers âges traçaient déjà des signes dans la poussière du sol. Pour devenir poète, l'écrivain doit dépasser les apparences et faire de l'écriture une exploration. Poète d'origine marocaine, Abdellatif Laâbi voit la poésie comme une interpellation dans laquelle on ne peut éviter ni les remises en question ni la brûlure des interrogations.

Milan Kundera (1929)

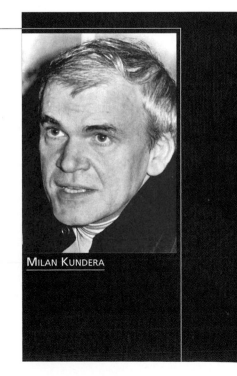

MILAN KUNDERA

Milan Kundera est né à Brno en Tchécoslovaquie en 1929. Fils d'un pianiste réputé, il s'intéresse à la musique, au cinéma et à la littérature. En 1970, deux ans après l'écrasement du Printemps de Prague et l'invasion du pays par les troupes du pacte de Varsovie, le gouvernement autoritaire à la solde de Moscou fait retirer ses livres des bibliothèques du pays. En 1975, Kundera décide d'aller s'installer en France où il écrira dorénavant en français. Son roman *L'Insoutenable Légèreté de l'être* (1984) obtient une reconnaissance internationale, mais ne sera pas lu dans son pays d'origine avant l'effondrement de l'URSS et la fin de son emprise sur les pays de l'Est.

Lorsqu'il est exclu du Parti communiste en 1951, Kundera choisit la littérature comme moyen d'action et le roman comme mode d'expression. « En tant qu'art qui crée des personnages aux attitudes différentes devant la réalité, le roman représente une certaine défense de la liberté individuelle. » Kundera reproche à toute idéologie sa prétention de pouvoir tout expliquer, ce qui ne peut déboucher que sur une simplification, voire une mystification, qui interdit tout doute, toute incertitude, valeurs aussi chères à l'écrivain que l'humour et la dérision.

■ L'ART DU ROMAN (1986)

Dans L'Art du roman, Kundera fait de la relativité le principe fondamental du roman. Plutôt que d'illustrer une thèse au service d'une idéologie dominante, la littérature se doit de cultiver la faculté de comprendre, de poser des questions, de douter en se démarquant du sérieux associé au cercle du pouvoir. Elle défend l'individualité contre les abus d'un système idéologique trop rigide. Kundera dénonce les conditions que les médias imposent aux créateurs, mais précise qu'il n'a pas la moindre intention théorique et livre plutôt « la confession d'un praticien ».

Dans le dictionnaire en annexe à cet essai, l'auteur définit une série de mots clés, qui composent en quelque sorte son lexique personnel. Nous présentons une de ces définitions à la suite de l'extrait tiré des premières pages de l'essai.

Le roman (comme toute la culture) se trouve de plus en plus dans les mains des médias ; ceux-ci, étant agents de l'unification de l'histoire planétaire, amplifient et canalisent le pro-
5 cessus de réduction ; ils distribuent dans le monde entier les mêmes simplifications et clichés susceptibles d'être acceptés par le plus grand nombre, par tous, par l'humanité entière. Et il importe peu que dans leurs différents or-
10 ganes les différents intérêts politiques se manifestent. Derrière cette différence de surface règne un esprit commun. Il suffit de feuilleter les hebdomadaires politiques américains ou européens, ceux de la gauche comme ceux de
15 la droite, du *Time* au *Spiegel* : ils possèdent tous la même vision de la vie qui se reflète dans le même ordre selon lequel leur sommaire est composé, dans les mêmes rubriques, les mêmes formes journalistiques, dans le même voca-
20 bulaire et le même style, dans les mêmes goûts artistiques et dans la même hiérarchie de ce qu'ils trouvent important et de ce qu'ils trouvent insignifiant. Cet esprit commun des mass media dissimulé derrière leur diversité poli-
25 tique, c'est l'esprit de notre temps. Cet esprit me semble contraire à l'esprit du roman.

L'esprit du roman est l'esprit de complexité. Chaque roman dit au lecteur : « Les choses sont plus compliquées que tu ne le penses. » C'est
30 la vérité éternelle du roman mais qui se fait de moins en moins entendre dans le vacarme des réponses simples et rapides qui précèdent la question et l'excluent. Pour l'esprit de notre temps, c'est ou bien Anna ou bien Karénine qui
35 a raison, et la vieille sagesse de Cervantes qui nous parle de la difficulté de savoir et de l'insaisissable vérité paraît encombrante et inutile.

L'esprit du roman est l'esprit de continuité : chaque œuvre est la réponse aux œuvres pré-
40 cédentes, chaque œuvre contient toute expérience antérieure du roman. Mais l'esprit de notre temps est fixé sur l'actualité qui est si expansive, si ample qu'elle repousse le passé de notre horizon et réduit le temps à la seule
45 seconde présente. Inclus dans ce système, le roman n'est plus *œuvre* (chose destinée à durer, à joindre le passé à l'avenir) mais événement d'actualité comme d'autres événements, un geste sans lendemain.

***Extrait du dictionnaire** en annexe à l'essai :*

50 COLLABO. Les situations historiques toujours nouvelles dévoilent les possibilités constantes de l'homme et nous permettent de les dénommer. Ainsi, le mot collaboration a conquis pendant la guerre contre le nazisme un sens nou-
55 veau : être volontairement au service d'un pouvoir immonde. Notion fondamentale ! Comment l'humanité a-t-elle pu s'en passer jusqu'à 1944 ? Le mot une fois trouvé, on se rend compte de plus en plus que l'activité de l'homme
60 a le caractère d'une collaboration. Tous ceux qui exaltent le vacarme mass-médiatique, le sourire imbécile de la publicité, l'oubli de la nature, l'indiscrétion élevée au rang de vertu, il faut les appeler : *collabos de la modernité.*

(© Éditions Gallimard.)

Entre 1977 et 1979, Jenny Holzer a rédigé plus de deux cents maximes et proverbes qu'elle a intitulés *Truismes*. Ces phrases courtes, souvent d'une seule ligne, constituent une sorte de mode d'emploi de la vie quotidienne, teinté d'humour sarcastique et de critique sociale. Holzer a diffusé ses *Truismes* sur des supports généralement réservés à la publicité : affiches, panneaux lumineux, t-shirts, devantures de cinéma, etc. Ce procédé permet à l'artiste de détourner les outils publicitaires de leur objectif premier, soit de vendre un produit en suscitant un désir instantané, souvent artificiel et irréfléchi, oublié dès qu'il est assouvi. Holzer propose la démarche inverse : en invitant à la réflexion, ses maximes permettent au lecteur de prendre ses distances par rapport à l'immédiat du quotidien. Contrairement à la publicité qui offre des réponses faciles, les truismes ne proposent que des questions. Ainsi, Jenny Holzer poursuit une démarche que ne renierait pas Milan Kundera, lui qui dénonce les écrivains « collabos de la modernité […] qui exaltent le vacarme médiatique, le sourire imbécile de la publicité ».

JENNY HOLZER (1950).
Truismes, s.d.

QUESTIONS

1 Censuré dans son pays d'origine, Kundera est-il sensible, dans le premier extrait, à l'intolérance ?

2 Quels liens peut-on établir entre le contenu de ces deux extraits ?

3 a) Comment l'auteur décrit-il une culture des médias ?

b) « L'esprit du roman est l'esprit de complexité. » En quoi cette affirmation s'oppose-t-elle à l'écriture journalistique que l'auteur récuse ?

c) Lorsque l'auteur parle des médias, y a-t-il une différence de ton entre la définition de « collabo » et le reste de l'extrait ?

4 Expliquez comment l'aspect polémique de ces deux passages nuit à l'efficacité de leur critique.

5 La culture journalistique québécoise participe-t-elle aussi au processus de réduction que Kundera déplore dans les médias ?

Bernard Noël (1930)

BERNARD NOËL

Né en France en 1930, le poète et romancier Bernard Noël a été directeur de la collection « Textes » chez Flammarion. Pour lui, la guerre d'Algérie fut une réalité aussi insupportable que d'autres événements qui ont marqué sa génération : l'utilisation de la bombe atomique, la découverte des camps d'extermination et du goulag stalinien, la guerre de Corée et la guerre du Viêt-Nam. Dans un recueil publié en 1969, il passe par l'érotisme pour dénoncer la violence, la torture et la mort. La licence de ce *Château de Cène* lui vaut alors, comme à Baudelaire un siècle plus tôt, les foudres de la justice française en même temps qu'un succès de censure.

Noël s'inscrit dans une écriture résolument moderne. Celui qui refuse l'appellation de poète exige qu'il y ait silence quant à sa vie privée. Ainsi, la biographie de l'auteur « s'arrête aux actes publics que sont les publications », écrit-il en exergue de *La Chute des temps*. Cette position témoigne d'une fermeté idéologique qui s'oppose au mythe entourant le poète et la création, et montre son refus d'entrer dans le jeu des médias si friands d'anecdotes biographiques.

■ LA CHUTE DES TEMPS (1983)

L'œuvre de Bernard Noël se veut une réponse au corps et interroge, au sein de l'écriture, les rapports qui unissent le corps et le mot. En marge de toute prétention humaniste, sa poésie s'appuie sur le lien entre le visible et la réalité, définissant le premier comme un langage. Derrière les yeux, il y a une chambre noire qui articule le langage du monde. Bernard Noël se définit comme un anti-surréaliste, puisque le poète André Breton qui avait choisi de montrer le dévoilement de la pensée ne l'a pas fait. C'est ce qui l'intéresse, lui, et il tente d'explorer cette voie « où le corps de l'écriture s'est fait écriture du corps ». Sa démarche poétique bouscule les limites du questionnement de l'homme aux prises avec son identité.

L'auteur affirme l'importance d'une écriture contemporaine. Comme la poésie vise le langage même, l'utilisation que Noël fait de la langue, dans ses aspects phonétique, sémantique et syntaxique, peut apparaître comme une transgression. Les ruptures, éclatements ou suspensions créent un effet libérateur qui renvoie le mot à lui-même.

```
        je vis de ma mort
    ce futur soulève mon présent
    le jour la nuit ne mesurent rien
    car la mesure qu'est-ce que la mesure
5   une goutte d'air dans l'air
    les yeux toujours dans les mêmes trous
    la fenêtre prise pour l'espace
                suis-je
    de mon temps
10          drôle de question
    mon temps n'est qu'à moi
```

```
    que seraient les terreurs et la modernité
    sans le papier comme cervelle répandu
    en guise de sens et d'avoir
15  comme il faut
                on me dit poète
    moi pas
        en cela je suis d'accord
    avec l'ennemi mais l'ennemi est poète
20  c'est pourquoi il aime la poésie
    moi pas
            la poésie est une poire
```

introuvable quand on a soif
quelque chose appelle dans le mouvement
25 de sa propre disparition et cela seul
chatouille la langue dis-moi
quel nom quel miroir de nuage
mais tout visage se lève
de soi-même dès qu'on le fixe
30 et je meurs
        la main pose ces mots
et ne sait rien de tout ce qui pourtant
s'évapore ici même dans l'élan
de nommer
35   qui
et celui-là jusqu'au dernier
moment n'osera dire
c'est assez
        il regarde la main
40 est-ce moi fait-il
le corps porte tellement de je
l'un chasse l'autre et change la récolte
la saveur de la durée perle mieux

sur le il combien de places encore
45 en moi dessous l'unique peau
la succession est si légère
toute une histoire qu'on ne lira pas
sur le blanc de l'œil mais nul ne lit
non plus dans l'air cette partie
50 qui fut le contenant de nos paroles
le souffle à travers lequel nous
nous sommes touchés n'est rien
que ce tout et va le vent
d'une mer à l'autre d'une bouche
55 vers toutes les bouches la poésie
est comme l'air un poème la respire
un instant puis il n'est plus
que la gorge vidée la gorge
appelante et j'étouffe
60 de ne pas comprendre le monde
le même ciel sur tout déroulé
l'obstination de la vie

(© Flammarion.)

QUESTIONS

1 L'auteur hésite à se qualifier de poète. Est-ce que cela transparaît dans ce poème ? Comment la poésie est-elle désignée ?

2 Quels éléments de ce poème vous apparaissent modernes ?

3 a) Analysez l'utilisation des pronoms personnels.

b) Relevez les mots appartenant au champ lexical du corps. Quel lien unit le corps à la poésie ?

c) Bernard Noël utilise peu d'images. Quel effet cela produit-il et comment le sens se construit-il ?

4 Expliquez quel lien on peut établir entre le premier bloc de sept vers et le reste du poème.

5 En quoi la référence au monde extérieur est-elle différente dans ce poème et dans celui d'Yves Bonnefoy (p. 259) ?

Abdellatif Laâbi (1942)

Abdellatif Laâbi est né à Fès, au Maroc, en 1942. Sixième enfant d'une famille de huit, il éprouve un respect attendri pour son père analphabète et pauvre qui a voulu que ses enfants sachent lire et écrire. Laâbi a fait une licence de lettres françaises, à Rabat, capitale du pays. En 1962, il fonde la revue *Souffles*, en langue française et, en 1971, la revue *Anfas*, en langue arabe. Les deux langues, qu'il utilise aussi bien pour communiquer que pour créer, sont complémentaires pour cet auteur qui ne voit pas d'opposition ni de problème idéologique dans le fait de ne pas se définir comme un écrivain unilingue. En créant ces revues, il vise le renouvellement d'une écriture qui ne se veut plus un reflet de la culture occidentale ou arabe, mais qui cherche plutôt à favoriser l'émergence d'une culture propre au Maroc et au Maghreb. Pour Laâbi, la poésie peut devenir cri. Rompre

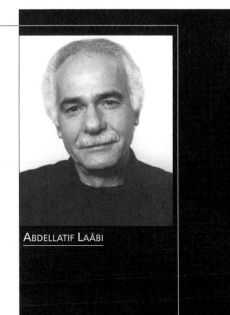

ABDELLATIF LAÂBI

le cercle infernal de la domination, du silence et de l'anonymat ne peut se faire que poitrine et gosier à découvert, clame le poète. Les premiers numéros de *Souffles* donnent le ton. « La poésie est avant tout ce qui reste à l'homme pour proclamer sa dignité, ne pas sombrer dans le nombre, pour que son souffle reste à jamais imprimé et attesté dans le cri. » La réaction du pouvoir politique est féroce : en 1972, la revue est interdite, et Laâbi est arrêté et condamné à dix ans de prison pour délit d'opinion.

Le poète n'est libéré qu'en 1980 après une campagne internationale de solidarité. Durant son incarcération, il fait de l'écriture une hygiène mentale de survie et de résistance, une manière d'affirmer sa liberté de penser. Le prisonnier Laâbi compose trois recueils de poèmes aux titres évocateurs, dont *Sous le bâillon le poème* qui est particulièrement représentatif de cette période. Depuis sa sortie de prison, il se méfie d'une notoriété de circonstance, rejetant l'image médiatique de l'écrivain au cachot. Il refuse de donner prise à toute légende à son sujet. À un journaliste qui lui demandait comment le démon de la poésie s'était emparé de lui, il a répliqué ne pas vouloir contribuer à la fabrication d'un mythe, celui du poète illuminé depuis sa tendre enfance. Cela va dans le sens de son exigence éthique qui refuse les dogmes et se méfie des idéologies.

■ SOUS LE BÂILLON LE POÈME (1981)

« Laâbi écrit comme le cœur lance le sang, par pulsations, dit le poète français Bernard Noël. Ces pulsations irrégulières, tantôt longues, tantôt brèves, sont la mesure de ses vers, et elles leur donnent une espèce d'emportement organique. » « Les mots sont arrachement hors du néant, affirme pour sa part le poète marocain, ils sont graffitis sur les parois du tunnel dont on ne sait plus s'il a une fin, s'il est habité par d'autres. » L'auteur accepte l'étiquette de poète engagé à la condition que cela signifie que la poésie prend fait et cause pour sa raison d'être, qui va jusqu'au bout de son aventure, qui ne craint pas les remises en question et la brûlure des interrogations. Bien que l'auteur ait touché des genres littéraires variés (roman, théâtre, essai), il se déclare poète avant tout puisque la poésie est son énergie vitale. « L'acte poétique n'est pas méditation sur le réel, c'est un réel nouveau qui se construit à partir d'une destruction et en fonction d'un projet. » Ainsi, l'écriture n'est pas un simple instrument au service de l'art, elle est acte de présence dans la vie, affirmation d'espoir. Dans une lettre datée du 21 juin 1976, Laâbi définit le poète comme quelqu'un qui, tout en marchant avec les autres, essaie de déterminer l'épicentre de toutes les douleurs et des espoirs partagés et qui, de ce haut lieu de sensibilité, fait jaillir le chant dont les mots et la musique préexistaient en chacun et cherchaient leur fusion. Les deux poèmes que voici ont été écrits en prison et se suivent dans le recueil. En guise de lexique, l'auteur ajoute, comme Kundera, une série de définitions, dont celles des yeux et du poème.

« Les Maures » (1975-1976)

Los Moros! Los Moros!
c'était l'épopée d'Abdelkrim
on désignait aux petits soldats espagnols
les rebelles enturbannés

```
  5   circoncis infidèles
                      sauvages refusant le baptême
      on leur rappelait le testament
      d'Isabelle la Catholique
      les douars brûlaient
 10   on coupait la tête aux païens
      on arborait un sourire triomphal
      pour se faire photographier
      avec le hideux trophée
      Il en mourait
 15               il en mourait des petits soldats espagnols
      depuis des siècles
      la Reconquista se poursuivait

      Los Rojos! Los Rojos!
      C'était la Guerre Civile
 20   on désignait aux soumis enturbannés
      les chiens Rojos
      les incestueux
                   les ennemis de Dieu
      on leur rappelait les préceptes de la Guerre Sainte
 25   on leur promettait
                         butin et ripaille
      les villages brûlaient
      los moros
               terreur indélébile
 30   violaient les premières femmes
      chair à canon
      ils étaient fauchés par les premières balles

      Los Moros! Los Rojos!
      les sauvages enturbannés
 35   les petits soldats espagnols
      finis les épouvantails
      finis les testaments
                      de la Reconquista
      finie la tragédie
 40              de la chute de Grenade
      les larmes de crocodile
                      sur l'Alhambra
      les yeux des travailleurs
      se sont dessillés
 45   guerre aux Inquisiteurs!
```

« Le Taureau fabuleux » (1975-1976)

```
Espagne
quel est donc ce taureau
que tu as lâché dans l'arène
```

Il se détourne fièrement et s'éloigne   lorsqu'on

5 agite devant lui la muleta   Les banderilles qu'on

plante sur son cou   tombent d'elles-mêmes   et

le sang s'arrête aussitôt de couler   Tous les toreros

qui soutiennent son regard   sont pris de convul-

sions   Aucun matador   ne peut lever l'épée sur

10 lui   Et les gradins se vident de leurs spectateurs

à mesure de sa résistance

Espagne

quel est donc ce taureau fabuleux

que tu as lâché dans l'arène

Lexique (1977)

Les yeux

siège de la parole

axe autour duquel gravitent

les saisons

S'abreuvent d'étreintes et de soleil

Citadelle de dénonciation

Poème

avec minuscule

cris de joie

      peines

         espérances

pour abolir le mur des exils

Chants

autour du feu de veille

des fraternités

Quand la liberté est en cause

mot qui part

dans la même direction que la balle

Avec majuscule

le sursaut humain

dans toute son ampleur

Voir : la grande fête des pauvres

(© Reproduit avec la permission de l'auteur.)

QUESTIONS

1 Les deux poèmes de Laâbi ont été écrits en prison. En quoi rendent-ils compte de cette situation particulière de création ?

2 Ces poèmes constituent-ils un appel ou une interpellation au lecteur ?

3 a) Dans le poème « Les Maures »,

– dégagez les mots formant le champ lexical des Maures (vers 1 à 14) ;

– dégagez les mots formant le champ lexical des soldats espagnols (vers 18 à 25).

En quoi s'opposent-ils et se complètent-ils ?

b) Dans le poème « Le Taureau fabuleux », définissez l'adjectif « fabuleux ». Comment s'applique-t-il à l'animal dans le déroulement du poème ?

c) Quels sont les éléments propres à une écriture moderne dans ce deuxième poème ?

4 Expliquez le lien polémique qui unit les deux mots tirés du lexique aux deux poèmes de Laâbi.

5 Ce lien est-il de la même nature que ce qui associe, chez Kundera (p. 262), la définition du collabo à l'extrait présenté ?

Andrée Chédid (1925)

ANDRÉE CHÉDID

Andrée Chédid est née au Caire en 1925. Égyptienne de lignée libanaise, elle habite la France depuis 1946. Elle revendique cette triple appartenance — au Liban, à l'Égypte et à la France — qui a marqué sa vision du monde. De son pays d'origine elle a conservé l'image du désert, symbole de passage, de désolation, de vérité mise à nu ; tout comme l'écriture qui est passage et dévoilement.

Andrée Chédid n'appartient à aucun groupe, à aucune école. L'écriture, chez elle, est une expression de la liberté. Elle refuse toute forme de mainmise intellectuelle, s'oppose à toute idéologie imposant une façon de voir ou d'agir. Les vérités infaillibles et les messages transcendants lui paraissent dérisoires. La certitude qui l'anime est plutôt celle de nos limites, aussi l'écriture est-elle exploration. Être poète implique la nécessité de poser un regard décapant sur les choses, sur les guets-apens de l'événement. Cela impose une exigence, un besoin de se libérer des mailles de l'existence, des masques, des limites. « Vivre en poésie, écrit-elle, ce n'est pas renoncer, c'est regarder à la lisière de l'apparent et du réel. » Andrée Chédid dit s'intéresser à ce qui se passe actuellement dans le monde, au glissement de l'histoire, à ces retours endémiques à la violence. Malgré les inquiétudes quant aux événements touchant l'ensemble de la planète, elle aime se rappeler cette phrase du poète français René Char : « Aller me suffit. » Ces trois mots sont pour elle une note d'espoir, comme l'impression que, malgré tout, une conscience universelle se fait jour peu à peu.

■ POÈMES POUR UN TEXTE (1970-1991)

Ayant écrit pour le théâtre avant d'aborder la fiction et la poésie, Andrée Chédid se considère d'abord comme un poète questionnant le langage. Pour ce qui est de sa méthode de travail, elle dit partir d'une vision globale indéfinie et construire le poème par des coups de sonde dans le réel.

Dans « Épreuve de l'écrit », Andrée Chédid précise sa démarche : « Pour traduire l'élan, pour faire germer le grain, il faut développer, modeler, architecturer ce tohu-bohu — ou ce plain-chant — du dedans. […] Rythme et intervalles, accords et dissonances, foisonnement de caractères ou pauses des blancs. Les mots s'affrontent, les contradictions s'épousent, pour qu'émergent ces déflagrations, ces anfractuosités, ces mouvements aériens, enfouis au fond de nous. »

« Épreuves du titre »

La « Table des Poussières » ou bien « Épreuves du Vivant »… Pour ce volume j'ai longuement hésité entre ces deux titres. Leurs rapports, peu à peu, m'ont paru évidents.

5 Chacun d'eux concerne « l'inscrit », au sens physique, matériel du terme.

Les premiers hommes dessinaient chiffres et signes sur la « Table des Poussières ». Inscrivant avec leurs doigts, effaçant de leurs paumes ;
10 retraçant de nouveau sur la surface précaire des sables, ils poussaient leurs découvertes, leurs expériences plus loin.

De même le mot « Épreuves » évoque l'examen de la chose en fabrication ; évaluer, juger de
15 l'état d'un travail en métamorphoses.

« La Table des poussières »

Inscris
　　Le poème doublé de nuit
　　Le poème drapé du linceul des mots

　　Le poème
5　　S'égarant dans les cavernes du doute
　　Se rétractant sous les rides du chagrin
　　Sombrant dans les puits sans échos

Inscris
　　Le poème s'étirant dans les blés
10　　Le poème s'allongeant vers les sphères

　　Le poème bondissant
　　dans les pâturages de l'âme
　　Le poème frémissant
　　dans le corps des cités

15 À présent
Efface

　　Que le poème retourne à la poussière
　　Qu'il supprime toutes paroles
　　Qu'il t'annule à ton tour

20 Efface et puis
Renais
　　Sur la table rase

　　　Inscris…

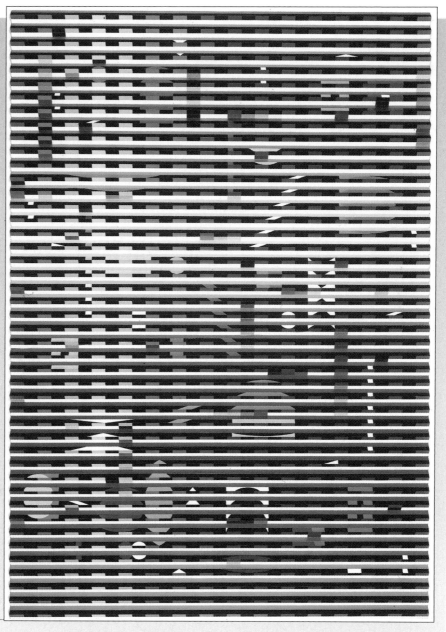

Yaacov Agam (1928).

Fonds marins, 1963. (Huile sur toile avec tiges mobiles en bois. Collection Peter Stuyvesant, Zurich.)

Le tableau de l'artiste israélien Yaacov Agam semble avoir été conçu dans le même esprit que le poème «sans cesse en cours d'exécution» que propose Andrée Chédid dans «La Table des poussières». Composées d'éléments mobiles que le spectateur modifie à son gré, les œuvres d'Agam sont, au dire même de leur auteur, des «peintures transformables». Pour *Fonds marins*, Agam a disposé des petites tiges de bois peint sur un dessin. Le spectateur peut faire pivoter les tiges et changer l'apparence de l'œuvre. Cette photographie de *Fonds marins* ne propose donc qu'une des multiples variations possibles. L'œuvre se transforme et se renouvelle constamment, avec la complicité du spectateur, devenu participant actif à la démarche de l'artiste.

« Regarder l'arbre »

L'Arbre

couloir de sèves
qui persiste
et gravit

5   M'élance hors des décombres

Vers la parole-fruit !

(© Flammarion.)

QUESTIONS

1 En quoi les précisions qu'apporte Andrée Chédid au sujet du titre du recueil et du poème suggèrent-elles le sens de ce dernier ?

2 À première vue, quel lien pouvez-établir entre ces deux poèmes ?

3 a) Relevez dans les quatorze premiers vers du poème « La Table des poussières » les verbes associés au mot « poème ». Que constatez-vous en ce qui a trait au sens ?

b) Dans le même poème, en quoi les mots mis en évidence visuellement, à gauche, indiquent-ils la progression de la dynamique du sens ?

c) Montrez que le passage de l'article défini « L' » au pronom personnel « M' » donne son sens au poème « Regarder l'arbre ».

4 Andrée Chédid proclame son identité de poète. Expliquez comment ces deux poèmes affirment la présence de la poésie.

5 Bernard Noël refuse l'appellation de poète alors qu'Andrée Chédid revendique ce titre. Au-delà de cette opposition apparente, se rejoignent-ils par leurs poèmes ?

PARTIE 5

LA PAROLE ET LE CORPS LIBÉRÉS

FEUILLETEZ les anthologies, les histoires de la littérature et même le *Petit Robert 2*, cherchez-y les femmes. Ou encore essayez de nommer les écrivaines que vous connaissez. Dans les deux cas, la cueillette risque d'être mince.

Dans l'esprit des idées misogynes que Christine de Pisan reprochait aux écrivains du XIVe siècle, on a de tout temps relégué les femmes à la maternité, aux soins des enfants et aux tâches ménagères, fonctions qui ne nécessitaient pas d'instruction. Mais depuis le début du XXe siècle, plusieurs femmes ont reçu une éducation supérieure qui leur a permis de se soustraire à certaines obligations traditionnelles. Les années 1970 voient d'ailleurs apparaître le Mouvement de libération de la femme, le MLF. Tributaires de toutes celles qui ont combattu, individuellement ou en groupes, pour avoir le droit de vote, qu'elles obtiendront en France le 29 avril 1945, et pour se voir reconnaître des droits en matière de contraception et d'avortement, les partisanes du MLF revendiquent une identité qui ne se limite pas à la vie que la tradition a jusque-là réservée aux femmes. Elles se battent pour que la société leur laisse la pleine jouissance de leur être et de leur liberté, laquelle passe par le droit d'étudier, de travailler à l'extérieur, de ne pas se marier, de ne pas avoir d'enfants ou de décider du moment où elles en auront. La plus connue des manifestations du MLF est sans doute le « Manifeste des 343 », publié dans *Le Nouvel Observateur* du 5 avril 1974, dans lequel trois cent quarante-trois femmes déclarent avoir avorté dans l'illégalité et réclament le droit à l'avortement libre. Parmi elles, beaucoup d'inconnues certes, mais aussi

Simone de Beauvoir, Marguerite Duras et Annie Leclerc qui n'hésitent pas à défier la loi française en affirmant qu'elles ont avorté. En effet, dans la France de cette époque pas si lointaine, avorter est un acte illégal passible de six mois à trois ans de prison, qui vaut aussi à la condamnée une amende de cent à trois mille francs, quelle que soit la raison de son avortement. Il faut attendre 1975 pour que la ministre de la Santé Simone Veil, à ne pas confondre avec la philosophe Simone Weil dont il a été question dans le chapitre 3, fasse voter une loi rendant l'avortement gratuit pour toutes.

Les années 1970 sont donc celles où les femmes prennent la parole pour enfin dire leur réalité, telle qu'elles-mêmes la vivent, la perçoivent et l'analysent. Cette prise de parole se fait dans différents journaux et revues aux noms très évocateurs : *Le torchon brûle* (1971-1973), *Les Pétroleuses* (1974-1982) et *Sorcières* (1976-1982), pour ne citer que ceux-là. Mais les femmes ne se contentent pas d'articles ; elles écrivent des romans, des pièces de théâtre et des essais féministes.

Tout à fait représentatives du MLF des années 1970, Annie Leclerc et Benoîte Groult partent de leur compréhension du monde et de leurs expériences pour réfléchir à la situation de la femme dans leur société. Trente ans plus tard, dans un devoir de mémoire, Annie Ernaux se penche sur l'avortement illégal qu'elle a subi dans les années 1960 et sur la façon dont elle l'a vécu. Pour sa part, Élisabeth Barillé, qui a grandi pendant les années 1970, illustre le rapport qu'une jeune femme de la fin du XXᵉ siècle entretient avec sa virginité.

Annie Leclerc (1940)

Après des études à la Sorbonne, Annie Leclerc enseigne la philosophie dans un lycée de 1964 à 1985. Elle travaille ensuite pendant dix ans dans le domaine de l'édition, tout en donnant des ateliers d'écriture, notamment dans une prison des environs de Paris. Dans *L'Enfant, le prisonnier* (2003), elle relate cette expérience subversive qui consiste à tenter d'« écarter les barreaux [que les prisonniers et elle-même ont] dans la tête ». Parallèlement à ses activités professionnelles, Annie Leclerc poursuit une démarche d'écriture qui allie poésie et philosophie, laquelle est, selon elle, « une voie concrète de libération pour une femme ». La simplicité, le plaisir de vivre, les rapports homme-femme et la sexualité sont ses thèmes de prédilection. En 2001, elle publie l'essai *Toi, Pénélope*, dans lequel elle pose un regard nouveau sur deux personnages mythiques, qui s'avèrent plus complexes et nuancés qu'on ne le pense généralement. En effet, si historiquement Pénélope est considérée comme l'incarnation même de la fidélité féminine pour avoir écarté les prétendants, Leclerc dépasse cette représentation pour opposer son pouvoir bienveillant et harmonieux à la violence guerrière des hommes et montrer en quoi Ulysse est un être fragile, bien qu'il se soit montré rusé et courageux à la guerre.

Annie Leclerc

■ PAROLE DE FEMME (1974)

Parole de femme est un essai féministe dans lequel, plutôt que d'attaquer l'homme et de revendiquer pour les femmes les « avantages » que la tradition reconnaît à ce dernier, Leclerc adopte une perspective plus large et remet en question la façon même dont fonctionne la société : tout le monde court pour avoir une profession, pour bien paraître, et la plupart des gens oublient de profiter de la joie d'être vivant. Par cet essai, elle veut amener les femmes à cesser de dénigrer tout ce qui relève d'elles. Elle magnifie donc tout ce qui est essentiellement féminin, tout ce qui relève de la vie. Dans l'extrait suivant, Leclerc montre comment le corps est la première source de plaisir, mais un plaisir qui ne tient pas qu'à la sexualité.

Vivre est heureux. Voir, entendre, toucher, boire, manger, uriner, déféquer, se plonger dans l'eau et regarder le ciel, rire et pleurer, parler à ceux qu'on aime, voir, entendre, toucher,
5 boire ceux qu'on aime, et mêler son corps à leur corps est heureux.

Vivre est heureux. Voir et sentir le sang tendre et chaud qui coule de soi, qui coule de source, une fois par mois, est heureux. Être ce vagin,
10 œil ouvert dans les fermentations nocturnes de la vie, oreille tendue aux pulsations, aux vibrations du magma originaire, main liée et main déliée, bouche amoureuse de la chair de l'autre. Être ce vagin est heureux.

15 Vivre est heureux. Être enceinte, être citadelle, hautement et rondement close sur la vie qui pousse et se dilate au-dedans, est heureux.

Mais accoucher c'est vivre aussi intensément qu'il est possible de vivre. C'est le somp-
20 tueux paroxysme de la fête. Expérience nue, entière de la vie. Accoucher est plus que tout heureux.

C'est le cœur au ventre de toutes mes révoltes, c'est la juste racine de mes indignations, c'est
25 la terre originelle de la parole que j'essaie.

Mais encore, le lait qui monte vers la bouche de l'enfant et gorge douloureusement le sein est heureux. Et l'enfant, animal, avide qui tète.

Vivre est heureux. L'avons-nous jamais su ? Le
30 saurons-nous jamais ?

Et pourtant il en est de ces beaux livres qui célèbrent la vie. Ainsi disent-ils, ainsi croient-ils. De ces livres qui fêtent la terre et le soleil, le rire et le sexe bandé, la main avide et puis-
35 sante, la main forcenée et la main douce, le sperme éjaculé et la joie exaltée à l'assaut des obstacles, de ces beaux livres d'hommes acquiesçant au délire de vivre et d'être homme.

40 De ces beaux livres aussi qui parlent de maison et de pluie, de saisons et d'enfance, d'objets doux au toucher, de miroirs, de dentelle, de confiture et de silence, de lumières et d'odeurs, et ce sont livres de femmes, beaux livres de femmes où la ferveur du vivre est
45 reconnue par-delà ou à travers même ces pauvres choses qu'on leur a laissées, faute de pouvoir les leur retirer.

Beaux livres d'hommes, et beaux livres de femmes, qui célèbrent la vie, voilà que vous me
50 faites honte et colère de ce que vous ne dites jamais.

Livres de femmes surtout, si pleins de fièvre et d'extase, voilà que vous me torturez de remords comme si je vous avais tous écrits. Le silence
55 auquel vous avez consenti, l'oubli, le rejet, le dégoût, le dédain, la haine de tout ce que l'homme avait oublié, rejeté, vomi, haï, c'est le reniement, l'assassinat de vous-mêmes dans sa part la plus vive, la plus vraie, la plus
60 somptueuse.

Les hommes ont inventé le monde, renversé les montagnes et tracé les sillons, ils ont dressé leur sexe et bandé leurs muscles, ils ont fabriqué le monde de leur sang, leur sueur, leur sperme,
65 ils l'ont coulé dans les moules de l'ordre, de la tyrannie et de l'oppression ; et vous femmes, qu'avez-vous fait ?

Oh ! oui, je sais, vous avez souffert en silence, vous avez saigné vous aussi, et bien sué, et
70 pleuré et gémi, mais ni vos larmes, ni votre sueur, ni votre sang, ni votre courage n'ont

jamais compté pour rien. Vous avez accepté que tout cela ne compte pas.

C'est difficile à dire, mais vous avez même
75 dégradé ce que l'homme vous accordait dans un mouvement d'obscure répulsion-fascination, l'horreur de votre sang menstruel, la malédiction acharnée pesant sur votre gésine, l'écœurante nausée au spectacle de
80 votre lait.

Car vous, comment avez-vous répondu à ces superbes condamnations et damnations ? Qu'elle fut triste et pitoyable votre réponse ! Vous avez fait de votre sang, de votre gésine,
85 de votre lait, des choses anodines, des choses de passage, de pauvres choses à laisser de côté, à souffrir en silence, des choses à supporter, comme les maladies, les rages de dents, ou les boutons sur la figure…

90 Alors je sais qu'il y avait plus de vérité et moins de mépris dans le regard des hommes sur nous que dans celui que nous portions sur nous-mêmes, car à vrai dire nous n'en avons jamais porté aucun, nous avons détourné de nous-
95 mêmes notre regard, nous nous sommes méprisées aussi loin qu'on peut mépriser, nous nous sommes laborieusement et systématiquement *gommées*.

Qui reprocherait maintenant aux hommes de
100 n'avoir conçu de sexualité qu'à travers, par ou pour leur sexe, quand nous n'avons jamais rien fait pour percevoir le nôtre et sa propre sexualité ?

Et pourtant, c'était si simple en un sens. Car
105 nous en avions, un sexe, et chargé de tant d'événements, d'aventures et d'expériences, que l'homme aurait pu en pâlir d'envie. Et voilà que c'est nous, nous si riches, dont on a réussi à faire des envieuses ! Mais qui, on ? Nous,
110 femmes, plus que quiconque, je le crains.

(© Éditions Grasset & Fasquelle).

QUESTIONS

1 Quels thèmes développés ici ne l'étaient jamais dans les écrits des hommes ?

2 De quelle façon l'auteure perçoit-elle les femmes ?

3 a) Leclerc utilise l'anaphore « Vivre est heureux » (lignes 1, 7, 15 et 29). Quel effet cette figure de style produit-elle ? Quel lien peut-on établir entre ce procédé et la célébration du plaisir du corps ?

b) Il y a une progression dans cette anaphore. Expliquez le sens de cette progression.

c) L'extrait est construit en trois parties. Repérez ces parties et analysez-les.

d) Quelle différence Leclerc fait-elle entre les livres écrits par les hommes et ceux écrits par les femmes ?

e) Le monde que les hommes ont créé est dur pour les femmes. Leclerc croit que les femmes n'ont pas fait grand-chose dans le passé pour s'opposer à cette oppression. Comment illustre-t-elle cela ?

f) Deux fois dans cet extrait, l'auteure commence sa phrase par « Et pourtant » (lignes 31 et 104). Quel effet cela produit-il ?

4 Montrez en quoi la vision que Leclerc propose ici de la femme et de son rôle dans la vie est subversive et exhorte les femmes à cesser d'être des victimes.

5 Quel regard porte-t-on sur le corps de la femme aujourd'hui ? Et sur celui des hommes ? Ce regard est-il différent de celui de Leclerc ?

BENOÎTE GROULT

Benoîte Groult (1920)

Benoîte Groult naît à Paris, dans une famille bourgeoise. Ses parents fréquentent le milieu de la peinture et de la littérature, notamment Picasso et Cocteau, ce qui colore son enfance. Elle obtient une licence en lettres, puis enseigne au début des années 1940, avant de devenir journaliste. Elle fait ses premières armes littéraires avec sa sœur Flora ; toutes deux racontent leur adolescence assez choyée dans *Journal à quatre mains* (1962). En 1965, elles publient *Le Féminin pluriel*, journal à quatre mains de deux amies devenues ennemies à cause d'un homme, dans lequel elles proposent leurs réflexions sur la jalousie, sur les attentes et les désirs des femmes. Un parti pris féministe apparaît donc dans leur démarche. À partir des années 1970, les deux sœurs entreprennent chacune une carrière en solo, et Benoîte Groult poursuit sa réflexion sur la place de la femme dans la société. En 1978, elle participe à la création de la revue féministe *F Magazine*, dont elle signe les éditoriaux. De 1984 à 1986, elle préside la Commission de terminologie pour la féminisation des noms de métiers, de grades et de fonctions. Depuis 1976, elle est membre du jury du prix Fémina, créé en 1904, jury qui a la particularité d'être formé exclusivement de femmes. Elle a été nommée officier de la Légion d'honneur en 2005.

■ AINSI SOIT-ELLE (1975)

Benoîte Groult a cinquante-cinq ans quand elle décide, à la suite d'Annie Leclerc, de proposer sa Parole de femme *en publiant* Ainsi soit-elle. *Dans le premier chapitre de cet ouvrage, après avoir rapporté quelques commentaires de certains de ses amis qui la mettaient en garde d'écrire un « livre MLF », elle conclut : « Il faut enfin guérir d'être femme. Non pas d'être née femme [elle fait ici référence à la célèbre phrase de Simone de Beauvoir : « On ne naît pas femme, on le devient. »], mais d'avoir été élevée femme dans un univers d'hommes, d'avoir vécu chaque étape et chaque acte de notre vie avec les yeux des hommes, selon les critères des hommes. Et ce n'est pas en continuant à lire les livres des hommes, à écouter ce qu'ils disent en notre nom ou pour notre bien depuis tant de siècles que nous pourrons guérir. » Groult pose donc un regard plutôt décapant sur plusieurs aspects de la vie des femmes pour amener celles-ci — et dans une moindre mesure les hommes — à prendre conscience du sort peu enviable qui leur est réservé : la place de la femme dans la société (à la maison à prendre soin des enfants et de son mari), les sujets traités dans la presse dite féminine (notamment comment rester une belle femme), ou encore la domination masculine qui se manifeste par l'ablation du clitoris ou, pire, l'infibulation, et par l'exigence de la sacro-sainte virginité avant le mariage.*

L'extrait suivant est tiré d'un chapitre consacré à déconstruire, avec un humour que certains trouveront peut-être acide, le mythe de la supériorité masculine. Pour Groult, la glorification de la virilité résulte d'un matraquage publicitaire qui n'a aucun fondement physiologique.

C'est rouge et puis c'est amusant

C'est dur, mais y a pas d'os dedans. Ça bouge tout seul, mais ça n'a pas de muscles. C'est doux et touchant quand ça a fini de jouer, arrogant et obstiné quand ça veut jouer. C'est fragile et capricieux, ça n'obéit pas à son maître, c'est d'une susceptibilité maladive, ça fait la grève sans qu'on sache pourquoi, ça refuse tout service ou ça impose les travaux forcés, ça tombe en panne quand le terrain est délicat et ça repart quand on n'en a plus besoin ; ça veut toujours jouer les durs alors que ça pend vers le sol pendant la majeure partie de son existence… Mais, comme disaient les chansonniers de *La Tomate* il y a quelques dizaines d'années : « C'est rouge… et puis c'est amusant ! »

Il paraît que nous aurions adoré avoir un truc comme ça. Il paraît que quand on n'en a pas, c'est bien simple, on n'a RIEN.

Et puis ce n'est pas fini : à côté du machin il y a les machines. Et là c'est nettement pire. Ces objets-là gagneraient évidemment à être dissimulés à l'intérieur. On ne met pas en vitrine une marchandise aussi peu engageante. Si nous avions ce genre de valseuses à la place de nos seins par exemple, j'entends d'ici les plaisanteries, les remarques perfides et les horreurs qu'on débiterait sur le corps féminin ! Où elles sont placées, pauvres minouchettes, on dirait deux crapauds malades tapis sous une branche trop frêle. C'est mou, c'est froid, ni vide ni plein ; ça n'a aucune tenue, peu de forme, une couleur malsaine, le contact sépulcral d'un animal cavernicole ; enfin c'est parsemé de poils rares et anémiques qui ressemblent aux derniers cheveux d'un chauve. Et il y en a deux !

Vues de dos, le porteur étant à quatre pattes, elles font irrésistiblement penser à un couple de chauves-souris pendues la tête en bas et frémissant au moindre vent, comme on en rencontre par milliers sur les arbres des îles du Pacifique. Un ingénieur qui aurait inventé ce système-là pour entreposer des spermatozoïdes se serait fait mettre à la porte.

Disons-le tout net : votre panoplie, mes chéris, même si vous ennoblissez la pièce maîtresse du titre de phallus, ne forme pas un ensemble extraordinaire. Toutes celles qui l'ont découvert sans éducation préalable, le soir de leurs noces par exemple, ont d'abord été horrifiées. Les religions qui en ont fait un symbole à adorer ont été amenées à le styliser sérieusement. Et pourtant nous l'aimons, cette trinité, avec humour parce qu'elle est objectivement laide, avec amour parce qu'elle est subjectivement émouvante. Mais qu'on ne nous empoisonne plus avec cette prétendue envie de pénis, qu'on ne nous définisse plus, au physique et au moral, par rapport au pénis et qu'on nous soulage de tous ces psychanalystes et sexanalystes qui s'acharnent à réanimer nos vieux conflits au lieu de nous apprendre à nous aimer nous-mêmes, ce qui est une condition essentielle pour aimer l'autre. Sinon, nous allons le prendre en grippe, l'objet, comme certaines ont commencé à le faire. Ce serait dommage pour tout le monde.

Nous avons chacun nos jouets et ils sont faits pour aller ensemble. Quelle merveille ! L'un sans l'autre a l'air idiot. Quelle plus jolie preuve qu'ils sont faits pour aller l'un dans l'autre ? Tout le reste n'est que compensation, bricolage et pis-aller. Bien sûr, le zizi peut servir également à faire pipi debout. Viser, c'est amusant. Mais enfin, sérieusement, peut-on penser que les modalités de la miction influent sur le psychisme ? Pour d'autres besoins aussi peu passionnants l'homme s'assied comme nous, sans en tirer de conclusions métaphysiques.

La vérité, c'est que cette soi-disant supériorité du joujou masculin est le résultat d'un matraquage publicitaire entrepris depuis des millénaires en faveur de l'organe mâle. Matraquage si réussi qu'une de mes amies à qui j'ai mis un jour un crapaud dans la main en lui demandant si ça ne lui rappelait pas quelqu'un, s'est tout d'abord récriée comme si je blasphémais.

« Ne me dis pas que tu n'avais jamais fait le rapprochement ?

90

— Je n'aurais jamais osé y penser de cette façon, m'a-t-elle avoué… Par déférence ! »

Tout comme les promoteurs d'une lessive, les concepteurs de la promotion du pénis se sont

95 battu les flancs depuis toujours pour prouver la supériorité de leur marchandise et, comme tout bon publiciste, ils n'ont pas hésité à proférer des absurdités. C'est thermovariable… Ça nettoie tout comme une tornade blanche… Ça,

100 c'est du meuble… Je suis le bonhomme en bois… C'est Shell que j'aime… Homo lave plus blanc… Tous ces slogans avaient déjà servi. Il parut plus simple, au lieu de célébrer leur appareil génital en tant que tel (au nom de quels cri-

105 tères ? esthétiques ? moraux ?), de dénigrer l'appareil de l'autre. Alors que ce phare de l'humanité qu'était le phallus a été glorifié, chanté et statufié, son organe complémentaire non seulement n'a pas été décrit pendant des siècles,

110 mais s'est heurté aux tabous, au dégoût ou à une vertueuse ignorance, interdits si puissants qu'aucun sculpteur dans notre civilisation jus-

qu'à ces derniers siècles, n'a esquissé même une fente simplette au bas des ventres féminins.

115 Léonard de Vinci lui-même, qui inaugura la tradition du dessin anatomique artistique, dessina des « vulves criantes d'inexactitude » (Zwang[1]). Pour la médecine arabe classique, le sexe féminin n'avait tout simplement pas de « confi-

120 guration descriptible ».

L'organe étant condamné, sa fonction fut, elle aussi, discréditée. Toutes les indignités que la femme a subies durant son histoire furent la conséquence de cet ostracisme qui a frappé la

125 sexualité féminine au départ. La « faute » d'Ève – on ne pouvait remonter plus haut – ou celle de Pandore qui incarne le même mythe de la nuisance féminine, toutes leurs descendantes ont dû l'assumer et l'expier du seul fait qu'elles

130 naissaient femmes. Privées d'organes convenables et d'une jouissance légitime, il ne leur restait qu'à adorer et à désirer cette huitième merveille du monde, le BON organe sexuel. Et puisqu'elles l'enviaient, c'est qu'il était effecti-

135 vement supérieur. La boucle était bouclée et la promotion réussie.

(© Éditions Grasset & Fasquelle.)

1. Il s'agit du gynécologue Gérard Zwang qui a publié, en 1967, *Le Sexe de la femme*.

QUESTIONS

1 Que signifie le titre de l'essai *Ainsi soit-elle* ? Pourquoi a-t-il pu être considéré comme iconoclaste lors de sa parution ?

2 Benoîte Groult en avait-elle contre les hommes quand elle a écrit cette description ?

3 a) Comment se manifeste l'humour de Groult dans sa description du pénis et des testicules dans les quatre premiers paragraphes ?

b) Pourquoi le mot « rien » (ligne 18) est-il en majuscules ? À qui l'auteure fait-elle allusion lorsqu'elle parle de cette envie de pénis qu'on attribue à toutes les femmes ? Comment comprend-on que Groult ne trouve pas cette interprétation valable ?

c) Quel est l'effet de la comparaison entre la publicité et la glorification des organes génitaux mâles ?

d) Quel ton Benoîte Groult utilise-t-elle dans cet extrait ? À quels indices le perçoit-on ? Quel effet cela produit-il ?

e) Où et comment Benoîte Groult montre-t-elle que les hommes et les femmes sont faits pour s'entendre ? Est-ce une idée déterminante dans cet extrait ?

4 Sous un vernis humoristique, Groult s'en prend au mythe de la supériorité masculine et au fait que les femmes ont toujours été représentées à travers le regard de l'homme. Expliquez.

5 a) Pensez-vous qu'Annie Leclerc et Benoîte Groult poursuivent les mêmes objectifs dans les extraits présentés ?

b) Est-ce que la vision des organes sexuels féminins et masculins décrite par Groult existe encore aujourd'hui ?

Annie Ernaux (1940)

Annie Ernaux passe son enfance et son adolescence en Normandie. À force de travail, son père ouvrier réussit à devenir propriétaire d'un café-épicerie que tient sa femme. Déterminés à améliorer le statut social de leur famille, les parents d'Annie décident de n'avoir qu'un enfant, pour être sûrs de pouvoir lui offrir plus tard des études supérieures. Ernaux ira donc étudier les lettres à Rouen. Elle enseigne ensuite pendant une dizaine d'années dans divers lycées avant d'être engagée au Centre d'enseignement à distance de Paris, où elle travaille toujours.

Dans tous ses récits, Ernaux raconte sans tabou ni censure des épisodes marquants de sa vie. Que ce soit en décrivant les derniers moments de sa mère atteinte de la maladie d'Alzheimer (*Une femme* [1987]) ou comment la relation passionnée qu'elle a avec un diplomate russe met en veilleuse toute autre obligation, familiale ou professionnelle (*Passion simple* [1991]), elle tente de porter le même regard sur sa situation et sa manière de vivre que sur les réactions qu'elles suscitent dans la société. Dans une écriture sans artifice, au plus près du quotidien, Ernaux parvient à associer aux divers événements de sa vie les injustices sociales et les différences entre les hommes et les femmes.

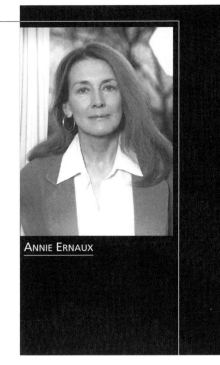

ANNIE ERNAUX

■ L'ÉVÉNEMENT (2000)

Annie Ernaux a près de soixante ans quand un test de dépistage du sida au résultat négatif fait ressurgir en elle le souvenir de l'avortement clandestin qu'elle a subi en 1963. Dans L'Événement, *elle relate dans le détail la façon dont s'est passé l'avortement, mais surtout les angoisses qu'elle vit avant d'y avoir recours quand elle prend conscience qu'elle est enceinte et qu'elle ne veut pas garder l'enfant. Ce retour en arrière donne à Ernaux l'occasion de réfléchir, avec près de quarante ans de recul, à ce qu'elle a vécu et au devoir qu'elle ressent d'en parler. N'oublions pas qu'en France, dans les années 1960, on emprisonnait et on soumettait à l'amende celui ou celle qui pratiquait un avortement, la femme qui s'était fait avorter, toute personne qui avait pu l'y aider et toute publicité anticonceptionnelle.*

Dans l'extrait qui suit, la jeune femme, qui n'a encore trouvé personne pour l'avorter, est obsédée par cette « chose » qu'elle a dans le ventre et par les changements physiques et psychologiques qu'entraîne son état.

Je continuais d'aller aux cours, à la bibliothèque. J'avais choisi pendant l'été, avec enthousiasme, un sujet de mémoire portant sur la femme dans le surréalisme. Maintenant il ne
5 me paraissait pas plus intéressant que la coordination en ancien français ou les métaphores dans l'œuvre de Chateaubriand. Je lisais avec indifférence les textes d'Éluard, de Breton et d'Aragon, célébrant des femmes abstraites, 10 médiatrices entre l'homme et le cosmos. Çà et là, je notais une phrase qui se rapportait à mon sujet. Mais je ne savais rien faire des notes que j'avais prises et je me sentais incapable de remettre au prof le plan et le premier chapitre 15 qu'il m'avait réclamés. Relier des connaissances entre elles et les intégrer dans une construction cohérente était au-dessus de mes forces.

Depuis mes études secondaires, je jouais plutôt bien avec les concepts. Le caractère artificiel des dissertations et autres travaux universitaires ne m'échappait pas mais je tirais une certaine fierté de m'y montrer habile et il me semblait que c'était le prix à payer pour « être dans les livres », comme disaient mes parents, et leur consacrer mon avenir.

Maintenant, le « ciel des idées » m'était devenu inaccessible, je me traînais au-dessous avec mon corps embourbé dans la nausée. Tantôt j'espérais être de nouveau capable de réfléchir après que je serais débarrassée de mon problème, tantôt il me semblait que l'acquis intellectuel était en moi une construction factice qui s'était écroulée définitivement. D'une certaine façon, mon incapacité à rédiger mon mémoire était plus effrayante que ma nécessité d'avorter. Elle était le signe indubitable de ma déchéance invisible. (Dans mon agenda : « Je n'écris plus, je ne travaille plus. Comment sortir de là. ») J'avais cessé d'être « intellectuelle ». Je ne sais si ce sentiment est répandu. Il cause une souffrance indicible.

(Impression fréquente encore de ne pas aller assez loin dans l'exploration des choses, comme si j'étais retenue par quelque chose de très ancien, lié au monde des travailleurs manuels dont je suis issue qui redoutait le « cassement de tête », ou à mon corps, à ce souvenir-là dans mon corps.)

Chaque matin, au réveil, je croyais que la nausée était partie et à l'instant même où je pensais cela, je la sentais affluer en une marée insidieuse. Le désir et le dégoût de la nourriture ne me lâchaient pas. Un jour, en passant devant une charcuterie, j'ai vu des cervelas. Je suis entrée pour en acheter un que j'ai dévoré aussitôt sur le trottoir. Une autre fois, j'ai supplié un garçon de m'offrir un jus de raisin dont j'avais tellement envie qu'il me semble que j'aurais fait n'importe quoi pour l'avoir. Rien qu'à les voir, certains aliments me répugnaient, d'autres, agréables à l'œil, se décomposaient dans ma bouche, révélant leur future putréfaction.

Un matin où j'attendais avec d'autres étudiants la fin d'un cours pour pénétrer dans une salle, les silhouettes se sont dissoutes brusquement en points brillants. Je n'ai eu que le temps de m'asseoir sur les marches de l'escalier.

Je notais dans l'agenda : « Malaises constants. » — « À 11 heures, dégoût à la B.M. [bibliothèque municipale]. » — « Je suis toujours malade. »

Dans ma première année de fac, certains garçons m'avaient fait rêver, à leur insu. Je les traquais, m'asseyant non loin d'eux dans l'amphi, repérant l'heure à laquelle ils venaient au restau, à la bibliothèque. Ces romances imaginaires me semblaient appartenir à un temps lointain, sans gravité, presque un temps de petite fille.

Sur une photo du mois de septembre précédent, je suis assise, les cheveux sur les épaules, très bronzée, un foulard dans l'échancrure d'un chemisier à rayures, souriante, *mutine*. À chaque fois que je l'ai regardée, j'ai pensé que c'était ma dernière photo de jeune fille, évoluant dans l'ordre invisible, et perpétuellement présent, de la séduction.

Lors d'une soirée à la Faluche où je m'étais rendue avec des filles de la cité, j'ai éprouvé du désir pour le garçon, blond et doux, avec qui je dansais continuellement depuis le début. C'était la première fois depuis que je me savais enceinte. Rien n'empêchait donc un sexe de se tendre et de s'ouvrir, même quand il y avait déjà dans le ventre un embryon qui recevrait sans broncher une giclée de sperme inconnu. Dans l'agenda, « Dansé avec un garçon romantique, mais je n'ai pas pu faire quoi que ce soit ».

Tous les propos me paraissaient puérils ou futiles. L'habitude, chez certaines filles, de raconter leur vie quotidienne par le menu m'était insupportable. Un matin, à la bibliothèque, est venue s'installer à côté de moi une fille originaire de Montpellier, avec qui j'avais suivi le cours de philologie. Elle m'a décrit en détail son nouvel appartement rue Saint-Maur, sa logeuse, le linge séchant dans l'entrée,

son travail de prof dans un cours privé, rue Beauvoisine, etc. Cette description minutieuse et contente de son univers me paraissait folle et obscène. Il me semble avoir retenu toutes les
115 choses que cette fille m'a dites ce jour-là, dans

son accent du Midi — sans doute en raison même de leur insignifiance, qui avait alors pour moi un sens terrifiant, celui de mon exclusion du monde normal.

(© Éditions Gallimard.)

QUESTIONS

1 Quels éléments de cet extrait indiquent qu'un homme n'aurait pas pu écrire ce texte?

2 À première vue, la narratrice vous paraît-elle hypersensible? irresponsable? angoissée?

3 a) Dans les trois premiers paragraphes, la narratrice décrit ce qui a changé dans son rapport au travail intellectuel. Trouvez les différentes manifestations de ce changement et expliquez en quoi il pourrait, s'il devenait permanent, avoir un impact sur son avenir.

b) La narratrice est partagée entre «le désir et le dégoût de la nourriture» (ligne 53). Lequel des deux sentiments semble dominer? Qu'est-ce que cela indique?

c) Repérez les différentes façons dont la narratrice est affectée par le fait d'être enceinte.

d) À quels indices voit-on que la narratrice a perdu son regard de jeune fille en devenant enceinte?

e) Que représente le passage entre parenthèses (lignes 43 à 49)? Que signifie le «encore» à la ligne 43? De quel souvenir la narratrice parle-t-elle à la ligne 48? Quel effet ce passage produit-il?

4 Démontrez que les derniers mots de l'extrait «mon exclusion du monde normal» résument les sentiments de la narratrice à l'égard de toutes les facettes de sa vie affectées par sa grossesse non désirée.

5 Quelles raisons rendent l'avortement acceptable ou inacceptable? Le fait qu'une jeune femme se sente incapable de poursuivre sa vie de la même façon si elle garde l'enfant le rend-il acceptable?

Élisabeth Barillé (1960)

Née en 1960 d'un père français et d'une mère russe, Élisabeth Barillé publie son premier roman à vingt-cinq ans, *Corps de jeune fille* (1986). Auteure prolifique, elle a signé depuis plusieurs ouvrages, dont des biographies d'auteurs, comme *Anaïs Nin masquée, si nue* (1991) ou *Laure, la sainte de l'abîme* (1997), surnom donné à Colette Peignot, pianiste et écrivaine, par Georges Bataille dont elle était la muse. Dans ses romans, Barillé tente d'associer les pulsions du corps et de l'âme dans une quête intérieure. Dans son dernier en date, *Singes* (2005), une jeune femme, mal dans sa peau et dans ses rapports avec les hommes, part en Inde pour y répandre les cendres de son amie suicidée. Elle y fait la rencontre de personnages qui mènent une quête spirituelle, mais qui se heurtent à différents obstacles: événements imprévisibles, différences culturelles…

ÉLISABETH BARILLÉ

■ EXAUCEZ-NOUS! (1999)

Exaucez-nous! est un roman où trois histoires de femme s'entrecroisent. Le récit principal est celui de Justine, une jeune femme qui prépare sa thèse de doctorat sur l'expression du désir absolu dans des journaux intimes de femmes. Ce récit est *constitué de fragments formant de courts chapitres dans lesquels la narratrice rapporte les événements qu'elle vit et ses réflexions, un peu à la manière d'un journal.*

Terriblement angoissée, Justine voit partout des signes lui permettant de déchiffrer sa vie. À la recherche de la pureté et de la maîtrise d'elle-même, elle vit dans un espace blanc et dépouillé, mange peu, surtout des aliments peu soutenants, dont beaucoup de yaourts nature. Elle soupèse longuement tout désir chez elle, même d'un objet banal, et ne s'autorise que rarement à y succomber. Seul écart dans le contrôle qu'elle exerce sur elle-même : un piercing au nombril. À vingt-deux ans, Justine est toujours vierge. Malgré plusieurs tentatives, elle n'a jamais pu vivre une relation sexuelle complète : comme si son corps verrouillé la défendait contre toute intrusion physique et psychologique. Mais cela la préoccupe au point où elle va consulter un médecin. Même si elle est plutôt farouche, elle cherche toujours l'homme en qui elle aura confiance. À la fin du roman, dans le train qui la mène au couvent, elle rencontre un jeune peintre qui la défend contre de jeunes délinquantes. Justine y voit un signe et décide de le suivre.

Dans l'extrait qui suit, Justine est en train de se faire poser un anneau au nombril par un tatoueur italien quand surgissent des souvenirs de moments où elle s'est sentie agressée : par un gynécologue-chirurgien, par Jeff Béranger, le gourou de sa mère, par Duchêne, son directeur de thèse…

Souvenirs, souvenirs

On la dirigea en retrait du comptoir, vers une longue table recouverte d'un molleton. Elle dut ôter son pull. Par chance, elle portait son plus beau soutien-gorge en satin violet. L'Italien lui
5 tournait le dos. On entendit un cliquetis. Un bruit de tiroir que l'on tire. Justine tourna la tête. L'Italien enfila des gants. Aussitôt, elle fut debout.

— Reste allongée. Tu ne crains rien.

10 Il ne sait rien. Personne ne sait. L'Italien lui dit que c'est incroyable d'être aussi nerveuse. Détends-toi. Ces mots qu'ils disent tous. Ces mots que l'homme, penché sur elle, lui répétait, lui envoyant, tout en glissant deux doigts
15 en elle, son souffle tiède au visage. Jamais vu ça. Incroyable ! Justine fermait les yeux. Les images s'accrochaient. L'homme aux gants. Sur elle. En elle. D'autres mains plus maigres aux veines saillantes comme des lianes para-
20 sites. Jeff Béranger. D'autres mains encore, mates et poilues. Duchêne. Puis de nouveau les mains gantées de l'homme qui n'en finissait pas de la fouiller, et s'énervait de la sentir si raide.

25 Justine avait ouvert les yeux. Sur le mur du fond s'alignaient des flacons de pigments, verts, rouges, bleus, roses et violets, comme d'énormes sucres d'orge aux saveurs improbables… Si tu es gentille, tu auras un bonbon. On lui faisait ce genre de promesse, au square.
30 Quel bonbon ? Si tu es gentille, tu pourras choisir. Une Chupa[1] au cassis… Elle en avait envie soudain.

Intenable cette attente. Effroyables ces images qui s'entêtent, s'enrichissent, explosent les
35 repères. L'homme penché auprès d'elle sort maintenant d'une voiture. Elle a sept ans. L'homme claque la portière, sans voir la menotte, glissée entre la charnière d'acier. On voit l'enfant blêmir. Une seconde passe, ou
40 moins, ou plus, difficile à dire, puis un hurlement déchire la poitrine de l'enfant. On fait vite, on fait très vite, aussi vite que possible, l'enfant hurle toujours. La main, on dégage la main, on saisit la main, on embrasse la main,
45 on la caresse, on caresse cette main d'enfant

exsangue, on dit : « Il va falloir recoudre. C'est douloureux. » On dit aussi, alors qu'on recoud la plaie à vif, « la gamine a du cran ». L'enfant maintenue par les hanches entre deux cuisses.
50 Ses pleurs. Voilà c'est fait. On la libère. On lui donne un bonbon. Un caramel. Elle dit qu'elle ne veut pas. Qu'elle ne veut rien. Qu'on la laisse tranquille, juste ça.

C'est fait.

55 Justine n'a rien senti. Toute cette angoisse pour entendre que c'est superbe, que ça coûte trois cents francs, que les bains de soleil sont interdits, les bains de mer également, que la cica-
trisation dure environ deux mois, qu'il est
60 préférable de ne rien toucher, attendre que ça sèche…

Voilà, c'est fait.

Elle se retrouve dehors sans même voir qu'il pleut. Elle marche. Voilà, c'est fait. Il pleut ; c'est
65 à pleurer. Voilà c'est fait ; ce n'est que ça. Il pleut. L'anneau est là. Énorme ; elle ne sent que lui. Dérisoire. Voilà, c'est fait. Percée.

La tête lui tourne. Elle voudrait s'arrêter. Trouver un bar. Boire un café. Mais entre deux
70 voitures, elle vomit.

1. *Chupa* : sucette à la pulpe de fruit dont le peintre Salvador Dali créa le logo.

Profanée

Opérer. C'est la seule issue. Le chirurgien est formel. L'hymen est trop épais. Trop résistant. C'était incroyable, cette résistance. Un cas à part, oui. On ne bouge pas ! Justine reste allon-
5 gée sur la table. Cuisses écartelées. Le chirurgien ouvre la porte de son bureau. Sa secrétaire est là qui tape. Qu'on m'amène Leroix ! La porte reste ouverte. La secrétaire voit bien la femme allongée devant elle, ne sourit pas, ne compa-
10 tit pas, fait son travail, appuie sur la touche, appelle Leroix. Le chirurgien se penche à la fenêtre. L'impasse est calme. Il aime cette dis-crétion. Il aime le blanc des murs, les femmes blondes, il aime le froissement des billets,
15 les règlements de main à main. Voilà Leroix.

L'assistant. Un type aux traits indécis, déjà chauve malgré son jeune âge, avec, si l'on regarde bien, une sorte de terreur au fond des yeux. Penchés sur Justine, ils inspectent le trou.
20 Deux plombiers. Ôtez leur blouse, mettez-les en salopette, ajoutez, pour faire plus vrai, quelques traînées noires sur les bras, donnez-leur une clé à molette, un tournevis, une lampe à souder et puis une longue lame bien fine et bien pointue. Ô les beaux outils que voilà ! Ô
25 l'étrange fente ! Ô l'insolent hymen ! C'est incroyable, cette épaisseur. Cette résistance. Un cas à part. Il faut voir ça. Penche-toi, là, un peu plus… Tu vois ?

La douleur

Justine se laissa regarder. Longtemps. Enfoncée dans un marécage, arrachée à elle-même, elle se laissa regarder.

Elle ne s'appartenait plus.

5 Enfin, elle peut s'habiller. On lui donna rendez-vous ; il fut inscrit sur un carton. Dans la rue, elle le déchira.

J'aime l'horreur d'être vierge.

Des vers lui revenaient ; elle ignorait d'où. Elle
10 ne savait plus rien. Ni même marcher.

(© Éditions Gallimard.)

QUESTIONS

1 Trouvez les indices qui montrent que Justine, comme les femmes d'avant les années 1970, se sent dépossédée de son corps.

2 Comment qualifier les rapports de Justine avec les hommes ?

3 a) Quel type de narrateur raconte l'histoire ? Quel est l'effet de la narration au « elle » ? Qu'est-ce qui nous porte à croire que Justine est la narratrice ?

b) À quels signes perçoit-on que Justine se sent menacée par les hommes ? Les menaces qu'elle ressent sont-elles toutes de la même nature ?

c) De quelle façon Justine réussit-elle à garder son sang-froid lors du piercing et de l'examen gynécologique ?

d) À la fin du fragment *Souvenirs, souvenirs*, « Voilà, c'est fait » est répété plusieurs fois. Expliquez l'effet et le sens de cette répétition. Peut-on y voir un lien avec le fait que Justine est encore vierge ?

e) Analysez la façon de présenter les chirurgiens et leur travail aux lignes 20 à 29. Qu'est-ce que cela révèle sur l'état de Justine ?

f) Quelle est la douleur de Justine dans le fragment du même nom ?

4 Démontrez la souffrance de Justine et expliquez en quoi son état dépend d'un sentiment de dissociation du corps et de l'âme.

5 Dans une société marquée par l'hypersexualisation des jeunes filles, pensez-vous qu'un rapport au corps comme celui que vit Justine existe encore aujourd'hui ?

Texte écho

■ MÉMOIRE DE MES PUTAINS TRISTES (2005)

de Gabriel García Márquez

Gabriel García Márquez est né en 1927 en Colombie. Le roman Cent ans de solitude *lui vaut en 1967 une reconnaissance mondiale. Il reçoit en 1982 le prix Nobel de littérature. Dans* Mémoire de mes putains tristes, *García Márquez met en scène un homme de quatre-vingt-dix ans, professeur de langues anciennes et journaliste, qui vient de passer la nuit auprès de Delgadina, une très jeune fille, future prostituée, qu'il n'a toutefois pas touchée. Durant la nuit, un violent orage aux allures d'ouragan a éclaté. Au matin, le ciel s'est brusquement éclairci.*

Une fois la tempête passée, j'avais toujours la sensation de ne pas être seul dans la maison. Mon unique explication est que, de même qu'on oublie des événements réels, certains qui 5 n'ont jamais existé peuvent demeurer dans la mémoire comme s'ils avaient eu lieu. Car lorsque je me remémorais cet orage soudain, je ne me voyais pas seul dans la maison mais en compagnie de Delgadina. Elle avait été si 10 près de moi cette nuit-là, que j'avais senti le bruissement de son souffle dans la chambre et les frémissements de sa joue sur l'oreiller. Alors, j'ai compris pourquoi nous avions fait tant de choses en si peu de temps. Quand je me voyais 15 monté sur l'escabeau de la bibliothèque, je la voyais éveillée dans sa robe à fleurs, tendant les

mains pour prendre les livres et les mettre à l'abri. Je la voyais courir d'un endroit à l'autre, luttant contre la tempête, trempée par la pluie,
20 de l'eau jusqu'aux chevilles. Je me souvenais que le lendemain elle avait préparé un petit déjeuner qui n'avait pas existé et mis la table pendant que j'essuyais les sols et remettais de l'ordre après le naufrage de la maison. Il
25 m'était impossible d'oublier son regard sombre tandis que nous prenions le petit déjeuner. Pourquoi vous ai-je connu aussi vieux ? Je lui répondais la vérité : On n'a pas l'âge que l'on paraît mais celui que l'on sent.

30 Depuis lors, elle a été présente dans mon esprit avec une telle netteté que je faisais d'elle ce que je voulais. Je changeais la couleur de ses yeux selon mes états d'âme : couleur d'eau au réveil, couleur d'ambre quand elle riait, couleur de feu
35 quand je la contrariais. Je l'habillais selon l'âge et la condition qui convenaient à mes changements d'humeur : novice énamourée à vingt ans, pute de luxe à quarante, reine de Babylone à soixante, sainte à cent ans. Nous chantions
40 des duos d'amour de Puccini, des boléros d'Agustín Lara, des tangos de Carlos Gardel, et nous constations une fois de plus que celui qui n'a jamais chanté ne peut savoir ce qu'est le plaisir du chant. Aujourd'hui, je sais que ce
45 n'était pas une hallucination mais plutôt un miracle du premier amour de ma vie à quatre-vingt-dix ans.

(Traduction d'Annie Morvan,
éditions Bernard Grasset, 2005.)

QUESTION

Montrez que la mémoire s'alimente autant à la réalité qu'à l'imagination. Peut-on établir des liens entre cette attitude et celle d'autres personnages apparaissant dans les extraits présentés dans ce chapitre ?

Chanson écho

■ « NON TU N'AS PAS DE NOM » (1973)

d'Anne Sylvestre

Quand Anne Sylvestre commence sa carrière en 1957, les femmes sont très rares dans les rangs des auteurs-compositeurs-interprètes. Ses chansons, qui dénoncent l'intolérance et l'injustice, mettent en lumière l'intimité des femmes, leurs rêves et leurs revendications. Associée au féminisme, elle n'hésite pas à prendre des sujets aussi controversés que les droits des femmes, la contraception ou le viol. « Non tu n'as pas de nom » aborde sans détour la question de l'avortement, cinq ans avant l'adoption de la loi Veil sur l'interruption volontaire de grossesse.

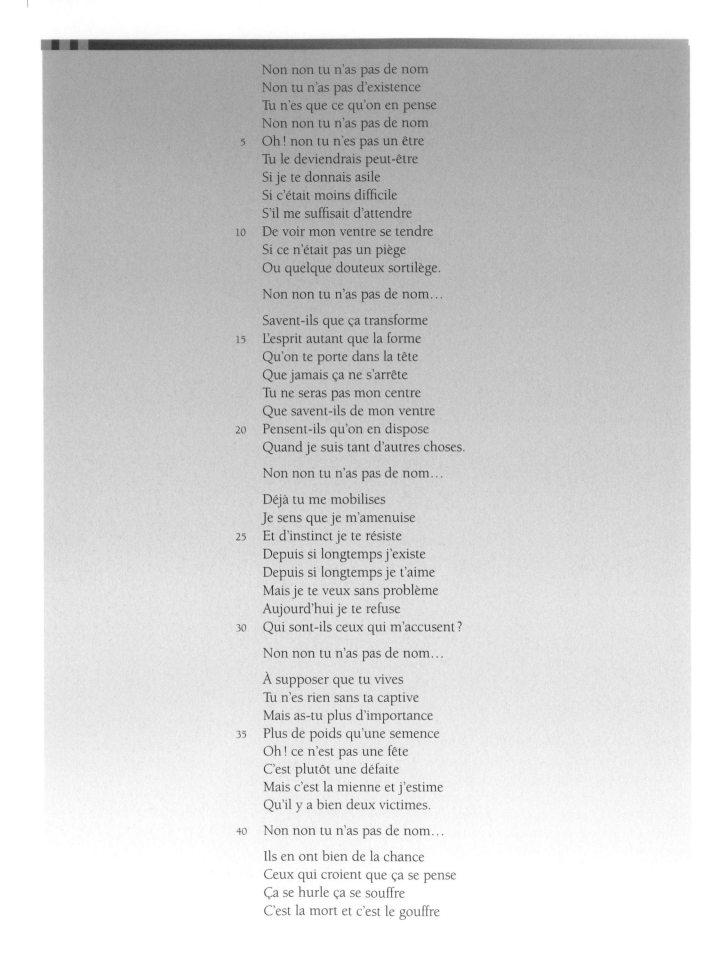

Non non tu n'as pas de nom
Non tu n'as pas d'existence
Tu n'es que ce qu'on en pense
Non non tu n'as pas de nom
5   Oh! non tu n'es pas un être
Tu le deviendrais peut-être
Si je te donnais asile
Si c'était moins difficile
S'il me suffisait d'attendre
10   De voir mon ventre se tendre
Si ce n'était pas un piège
Ou quelque douteux sortilège.

Non non tu n'as pas de nom…

Savent-ils que ça transforme
15   L'esprit autant que la forme
Qu'on te porte dans la tête
Que jamais ça ne s'arrête
Tu ne seras pas mon centre
Que savent-ils de mon ventre
20   Pensent-ils qu'on en dispose
Quand je suis tant d'autres choses.

Non non tu n'as pas de nom…

Déjà tu me mobilises
Je sens que je m'amenuise
25   Et d'instinct je te résiste
Depuis si longtemps j'existe
Depuis si longtemps je t'aime
Mais je te veux sans problème
Aujourd'hui je te refuse
30   Qui sont-ils ceux qui m'accusent?

Non non tu n'as pas de nom…

À supposer que tu vives
Tu n'es rien sans ta captive
Mais as-tu plus d'importance
35   Plus de poids qu'une semence
Oh! ce n'est pas une fête
C'est plutôt une défaite
Mais c'est la mienne et j'estime
Qu'il y a bien deux victimes.

40   Non non tu n'as pas de nom…

Ils en ont bien de la chance
Ceux qui croient que ça se pense
Ça se hurle ça se souffre
C'est la mort et c'est le gouffre

45 C'est la solitude blanche
    C'est la chute l'avalanche
    C'est le désert qui s'égrène
    Larme à larme peine à peine.

    Non non tu n'as pas de nom…

50 Quiconque se mettra entre
    Mon existence et mon ventre
    N'aura que mépris ou haine
    Me mettra au rang des chiennes
    C'est une bataille lasse
55 Qui me laissera des traces
    Mais de traces je suis faite
    Et de coups et de défaites.

    Non non tu n'as pas de nom
    Non tu n'as pas d'existence
60 Tu n'es que ce qu'on en pense
    Non non tu n'as pas de nom.

QUESTION

Montrez comment le choix de la narration et des figures de style met en valeur les arguments de la chanteuse en faveur du droit des femmes à l'avortement. À quels tabous sociaux s'attaque-t-elle ? Ces tabous existent-ils encore aujourd'hui ?

CLÉS POUR COMPRENDRE L'ÉPOQUE CONTEMPORAINE

1 La chute de l'URSS met fin à la division de l'Occident en deux zones d'influence, et une nouvelle Europe se forme. Ces changements ont radicalement modifié les repères politiques traditionnels des Européens.

2 Une importante vague migratoire a suscité des contacts culturels variés favorisant le mouvement des sociétés vers le multiculturalisme.

3 Sensibles à ces nouvelles données, les écrivains explorent les différentes facettes de ces bouleversements. L'image de l'étranger posant un regard extérieur sur la société dite d'accueil apparaît avec force dans la littérature française.

4 Ces mutations poussent aussi les auteurs à s'interroger sur l'identité, questionnement qui prendra diverses formes selon les écrivains.

5 Des écrivains de langues et de cultures variées s'établissent en France et publient dorénavant en français.

6 De nombreux récits autobiographiques expriment le désir de leurs auteurs de se situer dans un univers en rapide transformation.

7 La référence à la nature apparaît comme une tentative de ressourcement au sein d'une société en ébullition soumise aux lois d'un marché économique devenu mondial.

8 L'interrogation sur les formes d'écriture rend compte du désir d'intégrer l'outil qu'est la langue dans une réalité contemporaine mouvante. Le lien avec la tradition littéraire peut être mis en cause.

BILAN DES AUTEURS ET DES ŒUVRES

GARY (AJAR)

Romain Gary, alias Émile Ajar, remet en question le sérieux de l'institution littéraire en montant un canular qui le fait publier sous un nom d'emprunt. Dans son œuvre, il s'interroge sur diverses facettes de la condition humaine et donne la voix aux laissés-pour-compte, comme le héros de *La Vie devant soi* qui n'a aucun statut légal en France, pays où il est pourtant né.

KRISTOF

Dans la trilogie amorcée par *Le Grand Cahier*, Agota Kristof montre la dureté du régime communiste et ses conséquences sur les sociétés qui doivent s'adapter à ces violences.

KOLTÈS

Bernard-Marie Koltès explore l'incompatibilité des rapports humains dans une exubérance de langage qui n'exclut pas une lucidité impitoyable, laquelle exige du metteur en scène un dépouillement au service du texte.

TOURNIER

Michel Tournier revisite les mythes occidentaux, celui de l'ogre identifié à la guerre dans *Le Roi des aulnes*, celui du naufragé dans *Vendredi ou les limbes du Pacifique*, celui de l'errance dans *La Goutte d'or*. Souvent humoristique, sa langue utilise l'image (par exemple, la bulle d'or que le héros porte au cou) pour faire passer le sens.

LE CLÉZIO

L'œuvre de Jean-Marie Le Clézio part elle aussi du mythe. Le héros de son premier roman ne s'appelle-t-il pas Adam comme le premier homme de la tradition biblique ? Chez lui, la nature est souvent la complice des héros, comme la savane qui s'oppose à l'autorité du père dans *L'Africain*.

BIANCIOTTI

Fils d'Italiens émigrés en Argentine, Hector Bianciotti vit en France. Il explore différentes facettes de la condition humaine dans une recherche stylistique qui s'alimente à des auteurs tels que Proust et Valéry. Depuis son premier roman, *Le Traité des saisons*, la métaphore est une figure marquante dans son œuvre.

MODIANO

Les romans de Patrick Modiano sont hantés par l'absence, l'effacement et décrivent des univers où l'inconsistance est la règle. Ainsi, l'auteur oppose les noms d'emprunt adoptés par ses personnages à la concision d'une langue qui affectionne les nomenclatures (listes de numéros de téléphone, de titres de films).

MAALOUF

Écrivain d'origine libanaise vivant en France, Amin Maalouf s'intéresse aux multiples aspects d'une identité mouvante. Par exemple, dans *Léon l'Africain*, il raconte la vie d'un musulman né dans une famille d'érudits et converti au christianisme par le jeu des circonstances historiques qui l'amènent à devenir géographe pour un pape de la Renaissance. Dans le récit autobiographique *Origines*, Maalouf s'interroge sur le passé de ses ancêtres immédiats.

QUIGNARD

En plus de son œuvre romanesque, Pascal Quignard propose une réflexion sur l'écriture, la littérature et la communication. Dans ses *Petits traités*, il renoue ainsi avec la tradition de Montaigne en écrivant de courts textes pour développer une pensée qui s'alimente à des sources diverses, dont les cultures anciennes.

DUBOIS

Jean-Paul Dubois affirme que la politique est omniprésente dans nos vies et que l'éducation que nous recevons est le fruit de la politique qui nous entoure. Dans ses romans, il s'interroge sur l'inaptitude au bonheur des héros. C'est le cas dans *Une vie française* où la vie du héros se déroule en parallèle avec l'histoire de la Ve République.

BONNEFOY

La poésie d'Yves Bonnefoy est dominée par le désir de trouver *le vrai lieu*, un monde où être et sens se réconcilient et où le langage pourrait exprimer la vérité de l'être. Le recueil *Ce qui fut sans lumière* illustre plus particulièrement cet effort.

KUNDERA

En marge de son œuvre romanesque, Milan Kundera remet en question l'écriture narrative d'un monde occidental dans lequel la civilisation de l'efficacité et de la productivité s'oppose, selon lui, à une véritable création littéraire.

NOËL

Se voulant résolument contemporain, Bernard Noël se penche sur le rapport du corps au mot, sur la fabrication même du sens par le jeu de la pensée. Pour marquer son opposition à la tradition littéraire et rompre avec elle, l'auteur refuse l'appellation de poète.

LAÂBI

Emprisonné pour délit d'opinion, Abdellatif Laâbi considère que, au-delà de l'art, la poésie est affirmation de la vie. Si elle peut devenir une arme de libération en remettant en question les certitudes imposées, elle ne doit cependant pas être réduite à cette dimension polémique.

CHÉDID

Andrée Chédid revendique le titre de poète et renoue avec l'attitude des hommes des premiers âges qui traçaient des signes sur le sol pour établir une communication essentielle avec d'autres humains.

LECLERC

Annie Leclerc pose un regard philosophique et poétique sur les événements, puisqu'il s'agit pour elle de la meilleure façon de comprendre et de s'approprier la vie. Dans *Parole de femme*, elle s'attarde à la beauté et à la simplicité de ce qui compose la vie et la féminité. Elle s'interroge aussi sur la victimisation des femmes.

GROULT

Benoîte Groult est une féministe engagée. Dans ses romans et ses essais, elle prend la parole telle qu'elle la conçoit en tant que femme. Dans *Ainsi soit-elle*, elle montre comment les femmes sont endoctrinées par le point de vue masculin et veut changer cette image que les femmes ont d'elles-mêmes.

ERNAUX

Annie Ernaux puise l'essence de ses œuvres dans son existence même. Sans aucune pudeur, elle cherche à y fondre à la fois sa propre expérience et son analyse des conditions sociohistoriques imposées aux femmes. Dans *L'Événement*, elle se sert de son avortement illégal pour illustrer le désespoir de toutes celles qui ont dû transgresser la loi pour survivre, bien souvent au péril de leur propre vie.

BARILLÉ

Élisabeth Barillé se consacre autant à la biographie qu'au roman. Dans ses œuvres de fiction, elle explore la quête existentielle en la liant toujours au corps. Dans *Exaucez-nous!* l'héroïne est mal à l'aise dans tous ses rapports avec les hommes, parce qu'ils menacent à la fois son corps et son âme.

MÉTHODOLOGIE

CHRISTO ET JEANNE-CLAUDE (1935)

The Gates, 1979-2005. (Installation de 7500 arches safran — acier, plastique et tissu de vinyle — courant sur 37 km à travers le Central Park à New York.)

Du 12 au 27 février 2005, *The Gates* a attiré quatre millions de visiteurs. Après l'événement, l'œuvre a été complètement démantelée et les matériaux, industriellement recyclés. Installée en plein cœur de Central Park, cette œuvre a nécessité des années de planification, autant du point de vue artistique, que politique et financier. Pour Christo et Jeanne-Claude, ces démarches préparatoires font partie intégrante de l'œuvre et la vente des plans, dessins ou esquisses permet de financer le projet. Les artistes ont choisi de réaliser *The Gates* au cœur de la métropole américaine, afin de permettre au grand public d'avoir facilement accès à leur œuvre. La présence de cette installation au sein du parc bien-aimé des New-Yorkais a ranimé le débat sur la nature de l'art et du travail de l'artiste. En ce début de XXIᵉ siècle, l'art contemporain semble plus diversifié que jamais, et son interprétation de plus en plus ouverte.

PARTIE 1

LIRE UNE ŒUVRE LITTÉRAIRE

> Que mon livre t'enseigne à t'intéresser plus à toi qu'à lui-même, puis à tout le reste plus qu'à toi.
>
> André GIDE, *Les Nourritures terrestres*.

L'ANALYSE LITTÉRAIRE n'est pas une fin en soi mais un préalable, une démarche de formation menant de l'observation à l'interprétation. Pour atteindre le véritable plaisir de la lecture et rendre à la littérature sa vocation médiatrice, il faut lire des œuvres et aller à la rencontre des écrivains d'ici et d'ailleurs pour découvrir ce que Paul Valéry appelait le « trésor de l'esprit universel ».

D'HIER À AUJOURD'HUI

Une pratique dynamique de la littérature, c'est d'abord une conception active de la lecture : ne pas attendre une révélation du texte, mais agir en le questionnant, en adhérant ou en s'opposant à ses valeurs, en aimant ou en refusant l'univers qu'il nous propose. La tenue d'un journal permet de rendre sa lecture interactive en y inscrivant des citations clés, en y notant des remarques personnelles, en y établissant des liens entre le texte et ses propres connaissances littéraires et générales ; bref, en y jetant les bases des riches débats que nourrit la littérature sur l'homme et le monde.

LES MOYENS D'EXPRESSION

La thématique et la tonalité d'une œuvre ainsi que le genre littéraire adopté par l'écrivain et la langue choisie témoignent des moyens d'expression d'un texte littéraire.

La thématique

Les thèmes sont certainement les éléments les plus directement mobilisateurs pour le lecteur qui cherche, dans une œuvre, un regard intime sur l'homme, la vie et le monde contemporain. Une thématique comprend l'ensemble des thèmes et sous-thèmes associés au thème directeur, soit par complémentarité, soit par opposition. Dans ce dernier cas, on parlera de problématique, dont voici quelques exemples.

■ Les interrogations existentielles constituent la problématique de la condition humaine. Face à la mort inéluctable, on s'interroge sur le sens de la vie. Entre ces deux pôles, reliés par le fil du temps, l'amour, la beauté et le bonheur s'opposent à la souffrance, à la laideur et à la vieillesse. Selon leurs convictions, certains contemporains assumeront cette condition tragique au nom de leur foi en Dieu, d'autres, athées, lui opposeront leur révolte et affirmeront leur liberté dans le choix de valeurs qui donnent un sens à l'existence.

■ La quête de soi, déjà abordée par Montaigne au XVIe siècle, devient une thématique privilégiée de la modernité, qui s'approfondit par l'exploration des thèmes de l'inconscient, de l'imaginaire, du rêve, de la mémoire et de l'identité.

■ Les guerres, les génocides, les crises, les révolutions matées suscitent des interrogations sur la place de l'homme dans la société et son avenir. Cette thématique comprend donc les thèmes de la guerre, du pacifisme, de la liberté et de la solidarité.

■ Les avancées prodigieuses de la science fascinent et soulèvent des polémiques morales ; le thème de l'art s'en inspire pour déchiffrer le monde.

■ Enfin, on peut se pencher sur les mécanismes de la création. Le langage cesse alors d'être un objet de culte ou l'outil d'expression du quotidien pour devenir le lieu de l'expérience intime et le matériau qui la révèle.

La tonalité

La tonalité crée l'atmosphère générale qui se dégage d'une œuvre et la caractérise ; elle est perçue spontanément et provoque chez le lecteur une attente particulière qu'il cherche à élucider. Le texte littéraire a pour spécificité de passer par la voie des émotions pour exprimer un univers, des idées et un rapport au monde. La tonalité vise, comme en musique, à susciter une émotion : la joie, l'angoisse, la compassion, l'enthousiasme, etc., lesquelles résultent du choix de divers procédés d'écriture qui soutiennent l'intention et le propos. La tonalité d'un texte résulte de la convergence des choix de divers procédés d'écriture (genre, figures de style, thèmes, champs lexicaux, énonciation, etc.). Les œuvres modernes privilégient certaines tonalités, notamment l'ironie, l'absurdité, l'humour, et, surtout, elles n'hésitent pas à les associer de façon discordante pour créer des effets de surprise et de provocation. Pour mieux percer la portée du texte, le lecteur cherchera à repérer les procédés qui établissent ces différents climats (voir le tableau 6.1 : Les principales tonalités, p. 307).

Le genre littéraire

Le lecteur qui aborde une œuvre est d'abord sensible au genre littéraire auquel elle appartient : narratif, poétique, théâtral ou discursif. Pour l'écrivain, le choix de s'exprimer dans un genre ou un autre répond à sa pensée, à sa sensibilité, à l'univers qu'il veut créer et au type de rapport qu'il veut établir avec son lecteur.

Au fil des siècles, les écrivains ont considéré les règles associées aux genres littéraires comme des références incontournables ou comme des obstacles à l'innovation. Les artistes contemporains ont souvent choisi la liberté de la création, ou ont sciemment manipulé ou parodié les genres traditionnels en écrivant des anti-romans, des anti-poèmes et des anti-pièces. Dans le prologue de son drame surréaliste *Les Mamelles de Tirésias*, Apollinaire annonce qu'il passe « du pathétique au burlesque » et que son art marie « les sons les gestes les couleurs les cris les bruits de la musique la danse l'acrobatie la peinture les chœurs les actions et les décors multiples ». D'autres, en revanche, comme Aragon, Éluard et Prévert, reviendront aux traditions qui assureront l'essor de la chanson en soulevant la ferveur populaire pour la révolte, la liberté, l'anticonformisme.

Aujourd'hui, la diversité des sous-genres et les croisements entre les formes font que la notion même de genre tend à perdre de son sens. Les lecteurs y gagnent des possibilités multiples d'entrer en contact avec une littérature qui leur parle en faisant appel à des mécanismes de lecture plus personnels.

La langue

Le lecteur habitué à considérer la littérature comme le lieu de la « belle langue », structurée, exempte de clichés et de vulgarité, est sans doute déstabilisé devant les innovations contemporaines. Poètes, dramaturges et romanciers s'attaquent en effet aux codes de la langue afin de briser les règles et de libérer l'expression des conventions qui masquent la vérité des êtres et du monde. Pour eux, la langue doit devenir l'outil de connaissance et de révélation de nouvelles réalités et se plier aux exigences de la création.

L'écrivain met à contribution le lexique pour faire parler les gens comme dans la réalité, en recourant à des niveaux de langue inusités : enfantin, populaire, vulgaire, etc. Il tire des effets particuliers des néologismes, de l'orthographe phonétique, de l'homonymie, des déformations, des contrepèteries et des onomatopées. Il joue sur la polysémie des mots, sur leur pouvoir incantatoire et, à l'extrême, il remplace un mot par un autre.

La syntaxe, la ponctuation et la grammaire textuelle sont tout aussi malmenées. Cas extrêmes, l'écriture aléatoire et l'écriture automatique prônées par les surréalistes ont pour objectif premier de rompre avec l'esthétique bourgeoise et utilitaire, « d'ouvrir toutes grandes les écluses » pour explorer le réel de la pensée. Les notions de phrases complètes et complexes disparaissent, au profit de phrases nominales, adjectivales ou adverbiales.

DES AXES DE LECTURE DES GENRES LITTÉRAIRES

Le style d'une œuvre est sans doute ce qui est le plus particulier à un écrivain. L'auteur crée en effet dans son œuvre un univers à l'image de sa sensibilité et de ses préoccupations. Les champs lexicaux et les connotations auxquels il fait appel révèlent les thèmes qui le hantent ; les figures de style, son imaginaire ; et les structures syntaxiques, son mode de pensée ou celui de ses personnages. L'homme absurde de Camus, par exemple, utilise des phrases courtes et sans marqueurs de relations, tandis que l'homme révolté exprime sa sensibilité et articule ses idées en se laissant emporter par son lyrisme.

Ainsi, qu'elle soit narrative, théâtrale, poétique ou discursive, l'œuvre témoigne jusque dans sa matière même de la personnalité de son créateur.

LES ŒUVRES NARRATIVES

Authentiques ou de fiction, les œuvres narratives ont en commun de raconter, en prose, une histoire qui peut être vraie (autobiographie), vraisemblable (roman, nouvelle) ou invraisemblable (conte). La façon de raconter cette histoire touche la structure de l'intrigue, les personnages, plus particulièrement le héros et l'objet de sa quête, la description, le temps, l'espace et l'énonciation.

La structure de l'intrigue : le schéma narratif

L'organisation du récit est marquée par le découpage de l'œuvre en chapitres et parfois en parties. Chacune de ces séquences, dont l'unité peut être soulignée par un titre, est centrée sur un événement qui fait progresser l'histoire. La succession des événements s'inscrit dans une chronologie et leur enchaînement tient du rapport de cause à effet. Fondée sur le principe de transformation, la structure type du récit peut se présenter comme suit :

■ la **situation initiale** décrit un moment, apparemment stable, dans la vie d'un ou de plusieurs personnages ;

■ l'**élément déclencheur** perturbe l'ordre et fait démarrer l'histoire que vont vivre les personnages ;

■ la **complication** est l'ensemble des péripéties que l'élément déclencheur a entraînées et qui posent problème au héros ; centrée sur les réactions du personnage principal et sur les actions qu'il entreprend pour atteindre son but premier, elle fait progressivement monter la tension jusqu'à son paroxysme ;

■ le **dénouement**, au point de rupture de la tension, dévoile le résultat des efforts, fructueux ou non, du héros pour résoudre le problème ;

■ la **situation finale** présente le nouvel état de stabilité auquel est parvenue l'histoire.

Exemple   Dans L'*Étranger* d'Albert Camus, le découpage des séquences montre comment la composition peut servir le propos. La construction du récit en deux volets qui s'opposent suit la logique de toutes les œuvres de Camus.

Partie I : L'homme absurde	Partie II : L'homme révolté
Situation initiale : Meursaut subit la routine, y compris dans ses rapports humains, dans l'indifférence des conventions sociales.	Cinq chapitres portent sur les péripéties qui amènent le meurtrier à son exécution : les interrogatoires, la prison, le procès, le jugement et, finalement, le face-à-face avec la mort.
Cinq chapitres marquent, jour après jour, le déroulement d'une semaine vécue dans l'indifférence vis-à-vis des obligations diverses : enterrement de sa mère, travail, divertissements.	La situation finale marque la sérénité de Meursaut devant une mort qu'il a choisie en toute lucidité pour assumer sa responsabilité d'homme vis-à-vis d'un autre homme. Après la révolte contre l'absurde, sa conscience devient amour de vivre : «je m'ouvrais pour la première fois à la tendre indifférence du monde».
L'élément déclencheur survient dans le sixième chapitre : Meursaut tue accidentellement un Arabe («c'est alors que tout a vacillé»).	

Le schéma narratif, surtout dans les œuvres modernes, est sujet à d'innombrables variantes qui forcent le lecteur à reconstruire l'histoire selon la chronologie des faits. Une de ces variantes est la mise en abyme, c'est-à-dire l'enchâssement d'une histoire dans une autre. Chez les romanciers contemporains, ce procédé centre le roman sur lui-même et sur l'aventure de l'écriture ; le narrateur commente ou fait commenter par d'autres le roman qui s'écrit.

Les personnages

L'intérêt humain pour les personnages est certainement l'élément le plus significatif pour le lecteur. Les personnages aiment, souffrent, mentent, se déchirent ou s'attirent. Ils donnent du sens à l'histoire, concrétisent les idées en incarnant des émotions, des valeurs, des expériences de vie qui séduisent ou qui repoussent, mais qui ouvrent de toute façon sur l'aventure intérieure : réfléchir sur soi, susciter ou approfondir des analyses personnelles.

Leur rang et leur rôle

Le schéma actanciel propose de représenter la dynamique de l'histoire selon le rôle des personnages, le rang qu'ils occupent et la fonction qu'ils remplissent dans le récit.

- Le personnage principal (héros ou héroïne) est le **sujet** ; il est motivé par un **but**, et l'**objet** de sa quête est le moteur de l'action.

- Les personnages secondaires se partagent les rôles qui déterminent les péripéties :

    — l'**opposant** fait obstacle au projet du héros ;

    — l'**adjuvant** aide le héros à mener à bien son projet.

Leurs caractéristiques intrinsèques

Chaque personnage a son identité : ses traits physiques et psychologiques, son comportement, ses valeurs, son but, son milieu social, son état civil, sa profession. Ces caractéristiques sont autant d'ancrages dans l'histoire qui permettent au lecteur de redonner vie aux divers personnages.

Le héros et l'objet de sa quête

Il arrive qu'on quitte une œuvre en ayant le sentiment de s'être identifié au héros ou à l'héroïne, ou, au contraire, en étant soulagé d'avoir échappé à un destin peu enviable. Ce rapport d'identification ou de rejet est fonction de la vision qu'il incarne. À toutes les époques, le héros propose une conception du monde qui représente ou conteste les valeurs dominantes d'une société et se traduit dans la thématique ou la problématique qui fait l'objet de sa quête.

Depuis le Moyen Âge, le statut de héros s'est profondément modifié : le modèle social a cédé la place à l'individu. Le lecteur d'aujourd'hui ne rencontre plus beaucoup de héros exemplaires, mais des hommes ou des femmes confrontés comme lui aux réalités de la vie actuelle, et qu'on ne présente plus tant comme des héros que comme des personnages principaux ou centraux. Voici les grandes étapes de cette transformation.

- Le héros épique des chansons de geste, tel Roland, exalte, par ses exploits, les vertus guerrières et la foi.

- Le héros humaniste de la Renaissance est moins conforme à l'image idéale d'une société policée : Gargantua, héros de Rabelais, est un « abîme de science », mais un personnage dont la truculence effarouche les esprits délicats ; quant à Montaigne, se présentant comme « matière » de son livre, il s'y montre « avec tous ses défauts ».

- L'« honnête homme » du XVIIe siècle est cultivé, distingué, réfléchi, galant, brave et mesuré en tout. Peu importe son origine sociale, sa vraie noblesse est celle du cœur et son mérite est personnel. Il est à l'opposé de ces courtisans que ridiculisent Molière et La Fontaine.

- Le héros tragique, figure héritée de l'Antiquité, est éternel. Il incarne la vaine souffrance de l'homme devant l'énigme et la fatalité de la condition humaine. Les personnages de Racine en sont une illustration ; on en trouve aussi dans la littérature contemporaine, comme chez Camus et Beckett.

- Le héros philosophe, curieux et sceptique du XVIIIe siècle s'attaque aux fondements d'une société qui favorise l'hypocrisie, l'injustice, la domination et brime la liberté. Ce héros ressemble au Candide de Voltaire.

- Le héros romantique apparaît dans les premières décennies du XIXe siècle. Il est solitaire, il se cherche et vit sa quête d'absolu dans la souffrance. On pense à René de Chateaubriand ou à Julien Sorel dans *Le Rouge et le Noir* de Stendhal.

- Le héros réaliste a perdu ses illusions romantiques et son auréole de personnage hors du commun. Happé par la réalité quotidienne, victime ou acteur de la société bourgeoise, parfois confronté à la dureté de l'existence, il devient le personnage principal, qui peut échouer. Ainsi en est-il des grandes figures des romans de Zola, comme Gervaise l'ouvrière, Lantier le syndicaliste mineur, ou Nana la prostituée de luxe.

- Le héros absurde se fait anti-héros à l'époque contemporaine. L'écart se creuse entre le personnage idéal, maître de sa destinée, et l'individu soumis à l'absurdité de la vie, qui dérange le lecteur et provoque sa réflexion. C'est Meursaut dans *L'Étranger* qui assassine un Arabe.

La description

Sauf dans le nouveau roman où elle est l'objet même du projet d'écriture, la description donne au lecteur une représentation sensible des personnages, des situations, du temps, des lieux et des objets choisis. Qu'elle ait pour fonction de représenter le réel, de l'expliquer, de l'embellir ou d'informer le lecteur, la description est l'un des principaux ancrages de la thématique.

Le temps

Le temps de l'œuvre narrative présente deux aspects : le temps fictif et le temps narratif. Le **temps fictif** est celui de l'histoire. Il est marqué par des indications chronologiques qui situent les faits les uns par rapport aux autres et donnent ainsi le fil conducteur du récit. Dans ce cas, le présent est choisi en référence à l'histoire.

Le **temps narratif** repose sur le moment de l'énonciation : l'histoire peut être racontée après les faits, avant (anticipation), pendant ou intercalée entre eux. Ici, le présent est celui du moment où l'histoire est racontée. Le temps narratif imprime aussi un rythme : certains événements sont résumés, d'autres deviennent des scènes plus ou moins élaborées. Le **rythme** témoigne du rapport entre la durée chronologique objective des événements et la durée psychologique qui leur est accordée. La narration a la liberté de ralentir l'action, notamment par l'enchâssement (mise en abyme) d'une autre histoire, ou de l'accélérer, voire d'arrêter le regard sur l'image dans une description, de passer sous silence des laps de temps plus ou moins grands (ellipse). Enfin, le temps narratif propose un certain **ordre des séquences**. Souvent, dans un but explicatif, la narration fait des retours en arrière ou anticipe des événements à venir.

L'espace

L'espace de l'œuvre narrative est construit d'un ensemble de lieux et d'objets dont les caractéristiques reflètent les êtres qui les habitent. Témoins, refuges ou prisons, ces lieux et objets, explicitement ou implicitement, ont une portée symbolique parfois suggérée par un titre ou un nom.

L'énonciation

L'énonciation est l'ensemble des modalités qui mettent le lecteur en interaction avec la ou les voix du texte et l'invitent à entrer dans un univers différent du sien. Cette interaction suppose que le lecteur a les connaissances générales qui lui permettent de tenir compte du contexte historique, social, politique, culturel et idéologique dans lequel s'inscrit l'œuvre pour juger de son intérêt et, plus largement, apprécier son originalité.

Les indices de l'énonciation

Les indices de l'énonciation sont divers :

- les pronoms personnels indiquent qui parle à qui ;
- certains mots expriment un jugement, une appréciation ou une dépréciation ;
- les figures de style révèlent un univers symbolique et imaginaire personnel ;
- la mise en scène, le choix du ton, du niveau de langue, des formes de phrases établissent un rapport particulier avec le destinataire ;
- les marques de temps et de lieu indiquent où la voix qui raconte se situe par rapport au récit.

Les modes de narration

Les écrivains ont parfois recours à différents points de vue narratifs pour éclairer le récit sous des angles qui révèlent la complexité de la réalité décrite. Il n'y a pas de règle absolue et seule l'analyse permet de percevoir la richesse des moyens utilisés.

La narration : qui parle ?

La voix du texte peut être :

- l'**auteur**, c'est-à-dire la personne réelle qui signe l'œuvre. C'est surtout le cas de l'autobiographie ou de la correspondance. Il arrive que l'auteur intervienne aussi dans le fil d'un récit fictif.

- les **personnages** auxquels l'auteur donne la parole dans des dialogues au style direct, indirect ou indirect libre ; toute personne dont on cite les paroles.

- le **narrateur**, voix fictive créée par l'auteur pour raconter l'histoire, ou voix multiples lorsque plusieurs narrateurs donnent chacun leur vision d'une même histoire ou quand il y a une mise en abyme.

La focalisation : qui voit et d'où ?

Le narrateur présente un univers de façon objective ou subjective, et selon une perspective qui peut être limitée, illimitée, interne ou externe. Plus précisément, il peut, comme au cinéma, choisir le découpage des séquences, les angles de prise de vue et le cadrage des sujets, qu'ils soient personnages, paysages ou objets.

> **Exemple** « Deux heures plus tard les côtes de France étaient en vue (vue du bateau). Les familles commençaient à rassembler les enfants et les bagages (vue externe). Idriss se retrouva accoudé au bastingage à côté de l'orfèvre (vue externe) pour voir passer le chateau d'If (regard d'Idriss). »
>
> TOURNIER, *La Goutte d'or*.

Les types de narrateur et la perspective narrative

La voix et le regard sont déterminés par le type de narrateur choisi et par la perspective de son regard.

- Le **narrateur protagoniste** raconte, à la première personne, l'histoire dont il est le personnage principal. Il peut parfois englober plusieurs personnages. Son point de vue est intérieur, généralement subjectif et limité à ce qu'il perçoit ou a perçu. Il peut se projeter dans son avenir, mais ne le connaît pas.

> **Exemple** « Une femme de lettres qui a mal tourné : voilà ce que je dois, pour tous, demeurer, moi qui n'écris plus, moi qui me refuse le plaisir, le luxe d'écrire… »
>
> COLETTE, *La Vagabonde*.

- Le **narrateur-témoin** raconte, aussi à la première personne, l'histoire de quelqu'un d'autre. Il n'est pas le personnage principal, mais peut cependant faire partie de l'histoire. Son point de vue est extérieur et limité : il ne rapporte que ce que le héros lui livre ou ce qu'il suppose de son passé et de son présent. Il peut être neutre ou subjectif.

> **Exemple** « Avant de me lier avec M. Teste, j'étais attiré par ses allures particulières. J'ai étudié ses yeux, ses vêtements, ses moindres paroles sourdes au garçon de café où je le voyais. »
>
> VALÉRY, *Une soirée avec Monsieur Teste*.

■ Le **narrateur omniscient** raconte, à la troisième personne, une histoire à laquelle il n'appartient pas. Il domine l'intrigue, il est partout et dispose de la chronologie des faits, ce qui l'autorise à effectuer des retours en arrière ou des sauts dans le futur. Aucun des personnages ne lui échappe ; aucun n'a de secrets pour lui : il connaît le passé, l'avenir, il analyse les sentiments, juge les valeurs.

Il donne à voir le personnage soit par une plongée intérieure au cœur de ses émotions ou pensées les plus intimes, soit de l'extérieur, par le prisme des différents regards qui se posent sur lui : ami, ennemi, amante, père, enfant, etc. Sa vision est illimitée et peut être neutre si le point de vue se veut objectif.

> **Exemple** « Un événement presque plus désagréable encore l'attendait pour le lendemain. Depuis longtemps, son père annonçait sa visite ; ce jour-là, avant le réveil de Julien, le vieux charpentier en cheveux blancs parut dans son cachot. »
> STENDHAL, *Le Rouge et le Noir*.

À qui s'adresse-t-on ?

Le narrataire est le lecteur fictif auquel s'adresse le narrateur. Il peut être anonyme, interpellé par un nom ou interpellé par le pronom « tu », « nous » ou « vous ».

TABLEAU SYNTHÈSE DE LA LECTURE ANALYTIQUE D'UNE ŒUVRE NARRATIVE	
Le récit	**La narration**
– Résumer l'histoire. – Établir le schéma narratif en indiquant les repères chronologiques et les lieux. – Dresser le portrait des principaux personnages (traits physiques, sociaux, psychologiques, comportements, valeurs) et établir le schéma actantiel des différents personnages. – Établir la thématique en prenant appui sur l'objet de la quête du personnage principal. – Observer la tonalité de l'œuvre. – Dégager le propos. – Relever des citations qui illustrent l'intrigue, les caractéristiques des personnages et les thèmes.	– Repérer le mode de narration : la ou les voix narratives et la perspective. – Dégager le point de vue du narrateur. – Observer le traitement du temps narratif : rythme, ellipses, anticipations, retours en arrière. – Observer le traitement de l'espace : valeur symbolique. – Observer la fonction des descriptions. – Observer les faits de langue : procédés particuliers de style (ton, figures, syntaxe et ponctuation). – Relever des citations qui illustrent les aspects de la narration.

LES ŒUVRES THÉÂTRALES

Le texte théâtral a un statut particulier : il est écrit pour être représenté sur scène. C'est un spectacle avec des acteurs, des décors, des costumes. Il s'adresse en direct à un narrataire spécifique, le public. Il offre avant tout un échange entre des êtres humains devant d'autres êtres humains. Les différentes mises en scène d'un texte théâtral montrent à quel point les interprétations des lecteurs-metteurs en scène peuvent influer sur le sens du texte.

Lire un texte théâtral, c'est être à la fois metteur en scène, acteur et spectateur, et reconstruire, dans son propre imaginaire, les données du spectacle.

Le théâtre contemporain joue sur des perspectives multiples : dans certains cas, il repose sur les règles de la dramaturgie classique (unité d'action, de lieu, de temps et de ton) ; dans d'autres, il s'en dégage ou les utilise à contre-emploi. Aujourd'hui, l'intrigue tend même parfois à disparaître et le texte se réduit souvent à un canevas qui mène à l'improvisation. Dans la ligne du surréalisme, Ionesco affirme qu'une œuvre théâtrale est une « exploration devant arriver par ses propres moyens à la découverte de certaines réalités [car] seul l'imaginaire est vrai » (*Notes et contre-notes*).

La structure de l'intrigue

La dramaturgie traditionnelle découpe la trame narrative en actes et en scènes. Ces séquences sont des repères qui permettent de suivre les étapes de l'action selon un schéma comparable à celui des œuvres narratives.

- L'**exposition** se fait dans la ou les premières scènes, qui présentent les principaux personnages et les relations ou les faits qui préparent à l'action.
- L'**intrigue** est l'ensemble des péripéties, les coups de théâtre qui font monter la tension.
- Le **nœud dramatique** est le moment où le conflit entre les forces en présence est à son paroxysme (la grande scène du troisième acte dans le théâtre classique).
- Le **dénouement** marque la résolution du conflit et la fin de l'action.

Le théâtre contemporain rompt avec ce schéma traditionnel ou le parodie, comme Ionesco dans *La Cantatrice chauve* ou *La Leçon*. Les séquences et la notion de récit tendent à disparaître au profit de tableaux successifs qui substituent à l'idée d'exemplarité de la pièce celle de rupture, d'originalité, d'individualité.

Les personnages

Si le schéma actantiel et la description des héros types présentés dans la section sur les personnages des œuvres narratives peuvent s'appliquer au personnage de théâtre, ce dernier est plus schématique, car il sera incarné par un acteur qui lui donnera de la présence par son corps, sa voix, ses gestes, son costume et son jeu.

- Dans le théâtre engagé comme dans les formes fidèles à la tradition, les personnages sont traités avec réalisme ; leurs caractéristiques physiques, psychologiques et sociales reflètent donc l'idéologie qu'ils défendent ou le rôle qu'ils incarnent.
- Dans le théâtre de l'absurde, en revanche, les personnages sont réduits aux automatismes de gestes et de langage qui révèlent la fausseté du personnage social et le vide de la conversation.
- Dans le théâtre-récit des années 1970-1980, un ou deux personnages, tout au plus, parlent d'un moment de leur vie et font le point sur leur existence.

L'énonciation : au théâtre, parler, c'est agir

Le texte théâtral est fait de deux discours distincts : les didascalies et les dialogues. Les **didascalies** soutiennent la finalité de l'œuvre en fournissant les indications scéniques destinées à la mise en scène. Elles précisent les décors, les éclairages, l'accompagnement sonore, les costumes, le jeu des acteurs. Ces indications sont plus ou moins précises selon que l'auteur veuille contrôler la mise en scène ou proposer un canevas qui laisse ensuite place à la créativité du metteur en scène et des acteurs.

Les **dialogues** sont les propos qu'échangent les différents personnages de la pièce. Ces répliques font avancer l'action (ou montrent qu'elle ne mène nulle part), dévoilent les conflits, les complicités, les mensonges, les résolutions. Lors du spectacle, les attitudes, les intonations ou les silences des acteurs leur confèrent encore plus de sens.

Par ailleurs, le **monologue** est le discours à haute voix d'un personnage qui s'adresse en même temps à lui-même et au public. Cette convention permet de révéler un moment de réflexion important de la vie du personnage. Il peut introduire un tournant de l'action ou constituer l'essentiel du tableau.

La **tirade** est un long discours qui s'apparente au monologue, à l'intérieur d'un échange de répliques. Destinée à émouvoir, à informer ou à convaincre, elle est généralement dite par le personnage principal et met en lumière la thématique de la pièce.

L'**aparté** est une réplique que seul le public est censé entendre. Cette convention n'est utilisée généralement que dans une comédie pour pointer un sentiment ou une pensée d'un personnage et lui gagner ainsi la complicité du spectateur.

Le temps et l'espace

Le temps et l'espace sont les coordonnées naturelles de l'action; ils donnent au lecteur-spectateur un cadre de référence. Le temps est le moteur de l'action dans le théâtre traditionnel. Il projette les personnages dans le dénouement de l'intrigue ou l'accomplissement de leur destin. Le théâtre moderne joue sur tous les effets de son dérèglement. Ionesco l'exploite systématiquement dans *La Cantatrice chauve* où la pendule anglaise est aussi déréglée que les personnages dont elle souligne les répliques.

L'espace, comme dans les œuvres narratives, peut souligner l'action et la thématique et avoir une portée symbolique (l'arbre comme symbole du temps dans *En attendant Godot* de Beckett). Lors de la représentation, il est forcément restreint à la scène et aux décors parfois très stylisés, sauf si le metteur en scène recourt aux nouvelles technologies.

La langue

Une préoccupation commune aux auteurs dramatiques est de faire parler les gens comme dans la vraie vie. Ainsi, les personnages utilisent le niveau de langue habituel des gens ayant leur statut social. Bien évidemment, les tenants du théâtre de l'absurde pousseront à l'extrême les dérapages les plus burlesques pour faire éclater les conventions: argot et vulgarité, langage «fonétik» et enfantin se côtoient. Dans son *Journal en miettes*, Ionesco met en évidence le «verbiage», le «mot qui use la pensée», qui la «détériore», «qui empêche le silence de parler». Les personnages de ces auteurs tiennent des conversations qui nient toute communication, mais révèlent l'absurdité des automatismes de la société bourgeoise.

TABLEAU SYNTHÈSE DE LA LECTURE ANALYTIQUE D'UNE ŒUVRE THÉÂTRALE	
Le récit	**La narration-représentation**
– Résumer l'histoire. – Établir le schéma de l'action (structure de l'intrigue) en fonction des séquences, actes et scènes, et en fonction des repères de la chronologie et des lieux. – Dresser le portrait des différents personnages (traits physiques, psychologiques, comportements, valeurs) et établir un schéma actantiel qui illustre la dynamique des différents rôles. – Établir la thématique qui fait l'objet de la quête du personnage principal. – Relever des citations qui illustrent l'intrigue, les caractéristiques des personnages et les thèmes.	– Observer le rôle des didascalies. – Dégager le rôle des dialogues, des monologues, tirades et apartés au regard du sens de la pièce. – Observer le traitement du temps : chronologie des faits, effets de ralentissement ou d'accélération du rythme. – Observer le traitement de l'espace : décors, effets spéciaux, symbolisme. – Observer la tonalité de l'œuvre. – Observer les faits de langue. – Dégager le propos.

LES ŒUVRES POÉTIQUES

Le texte poétique est certainement le plus rebelle à toute définition. Cependant, malgré la multiplicité des approches, y compris le retour à la tradition, les fonctions principales de la poésie demeurent : explorer l'homme et le monde, inventer un univers, jouer avec le langage, solidariser les hommes. Que ce soit pour connaître ou changer le monde et l'homme, ou pour exprimer un état, la poésie sous-tend une sorte de communion avec le texte, elle sollicite l'affectivité, la sensualité et la spiritualité plus que la rationalité. Un texte poétique se lit, s'écoute, se chante, se dit « par cœur ».

L'effervescence créatrice : la poésie en question

Passionné d'art, et particulièrement de peinture, Baudelaire a été le premier à remettre en cause tant le fond que la forme poétique, en abolissant la frontière avec la prose et en proposant, dans *Les Fleurs du mal* (1857), une esthétique en rupture avec la morale bourgeoise.

Déchiffrer les correspondances

À coup d'« arts poétiques », de manifestes et autres déclarations, les poètes de la seconde moitié du XIXᵉ siècle ont donné leur définition du symbolisme. Comme le symbole suggère une autre réalité que celle, matérielle et directement perceptible, représentée par les romanciers réalistes et naturalistes, ils cherchent à dépasser les apparences du réel pour explorer l'imaginaire et exposer ces symboles à déchiffrer. L'analogie devient un des ressorts du langage poétique moderne. Elle établit des séries de rapports entre des notions contraires — le spleen et l'idéal, la beauté et la laideur, le bien et le mal — mais aussi entre les différentes sensations — « les parfums, les couleurs et les sons se répondent ». Convaincus de voir l'invisible, les symbolistes cherchent aussi à noter l'inexprimable, parfois jusqu'à l'hermétisme.

Explorer l'inconscient

Remettre en question la matière et la signification de l'art, tel est l'objet du surréalisme, quelle qu'en soit la forme d'expression. En poésie, inspirés par le dadaïsme qui prônait « l'irruption incontrôlée de la violence », les surréalistes explorent le langage et cherchent en lui et en dehors de la logique traditionnelle à exprimer « le fonctionnement réel de la pensée ». À la démarche de réflexion, ils opposent la force de la multitude « d'impressions esthétiques » (Francis Ponge) et de la logique associative pour libérer la « vraie vie », celle de l'inconscient (André Breton). Cette perspective amène à promouvoir l'écriture automatique qui marquera les limites de l'aventure surréaliste.

Du laboratoire au nouveau lyrisme

L'objectif du groupe Oulipo est d'être un laboratoire à la recherche des « mécanismes de la création ». Par « l'écriture aléatoire », Raymond Queneau illustre cette démarche dans ses *Exercices de style*, qui atteignent un tel degré d'abstraction que l'on perd le fil de l'inspiration. Le sens n'est plus une urgence… on s'amuse !

Le retour à une esthétique plus conventionnelle sans doute, mais qui revient à l'émotion, redonne voix au lyrisme où la tendresse, l'inquiétude, la nostalgie peuvent parfois cohabiter avec l'humour (Vian, Bonnefoy). Chez les minimalistes (Follain, Prévert), la simplicité de l'écriture redonne force à l'image et aux thèmes familiers du lecteur.

Les formes nouvelles

Les différents outils de l'expression poétique demeurent les figures de style, les effets de sens créés par les rythmes et les sons. Les innovations des poètes contemporains demandent au lecteur de mobiliser son imagination et sa créativité pour interpréter le langage poétique au-delà des règles de versification, et de relire au besoin le poème pour saisir progressivement des éléments de sens restés dans l'ombre.

Le poème en prose

Texte poétique court qui s'est affranchi des règles de versification, mais qui présente des effets de sonorité et de rythme, le poème en prose recourt aux figures de style, notamment celles qui marquent l'analogie. Il présente une unité thématique que suggère généralement son titre (« Les Fenêtres » dans *Petits Poèmes en prose* de Baudelaire).

Le calligramme

La disposition même de ce type de texte dans la page confère au poème une dimension figurative qui contribue à l'expression du thème et du propos. Fruit de recherches menées avec ses amis peintres et musiciens, cette innovation d'Apollinaire fait en sorte que le poème ne se lit plus de façon linéaire, mais que chaque mot devient un ancrage qui en permet une lecture singulière.

Le verset

Si, à l'origine, ce mot désigne un paragraphe de la Bible, il est devenu, dans la poésie française du XXe siècle, un segment du texte poétique de longueur variable remplaçant la strophe. Il peut se réduire à l'alexandrin ou à quelques syllabes, mais il présente des effets de sonorité, de rythme et d'écho de sens.

Le vers libre

De longueur très variable, le vers libre est né au XXe siècle. Il ne respecte plus ni la rime ni les normes quant au décompte des syllabes. Sa lecture s'appuie sur une structure rythmique, parfois soulignée par la disposition des vers. En l'absence de ponctuation et de mots de liaison, le rapport entre la syntaxe et le sens s'établit davantage par les effets rythmiques et sonores que créent les assonances et les allitérations.

Le vers libéré

Comme le vers classique, le vers libéré a une longueur fixe, mais il remplace la rime par l'assonance et enfreint parfois les règles de la diérèse et de la valeur du e muet dans le décompte des syllabes.

Le vers blanc

Le vers blanc est une phrase ou un membre de phrase dont la longueur correspond à un vers traditionnel dans un texte non versifié.

Les effets privilégiés

Pour exprimer leurs univers, les poètes contemporains explorent les ressources les plus audacieuses du langage. Outre les connotations, les champs lexicaux et sémantiques des mots et des figures de style (voir le tableau 6.2 : Les figures de style, p. 310), ils exploitent tout particulièrement les images et les métaphores pour établir des rapports d'analogie. Mais, surtout, ils imposent une lecture qui s'attache à :

■ la découverte de la valeur du silence dans l'exploitation des sons et des rythmes, qui se traduit par des ruptures dans la trame visuelle du texte, des espaces blancs ;

■ la libération de l'imaginaire, du rêve et de la sensibilité en abolissant les règles de syntaxe et de ponctuation, jugées trop rationnelles ;

■ l'humour et à tous les jeux sur les sonorités des mots : assonances, allitérations, rapprochement de paronymes (paronomase), calembours et onomatopées ;

■ l'espace et au temps imaginaires, reflets de l'univers intérieur ;

■ la forme extérieure du poème sur la page, qui peut suggérer une démarche ascendante, circulaire, linéaire, éclatée, en parallèle, etc.

TABLEAU SYNTHÈSE DE LA LECTURE ANALYTIQUE D'UNE ŒUVRE POÉTIQUE
Le poème
– Noter ses intuitions premières.
– Observer la forme globale du texte, sa disposition sur la page.
– Distinguer ce qui paraît clair de ce qui reste opaque.
– Établir la thématique en prenant appui sur l'étude des réseaux lexicaux.
– Relever les images, les métaphores et les relier au thème directeur établi précédemment.
– Indiquer les effets sonores et rythmiques.
– Dégager la tonalité du poème.
– Dégager les caractéristiques du temps et de l'espace ; les mettre en relation avec la thématique.
– Proposer une interprétation qui résulte de la comparaison entre l'observation du texte et les impressions de départ.

LES ŒUVRES DISCURSIVES

Comme les textes appartenant aux sous-genres qui lui sont associés, l'essai est une réflexion sur un sujet. Il veut, selon le cas, exprimer une réflexion, convaincre de la justesse d'une position ou inciter à agir. C'est un texte à dominante argumentative. Le fait qu'il en dégage l'intention conditionne le lecteur qui doit se demander de quoi on parle et pourquoi.

Le texte discursif porte généralement sur un sujet d'actualité controversé. L'actualité de ce sujet dépend de deux paramètres : où et quand le texte a été écrit. Par exemple, le *Manifeste du surréalisme* n'aurait pas aujourd'hui le pouvoir de provocation qu'il a eu en 1924. Dans le cas d'un texte introspectif, l'intérêt est relatif à l'auteur.

L'énonciation

Les œuvres discursives sont essentiellement tributaires de la justesse de l'énonciation. Pour atteindre leur but, il faut qu'elles adoptent les stratégies argumentatives convenant aux paramètres de la situation de communication.

Qui parle ?

L'essai se distingue des autres genres littéraires en ce que le « je » qui parle est l'auteur lui-même. Il assume la pleine responsabilité de ses paroles et propose un pacte non pas de vraisemblance mais de vérité. Ce type de texte est donc fondé sur la subjectivité même si, parfois, il feint une objectivité stratégique.

À qui s'adresse l'auteur ?

Dans un écrit autobiographique tel que le journal ou les confessions, l'auteur veut se justifier et se convaincre lui-même. Dans une correspondance, il vise le destinataire de la lettre : Rimbaud explique à Paul Domény sa recherche d'une langue neuve ; dans son abondante correspondance, Flaubert fait partager à Louise Collet ses doutes et ses enthousiasmes d'écrivain. Dans un éditorial, l'auteur vise d'abord le public du média diffuseur, puis le public en général. Dans un manifeste, il s'adresse en première ligne à des opposants, tel Marinetti s'attaquant aux « archéologues », aux « cicérones » et aux « antiquaires » dans son *Manifeste du futurisme* de 1909. Enfin, l'auteur d'une conférence vise un public de sympathisants, comme c'est le cas d'Albert Camus avec son *Discours de Suède* prononcé lorsqu'il a reçu son prix Nobel. Il y a, somme toute, autant de destinataires que de situations de communication et seule une analyse de la situation permet d'évaluer la pertinence et l'efficacité des moyens mis en œuvre pour les convaincre.

Les stratégies argumentatives

Des séquences de texte de divers types peuvent construire une argumentation. L'auteur peut introduire des séquences descriptives ou narratives pour informer ou illustrer, puis des séquences explicatives ou expressives pour convaincre, voire inciter à l'action.

Les structures d'argumentation s'appuient sur un raisonnement, c'est-à-dire une suite de propositions reliées logiquement pour aboutir à une conclusion. Le raisonnement peut être soutenu par des anecdotes.

■ Le raisonnement est inductif si, partant de l'observation des faits, on en tire des généralités ; il est déductif dans le cas inverse.

■ Le raisonnement peut suivre différents plans pour arriver à une conclusion : l'analogie entre deux réalités, la dialectique qui oppose une thèse à son antithèse, l'argumentation pragmatique qui pèse les avantages et les inconvénients. Il peut aussi suivre les digressions de la pensée, ou même être remplacé par des propositions impératives, comme dans les manifestes de Marinetti.

■ Le jeu avec les divers types de phrases contribue à maintenir un contact dynamique avec le destinataire, en lui présentant des contre-arguments ou des restrictions par des phrases interrogatives, affirmatives ou négatives, exclamatives ou impératives et par l'emploi du présent.

■ Les figures de rhétorique comme l'antithèse, l'ironie et l'emphase touchent l'affectivité du lecteur et rendent le raisonnement plus accessible.

■ Le ton est un auxiliaire de l'argumentation et fait appel aux sentiments du destinataire. Passionné, séducteur, arrogant ou respectueux, il comporte une charge affective écrasante, ou discrète, selon la force et la distribution des termes appréciatifs et dépréciatifs, les connotations et l'usage des hyperboles et des répétitions.

TABLEAU SYNTHÈSE DE LA LECTURE ANALYTIQUE D'UNE ŒUVRE DISCURSIVE
L'argumentation
– Analyser la situation de communication : qui parle, à qui, où, quand et pourquoi.   – Établir le sujet, ce sur quoi porte le débat et quels en sont les enjeux.   – Dégager la structure argumentative (type de raisonnement, nature des arguments).   – Relever les arguments et indiquer leur nature.   – Relever les procédés utilisés pour convaincre (ton, phrases, figures de style) et dégager leurs effets.   – Dégager le propos de l'œuvre.   – Confronter ses réactions avant et après analyse.

TABLEAU 6.1   LES PRINCIPALES TONALITÉS

Tonalités	Caractéristiques	Exemples
Absurde	– Naît du sentiment de non-sens de comportements (automatismes), de paroles (clichés) ou de situations (la vie débouche sur la mort, l'incommunicabilité des êtres). – S'applique à des situations comiques ou tragiques.	« Quelle heure est-il ? — La même heure que d'habitude. » BECKETT, *Fin de partie*. « Les dieux avaient condamné Sisyphe à rouler sans cesse un rocher jusqu'au sommet d'une montagne d'où la pierre retombait par son propre poids. Ils avaient pensé avec quelque raison qu'il n'est pas de punition plus terrible que le travail inutile et sans espoir. […] Sisyphe est le héros absurde. […] » CAMUS, *Le Mythe de Sisyphe*.
Comique – Burlesque	 – Joue sur la bouffonnerie, le grotesque pour parodier des personnages ou des situations héroïques ou épiques.	 *Ubu roi*, d'Alfred Jarry.
– Caricatural	– Accentue les traits d'un personnage, les caractéristiques d'une situation.	« Un doigt à couper, dit le chirurgien, c'est parfait. Avec l'anesthésie, vous en avez pour six minutes tout au plus. Comme vous êtes riche, vous n'avez pas besoin de tant de doigts. Je serai ravi de vous faire cette petite opération. Je vous montrerai ensuite quelques modèles de doigts articiels. Il y en a d'extrêmement gracieux. » MICHAUX, « Plume avait mal au doigt ».
– Humoristique	– Joue sur les mots, les images, les aspects insolites de la vie.	« Le monde mental ment monumentalement. » PRÉVERT, *Paroles*.
– Parodique	– Représente les travers, les ridicules d'un personnage, d'une situation, voire d'une société.	Le professeur de linguistique : « […] on a bien du mal à les distinguer l'une de l'autre — je parle des langues néo-espagnoles entre elles, que l'on arrive à distinguer, cependant, grâce à leurs caractères distinctifs, preuves absolument indiscutables de l'extraordinaire ressemblance, qui rend indiscutable leur communauté d'origine, et qui, en même temps, les différencie profondément — par les traits distinctifs dont je viens de parler .» IONESCO, *La Leçon*.
Didactique	– Formule des énoncés visant la transmission de connaissances et de réflexions. – Est associée à d'autres tonalités lorsqu'elle est utilisée en littérature. – Le sérieux de cette tonalité peut être source de parodie.	*L'Homme révolté*, d'Albert Camus. Parodie : Le professeur de linguistique dans *La Leçon* ou le monologue de Mary, la bonne, dans *La Cantatrice chauve*, de Ionesco.

Tonalités	Caractéristiques	Exemples
Dramatique	– Plonge le lecteur-spectateur dans des rebondissements et des situations tendues qui opposent les forces en présence, mais qui n'entraînent cependant pas la mort. – Mise sur des événements susceptibles de toucher, notamment par le mélange d'effets comiques et tragiques.	— Inès : On meurt toujours trop tôt — ou trop tard. Et cependant, la vie est là : le trait est tiré, il faut faire la somme. Tu n'es rien d'autre que ta vie. — Garcin : Vipère ! Tu as réponse à tout. — Inès : Allons ! Allons ! Ne perds pas courage. Il doit t'être facile de me persuader. Cherche des arguments, fais un effort. (*Garcin hausse les épaules*). Eh bien, Eh bien ? Je t'avais dit que tu étais vulnérable. Ah ! Comme tu vas payer à présent. Tu es un lâche, Garcin, un lâche parce que je le veux ! Et pourtant, vois comme je suis faible, un souffle ; je ne suis rien que le regard qui te voit, que cette pensée incolore qui te pense. SARTRE, *Huis clos*.
Épique	– Souligne des exploits guerriers par des symboles et des procédés de simplification et d'amplification. – S'accorde avec les valeurs collectives dominantes.	Les chansons de geste.
Fantastique	– Introduit dans l'univers irréel de l'imaginaire : le surnaturel, l'insolite, le morbide, la folie. – Exploite des champs lexicaux et des figures de style qui installent progressivement un mystère qui devient menaçant et provoque l'angoisse. – L'énonciation à la première personne fait entrer le lecteur dans l'univers de la peur.	« Je savais bien qu'il viendrait rôder autour de moi, tout près, si près que je pourrais peut-être le toucher, le saisir ?… alors j'aurais la force des désespérés ; j'aurais mes mains, mes genoux, ma poitrine, mon front, mes dents pour l'étrangler, l'écraser, le mordre, le déchirer. » MAUPASSANT, *Le Horla*.
Ironique	– S'apparente souvent au comique, mais s'attache aussi à des sujets graves. – Consiste à dénoncer une situation ou un personnage par de la fausse naïveté et de la dérision. – Implique une distance critique pour saisir le second degré d'une affirmation ou d'une question, souvent énoncée par une antiphrase, une hyperbole, un euphémisme, un syllogisme spécieux.	« Il mourra en beauté, je veux dire en souffrant. » CAMUS, « L'Ironie », *L'Envers et l'Endroit*. « C'est ainsi que cette femme excellente disait : "Je n'aime pas les pauvres. Je déteste les malades." » COCTEAU, *Thomas l'imposteur*.
Lyrique	– Évoque l'exaltation, mise sur l'affectivité. – Exprime au « je » des sentiments intimes ; s'appuie sur la musicalité du langage. – Traite des thèmes reliés à la condition humaine, à l'exploration de soi, au rêve, à la mémoire.	« Que tu viennes du ciel ou de l'enfer, qu'importe,/ Ô Beauté, monstre énorme, effrayant, ingénu !/ Si ton œil, ton souris, ton pied, m'ouvrent la porte/ D'un Infini que j'aime et n'ai jamais connu ? » BAUDELAIRE, « Hymne à la beauté », *Les Fleurs du mal*.

Tonalités	Caractéristiques	Exemples
Oratoire	– Est associée à un discours portant sur un sujet grave. – S'appuie sur les effets de rythme des phrases, les apostrophes et l'emphase (images fortes, hyperboles, métaphores filées, allégories). – Fait appel à des valeurs morales.	« Pour en finir, peut-être touchons-nous ici à la grandeur de l'art, dans cette perpétuelle tension entre la beauté et la douleur, l'amour des hommes et la folie de la création, la solitude insupportable et la foule harassante, le refus et le consentement. » CAMUS, *Discours de Suède*.
Pathétique	– Présente des situations où la passion entraîne la souffrance, le mal de vivre. – Fait une description qui pousse au paroxysme des sentiments douloureux.	« Oh Barbara / Quelle connerie la guerre / Qu'es-tu devenue maintenant / Sous cette pluie de fer / De feu d'acier de sang / Et celui qui te serrait dans ses bras / Amoureusement / Est-il mort ou bien encore vivant ? » PRÉVERT, *Paroles*.
Polémique	– Formule avec vigueur des idées qui soulèvent la controverse.	« Si bien que j'en arrive à avancer que le réalisme est faux et irréel et que seul l'imaginaire est vrai. » IONESCO, « Propos sur mon théâtre », *Notes et contre-notes*.
Satyrique	– Énonce une critique de façon virulente. – Use d'un vocabulaire et d'images abruptes.	« Moi, le mauvais poète qui ne voulait aller nulle part, je pouvais aller partout / Et aussi les marchands avaient encore assez d'argent / Pour aller tenter faire fortune / On disait qu'il y avait beaucoup de morts. / [...] L'un emportait cent caisses de réveils et de coucous de la Forêt Noire / [...] Un autre, des cercueils de Malmoë remplis de boîtes de conserves et de sardines à l'huile. / Puis il y avait beaucoup de femmes / Des femmes des entre-jambes à louer qui pouvaient aussi servir. » CENDRARS, *La Prose du Transsibérien ou la Petite Jeanne de France*.
Tragique	– Présente une situation funeste sans issue, ce qui la distingue de la tonalité dramatique. – Expose des conflits graves, douloureux. – Met en scène des personnages désespérés dans un univers clos qui interdit toute fuite dans le temps comme dans l'espace.	« Eh bien, je mourrai donc. Plus tôt que d'autres [...]. Mais tout le monde sait que la vie ne vaut pas la peine d'être vécue. [...] À ce moment, ce qui me gênait un peu dans mon raisonnement, c'était ce bond terrible que je sentais en moi à la pensée de vingt ans de vie à venir. » CAMUS, *L'Étranger*.

TABLEAU 6.2   LES FIGURES DE STYLE

Figures d'amplification	Définition
Accumulation	Souligne le développement d'une idée par la juxtaposition de plusieurs mots ou groupes de mots de même nature grammaticale ou par des éléments de phrase de même fonction.
Anaphore	Crée une amplification du rythme par la répétition d'un mot ou d'un groupe de mots dans la même position dans un vers ou une phrase.
Gradation	Donne une force expressive particulière à une idée par accumulation ; elle va du plus ténu au plus intense (gradation ascendante) ou du plus intense au plus ténu (gradation descendante).
Hyperbole	Met une idée en valeur par l'exagération.
Figures d'analogie	**Définition**
Allégorie	Représente de façon métaphorique, imagée et animée les aspects d'une idée abstraite, parfois tout le long d'un texte, comme dans *La Cité des dames* de Christine de Pisan. Ce procédé aide à passer du sens littéral au sens symbolique.
Comparaison	Établit un rapprochement circonstanciel entre deux termes ; marque par un mot de comparaison (*comme*, *pareil à*, *tel*, *ainsi que*, *semblable*, *ressembler à*, etc.) la ressemblance pouvant exister entre deux éléments appelés le comparé et le comparant.
Dépersonnification	Représente une personne sous les traits d'un animal, d'une chose.
Métaphore	Associe le comparé et le comparant sans le recours à un terme de comparaison.
Métonymie	Consiste à remplacer un mot par un autre, selon un rapport dont on peut saisir la logique, pour suggérer une identité ; peut désigner un être ou une chose par son contenu, son aspect, une cause par son effet.
Périphrase	Remplace un mot par un énoncé équivalent de plusieurs mots pour adoucir, dénigrer, glorifier, embellir ou ennoblir ce dont on parle.
Personnification	Représente une idée, une chose ou un animal sous les traits d'une personne.
Synecdoque	Est une métonymie qui désigne un être ou une chose par une de ses parties.
Figures d'atténuation	**Définition**
Euphémisme	Substitue à un mot brutal, déplacé ou indélicat une tournure imagée qui adoucit la réalité, pour mieux la mettre en évidence cependant.
Litote	Affaiblit volontairement la forme de l'énoncé pour suggérer un contenu qui le dépasse, ce qui oblige l'interlocuteur à le réinterpréter.

Figures d'opposition	Définition
Antiphrase	Consiste à dire le contraire de ce qu'on pense ; l'un des procédés de l'ironie. Pour la percevoir, le lecteur est attentif à la cohérence des éléments de l'énoncé ou de ce dernier avec le contexte et les idées habituelles de l'auteur.
Antithèse	Oppose deux termes ou idées.
Oxymore	Associe dans une même expression deux réalités qui s'opposent.

PARTIE 2

EXPLIQUER UNE ŒUVRE LITTÉRAIRE

POUR RÉDIGER un texte explicatif qui rend compte de votre lecture d'une œuvre, vous devez pouvoir vous appuyer sur des acquis : l'expérience et les connaissances en littérature ainsi que l'analyse de texte appliquée à des extraits. Cette analyse vous permet, par l'observation des procédés d'écriture et de leurs effets, de construire une interprétation du texte et de la situer dans le contexte où il a été écrit aussi bien que dans le contexte actuel. Enfin, vous arriverez à développer votre capacité à écrire un texte explicatif, et du même coup votre maîtrise de l'argumentation, en vous exerçant à rédiger une dissertation explicative qui élargit l'analyse à plus d'une œuvre.

LA DISSERTATION EXPLICATIVE

La dissertation explicative est un texte discursif qui vise à démontrer une thèse donnée, le « sujet », sur un mode objectif. L'argumentation fait appel à l'observation des faits et à la logique du raisonnement ; elle ne s'adresse pas à l'affectivité du destinataire.

Le sujet, contrairement à ce qui prévaut dans l'analyse de texte, prononce un jugement, propose une interprétation d'une œuvre dont il vous faut faire la démonstration. Vous ne partirez donc pas à la recherche du sens de l'œuvre, mais bien en quête d'exemples qui appuient ce jugement. L'analyse de passages de l'œuvre vous servira alors à construire, par des exemples illustrant votre thèse, les idées qui deviendront vos arguments.

L'argumentation porte sur des manifestations stylistiques (l'énonciation, les figures de style, les champs lexicaux, la syntaxe, etc.) et thématiques (le héros, la médiocrité, l'idéal, etc.) de l'œuvre. Les arguments relèvent de l'observation des faits et ne visent pas le débat sur les opinions et les valeurs. Le ton est neutre et le parcours argumentatif est celui du raisonnement de cause à effet; il repose sur la valeur démonstrative des exemples. La personnalité du rédacteur s'exprime dans le choix des exemples et des arguments, et dans la finesse de son analyse.

La dissertation explicative se distingue de la dissertation critique par le fait que cette dernière demande au rédacteur d'exercer son jugement en cernant lui-même la problématique de l'œuvre et en définissant son sujet. Cette exigence suppose une meilleure maîtrise de la lecture et de l'analyse d'une œuvre. La démarche démonstrative reste la même. Quant au commentaire, il veut convaincre en faisant appel aux valeurs et aux convictions; il ne recule donc pas devant la subjectivité pour aller chercher l'adhésion au point de vue qui est énoncé. L'exemple que nous donnons se limite à la dissertation explicative, base de tout commentaire solide.

LA PRÉPARATION DE LA DISSERTATION

Première étape : analyser l'énoncé de la tâche

L'énoncé de la tâche, appelé généralement « sujet », comporte :

- les **consignes** précisées par des verbes (expliquez, montrez, justifiez) ou des questions (les personnages ont-ils… ? comment expliquez -vous… ?).

- l'**objet**, qui précise le point d'application de la réflexion (un thème, un personnage, un sentiment, une vision du monde, une problématique littéraire, etc.) et donne le jugement à démontrer à propos de ce point. Exemple : montrez que le Père Ubu (point d'application) est un symbole de la société bourgeoise (jugement).

- des **conseils méthodologiques** qui orientent la réflexion. Exemple : en vous appuyant sur l'étude des métaphores…

- le **contexte de réalisation** de la dissertation, qui précise si le travail se fait en classe ou non, son ampleur, le temps alloué, les outils autorisés.

EXEMPLES : ANALYSE DE DEUX ÉNONCÉS		
Analyse de la tâche	**Sujet 1**	**Sujet 2**
Énoncé du sujet	Expliquez que, dans la littérature moderne, un personnage médiocre peut être un héros littéraire. La dissertation, de 800 mots environ, sera réalisée en classe, en quatre heures. Vous disposerez de votre manuel et des outils linguistiques habituels.	Montrez comment les poèmes « Élévation » et « Spleen », tirés des *Fleurs du mal* de Baudelaire, s'opposent, et expliquez la valeur symbolique de cette opposition. Vous appuierez votre démonstration notamment sur l'observation des procédés d'écriture. La dissertation, de 800 mots environ, sera réalisée en classe, en quatre heures. Vous disposerez de votre manuel et des outils linguistiques habituels.

Analyse de la tâche	Sujet 1	Sujet 2
Consigne(s)	Le verbe *expliquez* exige une démonstration fondée sur le raisonnement et des preuves.	La consigne est répétée par les deux tournures *montrez comment, expliquez et vous appuierez votre démonstration*.
Objet	L'objet est appliqué à la notion de héros littéraire ; le jugement donné pose que celui-ci peut être un personnage médiocre dans la littérature moderne.	L'objet est appliqué à trois notions : élévation, spleen et symbolique ; il faut démontrer l'opposition et la valeur symbolique des deux premières.
Conseils méthodologiques	Ils ne sont pas indiqués, on se fie à l'autonomie du rédacteur. On suppose qu'il aura en tête des types de héros littéraires qui ne sont pas médiocres et des exemples d'œuvres contemporaines dont le personnage principal est médiocre.	Les conseils méthodologiques rappellent l'exigence d'appuyer la démonstration sur des preuves, c'est-à-dire des exemples pris dans le texte, et ils pointent notamment les procédés d'écriture.
Contexte de réalisation	Le contexte de réalisation indique qu'il faut produire un texte d'environ 800 mots, en classe, en quatre heures, avec le manuel et les outils linguistiques habituels.	

Avertissement :

■ Le sujet 1 est large, il fait appel à une certaine expérience de la lecture d'œuvres entières, passées et contemporaines. Il servira d'exemple pour les étapes 2 et 3 de la préparation d'une dissertation, mais, pour le traiter, il faudrait disposer des œuvres utilisées afin d'y puiser les exemples nécessaires à la démonstration, ce qui serait possible pour un travail rédigé à la maison.

■ Le sujet 2 sera présenté sous forme de plan détaillé. Comme il porte sur deux textes présents dans le manuel, ce sujet pourrait facilement être traité en classe. Cependant, les deux poèmes choisis permettent d'élargir l'analyse à l'œuvre dont ils sont tirés.

Deuxième étape : mobiliser ses connaissances et recueillir les données

Application au sujet 1

■ La mobilisation de connaissances se fait lorsqu'on interroge le sujet après avoir bien cadré la tâche et pour se convaincre du bien-fondé de la démonstration à faire. Chaque étape permet de mieux centrer la réflexion sur l'objet à traiter et d'éviter les dérapages.

• On s'assure d'abord du sens des notions clés — « littérature moderne », « personnage médiocre », « héros littéraire » — et on note ses réflexions. On peut aussi se rappeler que la notion de « héros » s'applique au personnage principal d'une œuvre narrative ou théâtrale. On se référera donc à l'étude des œuvres narratives et théâtrales pour orienter sa cueillette de données.

• On fait appel aux œuvres modernes lues pour y trouver des personnages principaux qui illustrent la médiocrité.

- On vérifie son information sur les types de héros aux différentes époques, en y associant les personnages que l'on a trouvés. On distingue ceux qui sont exemplaires de ceux qui sont médiocres. Cette vérification permet de valider le jugement prononcé en montrant que, contrairement à la littérature du passé, des personnages médiocres peuvent être des héros dans la littérature moderne.

■ La cueillette des données, ou recherche d'exemples, se fait lorsqu'on survole des œuvres modernes déjà lues, pour y trouver des situations, des comportements, des idées et des valeurs qui caractérisent le personnage principal et se rattachent à la notion de médiocrité.

- Sujet en tête et crayon en main, on note d'abord sur une feuille, en regard de chaque notion, les pages des exemples qui les illustrent.

- On regroupe ensuite les exemples selon des points de convergence, par exemple les différents aspects de la médiocrité du héros sur le plan personnel et social, et on détermine les causes et les conséquences de cette médiocrité. On formule des idées à partir des points retenus : par exemple, en se référant aux relations qu'Emma Bovary entretient avec son mari, ses amants et son enfant, on peut supposer qu'elle échoue dans ses différents rôles de femme (conséquence) parce qu'elle vit dans des rêves impossibles (cause).

Dans une analyse explicative, les exemples varient en fonction du genre littéraire à l'étude. Dans un roman ou une pièce de théâtre, ce sont d'une part des situations, des faits, des thèmes, des personnages, des idées ou des opinions et, d'autre part, des éléments d'écriture (structure d'ensemble, séquences, descriptions, tonalité, énonciation, figures et symboles, dialogues, niveaux de langue, etc.). Lorsque le travail porte sur une œuvre poétique, les exemples sont essentiellement des éléments d'écriture. Enfin, pour les œuvres discursives, les exemples illustrent les procédés d'argumentation : ton, arguments, stratégies, aspects de l'énonciation.

La fonction des exemples est d'illustrer un argument pris pour preuve dans la démonstration ; ce sont les idées secondaires. Si la relation entre l'idée et l'illustration est évidente, l'exemple peut être simplement introduit par un deux-points ou des expressions telles que *par exemple*, *c'est le cas de*, *comme*, etc. Si la relation est plus complexe, ce qui est généralement le cas, l'exemple sera accompagné d'une explication qui établit en quoi il illustre l'idée énoncée, ainsi que le montrent les mots entre crochets dans l'exemple suivant : « Dans *La Cantatrice chauve*, le monologue de la bonne Mary (exemple), dans la scène V, achève de [tourner en dérision les prétentions du langage en parodiant le discours logique qu'elle vide de toute substance]. »

Troisième étape : établir un plan pour le développement du sujet

Un plan est une structure qui hiérarchise les idées. Le développement s'articule sur l'**idée directrice** donnée par le sujet et se dessine suivant les idées formulées et illustrées par des exemples à la deuxième étape. Les arguments qui soutiennent la démonstration deviennent les **idées principales** ; les exemples qui appuient et illustrent les arguments deviennent les **idées secondaires**.

Hiérarchie des idées	Procédures	Exemples
Idée directrice	On reformule d'abord, si nécessaire, l'idée directrice du jugement prononcé dans le sujet. Elle comprend un thème (de quoi on parle) et un propos (ce qu'on en dit), et c'est celui-ci qu'il faut démontrer.	Thème : un héros littéraire Propos : il peut être un personnage médiocre dans la littérature moderne.
Idée principale 1	L'idée principale 1 énonce un aspect du propos de l'idée directrice, qui sert d'argument de base dans la démonstration.	I. P. : Avant le XIXᵉ siècle, le héros littéraire était un personnage hors du commun.
Idées secondaires	Les idées secondaires donnent des exemples et des explications de l'idée principale.	I. S. 1 : Beau, fort, courageux, noble, le héros défendait les valeurs dominantes de la société : le pouvoir politique et la religion (exemple : les chevaliers de la table ronde, les héros de Corneille). I. S. 2 : Le héros était un modèle auquel on aimait s'identifier (exemples : pour son intelligence, Figaro du *Mariage de Figaro*, Beaumarchais ; pour leur pouvoir de séduction, Dom Juan, Molière, et Madame de Merteuil des *Liaisons dangereuses*, Laclos.
Idée principale 2	L'idée principale 2 énonce l'aspect du propos qui constitue un argument complémentaire du premier.	I. P. : Depuis le courant réaliste, les héros littéraires sont rarement des modèles, mais des gens ordinaires qui n'atteignent pas leurs buts et échouent, parfois au prix de leur vie.
Idées secondaires	Les idées secondaires donnent des exemples et des explications de l'idée principale.	I. S. 1 : L'héroïne Emma Bovary est une « pauvre petite femme » qui échoue sur toute la ligne, parce que ses rêves romantiques l'empêchent de vivre la réalité (exemples : sa relation avec Charles, son mari, avec Rodolphe et Léon, ses amants ; son échec dans son rôle de mère et dans sa vie sociale). I. S. 2 : Julien Sorel, héros de Stendhal dans *Le Rouge et le Noir*, échoue en dépit de ses ambitions sociales et de ses efforts pour sortir de son milieu. Il demeure pauvre, éprouve toujours un sentiment d'infériorité, tue sa bienfaitrice Mᵐᵉ de Rénal et se méprise pour son manque de courage devant la mort : « Quelle indigne faiblesse ! », « J'ai été faible devant la mort ! J'aurai été un lâche. » I. S. 3 : Meursault, l'étranger de Camus, est un personnage double : d'abord un médiocre qui se contente d'une vie routinière, indifférent à la douleur comme à l'amour et à l'amitié. Il laisse le hasard diriger sa vie, ce qui le conduit à commettre un homicide, accidentellement. Ce geste transformera radicalement ce personnage absurde et si peu exemplaire en héros qui va courageusement assumer son geste et solliciter sa condamnation à mort pour prix de sa culpabilité. Cette attitude le rachète dans son estime personnelle et celle des autres (exemples : « le président m'a dit [...] que j'aurais la tête tranchée [...]. Il m'a semblé alors reconnaître le sentiment que je lisais sur tous les visages. Je crois bien que c'était de la considération. » Ce revirement, qui présente un homme ordinaire devenu lucide et courageux (« c'était toujours moi qui mourrais, que ce soit maintenant ou dans vingt ans »), montre que la littérature moderne peut aussi avoir des héros qui sortent de leur médiocrité.

Application au sujet 2 : plan détaillé

Sujet

Montrez comment les poèmes « Élévation » et « Spleen », tirés des *Fleurs du mal* de Baudelaire, s'opposent, et expliquez la valeur symbolique de cette opposition.

Introduction

■ (Sujet amené)   Baudelaire est un héritier du romantisme : il éprouve le mal de vivre, aspire à une vie spirituelle qui se libère du réel.

■ (Sujet posé)   *Les Fleurs du mal* sont une expérience douloureuse du poète, car on y sent une tension perpétuelle entre des aspirations contraires, notamment la beauté et la laideur. « Élévation » et « Spleen » attestent de ces oppositions fondamentales.

■ (Sujet divisé)   a) Caractéristiques des oppositions révélées par les champs lexicaux et les figures de style ; b) Interprétation de leur valeur symbolique ; c) Sens des oppositions.

Développement

(Idée directrice) Les poèmes « Élévation » et « Spleen » expriment deux univers imaginaires, donc symboliques, en opposition.

■ (Première idée principale) Premier constat de l'opposition : « Élévation » introduit au monde de l'air, « Spleen » à celui de la terre.

    • (Idée secondaire 1) L'opposition est marquée d'abord par le mouvement.

        — En effet, le poids du spleen écrase l'esprit vers la terre ; entraîne la chute vers ses profondeurs. Exemples : l'image, suivie d'une métonymie : « le ciel bas et lourd pèse comme un couvercle / sur l'esprit gémissant en proie aux longs ennuis » ; le lieu mystérieux des « esprits errants et sans patrie », l'esprit devient « comme une chauve-souris ».

        — Tandis que, dans « Élévation », l'esprit s'envole (ascension) avec légèreté et fluidité. Exemples : « éthers », « air supérieur », « loin de ces miasmes morbides » ; l'image du nageur qui « se meut avec agilité », se « pâme dans l'onde » ; l'image de l'oiseau, « celui dont les pensers, comme des alouettes […] plane sur la vie » ; la métonymie, « celui qui peut d'une aile vigoureuse s'élancer ». Le mouvement d'ascension est aussi suggéré par le dynamisme des impératifs « Envole-toi » et « va te purifier » ; les répétitions des anaphores « au-dessus » et « par-delà » ; l'hyperbole menant des « étangs » aux « confins des sphères étoilées ».

    • (Transition) Dans ces deux poèmes, Baudelaire fait l'expérience d'univers qui l'éloignent du réel. Quelle est la nature de ses rapports avec ces deux mondes opposés ?

    • (Idée secondaire 2) : « Spleen » évoque l'emprisonnement, « Élévation » la libération de l'esprit.

        — Le monde du spleen est celui de l'emprisonnement. Exemples : les champs lexicaux du monde carcéral (« cachot », « prison », « barreaux », « filets ») et des sensations physiques insupportables qui lui sont associées (obscurité, opacité, humidité, impuissance, terreur, désespoir, mort ; « plafonds pourris », « pluie », « jour noir », « infâmes araignées », « affreux hurlements », « geindre opiniâtrement », « longs corbillards », « drapeau noir ») ; les figures d'analogie : « il nous verse un jour noir plus triste que les nuits », « changée en un cachot humide », « comme une chauve-souris », « imite les barreaux », « ainsi que des esprits errants ».

— En revanche, l'univers imaginaire dans « Élévation » ouvre sur l'infini et libère l'esprit. Exemples : le champ lexical de l'infini : « éthers », « confins des sphères étoilées », « immensité profonde », « les cieux » ; le champ lexical et les analogies qui caractérisent ce monde de lumière, de transparence : « soleil », « étoilées », « feu clair », « espaces limpides », « champs lumineux » ; ce monde de liberté et de plaisir : « se pâme », « sillonnes gaiement », « indicible et mâle volupté », « heureux celui qui », « comprend sans effort », « libre essor ».

• (Transition) L'un comme l'autre, ces deux univers se situent dans l'imaginaire, mais comment interpréter le fait que ces deux expériences si opposées se côtoient et se complètent dans la conscience du poète ?

■ (Deuxième idée principale) : « Spleen » exprime les moments d'intense souffrance, tandis que « Élévation » décrit la jubilation d'une vie libérée.

• (Idée secondaire 1) : « Élévation » exprime l'extase de celui qui se sent pur et atteint l'idéal.

— Il a laissé derrière lui « les ennuis et les vastes chagrins / qui chargent de leurs poids l'existence brumeuse ». Purifié, il est entré dans l'idéal, en communion avec l'univers : « comprend sans effort / Le langage des fleurs et des choses muettes ».

• (Idée secondaire 2) : « Spleen », quant à lui, renvoie à l'existence douloureuse de celui qui, trop coupable sans doute, a perdu l'espoir et s'avoue vaincu par la mort qui conduit à l'enfer.

— Le sentiment que la soumission à la condition humaine est sans appel s'impose notamment par les rejets, la majuscule et la personnification : « l'Espoir / Vaincu, pleure, et l'angoisse atroce, despotique, / sur mon crâne incliné plante son drapeau noir ».

Conclusion

(Synthèse) Ces deux poèmes décrivent des expériences intimes en totale opposition, mais complémentaires puisqu'elles caractérisent la condition humaine : élévation et chute, monde des éthers et des profondeurs infernales. Ils révèlent l'imaginaire par la fusion des correspondances entre les diverses sensations. Porteurs de symboles — libération ou emprisonnement, extase de la vie ou horreur de la mort, espoir ou désespoir —, ils expriment la tension insoutenable de l'homme devant la condition humaine et introduisent le lecteur au monde baudelairien des rapports symboliques bien / mal, souffrance / extase, espoir / désespoir, ciel / enfer. Ces deux poèmes illustrent toute la problématique des *Fleurs du mal*.

(Ouverture) Initiateur du mouvement symboliste, Baudelaire a dépassé le réel pour révéler un autre ordre de réalité que la réalité matérielle. Il a exploré le monde imaginaire en exploitant les ressorts de l'analogie et a ainsi ouvert la voie à la poésie contemporaine.

LA RÉDACTION DE LA DISSERTATION

Écrire exige beaucoup de concentration, mais c'est beaucoup plus facile lorsqu'on s'est bien imprégné de son sujet en procédant à une relecture de l'œuvre, à la cueillette des exemples et à l'élaboration du plan. Le travail de rédaction se fait alors selon les règles de base : une introduction, un développement, une conclusion et des transitions.

- Le **développement** comprend autant de parties que d'idées principales ; ces parties sont visuellement identifiables par des espaces. Chaque partie est composée de paragraphes qui développent chacun une idée secondaire.

- Le fil de l'argumentation est établi par :
  - les **transitions** : elles aident le lecteur à suivre sa logique, elles soulignent le lien entre les idées principales et l'idée directrice, et elles marquent la progression du texte. On les place soit à la fin, soit au début d'un paragraphe.
  - les **marqueurs de relation** : ils signalent les liens entre les idées secondaires et l'idée principale ou entre des idées secondaires.

- L'**introduction** : généralement rédigée en dernier, elle compte un seul paragraphe pour une dissertation courte (800 mots). Elle décrit les trois étapes qui mettent le lecteur en situation : amener le sujet, le poser, le diviser. Elle doit donc mettre en évidence pourquoi on aborde le sujet, de quoi il est question et comment on le traitera. L'introduction ne dépasse pas 15 pour cent du texte.

- La **conclusion** : rédigée dans le droit fil du développement, elle se construit en un seul paragraphe et remplit deux fonctions : résumer les points de la démonstration de la thèse et ouvrir la réflexion sur le rapport à d'autres œuvres ou sur une problématique littéraire.

- Les **citations** : elles peuvent être tirées du texte à l'étude ou d'autres œuvres. Les premières, présentées entre guillemets ou sous forme de paraphrase, sont accompagnées de la référence à l'édition et à la page du livre ; les secondes suivent les règles habituelles des citations.

- L'**énonciation** : dans une dissertation explicative, le niveau de langue ne doit pas être familier et le ton doit être neutre. Elle vise la clarté par la justesse des termes et de la construction des phrases. Elle est concise et variée, ce qui rend la lecture plus agréable.

LA RÉVISION DE LA DISSERTATION

Il faut une bonne discipline pour concilier le plaisir et la liberté d'expression avec l'exigence de rigueur qu'impose la rédaction d'une dissertation. Le défi est d'exprimer rationnellement ses émotions et de convaincre par la qualité de l'organisation de ses idées et de leur expression.

Pour s'assurer de bien réviser, on se met à la place du lecteur, en supposant qu'il ne sait que ce qu'on lui dit, et l'on révise l'organisation du texte, le style et la langue.

Réviser l'organisation du texte

Cette étape se fait après l'élaboration du plan, si l'on doit rédiger directement, ou après l'écriture du brouillon si l'on dispose de temps.

En revenant à l'énoncé de la tâche, on relit son plan en s'assurant qu'il respecte les critères présentés dans le tableau suivant.

Critères	Application

Pertinence et complétude
En fonction de l'énoncé de la tâche, on s'assure que les éléments nommés sont présents et en rapport avec le sujet.
	■ L'**introduction** comprend :
	  – le sujet amené qui donne des informations utiles sur le contexte, l'auteur et l'œuvre ;
	  – le sujet posé qui énonce la question à traiter et l'idée directrice ;
	  – le sujet divisé qui annonce les idées principales et la façon dont elles seront traitées.
	
	■ Le **développement** comprend :
	  – une ou plusieurs idées principales reliées à l'objet d'analyse et présentées chacune dans un paragraphe distinct ;
	  – des idées secondaires pertinentes qui appuient chaque idée principale ;
	  – des exemples et des citations appropriés qui illustrent ces idées.
	
	■ La **conclusion** comprend :
	  – un passage qui répond à la question posée dans l'introduction et résume les idées traitées qui appuient l'idée directrice ;
	  – un passage qui élargit la réflexion personnelle suscitée par le texte.

Justesse et profondeur Le développement est convaincant par les liens qu'il établit entre l'idée, son illustration et les effets de sens observés.	– Le développement des idées est fondé sur l'étude de certains procédés de style. – Les procédés de style sont bien reconnus et nommés. – Les citations sont interprétées dans le respect du sens du texte. – L'interprétation des procédés de style s'appuie sur les effets qu'ils créent.
Cohérence et cohésion Les idées sont en rapport les unes avec les autres, ne présentent pas de contradiction et sont organisées logiquement, selon ce qui est annoncé dans l'introduction.	– L'introduction, la conclusion et le développement sont distincts visuellement. – Chaque idée principale fait l'objet d'au moins un paragraphe du développement. – Chaque idée principale couvre un des aspects de l'idée directrice et ne la contredit pas. – Chaque idée secondaire couvre un aspect de l'idée principale et ne la contredit pas. – Des transitions et des marqueurs de relation aident le lecteur à suivre la démonstration.

Réviser la rédaction

Réviser l'énonciation

Pour bien faire ressortir les idées, il faut accorder une attention toute particulière à l'expression. Le recours au dictionnaire permet de vérifier les différents aspects du vocabulaire qui assurent la qualité de la communication.

Critères	Application
Clarté et concision La clarté naît de la précision et de la justesse des termes. La concision sert aussi la clarté en évitant les répétitions, les redondances et les périphrases qui noient les idées.	– Le vocabulaire est précis. – Les redondances et les répétitions sont éliminées. – Le sens des mots incertains est vérifié.
Variété Le choix de mots et de tournures variés rompt la monotonie du texte et stimule l'attention du lecteur.	– Les constructions de phrase sont variées (types et formes de phrase, tournures impersonnelles, inversions, subordinations, etc.). – Les mots qui doivent se répéter sont remplacés, dans la mesure du possible, par des synonymes.
Registre et ton Le niveau de langue et le ton sont appropriés à la situation de communication.	– La dissertation est rédigée dans une langue courante ou soutenue, sans expressions de familiarité. – Le ton neutre respecte l'objectivité de la dissertation.

Réviser la grammaire et l'orthographe

Au collégial, il est légitime de s'attendre à ce que la langue utilisée dans les travaux soit correcte du point de vue de l'orthographe d'usage, de la grammaire, de la syntaxe, de la ponctuation et des règles de base de la typographie. Du reste, des outils de référence sont recommandés.

Même si ce travail de révision se fait en dernier et que le manque de temps ou la fatigue peuvent compromettre cette étape, l'élève qui a acquis de bonnes habitudes en la matière saura faire sa révision en suivant une bonne méthode.

Pour que la révision grammaticale et orthographique soit efficace, il est préférable de faire plusieurs relectures du texte, sous des angles différents, et en oubliant totalement le contenu pour se concentrer sur la forme. La grille suivante indique les différentes étapes de la révision et énumère les divers points à vérifier.

Étapes	Application
La syntaxe	On vérifie : – la complétude de chaque phrase ; – la construction des verbes (verbe transitif ou intransitif, choix du pronom relatif, ordre des mots, etc.) ; – l'emploi des modes et des temps ; – l'emploi approprié des relationnants, prépositions, pronoms relatifs, conjonctions ; – le choix des pronoms et des déterminants possessifs en fonction de l'antécédent ; – la ponctuation ayant trait à la syntaxe de la phrase (éléments détachés par des virgules, détachement du complément de phrase en tête de phrase, etc.).

Étapes	Application
La grammaire	On s'assure de : – l'accord de chaque verbe avec son sujet, et de sa conjugaison ; – l'accord, dans chaque groupe nominal, du déterminant et de l'adjectif avec le nom ; – l'accord des participes passés ; – ne pas confondre des homophones ; – ne pas accorder des mots invariables.
L'orthographe d'usage	On la vérifie à l'aide du dictionnaire.
La typographie	On vérifie : – l'emploi des majuscules ; – l'emploi des guillemets ; – le soulignement et l'italique ; – certaines abréviations ; – les références bibliographiques.

Index